中国石油流通行业发展蓝皮书
（2021—2022）

孙仁金　邱建凯　董秀成　许　斌　主编

中国石油流通协会
中国石油大学（北京）经济管理学院
对外经济贸易大学一带一路能源贸易与发展研究中心

中国经济出版社
CHINA ECONOMIC PUBLISHING HOUSE
·北京·

图书在版编目（CIP）数据

中国石油流通行业发展蓝皮书.2021—2022／孙仁金主编.--北京：中国经济出版社，2022.3
ISBN 978-7-5136-6860-6

Ⅰ.①中… Ⅱ.①孙… Ⅲ.①石油市场-研究报告-中国-2021-2022 Ⅳ.①F426.22

中国版本图书馆 CIP 数据核字（2022）第 046848 号

策划编辑　李祥柱
责任编辑　李玄璇
责任印制　马小宾

出版发行	中国经济出版社
印 刷 者	北京富泰印刷有限责任公司
经 销 者	各地新华书店
开　　本	787mm×1092mm　1/16
印　　张	21.25
字　　数	390 千字
版　　次	2022 年 3 月第 1 版
印　　次	2022 年 3 月第 1 次
定　　价	198.00 元

广告经营许可证　京西工商广字第 8179 号

中国经济出版社 网址 www.economyph.com 社址 北京市东城区安定门外大街 58 号 邮编 100011
本版图书如存在印装质量问题，请与本社销售中心联系调换（联系电话：010-57512564）

版权所有　盗版必究（举报电话：010-57512600）
国家版权局反盗版举报中心（举报电话：12390）　　服务热线：010-57512564

《中国石油流通行业发展蓝皮书》
(2021—2022)
编委会

主　任　邸建凯
副主任　董秀成　许　斌　暴广军　孙仁金
委　员　(按姓氏笔画排序)

马　宁	马　杰	马郑玮	万　波	于　楠
方　红	王百照	冯晓丽	田海杰	刘　力
孙仁金	邢　阳	毕　希	齐　明	许　斌
吴　金	邸建凯	肖铁岩	李　慧	李滕佳
杨鑫磊	单建明	孟思琦	胡东欧	胡启迪
宫　雨	钱一晨	郭　风	郭肖月	曹　峰
董秀成	暴广军	薛淑莲		

《中国石油流通行业发展蓝皮书》
（2021—2022）
审委会

主　任　邸建凯
副主任　董秀成　许　斌　暴广军　孙仁金
委　员　（按姓氏笔画排序）
　　　　丁志敏　马郑玮　王文澜　王旭东　王能全
　　　　王维民　田　明　白　俊　刘小丽　刘贵洲
　　　　孙仁金　许　斌　陈卫东　张建才　张留成
　　　　张湘宁　邸建凯　肖铁岩　周若洪　姜学峰
　　　　柯晓明　郝鸿毅　董秀成　景春梅　韩雪岭
　　　　暴广军　戴家权

PREFACE 前 言

2021年，全球经济从新冠肺炎疫情暴发造成的低点中实现了一定程度的复苏，但变种新冠病毒德尔塔、奥密克戎等的出现对诸多国家的经济复苏，以及全球航空业产生较大冲击，疫情持续反复仍是全球经济很大的不稳定、不确定因素。除中国外，部分新兴经济体和发展中国家经济增长仍难以持续，欧盟经济复苏速度高于预期，美国经济增长势头难以持续。中国疫情防控坚持"动态清零"而非"零感染"，但部分地区出现本土多点散发小范围疫情。中国兼顾疫情防控与经济发展，双轮驱动效果显现，经济稳健前行，仍是全球经济增长的主要贡献国之一。美军撤离阿富汗，阿富汗塔利班组建新政府，伊核谈判取得进展，中美两国开展多次高层战略会谈，局部区域不确定性加大。世界经济若要持续发展，需要认识到"人类命运共同体"的重要性，加强多边合作才是发展的关键。

面对不确定的复杂态势，世界银行（The World Bank）预测2021年全球经济增长5.5%，国际货币基金组织（International Monetary Fund，IMF）预测2021年全球经济增长5.9%。欧盟天然气、电力价格飙升，屡创新高，令欧洲能源市场受到较大冲击。美国经济明显回升，高盛集团、经济合作与发展组织（Organization for Economic Cooperation and Development，OECD）预测2021年美国国内生产总值（Gross Domestic Product，GDP）增速超5%，IMF预测美国GDP增长6%。美联储货币政策转向引发国际金融市场担忧，或将进一步增加新兴市场国家资本外流和汇率贬值压力。日本政府下调经济预期，预计2021年GDP增幅为1.6%，内需低迷、复苏乏力导致日本经济增长承压。英国经济受疫情、"脱欧"及供应链"瓶颈"影响，通胀水平居高不下，下行趋势明显。

国际能源署（Internationl Energy Agency，IEA）发布《世界能源展望

2021》，预计2021年全球能源需求将增长4%，恢复到疫情前的水平。世界石油需求量比2020年上升550万桶/天，恢复至9890万桶/天，达到疫情前97%的水平；天然气消费强势反弹，比2020年上升4.6%。2021年，原油价格震荡上涨，其间有明显回调，但上行延续性较好。供需错配，是原油价格震荡上涨的核心推动力。从需求端分析，2021年全球疫情散点式暴发，全球经济复苏存在区域性不平衡，但整体经济稳健向好，进一步推动全球能源需求；从供给端分析，石油输出国组织（Organization of the Petroleum Exporting Countries，OPEC）及其合作伙伴（统称为OPEC+）主导的减产协议，对整个油市的再平衡起到了明显的作用。沙特单方面的额外、自愿减产，以及下半年OPEC+基本维持月度40万桶/天的"克制性"增产，在确保原油产量有序增长的同时，避免了过度增量引发油市异常波动的风险。在全球能源需求稳步提升的背景下，OPEC+"克制性"增产，美国原油产量增幅有限，供需错配令石油库存持续下降，基本面经历了由陆续再平衡向供需收紧的转变，从而推动了油价的稳健回暖。2021年，布伦特原油年均价格70.86美元/桶，西得克萨斯中质油（West Texas Intermediate，WTI）年均价格68.13美元/桶，与2020年相比分别上涨68.88%和73.98%。

2021年是中国"十四五"规划开局之年，也是开启全面建设社会主义现代化国家新征程的起点之年。国内加快构建双循环新发展格局，扩大内需战略逐步实施，成为经济稳定增长的重要力量。在科学统筹疫情防控的同时，加大保供稳价和支持实体经济力度，就业形势总体稳定，结构调整扎实推进，国民经济继续保持恢复态势且稳中有升。2021年，中国国内生产总值突破114.37万亿元，比2020年增长8.1%，两年平均增长5.1%，发展质量稳步提升。要素市场化改革等重大举措、海南自贸港等更高层次对外开放都将不断释放新的制度红利。"双碳"目标下，政策调控趋严，国务院发布《关于完整准确全面贯彻新发展理念做好碳达峰碳中和工作的意见》等要求确保如期实现碳达峰、碳中和。生态环境部正式发布的《碳排放权交易管理办法（试行）》等政策，推动能源重点行业绿色低碳转型。国家能源局加强能源市场监管和行业监管，中国石油流通行业产业结构转型升级和优化调整迫在眉睫。其中，成品油市场政策频出，财政部、海关总署、税务总局联合发布《关于对部分成品油征收进口环节消费税的公告》，下游市场竞争全面升级，在国家发展改革委一系列专项工作小组整治行动与价格机制改革要求下，成品油质量要求升级提速，成品油市场愈加规范化。

2021年，中国炼油能力实现进一步增长，炼化一体化进程不断加快，"双碳"目标促使炼厂转型压力增大。中国炼油能力首次突破9亿吨，超过美国，达到9.25亿吨/年，全年加工量7.04吨，同比增长4.3%；成品油产量3.57亿吨，同比增长7.9%；成品油收率57.1%；主营炼厂平均开工率75.2%，同比增加3.8个百分点；独立炼厂平均开工率72%，同比增加1.3个百分点；进口原油5.13亿吨，同比下降5.4%；成品油出口大幅减少至4033.4万吨，同比下降11.8%，成品油库存震荡回落。多重因素叠加共振令国内成品油零售价格一度涨至近年来高位。需求端，中国疫情进入常态化防控，坚持"动态清零"而非"零感染"，国民经济持续稳定恢复，成品油消费基本恢复至疫情前水平，达到3.2亿吨，两年平均增长1.9%；汽油消费两年平均增长6.9%；柴油消费全年增长4.5%，与2019年基本持平；航煤消费两年平均下降8.4%。政策端，能效标准指导意见出台，石化产业转型升级加速；石油成品油流通领域标准化加强，行业规范化发展进入新阶段；市场化改革持续深化，成品油流通领域准入门槛进一步降低。2022年，预计石油消费7.48亿吨，增长4.3%。中国将会进一步淘汰1.97亿吨的落后产能，有利于整个炼油结构的持续优化，预计炼油产能增加至9.37亿吨/年，成品油产量4.23亿吨，同比增长1.4%，成品油净出口将继续减少至3200万吨左右。"十四五"期间中国将新增炼油产能1.1亿吨，有望成为全球第一大炼油产能国。

2022年，世界经济将进一步复苏，新冠病毒虽然不断变异，但随着疫苗和治疗新冠肺炎的药物发挥作用，原油需求将复苏，达到疫情前水平。受"双碳"影响，国际煤炭、石油和天然气项目投资减少，OPEC+增产谨慎，国际油价涨势持续。尽管西方主要国家纷纷出台政策，优化基础设施、缓解运输"阻点"、应对供应"断点"，但长期布局难解现实困境，供应链危机在2022年将持续恶化。疫情的持续暴发，或将导致2022年全球石油库存持续下滑，推动油价持续上行。OPEC+将维持稳健的增产路线，美国引领非OPEC+成为石油产量增长的主力军，原油供应上涨势头强劲。在综合分析各种预测依据的基础上，笔者认为，正常状态下，国际油价仍有上涨空间，

2022年上半年国际油价将可能在75~95美元/桶震荡，若某些地缘政治风险攀升，尤其持续发酵影响能源供给格局，则国际油价可能超过120美元/桶，甚至更高。全球油气市场具有高度不确定性，除疫情因素外，亚太地区中美经贸摩擦再升级、美国结束对阿富汗二十年战争、非洲政局动荡等地缘政治因素将对全球油气市场产生重大影响。此外，中国继续加强"一带一路"合作，推动全球化进程，继续深化油气市场改革，对全球油气行业产生重要影响。

2021年，中国新能源汽车销量352.1万辆，累计保有量达784万辆，占汽车总保有量的2.6%。国家出台政策支持换电模式发展，总体市场需求进一步增加。新能源汽车购买量持续高速增长对成品油消费形成一定规模的替代。2021年，国家及地方政府出台各项政策，积极加大可再生能源发展扶持力度，解决现有的消纳问题。风电与光伏装机容量与发电量均稳步增加，生物质能源与氢能成为未来重点发展的产业。可再生能源具有清洁、安全等优势，发展速度较快，对汽油、柴油等传统能源的需求份额造成了很大的影响。

《中国石油流通行业发展蓝皮书》（以下简称《蓝皮书》）是一部全面分析和研究中国石油流通行业发展现状并对趋势予以展望的行业年度报告，由中国石油流通协会、中国石油大学（北京）经济管理学院和对外经济贸易大学一带一路能源贸易与发展研究中心合作完成，按年度向全社会公开出版发行，此《蓝皮书》已是第五年出版。《蓝皮书》共分四大部分：宏观环境及对石油流通行业的影响分析、国内外石油市场现状、石油流通行业展望和中国石油流通行业现存的主要问题。第一部分为宏观环境及对石油流通行业的影响分析，主要分析国内外宏观环境对石油流通行业发展的影响，包括国际宏观环境及对世界流通行业的影响分析和国内宏观环境及对中国石油流通行业的影响分析等；第二部分为国内外石油市场现状，从产业整体发展角度重点分析国内外石油流通行业发展现状，包括国际石油市场现状、中国石油流通行业现状；第三部分为石油流通行业展望，从原油市场、天然气市场、成品油市场、炼油业等角度对国内外石油流通行业进行展望，主要包括国际石油流通展望、国内石油流通展望等；第四部分为中国石油流通行业现存的主要问题，从环保、市场、法制环境等角度分析石油流通行业现存的问题。

《蓝皮书》既不是一般意义上的年鉴，也不是以大段文字和数据图表堆积为主的学术论文组合，而是以年度分析和来年展望为基本特征的行业发展报告。宏观环境及对石油流通行业的影响分析、国内外石油市场现状、石油流通行业展望和中国石油流通行业现存的主要问题等四部分内容具有很强的相关性和互补性，各部分在编写上独立成篇，因此读者可以根据需要和兴趣分别阅读。《蓝皮书》以文字分析为主，辅以必要的数据和图表，文字描述力求言简意赅，分析和展望力求具有逻辑性、高度性、概括性和权威性，分析结论力求对相关部门和油气企业的实际工作具有指导性。

《蓝皮书》的作者主要来自中国石油流通协会、中国石油大学（北京）经济管理学院、对外经济贸易大学一带一路能源贸易与发展研究中心、中国石油销售有限公司、中国石化销售有限公司和中化石化销售有限公司等单位，该作者团队长期从事石油流通行业的发展研究，具有国内一流和一线的行业专业基础。作者团队本着促进中国石油流通行业发展的良好愿望，除从行业发展整体上分析外，还对有关行业热点问题提出看法和观点，希望能引起社会关注和讨论。作者团队努力开展全面、系统和深入的研究，试图得出有助于读者全面了解中国石油流通行业发展的正确结论，以尽可能客观地总结行业规律、分析发展趋势为己任。《蓝皮书》具有较强的可信度、权威性和时效性，对于理论研究者和实际工作者具有一定的参考价值。

《蓝皮书》编写分工如下：

行业环境与政策：薛淑莲、杨卫东、郭凤、邢阳、杨鑫磊。

炼油与市场供给：马郑玮、杨荔、荆璐瑶、王越、高思奇、娜迪拉。

成品油价格与批发：刘力、毕希、陆宽玉婷、刘绪康、李昱良、曹峰、褚方静。

成品油储运与燃料油：齐明、杨济宁、周欢、汪舒明蕊、徐凤谦、贺盈、姜莹、董丹丹、王凯。

加油站建设与经营：冯晓丽、孟思琦、孙桐、郭肖月、李慧、王百照、单建明、田海杰、薛云、魏诗惠、倪好。

航煤、石油焦和国际贸易：胡东欧、胡启迪、钟化鑫、杨济宁、曾露。

成品油市场需求：方红、于楠、钟小春、陈雅雯、李政、杨欢成、李瑾。

新能源：于楠、陆宽玉婷、娜迪拉、廖云星、贺美、孙悦。

专题："双碳"目标驱动下的石油石化行业绿色发展（郭风）；以第三方为主体的成品油行业监管制度研究（孟思琦）；成品油价格波动及对混烃轻循征消费税的影响（齐明）；市场化环境下成品油销售企业客户开发策略研究（单建明、于楠）；"双碳"背景下成品油销售企业转型升级路径探究（李秋兰、方红、钟小春）；2021年中国船供油市场回顾及2022年展望（田明）；中国石油焦行业年度发展特点、问题及展望（曾伟）；"十四五"期间成品油消费影响因素分析（钟小春、方红、于楠）；中国动力电池行业发展分析（吴金）；石油石化行业应对碳边界调整机制策略探究（胡启迪）；中国碳排放权交易市场运行现状及对策建议（于楠、褚方静）；石油流通企业转型升级的战略思考（许斌）；探索行业协会的发展及建议（暴广军、吴勇、陈清、武春光、李鸿材）；WTI原油期货价格与欧洲碳期货价格关联性研究（马郑玮、闫雨欣、丁熠达、吴楠）；大型工程建设企业推广智能撬装设备的可行性（王景超、暴广军、武春光、吴太南、张康立、蒋山、李鸿材、孙小强、袁惠容、刘建北）。

附录：毕希、胡启迪、刘绪康。

孙仁金、董秀成、邱建凯和许斌统领《蓝皮书》的框架设计，并负责组织全书编写；于楠负责稿件收集和统稿工作；孙仁金、董秀成、邱建凯和许斌负责《蓝皮书》最终统撰与核定工作；中国石油流通协会专家委员会邱建凯、孙仁金、董秀成、丁志敏、张建才、刘贵洲、白俊、郝鸿毅、刘小丽、戴家权、韩雪岭、田明、肖铁岩、王旭东、陈卫东等专家进行了审订工作。特别感谢中国经济出版社李祥柱、李玄璇编辑对本书的鼎力支持。本书撰写过程还得到了众多专家及机构的指导和帮助，在此一并致谢。由于时间仓促、编者水平有限，报告中难免有疏漏之处，恳请读者批评指正。

编委会

2022年2月

CONTENTS 目 录

第一篇 行业环境与政策

一、2021年国际宏观环境及对中国石油流通行业的影响 ……………… 3
   （一）国际政治环境分析 ……………………………………………… 4
   （二）国际经济环境分析 ……………………………………………… 7
   （三）国际宏观环境对中国石油流通行业的影响 …………………… 9

二、2021年全球石油流通行业发展分析 …………………………………… 10
   （一）原油加工量、开工率及毛利分析 ……………………………… 10
   （二）全球成品油消费量及价格分析 ………………………………… 12
   （三）全球石油流通业发展的主要影响分析 ………………………… 13

三、2021年中国宏观环境及石油流通行业政策分析与前景展望 ……… 15
   （一）中国宏观环境分析 ……………………………………………… 16
   （二）中国石油流通行业政策分析 …………………………………… 20
   （三）2022年中国石油流通行业政策前景展望 ……………………… 22

第二篇 炼油与市场供给

一、中国炼油产业现状与前景展望 ………………………………………… 27
   （一）2021年中国炼油产业现状 ……………………………………… 28
   （二）2022年中国炼油产业前景展望 ………………………………… 33

二、中国独立炼厂现状与前景展望 ………………………………………… 35
   （一）2021年中国独立炼厂现状 ……………………………………… 35

（二）2022 年中国独立炼厂前景展望 ……………………………………… 38

　二、中国炼油企业现状与前景展望 ……………………………………………… 40

　　（一）2021 年中国炼油企业现状 …………………………………………… 40

　　（二）2022 年中国炼油企业前景展望 ……………………………………… 45

第三篇　成品油价格与批发

　一、中国成品油价格现状与前景展望 …………………………………………… 51

　　（一）2021 年中国成品油零售价格现状 …………………………………… 52

　　（二）2022 年中国成品油零售价格前景展望 ……………………………… 58

　二、中国成品油批发市场现状与前景展望 ……………………………………… 59

　　（一）2021 年中国成品油批发价格现状 …………………………………… 60

　　（二）2022 年中国成品油批发市场前景展望 ……………………………… 63

第四篇　成品油储运与燃料油

　一、中国成品油仓储和码头现状与前景展望 …………………………………… 67

　　（一）2021 年中国成品油仓储现状 ………………………………………… 68

　　（二）2022 年中国成品油仓储前景展望 …………………………………… 72

　二、中国成品油物流现状与前景展望 …………………………………………… 73

　　（一）2021 年中国成品油物流现状 ………………………………………… 73

　　（二）2022 年中国成品油物流前景展望 …………………………………… 75

　三、中国燃料油市场现状与前景展望 …………………………………………… 76

　　（一）2021 年中国燃料油市场现状 ………………………………………… 76

　　（二）2022 年中国燃料油市场前景展望 …………………………………… 79

第五篇　加油站建设与经营

　一、2021 年中国加油站投资与建设现状 ………………………………………… 83

　　（一）加油站数量变化分析 ………………………………………………… 84

　　（二）国有石油公司加油站投资及建设现状 ……………………………… 85

（三）民营及独立炼厂加油站投资及建设现状 …………………………… 90
　　（四）外资加油站投资及建设现状 ………………………………………… 92
二、2021年中国加油站竞争与经营现状 …………………………………………… 92
　　（一）市场竞争现状 ………………………………………………………… 92
　　（二）加油站经营现状 ……………………………………………………… 93
　　（三）加油站成品油零售现状 ……………………………………………… 95
　　（四）加油站非油业务现状 ………………………………………………… 99
三、2022年中国加油站建设与经营前景展望 …………………………………… 102
　　（一）加油站绿色化发展提速，多功能综合能源服务站成建设重点 …… 102
　　（二）加油站收购成本持续看涨，轻资产开发模式成重要建设渠道 …… 103
　　（三）加油站深度融合智能化、网络化技术，致力于提供优质、多元
　　　　　服务 ……………………………………………………………………… 104

第六篇　航煤、石油焦和国际贸易

一、中国航空煤油现状与前景展望 ………………………………………………… 108
　　（一）2021年中国航空煤油现状 ………………………………………… 108
　　（二）2022年中国航空煤油前景展望 …………………………………… 114
二、中国石油焦现状与前景展望 …………………………………………………… 115
　　（一）2021年中国石油焦现状 …………………………………………… 115
　　（二）2022年中国石油焦前景展望 ……………………………………… 119
三、成品油国际贸易现状与前景展望 ……………………………………………… 120
　　（一）2021年中国成品油进出口现状 …………………………………… 120
　　（二）2022年中国成品油国际贸易前景展望 …………………………… 124

第七篇　成品油市场需求

一、2021年中国成品油市场需求现状 …………………………………………… 129
　　（一）成品油需求总体分析及特点 ………………………………………… 130
　　（二）成品油市场需求结构及主要油品消费特点 ………………………… 131

（三）成品油供需平衡状况及特点 ………………………………… 135
二、2021年中国各行业成品油需求现状 ………………………………… 138
　　（一）交通运输及仓储邮政业成品油需求现状及特点 …………… 138
　　（二）其他行业成品油需求现状及特点 …………………………… 139
三、2022年中国成品油市场需求展望 …………………………………… 143
　　（一）成品油市场总体需求展望 …………………………………… 143
　　（二）成品油主要油品市场需求展望 ……………………………… 143
　　（三）各行业成品油需求展望 ……………………………………… 144

第八篇　新能源

一、中国新能源汽车发展现状与前景展望 ……………………………… 149
　　（一）2021年中国新能源汽车发展现状 …………………………… 150
　　（二）2022年中国新能源汽车发展前景展望 ……………………… 154
二、中国光伏产业发展现状与前景展望 ………………………………… 155
　　（一）2021年中国光伏产业发展现状 ……………………………… 155
　　（二）2022年中国光伏产业发展前景展望 ………………………… 157
三、中国风能发展现状与前景展望 ……………………………………… 158
　　（一）2021年中国风能发展现状 …………………………………… 158
　　（二）2022年中国风能发展前景展望 ……………………………… 160
四、中国生物质能发展现状与前景展望 ………………………………… 161
　　（一）2021年中国生物质能发展现状 ……………………………… 162
　　（二）2022年中国生物质能发展前景展望 ………………………… 164
五、中国氢能发展现状与前景展望 ……………………………………… 165
　　（一）2021年中国氢能发展现状 …………………………………… 165
　　（二）2022年中国氢能发展前景展望 ……………………………… 169
六、新能源汽车、可再生能源发展对成品油消费的影响 ……………… 170
　　（一）新能源汽车发展对成品油消费的影响 ……………………… 171
　　（二）可再生能源发展对成品油消费的影响 ……………………… 171

第九篇 专 题

专题一 "双碳"目标驱动下的石油石化行业绿色发展 175
专题二 以第三方为主体的成品油行业监管制度研究 181
专题三 成品油价格波动及对混烃轻循征收消费税的影响 189
专题四 市场化环境下成品油销售企业客户开发策略研究 201
专题五 "双碳"背景下成品油销售企业转型升级路径探究 206
专题六 2021年中国船供油市场回顾及2022年展望 214
专题七 中国石油焦行业年度发展特点、问题及展望 221
专题八 "十四五"期间成品油消费影响因素分析 226
专题九 中国动力电池行业发展分析 236
专题十 石油石化行业应对碳边界调整机制策略探究 248
专题十一 中国碳排放权交易市场运行现状及对策建议 253
专题十二 石油流通企业转型升级的战略思考 265
专题十三 探索行业协会的发展及建议 270
专题十四 WTI原油期货价格与欧洲碳期货价格关联性研究 279
专题十五 大型工程建设企业推广智能撬装设备的可行性 288

附 录

一、2021年中国石油流通行业大事记 293
二、2021年国内外石油流通相关统计资料 302
    附表1 2010—2020年全球主要国家、组织或共同体炼油能力 302
    附表2 2021年中国石油石化主要产品产量 303
    附表3 2021年国内主要汽柴油月平均价格 304
    附表4 2021年国际原油现货市场月平均价格（普氏现货报价） 304
    附表5 2021年国际市场主要油品平均现价价格（普氏现货报价） 305
    附表6 2012—2021年中国新能源汽车产销量 305
    附表7 2012—2021年中国可再生能源装机容量 305
    附表8 2012—2021年中国可再生能源发电量 305

附表9　2010—2020年全球主要国家、组织或共同体石油探明储量 ………… 306

附表10　2010—2020年全球主要国家、组织或共同体石油产量 …………… 307

附表11　2010—2020年全球主要国家、组织或共同体石油消费量 ………… 308

参考文献 ……………………………………………………………………… 309

第一篇

行业环境与政策

2021年全球经济在新冠疫苗广泛接种、经济逐步放开的背景下有望实现接近6%的恢复性增长,但经济复苏呈现不均衡格局。中美两国在全球经济复苏中起着引领作用,尤其是中国,其稳定生产和强劲出口为全球经济复苏提供了有力支撑;而发展中经济体,特别是低收入国家的经济复苏仍面临严峻挑战。全球疫情危机仍在持续,德尔塔、奥密克戎等变异毒株的出现在一定程度上抑制了全球经济复苏。随着全球经济需求回暖,供求之间出现明显失衡,以能源为代表的供给紧张,全球供应链受阻,大宗商品价格上涨,全球整体面临通胀压力。国际政治矛盾日趋集中,俄美博弈和对抗更趋激烈,俄乌边境对峙,中美冲突再升级,尤其在中国香港问题、新疆问题、台湾问题、南海问题以及疫情问题等影响中美关系的几个关键议题上,拜登政府不但延续了特朗普政府的政策,甚至还采取了一些进一步恶化中美关系的行动。

2021年全球石油流通行业基本面明显好转,石油需求回升,石油库存大幅下降,市场不确定性降低,石油产品价格强劲反弹,炼厂利润上升。多国承诺实现净零排放,可再生能源发展势头强劲,全球石油流通业低碳转型发展的压力增加。

2021年中国应对疫情得力,经济迅速复苏,GDP突破114.37万亿元,全年GDP增速8.1%,实体经济稳中有升,就业物价总体稳定,进出口增势良好,民生保障有力,发展质量稳步提升。2021年可称为中国成品油市场的变革之年,市场整顿力度前所未有,成品油相关政策频出,包括对调和原料征税、独立炼厂进口配额原油使用、税收等,加之专项整治行动的实施,成品油市场运行更加规范化;同时也降低了行业准入门槛,继续提升市场竞争力,增大了石油流通行业绿色转型的压力。

展望2022年,"双碳"目标下中国将进一步推动石油流通行业绿色发展,坚持绿色发展转型要建立在新能源安全可靠的替代基础上,加大石油流通行业监管和规范化管理,推动新一轮产业结构的转型升级和低碳优化调整。

一、2021年国际宏观环境及对中国石油流通行业的影响

2021年国际政治格局在以往传统热点问题未得到解决的基础上,叠加了大国摩

擦,国际矛盾日趋集中。拜登政府延续特朗普执政理念,联合盟友抵制中国;美俄战略稳定对话未取得实质性突破;欧盟发展受政治经济因素制约,内部政治诉求多样,无法形成统一声音;伊核、朝核、缅甸等热点问题无显著进展。全球经济在新冠肺炎疫情的影响下加快复苏,但疫情长期化也引起全球经济复苏预期下降、美元超发、国际通胀加剧、产业链重构困难等问题。在上述国际政治经济环境下,中国成品油需求、价格和进出口都受到直接影响。

(一)国际政治环境分析

2021年美国持续施压中国和俄罗斯,中国周边地区不断成为新的政治焦点,欧洲内部政治诉求各不相同,中东地区依旧是争夺重点,非洲地区政治环境持续动荡——这些都深刻影响着全球政治生态,并通过对世界经济秩序的冲击,影响石油流通业的发展。

1. 国际矛盾趋向集中,对立各方更加明晰

2021年国际政治格局为:澳大利亚、加拿大、日本等国迅速向美国靠拢,共同抑制中国在亚太地区的影响力;欧洲各国分化明显,俄白两国深度融合并合理对抗西方;中俄两国在国际重大问题上保持一致。

(1)美国持续施压中国,中美展开多领域竞争。

美国同澳大利亚、加拿大、日本等国一起以人权和国家安全为借口,继续限制中国经济发展,频繁利用新疆问题、中国台湾问题来挑战中国底线,以自由航行为借口在中国东海和南海地区显示其武力存在。美国持续向中国施压,中美在多个领域展开竞争。

(2)欧洲内部政治诉求复杂,对待中俄态度分歧较大。

英国遵循美国的对外政策,但严重依赖中国的资金和市场;乌克兰、波兰、立陶宛等受美国影响,挑战中俄的国家利益;德国大选后政治风格发生改变;匈牙利等国则希望加强与中国的合作;俄白两国威胁切断输欧天然气管线,以应对难民问题和分化欧盟国家。总之,欧盟27个国家对内和对外政策严重不统一,深刻阻碍了欧盟的政治影响力和政策执行力。

对全球炼化产业来说,欧洲地区既是重要的成品油产地,也是世界成品油、石化制品消费市场,但欧洲各国复杂的政治生态和经济诉求会严重影响全球炼油产业布局及成品油消费。欧盟大力推行零碳排放政策,不断提高油品质量标准和汽车尾气排放标准,进一步限制燃油车发展,对炼化行业持续进行压制,这一系列政策都会对国际成品油供需、价格和流通造成影响。

2. 传统地缘势力谋求扩大政治影响力，加剧全球局势动荡

传统地缘政治情况仍然复杂，具体表现为：伊朗核问题处于僵持状态，中东巴以问题、也门问题、叙利亚问题依然存在，东南亚地区局势持续动荡，南亚地区和中印边境局势紧张，澳大利亚不断介入东南亚事务，美军撤出阿富汗给地区国家制造安全陷阱，非洲部分地区恐怖活动和内乱加剧影响中国海外油气投资，多方势力介入亚太地区影响该地区稳定。

（1）伊朗核问题反复谈判，目前处于僵持状态。

伊朗核问题是美国控制中东推行一系列政策的必然产物，根本问题是控制中东地区石油生产和维持全球霸权。伊朗核问题反复谈判，其间时有暂停和关闭，美伊之间分歧依然很大，彻底解决伊朗核问题仍需要很长时间。

伊朗长期以来炼化能力较低下，无法满足其国内高速增长的成品油需求，经常需要大量进口来弥补国内产能的不足。伊朗计划2021年投产17个炼化项目，这将使该国的石化行业产能增加2500万吨。根据伊朗第六个五年国家发展计划，其石化行业确定的所有目标都将在2022年3月20日前实现。2021年中国同伊朗签订合作协议，未来石油贸易会使用欧元或者人民币直接结算，这对保证伊朗的石油贸易和经济安全起到重要作用。

（2）中东地区局势变化，进入新的博弈期。

2021年沙特阿拉伯开始恢复与叙利亚、卡塔尔和伊朗等国的联系，释放外交转型信号，沙伊关系、沙卡关系、沙土关系和沙叙关系都在朝缓和方向迈进，中东地区局势正在悄然发生变化。沙特阿拉伯与中东地区重点国家关系的密集改善，与美国拜登政府执政后调整中东政策有关，同时也是沙特阿拉伯为应对国际与地区政治生态变化而重新做出的定位。

2021年5月，以色列与巴勒斯坦之间爆发了严重的武装冲突。在中东传统势力寻求政治突破的背景下，巴以冲突无疑加重了地区的不安定性，为其他势力的介入创造了条件。

土耳其深度介入叙利亚内战、阿富汗和平进程、亚美尼亚与阿塞拜疆冲突，与沙特阿拉伯、俄罗斯、美国争夺中东地区控制权和伊斯兰世界的领导权；全力鼓动泛突厥主义运动，对中亚地区和中国西北部地区的稳定造成一定威胁。土耳其作为中东地区的重要大国，致力于控制整个中东地区，不断扩大国家政治影响力和宗教影响力，是世界政治环境中的不安定因素。

中东地区位于欧亚大陆的十字路口，是世界核心产油区，该地区局势的稳定有利于中东地区原油、成品油生产的稳定和原油、成品油运输的安全。中东地区炼化能力占世界总炼化能力的10%以上，沙特阿拉伯、阿联酋等国为应对新冠肺炎疫情对经济的压力，加速推进石油产业上下游一体化进程，提高在能源领域的话语权，海湾地区的产业政策会进一步加剧全球成品油市场的竞争。

（3）印度新冠肺炎疫情暴发，牵连南亚地区局势紧张。

2021年新冠肺炎疫情在印度暴发，印度医疗系统全面崩溃，经济发展受到严重影响。印度总理穆迪为转移印度教教徒和穆斯林、中央政府与封建地主的矛盾并赢得选举，不断挑起边境纠纷来迎合国内的激进民粹主义势力。印度目前已经成为南亚次大陆最不稳定的因素，给"中巴经济走廊"和"一带一路"沿线经济建设带来潜在的冲击。印度的炼化产能居世界第四位，2021年新冠肺炎疫情和经济不振的合并作用使印度的炼化产能和消费能力受到限制。

（4）阿富汗塔利班迅速掌握政权，阿富汗形势有待观察。

2021年8月美国加速从阿富汗撤军，阿富汗塔利班全面掌控阿富汗政权。阿富汗新政府的成立面对诸多问题：国内粮食短缺、毒品泛滥、恐怖主义势力依然强大、地方军阀势力仍然活跃、国外援助中断、遭受美国制裁等。内外交困，非常考验阿富汗塔利班的执政能力。

阿富汗毗邻中巴经济走廊，对保障中国陆上能源安全、促进"一带一路"高质量发展具有非常重要的安全意义。阿富汗塔利班上台有利于打击侵扰中国新疆的恐怖主义势力和毒品走私贸易。阿富汗矿产资源丰富，一个稳定的阿富汗政治环境有利于保障中国原料进口的多样化。阿富汗国内没有炼油能力，成品油几乎完全依赖进口，阿富汗形势的变化一方面为中国原油进口提供了潜在供应渠道，另一方面也为中国成品油出口和投资海外炼厂提供了新的市场和方向。

（5）非洲地区冲突加剧，影响中国海外油气投资。

埃塞俄比亚国内社会矛盾持续激化，大规模武装冲突和城市骚乱爆发。2021年11月，乌干达首都坎帕拉市中心发生两起恐怖爆炸袭击，乌干达安全局势急剧升级，由中国海油参与投资并运营的翠鸟（Kingfisher）油田当时处于项目初始开发阶段，较高的安全危险等级势必影响油田的建设运营。由于苏丹国内政治动乱，中国石油正逐渐结束在苏丹的经营活动；而南苏丹国内营商环境恶劣，加之出台的本地化政策，中国石油考虑结束当地经营活动。北非地区利比亚国内安全局势已经稳固，利比亚政府正在全力启动被战争破坏的油田设施。

非洲地区成品油大部分来自进口，部分国家在寻求投资建设独立炼厂。乌干达政府计划建设一座日处理能力为60000桶的炼厂，坦桑尼亚政府计划利用乌干达原油和阿联酋原油建设炼厂。非洲地区是世界上重要的成品油销售市场和潜在的成品油供应市场，未来各国炼厂建设必将深刻影响国际成品油供需格局。

非洲地区国家是中国"一带一路"倡议的重要节点和合作伙伴，同时也是中国油气投资重要区域。目前，中国石油企业收缩国际原油开发投资，包括南北苏丹在内的石油区块和炼厂都会逐渐削减投资。混乱的政治局势和频繁的武装冲突不利于中国油气企业稳定生产，不利于中国石油资源进口渠道多元化和稳定化。

（6）东南亚地区突发政变，局势趋向紧张。

2021年2月，缅甸军方发动政变，接管了缅甸国家政权。随后缅甸国内爆发大规模抗议活动，北部部分民地武装也趁机与缅军交火，加上新冠肺炎疫情在缅甸扩散，缅甸局势持续紧张。

缅甸地区拥有中国西南地区重要的石油运输过境管道，是中国重要的能源安全通道。缅甸局势以及东南亚地区局势稳定有利于该区域石油能源的运输和原油价格的稳定，有利于中国国境的安定繁荣和石油能源安全。东南亚地区也是全球炼化板块的重要组成部分，该地区的稳定同样有利于全球炼化产业的发展，有利于全球成品油价格的稳定和供需平衡。

（7）澳大利亚潜艇采购，扰乱南海和东南亚局势。

澳大利亚突然宣布同英美达成三边安全伙伴关系（AUKUS），澳大利亚可以获得核动力潜艇。对此，中国和东南亚国家表示严重关切，澳大利亚的行为增加了核扩散的风险，违背了多边安全政策，对南海局势造成严重影响。南海地区是中国重要的能源渠道，也是国际上重要的能源通道。该地区的安全运转有利于石油、成品油运输和全球能源流通安全。

（二）国际经济环境分析

2021年世界经济活力逐渐增强，中美引领全球经济复苏，但这种复苏是不稳定的、不平衡的，时刻受到疫情和地缘政治的影响。同时由于美国大规模超发美元，导致世界范围内通胀压力加大，大宗商品价格持续上涨，叠加新冠肺炎疫情的持续影响和供应链危机的进一步加剧，世界经济复苏放缓。

1. 世界经济复苏，但出现通胀压力和供应链紧张

2021年下半年，通胀压力加大、需求释放减弱和供给恢复降速等因素削弱了全球经济的复苏动能。全球以能源为代表的大宗商品均出现了价格上涨和供应短缺。造成全球供应链紧张的主要原因如下：一是部分国家疫情反复，生产环节中断；二是美国、中国等经济体需求强劲，复苏需求旺盛；三是部分企业开始超预期囤货，加剧原材料及中间品供应紧张问题；四是2021年美国大规模印发美元，造成全球美

元过剩，也加剧了全球通胀压力。世界范围内出现供应链危机，海运成本大幅度提高，包括原油、天然气和煤炭的世界能源价格剧烈波动，全球经济发展都受到一定抑制。

2. 国家和地区经济深受政治影响，全球共同发展面临严重障碍

2021年世界经济依旧受到疫情和政治压力的双重影响。美国继续打压俄罗斯，巩固其在欧洲的影响力，持续扩大对"北溪-2"项目的制裁，而德国也迫于美国压力暂停"北溪-2"项目。美国一直没有解除对伊制裁，谈判已经进行5轮，前景依然不明朗。委内瑞拉因美国封锁，国内缺乏炼油设备和成品油制品，而伊朗有炼化能力但原油限制外输，两国石油贸易既是互补又是互救。美国撤出阿富汗，塔利班政权刚上台便受到美国的制裁，阿富汗外汇短缺、援助中断、国民经济陷入停顿，迫切需要全球协助化解经济危机。以美国为代表的"五眼联盟"国家以意识形态和国家安全为由，设置政治壁垒和排他性条款，阻碍东盟与中国等地区联盟和国家的发展。

3. 国际原油市场运行情况分析

2021年国际原油价格在市场供应、需求、库存的共同作用下，在震荡中攀升并于年底有限回落。

受疫情影响，2021年上半年全球能源需求复苏缓慢，经过近8个月的漫长爬坡，世界能源需求出现强劲复苏，11月全球石油需求已反弹至疫情之前1亿桶/天以上的水平。全球石油需求已经从疫情中得到足够的恢复，石油市场更加健康。随着多个国家进一步放宽防疫限制，石油需求会进一步加速增长。

随着全球石油需求的增加，供给侧也在发生变化。2021年下半年，美国石油产量从"艾达"飓风中恢复，加之OPEC+继续解除减产措施，10月世界原油供应量大幅增加。尽管主要消费国呼吁大幅增加产量以阻止全球石油库存下降和价格上涨，但OPEC+在11月将产量仅提高到40万桶/天，主要原因在于美国墨西哥湾原油生产没有得到及时恢复，页岩油生产又因投资回报的影响而开工乏力，产能没有得到及时释放，OPEC+虽然正在恢复闲置的生产装置，但速度相对较慢。据高盛估计，全球每天原油供应短缺约250万桶。供应持续紧张而市场需求又在不断增加，推动国际油价继续攀升。

供给侧产能不足，推动各主要经济体释放原油库存，以缓解通胀压力。西北欧国家、新加坡和日本的石油产品综合库存已经降至2014年以来低点；中国通过有计划地释放原油储备置换更低价格的中东原油，一定程度上抑制了国内成品油价格；

美国国内美元泛滥，美国政府不得已持续释放原油储备，造成美国原油库存超预期下降，又进一步刺激了国际油价上涨。

2021年国际油价曲折上升，年末承压下降，但利空因素明显不足，油价仍然有继续上涨空间。2021年初，一系列利好消息和石油供需变化推高石油市场的乐观情绪，促使国际油价一度触及70美元/桶以上；但受疫情反复影响，国际油价在3月中旬至4月中旬出现明显回调，此后一路波动上行，至6月底国际油价达到75美元/桶；第三季度国际油价震荡上升，至10月末上探至86.40美元/桶，为2014年10月以来的最高值；年末，受新型毒株奥密克戎、通胀压力和加息预期的影响，国际油价在71~77美元/桶的区间内震荡。

（三）国际宏观环境对中国石油流通行业的影响

2021年全球经济复苏，国际油价大幅上涨；国际政治持续对抗并与高企的通胀交叉影响国际油价和成品油价格。在此背景下，中国将寻求更加广阔的成品油市场，为炼油产能释放提供新的机遇。

1. 全球经济复苏，中国成品油需求环境改善

2021年世界主要经济体新冠疫苗接种范围逐步扩大，全球经济处于持续恢复进程中。全球经济回暖背景下中国外贸出现强劲增长，带动传统商品的外部需求继续回升。2021年中国货物贸易实现跨越式发展，国际市场不断拓展，前11个月货物贸易进出口总值35.39万亿元，同比增长22%。其中，对东盟、欧盟、美国等主要贸易伙伴进出口均保持两位数增长。共建"一带一路"为世界经济增长开辟了新空间，也为我国外贸发展开辟了新天地，2021年前三季度，中国对"一带一路"沿线国家进出口增长23.4%。以国内大循环为主体、国内国际双循环相互促进的新发展格局逐步形成，随着中国国内投资、消费的持续恢复，成品油和石化产品的需求环境进一步改善，中国石油流通行业保持良好发展。

2. 多因素扰动供需，中国成品油价格在波动中上涨

2021年国际原油市场价格整体震荡上涨，受国际原油价格反弹等因素影响，中国成品油市场出现"牛市"。上半年，国际原油在OPEC+减产协议、新冠疫苗利好刺激、全球货币宽松等因素影响下，整体涨势明显，几乎达到2018年10月的高点，中国成品油零售限价也随之创下"九连涨"的纪录。下半年，阿联酋事件和新冠变异毒株导致国际原油市场价格短时下跌，但OPEC+维持适度增产政策和供应紧张为原油市场带来较强支撑；美国为平抑原油价格，动用战略石油储备，同时美国上游生产公司加大对页岩油投资，新钻机不断增加，这两项措施在一定程度上削弱了

原油价格的上涨势头，第四季度国际原油价格呈现涨后下跌再震荡的走势。上述国际原油市场供求关系，以及国际经济发展形势、国际货币政策和疫情状况等多重因素在供需两端扰动国际原油价格，使中国成品油价格上升，整体呈现波动中回涨的态势。

3. 亚太地区市场恶化，中国成品油出口受阻

国际成品油市场竞争日趋激烈。亚太地区是中国成品油出口的主要市场，2021年受新冠肺炎疫情的进一步影响，亚太成品油市场在总体基本饱和的基础上出现进一步恶化。部分国家为了释放国内过剩的产能还增加了成品油出口，同时采取了更高的进口关税和更为严格的放行措施等。民营企业的成品油一般需要贸易出口配额，与国内销售相比，出口加运费成本较高，难以盈利，意味着民营企业的成品油出口利润欠佳。未来，亚太地区将成为成品油竞争最为激烈的市场，中国对亚太成品油出口不容乐观。

二、2021年全球石油流通行业发展分析

2021年全球石油市场有了显著改善，原油加工量大幅上升，炼厂开工率和毛利均有提高，全球成品油出现量价齐涨的态势。但受多国承诺实现净零排放，以及全球能源价格持续大幅上扬等因素的影响，石油流通行业稳定发展的挑战加剧。

（一）原油加工量、开工率及毛利分析

2021年全球原油加工量和全球炼厂开工率上升，北美地区增幅最大，全球新增炼油能力大部分来自亚太和中东，分别增加2210万吨/年和560万吨/年。全球炼油能力达到49亿吨/年，预计2022年新增炼油能力7800万吨/年。不同地区炼油毛利差距较大。

1. 全球原油加工量大幅上涨，北美地区涨幅最大

OPEC数据显示，2021年全球原油加工量呈现不断上涨的态势，升量2.2亿吨。世界原油加工量从第一季度的7498万桶/天上升至第四季度的7927万桶/天，如表1-1所示。这主要是由于在全球经济复苏的背景下，全球石油市场基本面明显走强；同时，因疫情冲击而大量囤积的2020年全球石油库存正在被"消化"、全球疫苗接种加速等因素，也为石油市场提供了良好的复苏环境。2021年全球原油加工量为7736万桶/天，与2020年相比大幅上涨，增幅为4.79%，但与2019年和2020年两年平均相比，出现0.42%的降幅。

表 1-1 2021年世界主要地区原油加工量　　　　　　　　　单位：万桶/天

时间	世界原油加工量	北美地区原油加工量	欧洲原油加工量	亚洲原油加工量
第一季度	7498	1629	1017	2601
第二季度	7716	1818	1066	2424
第三季度	7806	1832	1130	2517
第四季度	7927	1820	1115	2591

数据来源：2021年OPEC石油市场报告。

全球三大炼油中心分布于北美、欧洲和亚洲地区。北美地区，2021年原油加工量为1774万桶/天，与2020年相比大幅上涨，增幅为7.30%，与2019年和2020年两年平均相比，几乎没有变化。同样，美国原油加工量相较2020年也出现大幅上涨，从2020年的1482万桶/天上涨至2021年的1567万桶/天，涨幅为5.74%，上涨幅度领跑全球，与2019年和2020年两年平均相比，几乎恢复到疫情前水平。欧洲地区，2021年原油加工量为1082万桶/天，与2020年相比小幅上涨，增幅为1.69%，与2019年和2020年两年平均相比，降幅为4.79%。亚洲地区，2021年原油加工量为2533万桶/天，与2020年相比大幅上涨，增幅为4.49%，与2019年和2020年两年平均相比，增幅为5.54%。其中，中国从2020年的1318万桶/天增至2021年的1405万桶/天，印度从429万桶/天上升至472万桶/天。

2. 全球炼厂开工率显著恢复，亚洲地区炼厂近两年开工率平均增幅最大

随着全球的新冠肺炎疫情逐步得到控制，经济逐步回暖，2021年全球炼厂开工率上升。2019—2021年不同地区平均开工率对比见图1-1。比较2019年和2020年两年的平均值，以中国、日本、新加坡为代表的亚洲炼厂开工率增幅最大。

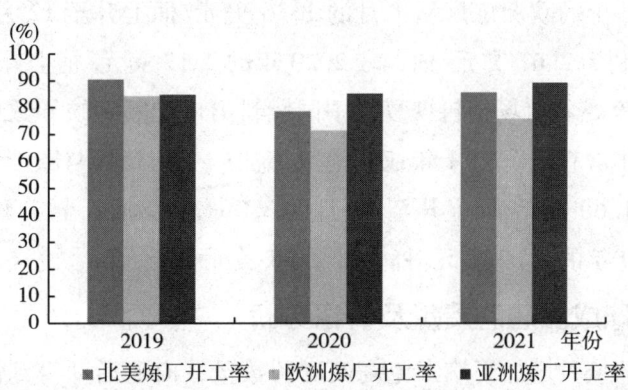

图 1-1　2019—2021年不同地区平均开工率

数据来源：2021年OPEC石油市场报告。

2021年美国炼厂开工率波动十分明显，总体呈现先小幅下降后大幅上升的态

势。从 1 月的 91.1% 降至 4 月的 88.9%；4 月中旬以后，随着美国各州原油需求量增加，炼厂开工率逐步回升，增长至 12 月的 89.80%。其中，8 月开工率最高，为 91.53%；4 月开工率最低，为 78.28%；2021 年平均开工率为 85.89%，较 2020 年的 78.57% 增加 7.32 个百分点。

以法国、德国、意大利和英国为主的欧洲炼厂开工率呈现波动式上涨态势，从 1 月的 69.44% 增至 12 月的 83%。其中，12 月开工率最高，1 月最低，2021 年平均开工率为 76.32%，较 2020 年的 71.49% 增加 4.83 个百分点。

亚洲炼油厂主要由中国、日本和新加坡三大炼油中心组成。全球四大石油消费国中三个位于亚洲，且该区域原油处理能力已超过全球的 1/3。亚洲炼油企业正以惊人的速度继续扩能，多个规模庞大的新炼厂正在建设中。中国的炼油能力持续增长。亚洲炼油加工率稳定增长，炼厂开工率基本维持在 90% 左右，年平均开工率为 90.27%，较 2020 年的 85.13% 增加了 5.14 个百分点。

3. 不同地区炼油毛利差距较大，美国炼厂毛利最高

2021 年全球炼厂毛利明显上升，美国炼厂毛利依然远高于其他地区，其次是亚洲地区，最后是欧洲地区。

2021 年以 WTI 计价的美国炼油毛利，在 10 月达到峰值 16.89 美元/桶，之后在波动中下降到 12 月的 13.53 美元/桶。2021 年美国全年炼厂平均毛利为 13.31 美元/桶，较 2020 年的 7.96 美元/桶上升 5.35 美元/桶。

欧洲交通限制政策的放开为相关燃料市场提供了重要支持。此外，受非洲燃料需求强劲和美国产品市场紧缩的推动，强劲的出口进一步推动欧洲炼油毛利的上涨。以布伦特原油计价的欧洲炼厂从 1 月的 1.26 美元/桶上升至 12 月的 3.90 美元/桶，2021 年平均毛利为 2.67 美元/桶，较 2020 年的 2.17 美元/桶上升 0.50 美元/桶。

2021 年印度燃料市场销售恢复，中国燃料出口配额短缺导致中国向亚洲其他地区的产品供应非常有限。2021 年亚洲地区炼油厂变动趋势与欧洲炼厂相似，波动较大，从 1 月的 1.60 美元/桶上升至 12 月的 3.30 美元/桶，全年平均毛利为 2.70 美元/桶，较 2020 年的 0.02 美元/桶上升 2.68 美元/桶。

（二）全球成品油消费量及价格分析

新冠疫苗的接种增加了病毒免疫人群的数量，商业活动得到恢复，对精炼石油产品的需求也随之增加，全球成品油出现量价齐涨的态势。

1. 北美地区成品油消费量增幅显著，价格涨幅超五成

以美国为主的北美地区经济复苏，受市场好转影响，2021 年成品油消费量出现

大幅上涨，从第一季度的2273万桶/天上升至第四季度的2446万桶/天。2021年美国年均成品油消费量为2413万桶/天，与2020年相比大幅上涨，增幅为5.83%，与2019年和2020年两年平均相比，几乎持平。2021年北美地区成品油消费仍以汽油、柴油和煤油为主，日均消费量分别为897万桶、408万桶和150万桶。

价格方面，2021年北美地区各类成品油价格比2020年上涨超过50%。柴油从2020年的48.55美元/桶上升到2021年的77.07美元/桶，涨幅为58.74%；汽油从44.92美元/桶上涨到73.42美元/桶，涨幅为63.45%；煤油从46.83美元/桶上涨到77.43美元/桶，涨幅为65.34%。

2. 欧洲地区成品油消费量持续上涨，价格上涨势头强劲

2021年欧洲地区成品油消费量呈现不断递升的态势。以德国、法国、意大利和英国为主的欧洲地区成品油消费量从第一季度的1191万桶/天上升至第四度季度的1349万桶/天；2021年年均成品油消费量为1289万桶/天，与2020年相比大幅上涨，增幅为5.52%，但与2019年和2020年两年平均相比，出现2.41%的降幅。2021年欧洲地区成品油消费仍以汽油、柴油和煤油为主，日均消费量分别为124万桶、340万桶和57万桶。

价格方面，2021年欧洲地区各类成品油价格相较2020年涨幅都超过50%。柴油从2020年的49.17美元/桶上涨到2021年的79.01美元/桶，涨幅为60.69%；汽油从46.99美元/桶上涨到73.42美元/桶，涨幅为56.24%；煤油从45.62美元/桶上涨到77.58美元/桶，涨幅为69.68%。

3. 亚洲地区成品油消费量相对稳定，价格波动频繁

2021年亚洲地区成品油消费量相对稳定，全年仅有少量增长，增长主要来自中国。中国成品油消费量从2021年第一季度的1379万桶/天增至第四季度的1511万桶/天；2021年年均成品油消费量为1449万桶/天，比2020年上涨12.41%。印度2021年成品油消费量出现小幅上涨，从第一季度的494万桶/天上涨至第四季度的552万桶/天。

价格方面，受全球成品油市场不稳定因素的影响，2021年中国成品油零售价格波动频繁，全年以上涨收尾。2021年，国内成品油调价进行了25轮，具体为上调15次、下调6次、搁浅4次，汽油总计上调了1485元/吨，柴油总计上调了1430元/吨。

（三）全球石油流通业发展的主要影响分析

2021年大国地缘政治博弈趋势明显，美国与中俄博弈更加激烈，多国承诺实现净零排放并在全球坚持深化低碳经济发展，可再生能源发展势头强劲。这些因素从

不同方面影响了全球石油流通行业的发展。

1. 国际政治环境给石油流通业的发展带来深远影响

2021年，随着拜登出任美国总统和美国政治精英建制派回归，俄美的博弈和对抗更趋激烈，两国关系可谓是在苏联解体30年来的最低点。俄乌两国在边境的对峙局面引发了世人对东欧地区和平的普遍担忧，也给世界安全带来了潜在威胁。为缓解全球变暖带来的影响，联合国呼吁世界各国在2050年前实现净零排放，多国积极响应，承诺实现净零排放。但石油和天然气在未来数十年内仍然将是全球经济发展的关键，全球还有7亿多人处于"能源贫困"，对油气尤其是天然气依然有很大需求。对传统产油国和消费国来说，突然停止石油和天然气投资也会导致国家收入下降、国家能源安全得不到保障。没有能源安全作为前提，零排放目标也难以实现。OPEC表示，即使在IEA规划的2050年零碳的世界中，石油将依然作为必不可少的化工原料继续发挥着作用。上述政治因素对全球石油流通行业的发展产生了深刻的影响。

2. 能源结构转型给石油流通行业绿色转型带来更大压力

为激励可再生能源快速发展，依照可再生能源指令有关规定，欧盟各成员国根据国情制定了各自的国家可再生能源行动计划和支持政策，其中绝大多数支持政策集中在发电行业，包括上网电价、溢价补贴、差价合约、绿色证书等。欧洲可再生能源政策机制是激励行业快速发展的关键。欧盟的资金工具覆盖能源产业整个创新价值链，参与能源研究、开发和示范等各个环节，大型投资机构通过绿色信贷、绿色基金等方式，引导经济资源流向更环保的领域，促进能源转型、能源可持续性发展。发挥绿色金融的杠杆作用，一方面要控制并收紧涉及化石能源行业的投融资，通过资本向传统化石燃料企业施压，迫使其向低碳燃料供应商转型；另一方面要通过绿色信贷、绿色基金等方式，支持清洁能源技术研发和产业发展，引导经济资源流向更环保的领域，以绿色投融资促进能源转型、能源可持续性发展，培育新的增长点。这些能源转型的要求和变化给传统石油流通行业带来更大压力，要加快行业绿色转型发展。

3. 电动汽车对成品油需求的冲击将进一步加大

现阶段电动汽车在总汽车保有量中占比较低，但未来各国逐渐禁售燃油车将成为一种趋势，电动汽车有可能取代传统燃油汽车。国际能源署发布的《2021年全球电动汽车展望》显示，2020年全球电动汽车新注册量达到创纪录的300万辆，比2019年增长41%。其中，欧洲和中国的电动汽车新注册量合计占80%以上。2021

年第一季度，全球电动汽车销量同比增长约140%。报告预计，未来10年全球电动汽车销量将继续保持强劲的增长势头。随着全球汽车产业电动化的速度不断加快，以及各国政府提供消费者购车补助等政策的支持，全球新能源车销售表现持续上升。2021年全球新能源车的销售量达到650万辆，年增长率达到108%。电动汽车在全球范围内的销量将会在12年内（到2033年）超过燃油汽车，并且到2045年，非电动汽车的销量将骤降至全球汽车市场的1%以下。从长远来看，未来交通用能的结构将更加多元，油品占比将逐步下滑，电动汽车必将会推动汽车行业发生根本变革，最终导致全球范围内石油需求降低，冲击石油流通行业的发展；但从短期来看，各大石油公司2021年的支出计划仍然倾向于化石燃料，像挪威等石油生产国正在计划进行新的勘探许可，因此石油流通行业不会也不可能完全停止"产碳"，而是要想方设法减少乃至于中和碳排放。

4. 全球经济的滞胀风险影响石油流通业的稳定发展

2021年全球能源价格持续大幅上扬，至10月上旬，天然气、煤炭和电力价格已升至数十年来的最高水平。在全球流动性依旧泛滥的大背景下，能源价格飙升进一步大幅推升了各主要经济体的通胀压力，增加了世界经济复苏的不确定性。各主要经济体央行或将超预期加快收紧货币政策，可能导致全球资本市场波动加剧。与上游开采行业不同的是，炼油行业的成本与产品收入、油价都具有高度的正相关性。2021年全球通胀对炼厂的原料采购成本、开工情况以及成品油销售都造成较大影响，从而影响石油流通行业的稳定发展。2021年部分新兴经济体尾部风险暴露，一些经济体滞胀风险上升。经济体一旦陷入滞胀，相应的交通、生产活动会直接影响终端成品油的需求，从而影响炼厂、大型化工企业的稳定运营和发展，全球经济的不稳定使石油流通行业的稳定发展受到更大挑战。

三、2021年中国宏观环境及石油流通行业政策分析与前景展望

2021年是"十四五"规划开局之年，也是开启全面建设社会主义现代化国家新征程的起点。2021年中国国内生产总值突破114.37万亿元，全年GDP增速8.1%，经济继续保持稳定恢复态势。随着宏观政策跨周期调节扎实推进，保供稳价和助企纾困力度加大，国民经济继续恢复，实体经济稳中有升，就业物价总体稳定，进出口增势良好，民生保障有力，发展质量稳步提升。成品油市场政策频出，降低了行业准入门槛，提升了市场竞争力，监管力度再加码，成品油市场愈加规范化。展望2022

年,在"双碳"的新目标形势下,中国政府将进一步强化监管,加速推动炼化行业的绿色低碳转型升级,中国石油流通行业必将进行新一轮产业结构优化调整。

(一)中国宏观环境分析

2021年,随着科学统筹疫情防控和经济社会发展,加大保供稳价和支持实体经济力度,中国国民经济继续保持恢复态势,就业形势总体稳定,居民消费价格总体稳定,国际收支好于预期,结构调整扎实推进,民生事业持续改善,经济运行总体平稳。2021年中国能源消费总量进一步提高,成品油质量要求升级提速,成品油下游市场竞争全面升级,成品油出口量由于配额收紧、外航疲软而大幅下降。

1. 经济运行总体平稳,发展韧性持续显现

2021年,面对复杂多变的国际经济形势,中国经济以创新和改革开放为驱动,全面提高经济整体竞争力,加快现代化经济体系建设。经济总体保持平稳态势,运行在合理区间,经济结构持续优化升级。2021年,中国GDP为114.37亿元,按不变价格计算,比2020年增长8.1%。其中,第一产业增加值83086亿元,增长7.1%,拉动经济增长0.5个百分点;第二产业增加值450904亿元,增长8.2%,拉动经济增长3.1个百分点;第三产业增加值609680亿元,增长8.2%,拉动经济增长4.5个百分点。三次产业增加值占GDP的比重分别为7.3%、39.4%和53.3%。与2020年相比,第二产业比重提高1.6个百分点,第一和第三产业比重分别下降0.4个和1.2个百分点。

(1)固定资产投资持续恢复,制造业投资两年平均增速加快。

2021年,全国固定资产投资(不含农户)544547亿元,同比增长4.9%,两年平均增长3.9%。其中,民间固定资产投资307659亿元,增长7.0%。

分领域看,基础设施投资增长0.4%,制造业投资增长13.5%,房地产开发投资增长4.4%。全国商品房销售面积179433万平方米,增长1.9%;商品房销售额181930亿元,增长4.8%。

分产业看,第一产业投资增长9.1%,第二产业投资增长11.3%,第三产业投资增长2.1%。

(2)居民消费价格温和上涨,工业生产者价格涨幅高位回落。

2021年,居民消费价格(CPI)同比上涨0.9%。其中,城市上涨1.0%,农村上涨0.7%。分类别看,食品烟酒价格下降0.3%,衣着上涨0.3%,居住上涨0.8%,生活用品及服务上涨0.4%,交通通信上涨4.1%,教育文化娱乐上涨1.9%,医疗保健上涨0.4%,其他用品和服务下降1.3%。在食品烟酒价格中,粮

食价格上涨1.1%，鲜菜价格上涨5.6%，猪肉价格下降30.3%。扣除食品和能源价格的核心消费者物价指数（Consumer Price Index，CPI）上涨0.8%。

2021年，生产价格指数（Producer Price Index，PPI）月度同比涨幅呈现冲高回落走势。PPI由2020年下降1.8%转为上涨8.1%。分月看，受国际大宗商品价格走高叠加对比基数走低影响，1—5月，PPI同比涨幅由1.7%快速扩大至9.0%。6—8月，PPI涨势趋缓，涨幅在8.8%~9.5%波动。9月以后，受部分能源和原材料供应偏紧影响，PPI涨幅再次扩大，10月达13.5%。随着各项保供稳价政策措施不断落实，年末PPI涨幅高位回落，12月回落至10.3%，比2021年最高点回落3.2个百分点。

（3）货物进出口快速增长，贸易结构持续优化。

2021年货物进出口总额391009亿元，同比增长21.4%。其中，出口217348亿元，增长21.2%；进口173661亿元，增长21.5%。进出口相抵，贸易顺差43687亿元。一般贸易进出口增长24.7%，占进出口总额的比重为61.6%，比2020年提高1.6个百分点。民营企业进出口增长26.7%，占进出口总额的比重为48.6%，比2020年提高2个百分点。

（4）居民收入增长与经济增长基本同步，城乡居民人均收入比缩小。

2021年全国居民人均可支配收入35128元，比2020年名义增长9.1%，两年平均名义增长6.9%；扣除价格因素实际增长8.1%，两年平均增长5.1%，与经济增长基本同步。

按常住地分，城镇居民人均可支配收入47412元，比2020年名义增长8.2%，扣除价格因素实际增长7.1%；农村居民人均可支配收入18931元，比2020年名义增长10.5%，扣除价格因素实际增长9.7%。城乡居民人均可支配收入比为2.50，比2020年缩小0.06。全国居民人均可支配收入中位数29975元，比2020年名义增长8.8%。按全国居民五等份收入分组，低收入组人均可支配收入8333元，中间偏下收入组18446元，中间收入组29053元，中间偏上收入组44949元，高收入组85836元。全国居民人均消费支出24100元，比2020年名义增长13.6%，两年平均名义增长5.7%；扣除价格因素实际增长12.6%，两年平均增长4.0%。

（5）继续实施积极的财政政策和稳健的货币政策。

坚持稳中求进工作总基调，完整准确全面贯彻新发展理念，加快构建新发展格局，抓好常态化疫情防控，强化宏观政策跨周期调节，着力促进经济持续健康发展，着力深化改革开放创新，不断激发市场活力、增强发展动力、释放内需潜力，努力保持经济运行在合理区间，货币政策稳字当头，保持对经济恢复必要的支持力度。

预计财政政策的重点将从通过基建投资直接拉动经济增长转向效率更高、结构更为灵活、重点更加突出的公共消费和服务领域;同时,通过加大在科技、教育等领域的投入,以及定向实施税收优惠和补贴措施,促进创新和结构调整,推动实体经济高质量发展。

2. 中国能源需求逐步回暖,能源消费结构持续优化

2021年,随着世界经济迈入复苏轨道,全球能源需求回暖。中国能源供需延续稳定恢复态势,供给端加快增长,能源生产稳中有增,供应保障水平不断提升;需求端逐步向正常增长水平回归,但消费增速回落,清洁能源占比有所提高。

(1) 能源生产稳步增长,能源消费逐季回落。

2021年,能源生产企业深入落实保供工作任务,能源生产稳步增长,安全供应能力进一步提升。

原煤生产持续增长。面对煤炭供应偏紧、价格大幅上涨等情况,煤炭生产企业全力增产增供,加快释放优质产能,有效保障人民群众安全温暖过冬和经济平稳运行。规模以上工业原煤产量40.7亿吨,同比增长4.7%,比2019年增长5.6%,两年平均增长2.8%。

油气生产稳定增长。油气生产企业不断加大勘探开发力度,推动增储上产,力保经济民生用油用气。规模以上工业原油产量19898万吨,同比增长2.4%,比2019年增长4.0%,两年平均增长2.0%;天然气产量2053亿立方米,同比增长8.2%,连续五年增产超过100亿立方米,比2019年增长18.8%,两年平均增长9.0%;原油加工量突破7亿吨,同比增长4.3%,比2019年增长7.4%,两年平均增长3.6%。

电力生产较快增长。电力生产企业坚持民生优先,努力提升电力供应水平,全力保障经济民生用电需求。规模以上工业发电量突破8万亿千瓦·时,同比增长8.1%,比2019年增长11.0%,两年平均增长5.4%。分电源看,火电增长8.4%,水电下降2.5%,核电增长11.3%,风电增长29.8%,太阳能发电增长14.1%。

根据海关总署快报数据,2021年煤炭进口3.2亿吨,同比增长6.6%;原油进口5.1亿吨,同比下降5.4%;天然气进口1.2亿吨,同比增长19.9%。

2021年,受能耗双控和坚决遏制"两高"项目盲目发展政策、同期基数抬升等因素影响,能源消费增速呈逐季回落态势。初步测算,全年能源消费总量同比增长5.2%,两年平均增长3.7%。占全社会能源消费六成以上的规模以上工业能源消费增长3.5%,比第一季度、上半年、前三季度分别回落11.0个、6.6个、2.5个百分点。

（2）国内成品油市场整体回暖。

2021年，国内新冠肺炎疫情虽多点散发，但均得到快速有效的控制，国内经济所受影响较2020年明显减弱，整体经济发展表现乐观。受此影响，2021年中国汽油、柴油、煤油需求整体表现向好，尤其是9月、10月受"金九银十"需求大增以及原油价格持续上涨等因素提振，国内成品油需求短时间内明显大涨，出现集中补货热潮，也导致国内部分地区出现资源偏紧的情况。

（3）能源供给侧改革持续推进，能源消费结构持续优化。

2021年中国深入落实"双碳"目标要求，推动能源生产和消费革命，高质量发展可再生能源，大幅提高非化石能源消费比重，控制化石能源消费总量，着力提高利用效能，持续优化能源结构。"十四五"时期，严控煤炭消费增长，非化石能源消费占比提高到20%左右。

初步核算，2021年天然气、水电、核电、风电、太阳能发电等清洁能源消费占能源消费总量比重比2020年同期提高1.0个百分点，煤炭消费所占比重下降0.8个百分点。单位GDP能耗同比下降2.7%，规模以上工业单位增加值能耗下降5.6%。

3. 中国宏观环境对中国石油流通行业的影响

2021年经济情况从有利因素看，部分重要规划项目上马；国内加快构建双循环新发展格局，扩大内需战略逐步实施，成为经济稳定增长的重要力量；要素市场化改革等重大举措、海南自贸港等更高层次对外开放都将不断释放新的制度红利。中国能源生产稳中有增，能源结构持续优化，能源消费继续回暖，能耗强度升幅不断回落。"双碳"目标下，政策调控趋严，中国石油流通行业需要进行产业结构的转型升级和优化调整。

（1）成品油需求整体回涨，汽油、柴油、航煤均上涨。

2021年疫情得到有效控制，国内各项生产持续发展，成品油消费31974万吨，同比增长10.3%，其中，汽油和柴油分别同比增长20.7%和4.5%，煤油同比下降2.2%。

（2）成品油价格整体收涨，国内供需情况较为稳定。

受原油走势影响，2021年国内成品油零售限价以上涨收尾。国内成品油市场历经25次调价窗口，其中，15次上调，6次下调，4次搁浅。标准汽油、柴油价格年内每吨分别累计上调1485元、1430元，折合升价，92号汽油每升累计上涨1.17元，95号汽油每升累计上涨1.23元，0号柴油每升累计上涨1.22元。随着国内新冠肺炎疫情得到有效控制，成品油需求逐步恢复；中国炼厂开工负荷同比明显提升，原油加工量上涨，国内供需情况较为稳定。

(3) 石化行业持续优化产业结构，推进绿色化发展。

石化产业是国民经济的重要支柱产业，产业关联度高、产品覆盖面广，对稳定经济增长、改善人民生活、保障国防安全具有重要作用。但同时，石化产业作为高耗能行业，其发展空间受限。"十四五"期间，低碳发展将成为石化产业发展的主旋律，行业将开启新一轮供给侧改革，落后产能企业将逐步被淘汰。2021年中国炼化企业转型升级持续推进，"减油增化"初见成效。

(4) 炼化产能提升空间受限，加速重塑转型。

2021年，中国主营炼厂平均开工负荷波动较小，季节性检修影响相对明显。其中，最低点出现在3月，当月平均开工负荷为71.7%；高点出现在11月，为78.2%；全年平均开工率为75.2%，同比增加3.8个百分点。中国炼油产能增长至9.25亿吨/年，全年原油加工量7.04亿吨，同比增长4.3%。国务院颁布的《2030年前碳达峰行动方案》明确提出，到2025年，国内原油一次加工能力控制在10亿吨以内，主要产品产能利用率提升至80%以上。这意味着未来5年，在炼能上只有12.4%的增长空间，未来将更多地通过油转化或产能置换的方式扩能。

（二）中国石油流通行业政策分析

2021年中国成品油市场政策频出，大大降低了行业准入门槛，继续提升了市场的竞争力，加之税收管理强化，成品油市场运行愈加规范化。

1. 能效标准指导意见出台，石化产业绿色转型升级加速

2021年10月26日，国家发展改革委、工业和信息化部、生态环境部、市场监管总局、国家能源局随《关于严格能效约束推动重点行业节能降碳的若干意见》同步出台了《石化化工重点行业严格能效约束推动节能降碳行动方案（2021—2025年）》，提出了炼油、乙烯、合成氨、电石等重点行业节能降碳的行动目标、重点任务、工作要求。这将有力提升中国石油化工行业能效水平，促进产业转型升级，推动碳达峰目标实现。

2. 石油成品油流通领域标准化加强，行业规范化发展进入新阶段

2021年8月19日，商务部印发了《商务部关于加强"十四五"时期商务领域标准化建设的指导意见》，其中要求推动汽车流通、石油成品油流通等方面标准化建设，着力改善消费环境，促进行业转型升级，构建适应新形势下流通发展需要的高质量标准体系。未来，将进一步加强石油成品油流通企业信用评价指标、信用管理体系标准化建设，充分发挥信用标准化的技术支撑和保障作用，引导企业标准化生产和企业内部标准化体系建设，助力行业规范化发展。

3. 成品油市场化进程提速，进一步激发经营主体活力

为贯彻落实国务院"放管服"改革决策部署，保障取消石油成品油批发仓储经营资格审批、下放成品油零售经营资格审批政策落地落实，2021年1月，商务部办公厅发布《石油成品油流通行业管理工作指引》，将经营审批流程化繁为简，化难为易，进一步推动成品油市场化进程，但同时对经营者的具体经营规范、监督管理措施等也变得更为详细、严格。

2021年7月12日，为贯彻落实《国务院关于深化"证照分离"改革进一步激发市场主体发展活力的通知》有关精神，推进商务部有关涉企经营许可事项在全国范围内推行"证照分离"改革全覆盖，并在自由贸易试验区加大改革试点力度，商务部制定了《深化"证照分离"改革进一步激发市场主体发展活力工作实施方案》。该方案明确，石油成品油批发经营资格审批（初审）、石油成品油批发经营资格审批、石油成品油仓储经营资格审批（初审）、石油成品油仓储经营资格审批等4项审批直接取消；成品油零售经营资格审批由省级商务部主管部门下放到设区的市级人民政府指定部门，取消申请企业提交成品油供应渠道法律文件相关要求。

4. 完善税收管理，促进成品油市场公平有序竞争

2021年中国出台多项成品油领域的税收管理法规，以促进市场公平竞争。

2021年5月12日，财政部、海关总署、税务总局发布《关于对部分成品油征收进口环节消费税的公告》，对税则号27075000、27079990、27101299、27150000项下的部分成品油征收进口环节消费税。自2021年6月12日起，进口环节消费税按稀释沥青1.2元/升，混合芳烃、轻循环油1.5元/升的标准征收。

自7月10日开始，税务局将增值税发票综合服务平台（税务局版）的航空煤油类目中新增"经销企业库存勾选控制"功能。此功能执行之后，中国炼厂生产的航煤，只能销售给用于飞行的航空公司，以享受暂缓征收消费税。而流入调油、建筑、物流等行业的航煤资源将以相关油品的种类缴纳相应的消费税。中国航煤的征税环节进一步规范。

2021年3月31日，广东省人民政府办公厅发布了《关于做好加油站智能税控系统试点推广工作的通知》。在终端加油站安装新的税控系统意味着将成品油消费税的征收由原来的生产企业转移到零售企业，此举将提升加油站的市场竞争力，有效打击市场不法行为。

5. 炼化行业清洁化发展落地，推动油品质量升级和落后产能淘汰

中国政府高度重视炼化行业的清洁化发展，《安全生产法》《环境保护法》《能

源行业大气污染治理方案》《石油炼制工业污染物排放标准》《打赢蓝天保卫战三年行动计划》等都有对炼化行业清洁化发展的相关要求，2021年，中国对炼化行业清洁化发展的要求进一步落地。

2021年1月28日，国家能源局印发《2021年能源监管重点任务清单》，对炼油行业的专项监管主要集中在炼厂设备升级改造、油品质量升级、承诺产能淘汰三方面，并将山东作为重点监管地区。

2021年3月19日，住房城乡建设部、公安部等六部门联合印发《关于加强瓶装液化石油气安全管理的指导意见》，指出各地要通过制定地方法规等方式，强化餐饮经营单位瓶装液化石油气安全技术防控；鼓励餐饮经营单位将厨房用气从瓶装液化石油气改为管道天然气，减少室内危险源。到2021年底，瓶装液化石油气安全专项整治取得积极成效，安全管理制度基本完善，安全事故总量持续下降，较大及以上事故得到有效遏制，行业整体安全水平明显提高。

2021年4月25日，生态环境部、工业和信息化部、海关总署联合发布《关于实施重型柴油车国六排放标准有关事宜的公告》。自2021年7月1日起，全国范围全面实施重型柴油车国六排放标准，禁止生产、销售不符合国六排放标准的重型柴油车（生产日期以机动车合格证上传日期为准，销售日期以机动车销售发票日期为准），进口重型柴油车应符合国六排放标准（进口日期以货物进口证明书签注运抵日期为准）。汽车生产、进口企业作为环保生产一致性管理的责任主体，应按《中华人民共和国大气污染防治法》和有关规定，在车辆出厂或入境前公开车型排放检验信息和污染控制技术信息，并上传随车清单，确保实际生产、进口的车辆达到国六排放标准要求。重型车整车实际道路车载法排放试验有效数据点氮氧化物排放浓度限值、轻型车实际行驶污染物排放试验符合性因子，分别按相应标准规定的限值和有关要求执行。满足国六b阶段排放标准要求的重型车，应按标准和规范要求进行远程排放监控数据联网。近年来，中国各地为响应打赢蓝天保卫战和污染防治攻坚战的行动，对油品质量的要求越来越高，云南省、成都市相继实施汽油国六b标准。

2021年11月，中共中央、国务院印发《关于深入打好污染防治攻坚战的意见》，重点区域严控新增炼油产能。

（三）2022年中国石油流通行业政策前景展望

2022年将是中国《"十四五"发展规划纲要》通过和实施的第二年，迈向"以国内大循环为主体、国内国际双循环相互促进的新发展格局"决定了战略转型和战略替换将是经济运行的核心主题，中国石油流通行业必将进行新一轮产业结构的转型升级和优化调整。展望2022年，中国石油流通行业的政策将主要聚焦以下四个方面：

1. 推动"双碳"目标，石油石化行业绿色低碳转型

对中国来说，要实现碳中和必须要建立低碳、清洁、高效、安全、可持续的能源体系，开发利用清洁能源，持续优化能源结构。2022年中国石化产业、石油石化行业节能降耗工作形势严峻，预计政府将出台一系列政策促使石油石化行业从粗放发展向创新、绿色和高质量发展转变，全面提升绿色低碳发展水平已成为行业发展的重点任务。

2. 推出石油消费考核指标，加强能耗双控长期管理

2021年9月16日，国家发展改革委发布《完善能源消费强度和总量双控制度方案》，对能耗双控的长期管理，区域间的差别化、弹性化管理做了进一步要求，通过目标分配倒逼产业结构、能源结构调整。这将对未来能源结构变化及区域能源产业结构调整产生长期影响。预计2022年将出台石油消费考核指标，使石油能源消费控制对促进"双碳"目标的实现更具有针对性。

3. 监管措施将进一步加强，石油流通行业向技术进步、规模化发展

预计2022年中国政府将进一步强化石油流通行业各项监管措施，辅助石化行业加速变革，传统独立炼厂将面临更多转型压力，市场竞争环境趋向公平，产业整体升级速度有望进一步提升。石油流通行业向技术进步、规模化发展，将构筑安全生产大格局、应急管理大平台。

4. 成品油出口配额将削减，进一步加速行业优胜劣汰

在当前中国炼油产能过剩的背景下，国家大力整顿成品油市场秩序，陆续出台了一系列政策。"双碳"目标约束加强，管理力度加大，推动行业高质量发展，整个国际市场需求萎靡，市场容量有限，加上疫情对经济的冲击，出口端政策收紧已成为趋势。预计2022年成品油出口配额将削减，进一步加速石油化工行业优胜劣汰。

第二篇

炼油与市场供给

2021年是"十四五"开局之年，是中国迈向全面建设现代化国家新征程的起步之年，开好头、起好步至关重要。国内疫情防控呈常态化，坚持"动态清零"，市场逐渐活跃，成品油需求量逐渐恢复，带动炼化行业稳步发展；10月24日，《中共中央 国务院关于完整准确全面贯彻新发展理念做好碳达峰碳中和工作的意见》发布，标志着"双碳"政策正式开始落地实施，传统高排放、高耗能的炼化产业将面临新的挑战和机遇。

2021年，中国炼油能力实现进一步增长，原油生产量、加工量保持增长，原油对外依存度首次回落，成品油产量继续增加，航煤产量波动较大，炼化一体化进程不断加快，市场竞争加剧，"双碳"目标下炼油厂转型压力增大。独立炼厂通过行业规范化整顿、供给侧改革及技术创新等手段，不断提高产品质量，加快落后产能淘汰步伐。独立炼厂汽、柴油价格上涨，销售渠道仍是瓶颈。政策监管趋严，独立炼厂面临新挑战。"双碳"背景下，中国炼油技术不断推进，多项技术取得新进展，炼油设备发展在清洁化和提质增效等方面也取得了很大进步，炼油企业利润较2020年大幅提升。炼油企业加快绿色能源转型步伐，数字化、智能化水平不断提升，企业管理水平不断提高。

展望2022年，中国炼油能力将进一步提升，产能过剩压力仍然存在，中国炼化产业结构将进一步优化，加快供给侧结构性改革，并坚持绿色低碳、创新协调发展。中国独立炼厂将继续向下延伸产业链，往精细化工方向发展。独立炼厂产能将继续增长，行业竞争将加剧，低硫船燃产能将提高，市场份额将增加，加快炼化技术创新，突破高端技术制约，提高自身竞争力。炼油技术与设备发展将继续朝着绿色化、低碳化、高效化、精细化方向推进，炼油企业利润上行幅度较2021年将有所放缓，炼油企业能源转型将进一步加快，炼油企业绿色标准体系或将出台，智能炼厂建设将不断完善，炼油企业数字化、智能化转型进程将提速。

一、中国炼油产业现状与前景展望

2021年中国炼油能力快速增长，原油产量和加工量均得到突破，布局调整不断优化，炼厂规模大型化、炼化一体化程度不断提高，但同时面临产能过剩的压力。展望2022年，在"双碳"目标下，中国炼化产业结构将进一步优化，供给侧结构性改革将加快，并坚持绿色低碳、创新协调发展。

（一）2021年中国炼油产业现状

2021年，中国炼油原油产量和加工量均取得了突破。其中，原油产量达到1.99亿吨，炼油能力达到9.25亿吨/年；原油加工量实现了7亿吨/年的突破，增加至7.04亿吨/年。主营炼厂和独立炼厂平均开工率均上升。成品油产量3.57亿吨，同比增长7.9%。炼化一体化项目取得新进展，多家企业均有大型炼化一体化项目相继投产，炼油能力持续增长，产能过剩压力进一步加大。具体分析如下：

1. 炼油能力、加工量持续增长，对外依存度首次回落

2021年，中国原油产量及加工量持续增长，产能过剩压力加剧，原油对外依存度首次回落。原油产量1.99亿吨，同比增长2.4%，两年平均增长2.0%，如图2-1所示。原油进口量5.13亿吨，同比下降5.4%；原油表观消费量7.10亿吨，同比下降3.5%。

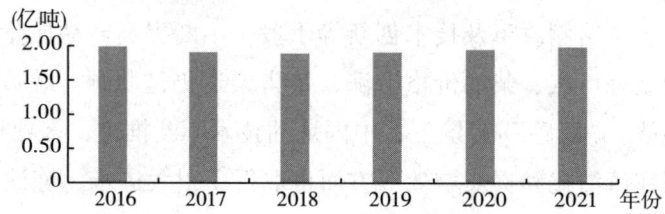

图2-1 2016—2021年中国原油生产总量

数据来源：国家统计局。

2021年，中国原油对外依存度为71.7%，同比回落1.9个百分点，如图2-2所示，2016—2020年，原油对外依存度持续增长，2019年及2020年虽增速有所放缓，但仍保持上升趋势，2021年对外依存度首次回落。

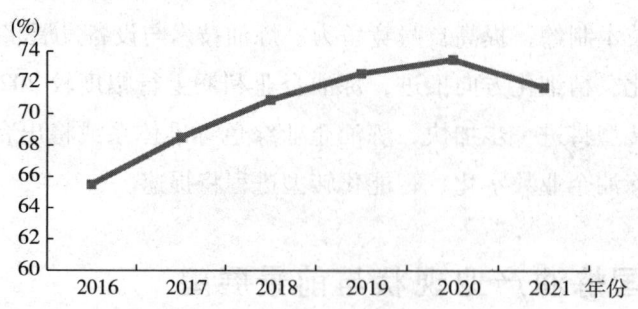

图2-2 2016—2021年中国原油对外依存度

数据来源：国家统计局。

受疫情和油价低迷影响，中国石油、中国石化及中国海油持续推进油气战略部署，并加大了对中国国内石油天然气勘探开采的力度，2021年中国石油、中国石化、中国海油的勘探成果如表2–1所示。中国石油将保持50亿元风险勘探投入，以实现国内油气产量当量突破2亿吨；中国石化大力推进国内上游稳油增气降本；中国海油进一步夯实储量资源基础。

表2–1 2021年中国石油、中国石化、中国海油的勘探成果

公司	勘探成果
中国石油	塔里木油田10亿吨级超深油气区
	鄂尔多斯盆地探明10亿吨以上页岩油地质储量
	古龙页岩油落实10亿吨以上预测地质储量
中国石化	顺北油气田4号断裂带探明油气储量超2亿吨
	济阳坳陷页岩油初步落实资源量18.5亿吨
	苏北盆地页岩油落实资源量3.5亿吨
中国海油	惠州26–6油气田探明地质储量5000万立方米油当量
	渤中13–2油气田探明地质储量亿吨级油气当量
	临兴气田探明地质储量超1000亿立方米
	渤海垦利10–2油田原油探明地质储量超过1亿吨

数据来源：根据公开资料整理。

2021年，中国主营炼厂平均开工率为75.2%、独立炼厂平均开工率为72%，分别同比增加3.8个、2.3个百分点。中国炼油能力持续增长，2021年炼油能力增长至9.25亿吨/年，比上年净增0.12亿吨/年，同比增长1.3%，两年平均增长4.16%，如图2–3所示。

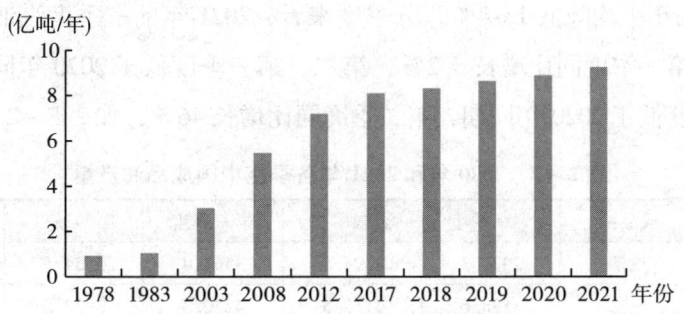

图2–3 1978—2021年中国炼油能力

数据来源：根据公开资料整理。

2021年，中国原油加工量7.04亿吨，同比增长4.3%，两年平均增长3.6%。分季度来看，2021年第一季度中国原油加工量1.74亿吨，同比增长16.5%；第二季度

1.79亿吨，较第一季度增长2.9%；第三季度1.74亿吨；炼油能力在疫情得到有效控制后迅速恢复，第四季度达到了1.77亿吨，如图2-4所示。中国炼油能力持续增长，但全球范围内油气相关产品的需求大幅下滑，但将增大中国炼油市场的产能过剩压力。

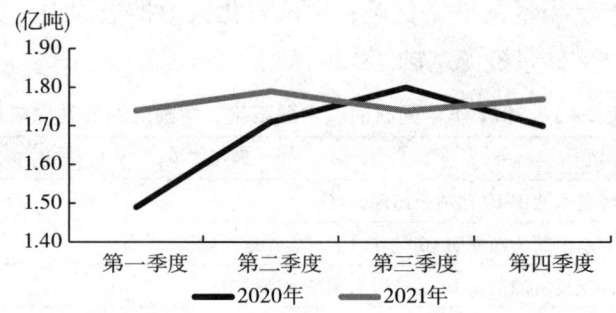

图2-4　2020年和2021年各季度中国原油加工量

数据来源：国家统计局。

2. 成品油产量有所上涨，煤油产量波动较大

总体来看，2021年上半年，中国炼油行业11类炼油产品总产量为34572.9万吨，较2020年上半年上涨13.4%，较2019年上半年和2020年上半年平均上涨13.1%。11类产品的产量较2020年均有上涨，其中沥青涨幅最大，达到51.8%；10类产品产量较2019年上涨，其中炼油型烷基化油涨幅最大，达到53.2%，煤油跌幅最大，达到6.2%。大型装置的逐步投产，带动主要炼油产品供应量上涨。

2021年汽油产量15457.3万吨，同比增长17.3%，两年平均增长13.2%；柴油产量16337.0万吨，同比增长2.7%，两年平均增长0.4%；煤油产量3943.9万吨，同比下降2.6%，两年平均降低15.4%。分季度来看，2021年前三季度汽油产量均有所增加；柴油产量第一季度同比增长5.2%，第二、第三季度低于2020年同期；煤油产量第一、第三季度低于2020年同期，第二季度同比增长46%，如表2-2所示。

表2-2　2020年和2021年各季度中国成品油产量　　　　　单位：万吨

年份	成品油	第一季度	第二季度	第三季度	第四季度	合计
2020	汽油	2975.3	3094.5	3567.4	3534.5	13171.7
2020	柴油	3588.6	4113.5	4270.3	3932.5	15904.9
2020	煤油	1048.8	847.7	1035.6	1117.3	4049.4
2021	汽油	3641.8	3769.4	4028.1	4018.0	15457.3
2021	柴油	3775.2	3849.9	3928.3	4783.6	16337.0
2021	煤油	1045.7	1237.7	936.1	724.4	3943.9

数据来源：国家统计局。

2021年中国炼化产品各季度产量如图2-5所示。整体来看，2021年柴油产量＞汽油产量＞煤油产量。分季度来看，前三季度汽油、柴油产量呈现逐渐增长的趋势，而煤油产量在第三、第四季度明显回落。2021年第二、第三季度，汽油产量分别增长3.5%、6.9%，柴油产量分别增长1.9%、2.0%。煤油产量第二季度增长18.4%，第三季度下降24.4%，第四季度仅为724.4万吨。随着2021年7月航煤消费税政策及库存勾选规定出台，国家进一步规范了成品油经销企业对于航空煤油的用途监管，部分炼厂已做出停产航煤的决定。此外，由于2021年海外疫情反复及国内部分地区出现小范围疫情扰动，航空业发展受到一定影响，对作为航空燃料的煤油产生了影响。

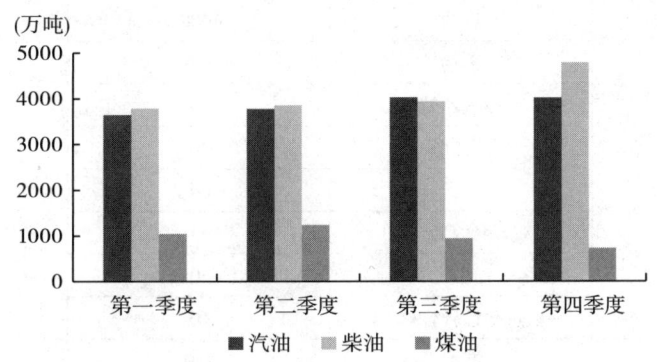

图2-5　2021年中国炼化产品各季度产量

数据来源：国家统计局。

3. 炼厂减油增化取得实效，炼化一体化进程加快

2021年，中国石化行业自"十三五"以来的新一轮扩张周期达到顶峰，其中乙烯产能新增850万吨/年，达到4368万吨/年，丙烯产能新增720万吨/年，达到4952万吨/年，PX产能新增275万吨/年，达到2881万吨/年。新增石化产能迅速占领原进口市场，乙烯、丙烯当量自给率和PX表观自给率分别大幅提高至66%、95%和62%。

在国际能源结构转型阶段，中国的油品需求增速放缓，因此，能够提高利用资源的效率、降低成本、提高产品的附加值及盈利水平、加快转型升级的炼化一体化战略成为石化行业的重要发展战略。中国炼化一体化项目建设主要呈现三大特点：一是随着油气体制改革不断推进，炼化领域进一步开放市场，引进了民营企业、外资等多种市场竞争主体，竞争有利于提升企业的管理能力及盈利能力；二是新兴民营企业主导，加大了炼油下游产业链的竞争；三是中国新一轮的炼油产业扩张聚焦于高端产品，企业积极利用自身优势提升市场竞争力，进行炼油向化工转型，同时通过建设先进产能逐步淘汰落后产能,进一步提高产业集中度,促进产业结构优化升级,并且通过与外资合作促进炼化产业转型。

2021年中国炼化一体化项目发展进程较快。中国石化的镇海基地一期项目已于2021年6月建成,按计划2021年12月底引物料开车。其他企业的炼化一体化项目建设也取得了一定进展。部分省份炼化一体化项目的投产情况如表2-3所示。2021年中国多个企业陆续投产了大型炼化一体化项目,进一步加剧了中国炼化以及成品油销售市场本就激烈的竞争。

表2-3 2021年投产的炼化一体化项目

省份	装置	新增能力/(万吨/年)	产能合计/(万吨/年)
福建省	炼油	1600	1935
	乙烯	120	
	环氧乙烷	10	
	乙二醇	70	
	苯乙烯	60	
	聚丙烯	35	
	乙烯—醋酸乙烯树脂	30	
	热塑性弹性体	10	
江苏省	芳烃	280	1990
	乙烯	110	
	炼油	1600	
浙江省	炼油	3500	4160
	乙烯	260	
	对二甲苯	400	

数据来源:根据公开资料整理。

4. "双碳"目标下推出系列节能减排政策,炼油厂转型压力增大

中国始终高度重视应对气候变化,是气候行动的积极推动者和坚定践行者。2021年"双碳"目标被首次写入政府工作报告,同时中国政府发布了《关于加快建立健全绿色低碳循环发展经济体系的指导意见》等一系列碳排放政策,并于7月16日启动全国碳市场上线交易。在"双碳"目标及能源转型政策下,积极推进炼化一体化项目建设,对中国炼油企业降本增效具有至关重要的作用,中国炼油行业将进一步推进产业结构升级。为避免基础油品炼化装置的建设进一步加大中国油品结构性产能过剩的问题,需促进炼化一体化辅助高端化油品发展。

中国石油工业经历了过去七十余年的蓬勃发展,已经形成了实力较强且较为完

善的现代工业体系。中国成功进入全球石化大国行列，炼油产业具备较强的实力，市场参与主体多元化、科技创新能力不断增强。然而，炼油产业同样面临规模效应未能充分显现、产业结构性短缺矛盾突出、自主创新能力不足制约高质量发展等问题。为保障国家能源安全，2021年政府工作报告再次明确要提升能源安全保障能力。与此同时，中国石油、中国石化、中国海油正采取积极措施应对"双碳"，中国石油积极发展天然气，推进碳捕获、利用与封存（Carbon Capture, Utilization and Storage, CCUS）技术商业化应用；中国石化提供清洁能源，新建1000座加氢站或油氢合建站，打造中国第一大氢能公司；中国海油发展气电、风能，利用陆地电网向海上油田生产供电。

在政策和市场等多重因素驱动下，行业碳排放规模需要大幅缩减，相关企业面临着十分艰巨的节能减排任务，生产经营成本将进一步增加。叠加疫情的影响，全球产业链和供应链面临重塑，国内部分石油化工产品的下游产业链处于"去中国化"、外商撤资等多重压力下。但随着居民消费结构升级，行业中高端石化产品的国内市场需求也将同步增长，"一带一路"倡议能够带来的潜在市场需求增量也为中国炼油产业增添了新的优势。

（二）2022年中国炼油产业前景展望

"十四五"期间，中国炼化产业处于产业变革的历史交汇点。2022年炼化产业布局将向炼化一体化、规模化、集群化发展，行业整体集中度将大幅提高。炼化产业结构将进一步优化，加快供给侧结构性改革，优化资源配置与装置，产品将向高质量、高附加值、绿色低碳发展。除此之外，2022年炼油行业将坚持绿色低碳、技术创新协调高效发展。

1. 产业布局将进一步优化

（1）炼化一体化步伐将进一步加快。

"十四五"期间中国将新增炼油产能1.1亿吨，有望成为全球第一大炼油产能国。新增产能主要来自新兴民营企业，传统独立炼厂和新兴民营企业占全国炼油的份额将超过中国石油和中国石化，提升至37%。中国正加快大型炼化一体化项目规划、建设和落地进程，国有企业、民营企业和海外投资是炼化一体化项目主力军。2022年预计将会进一步淘汰2000万吨的落后产能，这将有利于整个炼油结构的持续优化。此外，响应"一带一路"倡议，一些民营石化企业也开始在海外实施炼化项目，进入国际化发展阶段，参与国际竞争。同时在盈利能力普遍优秀，乙烯供需缺口逐渐加大的趋势下，新建炼化一体化项目大多配套大乙烯项目。

(2) 新增产能将全面释放，市场竞争更加白热化。

2022年，广东石化（2000万吨/年）、鑫海化工（800万吨/年）、海南炼化（500万吨/年）将相继投产，同时浙江石化二期与盛虹石化的成品油资源也将全面投放市场，新一轮炼化扩能潮将推动市场竞争更加白热化，炼油产能过剩情况将进一步加剧，部分化工产品将进入过剩阶段。

2. 炼化产业结构将进一步加速调整

(1) 产业结构变革，加快"减油增化"布局规划。

"十四五"期间中国将继续实施炼油产能以新换旧、以先进炼油能力置换落后炼油能力、加快"减油增化"布局的产业结构转型方向。

在"双碳"目标以及能源转型政策下，中国炼油行业将进一步推进"油转化"，炼油行业向化工行业倾斜，减少油类产品的产出。2022年炼油行业将进一步加快产业供给侧改革，优化资源配置和装置结构，实现产品高质量、精细化转型。在工艺技术和设备制造技术不断进步的背景下，炼化装置将会更加大型化、规模化，推动燃料型炼厂向燃料—化工型/特色油品型炼厂转型发展。在结构调整过程中带动产业绿色化发展。结构调整的目标是要达到适应市场发展需求的合理结构，包括产业结构、装置结构和产品结构的优化调整，其中重点在于调节柴汽比、完成油品质量升级、降低物耗能耗和实现最大化增值。2022年炼化产业结构调整的方向为实现传统炼油向炼化一体化和油化结合方向转型升级。

(2) "双碳"目标要求行业持续创新。

随着"双碳"目标的推进，炼油行业及终端消费市场正在加快改革的步伐。炼油化工行业将从大量生产成品油支撑经济建设逐渐向供应清洁能源和高精尖新材料产品转变。绿色低碳已成为全球共识，中国能源转型与升级迫在眉睫，对工业生产的环保低碳要求也不断提高。为此，炼化企业将不断开发创新技术，不断加大对新能源、低碳环保技术的研究力度。例如，中国石油自主开发炼油化工新技术，在结构上提升清洁能源和新材料供给能力，不断填补高精尖产品国产空白，推动石化产业不断转型升级。总结起来，"十四五"期间中国炼油行业将继续深化结构调整和转型升级，实现"一油独大"向"油化并举"转变，加大落后产能的淘汰和整合转移。在"双碳"背景下，炼油产业将加快"减油增化"布局，实现低碳发展。未来成品油市场化的进程将不断加快，行业内部竞争将加剧，同时消费需求细分将带动化工产品高端化发展。炼油行业仍然聚焦油品向化工转型，"减油增化"将成为行业发展的主流趋势，产业链布局以及价值链结构将更加完善。一批新建炼油项目陆续投产后，将依托大型化、一体化和集群化的发展模式，增强企业的核心竞争力和抗风险能力，乙烯和芳烃的供应能力大幅提升，也将改变基础化工原料的供需格局。中国成品油炼化企业基地化、园区化、一体化趋势将更加明显，落后装置加快淘汰，产业集中度将不断提升。

二、中国独立炼厂现状与前景展望

2021年，中国独立炼厂通过行业规范化整顿、供给侧改革及技术创新等手段，不断提高产品质量，加快落后产能淘汰步伐。独立炼厂汽、柴油价格上涨，销售渠道仍是瓶颈。政策监管趋严，独立炼厂面临新挑战。2022年，中国独立炼厂将继续向下延伸产业链，往精细化工方向发展。独立炼厂产能将继续增长，行业竞争将加剧，低硫船燃产能将提高、市场份额将增加，将进一步加快炼化技术创新，突破高端技术制约，提高自身竞争力。

（一）2021年中国独立炼厂现状

受国际原油价格波动上涨、油品消费税征收强化及"双控"等利好影响，中国独立炼厂汽、柴油成本总体上涨44.6%，同时汽油价格总体上涨41.60%，柴油价格总体上涨21.64%，独立炼厂炼油利润总体上涨52.17%。2020年下半年多地疫情反复，汽、柴油需求没有明显改善，独立炼厂常减压装置年均开工率69.95%，同比增加1.76个百分点。由于顺宏、宝来等炼厂扩建，全国新增产能0.25亿吨/年。2021年，面对成品油政策监管趋严，独立炼厂正尽快向规模化、一体化、园区化发展，迎接行业全新挑战。

1. 政策引导行业高质量发展，落后产能进一步淘汰

在政策引导下，2021年中国独立炼厂通过行业规范化整顿、供给侧改革及技术创新等手段，不断提高产品质量，实现石油资源的充分利用。2021年独立炼厂新增产能0.3亿吨/年，其中如盛虹炼化等千万吨级以上炼厂较多，呈现大规模的特点。大型炼化项目中，成品油收率相对传统独立炼厂较低，开始以炼油为基础向化工行业延伸，进一步提高了产业的轻质化与烯烃化水平，为化工产业链延伸提供了原料基础，增强了对原料的适应性，呈现一体化趋势。2021年中国独立炼厂持续淘汰低端落后产能，炼油产能进一步集中于大型炼厂，行业集中度有所提高。山东地区独立炼厂按计划淘汰一次产能780万吨/年，涉及原油配额514万吨。全国独立炼厂地区分布及产能情况如表2-4所示。

表2-4 全国独立炼厂产能情况

地区	产能（万吨/年）	炼厂名称
山东地区	<100	高青宏远、金城弘业、青岛重交、晨曦集团、宜坤化工、胜凯石化、鑫和化工、津博化工、明源石化、齐润化工、清源集团、万通石化、振华化工、鑫泰石化、齐发化工、吉诺尔石化
	100~<200	华祥石化、石大日照、海科石化、石大科技、鲁北化工、华联石化、慧凯丰化工、贝利石化、万通石化、联盟化工
	200~<500	东营联合石化、齐成石化、海右石化、亚通石化、京博石化、日照岚桥、鑫岳燃化、东方华龙、垦利石化、寿光鲁清石化、海科瑞林、玉皇盛世、神驰化工、新海石化、滨阳燃化、中海精细化工、东营齐润化工、胜星化工
	≥500	弘润石化、东明石化、东营华联石化、金诚石化、汇丰石化、万通石化、清源石化、天弘化学
东北地区	<100	光大化工、北方石化、盘锦北燃、盘锦兴达、通辽亿沥、锦州沥青厂、辽宁华路、盘锦大洼石化、盘锦太平河、盘锦东方
	100~<200	沈阳东和、大连铭源、长春新大、营口佳孚
	200~<500	盘锦北方、佳兴宏泰石化、中国蓝星、首控石化
	≥1000	盛宏炼化
其他地区	<100	佛山富腾、江门盈昌、佛山龙池、三水益豪、南安新锦江、浙江泰科、番禺华鸿、广州祺美、肇庆荣泰、东莞新能、东莞晔联、福建华源、南通长江、三水海盛达、华龙石油、佛山顺燃、三水三泰、江阴宝利、上海东昊、万轩石化、舟山建呈、江门昊晟
	100~<200	番禺番龙、湖北金澳、鑫泉焦化、新疆天源、南通焯盛石化、珠海宝塔、金海宏业、河北大港、南通华大、江阴阿尔法、扬州实友、泰邦能源、润尔华化工、裕廊化工、中山天乙、珠海成城、佛山瑞丰、加盛沥青、珠海成城、钦州胜海石化、中聚能源、宁夏宝塔石化
	200~<500	信润石化、新疆宝塔、珠海华峰、盛马化工、银川宝塔精细化工、中化泉州、安徽桑铌、恒逸化工、银川宝塔
	≥2000	浙江石化（一期）、浙江石化（二期）

数据来源：根据公开资料整理。

2. 独立炼厂汽、柴油价格、利润上涨，销售渠道仍是瓶颈

2021年受国际原油价格上涨、中国境内疫情减弱、轻循征收消费税及"限电"等因素影响，中国独立炼厂汽、柴油全年平均售价均有大幅上涨，其中92号汽油成交价同比上涨41.6%，0号柴油成交价同比上涨25.64%。由于终端销售不畅，独立炼厂高额利润持续被其他终端公司获得的情况仍旧存在。

2021年国际原油价格上涨，炼厂炼油成本升高，中国境内疫情减缓，汽、柴油

需求恢复，独立炼厂汽、柴油价格持续上涨。2021年5月14日，轻循征收消费税落地，柴油炼制成本提高，支撑柴油价格上涨。8月，国内部分地区新冠肺炎疫情反复，导致独立炼厂汽、柴油价格略有下降。9月，国内多地"能耗双控""限电"政策频出，柴油供应紧张并产生联动效应，独立炼厂汽、柴油价格涨势强劲。10月，国内多地出台调控政策，实现供给侧改革，资源紧张局面得到缓解，独立炼厂汽、柴油价格回落。

2021年由于国际原油价格上涨及强化征收消费税落地，独立炼厂炼油成本总体上涨44.58%，但因市场资源紧张，独立炼厂汽、柴油销售价格保持上涨，独立炼厂炼油利润总体上涨52.17%。

由于销售网络不畅，独立炼厂成品油市场遭遇瓶颈，高额利润被中国石油、中国石化等终端公司获得。以汽油价格为例，对比2021年山东地区独立炼厂92号汽油出厂价格与主营炼厂在山东地区92号汽油批发价格，发现主营炼厂利润高于山东独立炼厂，见图2-6。

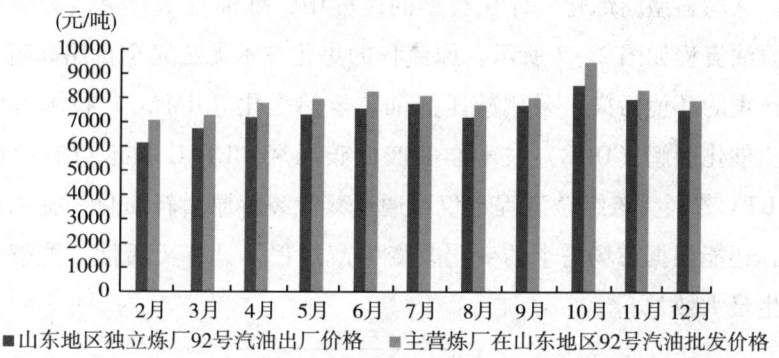

图2-6 2021年2—12月山东地区独立炼厂与主营炼厂柴油价格比较

数据来源：隆众资讯。

3. 政策监管趋严，独立炼厂经营面临新挑战

2021年，国内原油配额整顿持续，中国独立炼厂进口原油配额第一批足量下发，第二批配额中少数问题炼厂未予下发，第三批配额仅下发442万吨。部分炼厂受原油配额发放节奏缓慢的影响，原料供应出现一定的紧张局面。2021年4月，山东地区独立炼厂集中接受环保检查，导致柴油价格有小幅下跌。2021年东北地区独立炼厂受税务检查影响，开工负荷持续低位，全年成品油产量或有相应缩减。"双碳"目标指导下，全国持续淘汰落后产能。

面对政策监管趋严，独立炼厂需尽快克服产业链延伸不足、产业集群效应弱、装置雷同、单体规模不够等问题，向规模化、一体化、园区化发展，迎接行业全新挑战。

（二）2022年中国独立炼厂前景展望

2022年，中国独立炼厂将继续向下延伸产业链，往精细化工方向发展，以增强整体竞争力，抵御市场风险；独立炼厂产能将继续增长，行业竞争加剧；低硫船燃产能将提高，市场份额将增加，给炼厂带来巨大的经济效益；独立炼厂将加快炼化技术创新，突破高端技术制约。

1. 独立炼厂继续向下延伸产业链，往精细化工方向发展

燃料型炼厂主要产品是汽、煤、柴油等运输燃料，化工型炼厂的主要产品是化工原料及化工产品，相比之下，后者的经济效益更为明显。因此，燃料型炼厂向化工型炼厂转变是重要的发展方向。

炼化一体化炼厂比纯燃料型炼厂利润率可高出10个百分点左右。燃料型炼厂可依靠催化裂化和加氢裂化等技术多生产化工原料，通过炼油与蒸汽裂解和芳烃装置组合向炼化一体化转型。

在炼厂从燃料型向炼化一体化转型的过程中，炼油技术与蒸汽裂解组合加工高硫中间基原油流程如图2-7所示。原流程的焦化技术无法完全自用高硫石油焦，并且会产生严重的环境污染，采用减压渣油临氢热裂化（RMAC）技术可以有效解决这些问题。催化裂解（DCC）技术能多产低碳烯烃，LTAG技术可有效调节柴汽比并可增产BTX芳烃。该组合流程不仅可通过蒸汽裂解原料轻质化，提高应对油价波动的能力，还能根据市场需求的变化改变生产过程，具有灵活性，能够尽可能使全部装备产生最大效益。

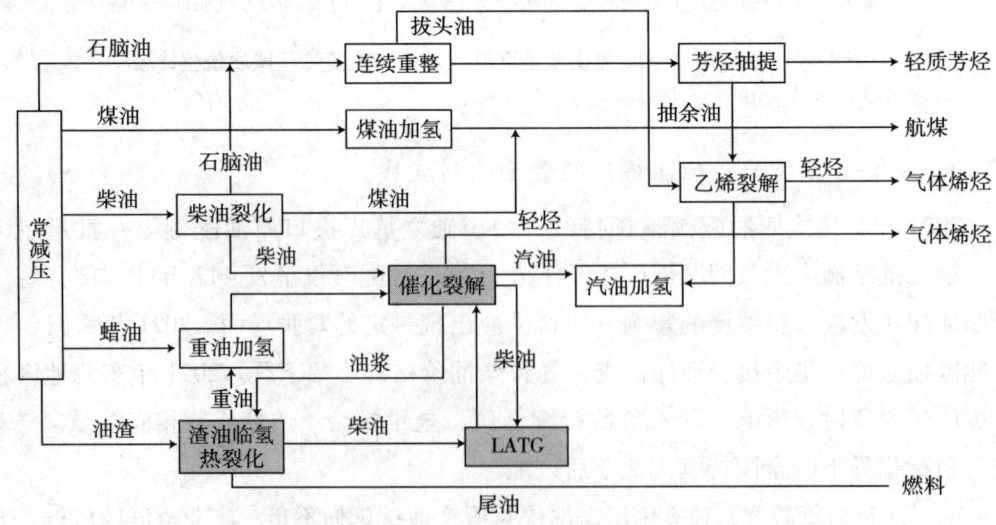

图2-7 炼厂从燃料型向炼化一体化转型流程

2. 独立炼厂产能将继续增长，行业竞争加剧

近年来，随着独立炼厂的快速发展，中国炼化产能格局发生改变，独立炼厂炼化产能占比不断加大。2020年中国独立炼厂以3.68亿吨/年的产能居国内炼油产能首位。2021年上半年，中国独立炼厂共加工原料11463万吨，其中原油加工量为11108.8万吨，同比增长14.09%，炼油能力达到8.93亿吨/年。中国独立炼厂主要分布在山东、广东、辽宁、河北、江苏、宁夏等地，尤其在山东最为集中。

2019年至今，排除2020年上半年公共卫生事件的影响，中国石油、中国石化和中国海油原油加工量整体走势无太明显变化，而独立炼厂原油加工量整体涨势明显，占全国总加工量的比重也整体呈现涨势，由2019年初的26.15%上涨到2021年的34.91%，3月甚至高达36.97%，独立炼厂在国内炼油行业的地位更加不容小觑。2022—2023年，预计国内炼油产能将达到10.8亿吨，其中独立炼厂新建产能占未来五年新增产能的76.2%。

3. 低硫船燃产能提高，市场份额将增加

2020年，国际海事组织（IMO）颁布新的限硫规定，全球船舶使用的燃料油硫含量上限由3.5%降至0.5%。中国随之制定相关政策，并且严格规范燃料油供应，积极响应限硫政策。

2011—2019年，高硫燃料油是中国主要的船舶燃料。2020年，中国保税船用重质低硫燃料油消费量约1460万吨，较2011年增加549万吨，增幅60.25%，年均增长率5.38%。从供油品种看，低硫船燃占比不断提升，并在2020年超过高硫船燃，成为全球主要船舶燃料，占比高达70%。

2020年，受低硫船燃政策的影响，世界燃料油市场发生一定的变化，预测2年到3年内达成新的平衡。预计2022年中国低硫船燃市场需求将持续增长，但供应有限，会存在一定的供应缺口。随着低硫船燃规划生产加速，其在中国燃料油市场的消费占比会进一步提高，生产低硫船燃的市场份额将扩大。

4. 技术及经营创新导向，将提高独立炼厂整体竞争力

以市场需求为导向，2022年独立炼厂将重点研发炼化转型升级技术。除此之外，积极发展信息化与智能炼厂技术。在以"互联网+"为特征的新业态发展推动下，智能制造、智慧加油站、共享经济等新技术、新模式的应用，将促进传统炼化行业进行产业升级，更有效地提高独立炼厂的整体竞争力。独立炼厂未来转型将结合地方特色，形成特色化发展格局。在实现能源以及资源多元化的同时，信息化应当被重视起来，用于炼化业务能力提升的创新。从炼化数字到炼化智慧，应用物联网、大数据、人工智能等新技术，从而在下游产业进行资源配置优化，以及对设备、能源、生产、销售的生命周期进行管理，最终实现全价值链优化。

三、中国炼油企业现状与前景展望

2021年是"十四五"的开局之年，国内新冠肺炎疫情总体控制良好，经济形势稳中向好。2021年10月24日，《中共中央 国务院关于完整准确全面贯彻新发展理念做好碳达峰碳中和工作的意见》发布，标志着中国"双碳"政策开始正式推进实施。结合疫情防控形势和"双碳"大背景，中国炼油企业炼油技术不断推进，多项技术取得新进展，炼油设备发展在清洁化和提质增效方面也取得了很大进步，中国炼油企业的利润较2020年大幅上升。炼油企业加快绿色能源转型步伐，数字化、智能化水平及企业管理水平不断提高。2022年中国炼油技术将朝着绿色化、低碳化、高效化、精细化不断推进，炼油企业利润上涨速度将放缓，炼油企业能源转型将不断推进，数字化、智能化发展将不断助推炼油企业提升管理水平。

（一）2021年中国炼油企业现状

2021年中国炼油技术不断改进，多项技术取得新进展，炼油设备的发展也不断跟进，清洁化和提质增效是主要特征。中国炼油企业的利润呈现回升趋势，总体效益比2020年明显增加。"双碳"目标下炼化行业承压，炼油企业绿色低碳能源转型发展进入快车道。新一代信息技术的发展对炼油行业的发展具有重大影响，中国炼油企业积极应对数字革命挑战并加快数字化转型，也取得了一定的成果。

1. 炼油技术不断改进，多项技术取得新进展

（1）原油直接制化学品技术获重大突破。

2021年4月，中国石化自主研发的原油催化裂解技术（COTC）试验成功，该技术可直接将原油转化为轻质烯烃和芳烃等化学品，标志着中国原油催化裂解技术实现重大突破。COTC主要分为原油最大化制化学品和原油直接制化学品两大类，从国内来看，在原油最大化制化学品方面，代表企业有恒力石化、浙江石化、东方盛虹等；原油直接制化学品包括热原油制化学品（TC2CTM）技术、催化原油制化学品（CC2CTM）技术等，中国主要围绕催化原油制化学品开发工艺路线。COTC减少了传统常减压蒸馏步骤，具有经济效益高、生产成本低、可提升石化原料利用率等优势，其中原油直接制化学品收率可高达80%，已成为市场新的发展趋势。由于

COTC项目在规模、技术、执行技能等方面要求较高，国外企业均选在成本较低的成长型市场中开展该业务。国外布局COTC项目的企业有埃克森美孚公司、沙特阿美技术公司、印度信实工业公司、沙特基础公司等。

(2) 高收率烯烃催化裂解技术斩获大奖。

中国石化自主开发的高收率烯烃催化裂解技术获得美国《烃加工》杂志2021年度最佳石油化工技术奖。这是中国石化行业首次获得这一国际奖项，标志着该项技术受到全球石油化工领域的高度关注和充分认可，对中国石化产业转型升级、实现"双碳"目标具有积极意义。该技术是一种生产丙烯、乙烯等高价值化学品的新工艺，可将石油炼制、煤化工等生产过程中副产的低价值烯烃高效转化，从而大幅增加丙烯、乙烯等高价值化学品产量，同时显著降低能耗和碳排放。该项技术每加工100万吨的低价值烯烃，可产出丙烯、乙烯等高价值化学品81.3万吨，整体技术经济价值巨大，技术处于世界领先水平。

(3) 炼化裂解炉长周期运行攻关取得突破。

2021年5月20日，中国石化下属某企业乙烯装置12号炉完成改造后的首个生产周期，运行周期达122天，是改造前的两倍，标志着长周期的攻关取得了突破性成果。6月1日，该炉完成检修投入运行，进入下一个运行周期。该炉是2016年建成的国产双炉膛裂解炉，是当时国内最大的乙烯气体裂解炉，该企业"东海炉王"团队经过长期跟踪攻关，于2020年底完成炉管扩径更新、热电偶改型等系列改造。2021年1月投用以来，该炉运行稳定，运行周期明显延长，上一个运行周期累计加工原料16万吨，圆满完成生产任务；节省燃料气1708吨，预计全年可降本增效1500万元。

(4) 炼油废水深度生化处理技术取得新进展。

2021年，炼油废水深度生化处理技术取得了新进展，对行业的污水达标排放及污水资源化回用起到了关键的作用，特别是针对污水处理场二级生化出水难降解物质、氮磷等营养物质、其他有毒有害物质等污染物开发的BAF、BAC、MBR、MBBR、旋流自转强化废水生物脱氮和FCBR等技术可实现针对总氮、总磷、总有机碳等污染物的达标排放和污水回用。

2. 炼油设备发展不断跟进，清洁化和提质增效是主要特征

炼油设备是石油炼化行业的重要组成部分，炼油设备主要包含冷凝器、电控柜、燃烧室、破碎机、除尘器、液封、油罐、冷却塔等部件。中国通过不断地创新研发，开发出了异戊橡胶生产技术、顺丁橡胶、乙烯及芳烃成套技术等装备，千万吨级炼油装置国产化率已超过95%、百万吨级制乙烯装置国产化率已达到90%左右。

2021年,中国在炼油设备装置方面有很多新的进展,表2-5列举了13件2021年新的炼油相关设备装置专利,通过这些专利可以看出,2021年炼油设备发展聚焦炼油清洁化、提质增效等方面。

表2-5 2021年炼油装置相关专利信息

专利名称(专利号)	授权公告日	专利技术特点
一种炼油成品输送装置(CN202022677195.7)	2021-09-14	设置助剂中转装置,通过抽取机构和其他各部件的相互配合,保证炼油助剂不沉淀、不氧化
一种安全环保的工业炼油加热装置(CN202023043550.1)	2021-09-07	是一种安全且环保的工业炼油加热装置,能够更好地除去炼油尾气中的硫化物
一种石化炼油焦化装置用排水接收装置(CN202022580403.1)	2021-09-03	是一种石化炼油焦化装置所使用的排水接收装置,能够加快焦渣和水的分离速度,显著提高分离效率
一种炼油化工安全环保气体采样装置(CN202120083832.X)	2021-08-27	通过增设连接管,将样品控制在管道内流动,避免其与外界接触,然后通过抽气管控制气压,控制活动塞的位置,将多余的样品压回去,环保且安全性高
一种新型、等离子体低温煤焦油联合炼油装置(CN202022331140.0)	2021-08-24	是一种新型的等离子体低温煤焦油联合炼油装置,优点是操作容易、造价低、安全系数高等
一种炼油设备高效冷凝装置(CN202021088507.4)	2021-08-06	该装置通过设置连管可将进气一分为二,降低第一储油罐和第二储油罐进口的温度,使得高温油气能充分冷凝,通过设置第一立式列管冷凝器和第二立式列管冷凝器,加强冷凝效果的同时,可提高出油率
一种炼油碱渣酸化尾气的处理方法及装置(CN201911418211.6)	2021-07-16	能够实现酸化尾气的稳定、高效处理,通过避免酸化尾气中的硫化物对催化氧化催化剂的不利影响,维持催化氧化单元的长期、稳定运行,能够明显减少酸化试剂的使用量,具有较高的经济效益
一种炼油碱渣的处理方法及装置(CN201911418212.0)	2021-07-16	避免硫化物对催化氧化脱烃催化剂的不利影响,能够维持催化氧化单元长期、稳定运行,并且可以回收高品质硫资源,具有较高的经济效益
一种炼油数据处理方法及装置(CN201710786345.8)	2021-07-13	通过预定规则建立数据自动获取系统,能够对炼油的全过程进行自动建模,所需数据能够自动输入,对LP模型进行自动修正,并将精确的LP模型自动输入PIMS软件系统,最终生成较精确的炼油生产计划

续表

专利名称（专利号）	授权公告日	专利技术特点
一种回收炼油装置废水循环利用装置（CN202022274149.2）	2021-07-09	解决了现存的回收炼油装置无法将废水替代新鲜水作为工业循环冷却水系统补水，以及减少排污量及对环境影响和无法降低新鲜水使用量的问题
一种具有过滤功能的炼油提纯装置（CN202010948214.7）	2021-01-01	设立的复滤机构，能够对油渣进行复滤，避免炼油提纯时油渣内残留大量的油所带来的浪费，不仅实现了油渣分离，还设有滤带刮油组件对滤带进行保护，提高油品的纯净度
一种用于炼油加氢装置的混合设备（CN202023279574.7）	2021-11-09	进料管外部另设置了加固装置，具有辅助固定的作用，使得装置的稳固性得到提升
一种炼油设备（CN202120135859.9）	2021-10-19	炼油出水快、生产成本低、干净无污染、保持油脂香味、自动化炼油等

3. 炼油企业经营利润大幅回升，效益显著改善

2021年，随着疫情得到控制，石油石化相关产品需求得到稳步恢复，国际油价上涨，使炼油行业利润显著改善。截至2021年底，石油石化行业规模以上企业26947家，比2020年底增加908家，这是规模以上企业数量连续五年下降后的首次上升。全行业规模以上企业营业收入总额14.45万亿元，同比增长30%，两年平均增长23.8%；全行业规模以上企业实现利润总额1.16万亿元，利润总额首次突破1万亿元，同比增长126.8%，两年平均增长96%。炼油板块实现营业收入4.4万亿元，实现利润1874亿元，同比分别增长30.1%和318.2%，两年平均增长分别为18.9%和163.3%，行业效益较2019年及2020年显著改善。

2021年中国主营炼油企业炼油和化工板块利润大幅提升，效益改善显著。以中国石油为例，如表2-6所示，2021年前三季度中国石油炼油与化工板块营业收入比2020年同期大幅上升，增幅达21.98%，比2020年与2019年同期的平均值增长7.46%，其中，炼油业务利润上涨较2019年同期和2020年同期非常显著，化工业务利润较2019年同期和2020年同期也大幅提升，可以看出化工业务对油气企业的利润影响正在不断增强。

表2-6　中国石油2019—2021年前三季度炼油与化工板块利润情况

项目	2019年前三季度	2020年前三季度	2021年前三季度	同比增长/%	两年平均增长/%
原油加工量/百万桶	905.90	877.30	911.90	3.94	2.28
汽、煤、柴油产量/万吨	8658.30	8019.20	8132.70	1.42	-2.47

续表

项目	2019年前三季度	2020年前三季度	2021年前三季度	同比增长/%	两年平均增长/%
主要化工产品产量/万吨	1880.33	2151.10	2269.50	5.50	12.59
炼油与化工板块营业收入/亿元	7349.87	5786.04	7058.10	21.98	7.46
炼油业务营业利润/亿元	52.81	-82.70	201.30	—	—
化工业务营业利润/亿元	37.23	66.02	118.60	79.64	129.73

数据来源：中国石油企业年报。

4. "双碳"目标下炼化行业承压，炼油企业绿色低碳能源转型发展进入快车道

自2020年9月"双碳"目标提出后，中国政府将"双碳"目标作为重大战略决策列入2021年八大重点任务，并在"十四五"规划和"2035远景目标"中明确提出推动绿色低碳发展。相关部门为实现"双碳"目标进行了部署。2021年中国政府高度重视炼化行业的清洁化发展，修订了《安全生产法》；各部门密集制定出台了《深入打好污染防治攻坚战的意见》《2021—2022年秋冬季大气污染综合治理攻坚方案》《环境信息依法披露制度改革方案》《农村人居环境整治提升五年行动方案（2021—2025年）》等政策文件；研究出台《能源碳达峰实施方案》《"十四五"节能减排综合工作方案》《关于坚决遏制"两高"项目盲目发展的通知》等文件。对炼化行业的污染物排放要求更加严格，强化重点单位节能管理，遏制高耗能、高排放项目的发展，推动煤炭等化石能源清洁高效利用，加快能耗限额、产品设备能效强制性国家标准的制、修订，推进石化行业绿色改造。

随着风电、光伏及新能源汽车等绿色行业的迅速发展，炼油化工企业面临着巨大的挑战和机遇，转型升级和低碳化发展迫在眉睫。石油炼化企业为实现国家"双碳"目标积极部署开展碳减排行动，并加快新能源的布局，石油炼化企业绿色低碳能源转型发展进入了快车道。中国石油2020年将"绿色低碳"纳入公司战略体系，成为公司"五大发展战略"之一；中国石化提出了打造"世界领先洁净能源化工公司"的发展目标，2021年又提出了建设国内最大的氢气生产供应商的目标；中国海油提出坚持绿色低碳战略，稳妥发展新能源业务，基于区位优势抢滩海上风电，积极筹备风电制氢，提高公司绿色低碳竞争力。

中国石油炼化企业积极进行企业改革，提升新能源业务在企业发展中的战略性地位。以中国石油为例，2021年4月8日，中国石油总部机构及业务板块改革方案正式落地，通过改革调整，中国石油形成"以总部为战略引领和一体化统筹中心、

业务板块为业务运营和利润中心、企业为执行中心和利润分中心"的组织架构，将集团公司业务划分为四大板块，分别为油气和新能源板块、炼化销售和新材料板块、支持和服务板块、资本和金融板块。在中国石油这一轮改革中，新能源和新材料在业务板块设置中的战略意义凸显，新能源发展与油气主业将合并在同一个板块，油气勘探开发企业、天然气销售企业或将成为中国石油发展新能源的主体。中国石油此次改革还专门设立了新能源和新材料发展办公室来指引新能源和新材料的发展。中国石油推进总部机构及业务板块调整是有效应对外部环境变化、顺应能源行业发展趋势的战略选择。

5. 炼油企业加快数字化、智能化建设，企业管理水平提升

在大数据、物联网、人工智能等技术不断应用与发展的大背景下，2021年中国炼油企业在经营管理过程中数字化、智能化水平不断提升，进一步提高了中国炼油企业的管理效率。

2021年，某石化企业积极推进实施数字化仓储，物资出入库操作实现远程化、可视化，库存同比下降21%。物资储备资金占用较实施数字化仓储前减少28%，月库存周转次数提高87%。该石化企业是中国石化首批5家数字化仓储试点企业之一，于2020年12月投用数字化仓储系统，采用物联网技术对物资仓储业务进行数字化管理，生产经营衔接进一步标准化、规范化，极大地提高了管理效率。中国石化所属另一家石化企业不断深化数字化转型，加快智能工厂建设，赋能高质量发展，已经逐步形成数据驱动、平台支撑、科技赋能的"智慧"体系。截至2021年6月15日，该企业生产过程数据自动采集率超过98.5%，装置平稳率在系统内名列前茅，决策准确性、管理效率、设备健康管理和故障预测水平均得到有效提高，安全生产和施工得到有效保障。

2021年，"二三维数字化协同设计平台建设和应用""石化企业基于RPA技术的共享服务数字化转型管理""基于5G技术建设东北油气智能作战指挥室"荣获中国石油石化企业数字化转型创新成果特等奖。这些成果也将进一步推进中国炼油企业的数字化、智能化进程。

（二）2022年中国炼油企业前景展望

2022年炼油技术与设备发展将继续朝着绿色化、低碳化、高效化、精细化推进，炼油行业利润上行幅度较2021年将有所减缓。在"双碳"的大背景下，2022年炼油企业能源转型将进一步加快，智能炼厂建设将不断完善，炼油企业数字化、智能化转型进程将提速。

1. 炼油技术与设备绿色化、低碳化、高效化、精细化

中国炼油技术与设备一直围绕着原油有效利用、生产清洁化、成本降低、重质油加工、清洁燃料生产、炼油化工一体化等方向发展。结合当前"双碳"大背景，炼油技术与设备绿色化、低碳化、高效化、精细化将是2022年的发展趋势。

中国炼油领域技术与设备发展将从以下三个方面着手：一是绿色化、低碳化发展。创新开发绿色工艺，采用低排放原料，开发绿色低碳石化产品，以市场为导向调整产品结构、提高低碳产品比例，减少高排放产品产量，采用节能措施提升能效，加强节能管理，淘汰落后高能耗装置，降低能源消耗强度，大力使用绿色电力清洁能源，开发采用CO_2制化学品技术，开发使用碳捕集和碳汇技术等。二是减油增化、增产高端高效产品的技术。能源转型的大趋势将限制汽、柴油需求，但航空煤油、低硫船燃及特色高档石蜡、高性能润滑油基础油、高等级沥青等产品需求旺盛，中国炼油技术将推动中国炼化产品向高端高效化工产品转型。三是精细化发展。例如分子炼油技术，即从分子水平上认识、加工和管理石油资源，实现对石油加工过程的精细化管理，推动石油组分实现"宜油则油、宜烯则烯、宜芳则芳"，使石油资源物尽其用。

2. 受原油供应及成品油需求影响，炼油企业利润增幅将放缓

从原油供给端来看，2021年11月OPEC+会议维持原先40万桶/天的增产计划。若维持该增产节奏，原油供给将持续紧张。目前美国原油库存量下降、页岩油增产缓慢，叠加冬季天然气紧缺，2022年原油价格将维持在中高位。

另外，相较于2020年成品油需求端极度缩减之后2021年需求量大幅上升产生的比较明显的需求差别，2022年较2021年的成品油需求增长速度将大幅降低，需求端带来的对炼油企业的利润拉升作用将大大降低。但在中国各大炼厂降低炼油成本、提高生产效率的背景下，炼油成本将有望缩减。综合炼油产业上游原油供应成本、生产成本以及下游消耗端的需求情况来看，2022年中国炼油企业利润上行速度较2021年将有所减缓。

3. 炼油企业能源转型将不断推进，绿色标准体系可能出台

炼油企业提升绿色化发展水平是炼油产业取得高质量发展的必然选择。2022年，在国家石化产业规划布局和绿色发展的政策指引下，通过优化产业布局、加快结构调整、强化节能减排、推进能源转型等系列举措，中国炼油企业将逐步实现绿色可持续发展。

2022年炼油企业绿色标准体系可能出台，中国炼化产业将进一步健全能源法律

法规，完善炼油产业绿色发展标准管理体系，加快制定绿色产品、绿色工厂、绿色企业的标准体系，构建绿色产品、绿色工厂、绿色企业等绿色品质标签，对绿色产品、绿色工厂、绿色企业的评估与管理将进一步规范化，引领炼化产业绿色化发展。

4. 炼油企业数字化、智能化转型进程提速，企业管理水平进一步提升

在大数据、物联网、人工智能等技术不断应用与发展的大背景下，顺应安全、环保、节能的整体要求，2022年炼油企业将积极进行数字化、智能化转型，大力发展物联网、智慧物流、电子商务等在炼厂的应用，以实现炼油企业在物流、采购、生产、控制、经营管理、设计和研发、市场营销等全流程的数字化、智能化改造，推动企业的智能化转型将有望进一步提升炼油企业管理水平。

2022年炼油企业数字化、智能化建设将围绕生产运行、设备管理、HSE管控、经营管理等核心业务开展，提升各业务的感知、分析、优化及协同能力，深度融合信息化管理，开展基于工业互联网的工业大数据集成创新，推进数字化、智能化建设。在生产运行方面，通过集成生产、管理信息系统，依托智能工厂业务模型，实现计划生产全周期、全流程的智能管控，进一步优化资源利用；在安全环保方面，运用5G、人工智能、工业互联网等技术，通过实时监测预警和专家远程技术诊断，对生产现场实时监控、联动指挥、异常预警和应急处置，并对污染指数进行评估、监测和治理，实现对污染物、危化品和能源产耗的实时智能分析和监控，保障生产装置平稳高效运行；在经营决策方面，利用大数据和人工智能技术，统计分析炼厂的生产经营情况和行业市场需求，为管理者提供决策依据，同时，与ERP系统等第三方平台进行对接集成，形成经营管理一体化的智能管理平台；在一体化管理方面，采用全厂集成化管控设计理念，通过供应链、产业链、价值链的协同优化，实现一体化、智能化生产制造。

第三篇

成品油价格与批发

2021年，政策调整、疫情持续以及中国经济继续回暖对成品油零售和批发价格产生了巨大影响。国内汽、柴油需求环境进一步改善，中国成品油行业保持良好发展。中国成品油零售价格在政府指导价和供求关系综合影响下整体上升，呈现稳中有升的波动趋势。受宏观和行业政策影响，成品油批发市场价格总体呈现上涨趋势，其中柴油批发价格涨幅较大。

2021年成品油价格处于政府指导价管理阶段，国内投资、消费水平持续恢复，以国内大循环为主体、国内国际双循环相互促进的新发展格局逐步形成，国内汽、柴油需求环境进一步改善，成品油行业保持良好发展势头。中国成品油在政府指导价和供求关系综合影响下，整体价格较2019—2020年平均值上升，总体呈现稳中有升的波动趋势。

2022年，国内成品油价格仍有上涨空间，成品油价格将进一步调整，涨领先于跌。从国际原油价格及国内成品油批发市场供需端看，2022年中国成品油批发市场价格或呈现整体上升趋势，阶段性波动或将剧烈。"双碳"目标下，国家加速推动炼化行业转型升级，"减油增化"已成为未来炼厂发展趋势，对成品油市场的影响逐渐显现。控制成品油供应量和炼化行业转型升级都将使成品油批发市场迎来大规模挑战，竞争更加激烈。随着改革推进，成品油批发市场将继续涌现大量市场主体，市场竞争将日趋激烈，而传统监管将难以为继，创新成品油批发市场事中事后监管方式将成为政府目前和未来重要的工作。

一、中国成品油价格现状与前景展望

2021年成品油价格处于政府指导价管理阶段，受益于新冠疫苗投入与使用，后疫情时代下，中国经济持续回暖，需求增长持续推动中国投资与消费水平恢复，进一步改善了国内需求环境，促使国内成品油行业持续良好发展。成品油在政府指导价和供求关系综合影响下，整体价格较2019—2020年平均值上升，总体呈现稳中有升的波动趋势。

（一）2021年中国成品油零售价格现状

2021年中国成品油调价机制仍以政府定价为主，挂靠国际油价。成品油零售限价共经历25次调价窗口，其中15次上涨、6次下调、4次不作调整。标准汽油、柴油价格年内每吨分别累计上调1485元、1430元，折合升价，92号汽油每升累计上涨1.17元，95号汽油每升累计上涨1.23元，0号柴油每升累计上涨1.22元。

1. 成品油价格监管政策分析

随着中国国民经济的增长，市场对能源的需求也日益增加，成品油行业相关法律法规体系和行业监管体系不断发展完善。2021年中国成品油调价机制主要包括政府定价和成品油消费税两个部分。由政府根据国际油价行情确定，以原油成本定价为基准，加上关税、消费税、增值税、运费、炼油成本和利润空间等，共同形成中国成品油零售基准价。

国家对成品油实行的是最高限价机制，即国家发展改革委规定最高的零售限价，各企业可在最高限价之下自行定价。同时设置调控的上下限，调控上限为130美元/桶，下限为40美元/桶，即在40~130美元/桶运行时，国内成品油价格机制正常调整；当国际市场油价高于130美元/桶时，汽、柴油最高零售价格不提或少提；低于40美元/桶时，汽、柴油最高零售价格不降低。根据《石油价格管理办法（试行）》的规定，国内汽、柴油价格根据国际市场原油价格变化每10个工作日调整一次，调价生效时间为调价发布日24时。当调价幅度低于50元/吨时，不作调整，纳入下次调价时累加或冲抵。此办法通过市场发现和形成价格，逐渐让市场因素在油气资源配置中发挥决定性作用，预示着成品油价格市场化的进一步加速。

在成品油价格体制改革趋势下，航空煤油不再由国家发展改革委定价，而由供需双方协商确定，价格每月1日调整一次。为平稳推进市场化改革，过渡期间航空煤油（标准品）出厂价格原则上不能超过新加坡市场进口到岸完税价。"供需双方协商确定"意味着航空煤油价格将脱离国家发展改革委的管束，在此之前，航空煤油价格一直由国家发展改革委统一制定。航空煤油价格由进口到岸完税价和贴水两部分构成。其中，贴水由供需双方考虑市场供求、运费、交易数量、国际市场油价走势等因素协商确定，每年协商一次。初期，新加坡市场航油进口到岸完税价格暂由国家发展改革委公布。贴水方面，中国石油、中国石化、中国海油供应给中国航油的航油贴水每年协商一次，并于年底前将协商结果分别上报国家发展改革委和民航局备案。如出现较大分歧，需由国家发展改革委进行协调。航煤价格体制改革暗示了汽、柴油价格体制改革的路径——调价频率加快、自主权下放与国际接轨。

2020年，民航局下发关于进一步加强疫情期间国际航空运输价格管理的通知，根据《国家发展改革委关于推进航空煤油价格市场化改革有关问题的通知》，自2020年5月1日零时起，国产航空煤油出厂价格核定为1680元/吨。航空公司内地航班第二季度航空煤油综合采购成本自2020年5月1日零时起由3029元/吨下调至1680元/吨，大幅降低了航空公司的营运成本。

2. 成品油零售价格调整分析

2021年，国内成品油价格整体呈现上涨态势，1—12月共经历25次调价窗口，包括4次不作调整、6次下调、15次上调。2021年作为"十四五"规划开局之年，各项整治活动和举措并行，市场政策逐步完善，成品油市场更加规范化。

2021年1—3月，由于国际原油价格受到利好刺激震荡上涨，国内成品油零售价格整体涨势明显，实现"五连涨"。随着第二季度和第三季度新冠疫苗接种率提高，疫情得到有效控制，国内成品油需求逐步恢复，共经历12次调整，其中3次不作调整，仅有2次下调，其余均为上调。在OPEC+减产协议影响下，国内成品油价格与国际原油价格双重上涨，国内成品油市场出现集中补库操作，造成多数地区出现成品油资源紧张蔓延的情况，加之市场供给收缩，更加剧了价格上涨。第四季度成品油需求整体表现向好，延续第二、第三季度上涨趋势，存在较有力的支撑。自11月中旬开始，一方面，国内中国石油、中国石化等主要经营单位持续对成品油市场输送，供给趋于饱和；另一方面，国际油价结束上涨行情，成品油零售价格开始下调，并呈现涨跌震荡。

2021年成品油政府指导价调整情况如图3-1和表3-1所示。

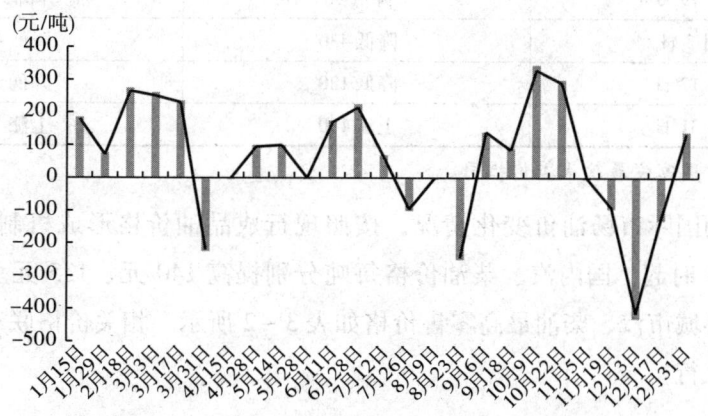

图3-1 2021年成品油政府指导价调整情况

数据来源：国家发展改革委价格司。

表 3-1　2021 年成品油政府指导价调整情况　　　　　　　单位：元/吨

时间	汽油	柴油
1月15日	上涨185	上涨180
1月29日	上涨75	上涨70
2月18日	上涨275	上涨265
3月3日	上涨260	上涨250
3月17日	上涨235	上涨230
3月31日	降低225	降低220
4月15日	不作调整	不作调整
4月28日	上涨100	上涨95
5月14日	上涨100	上涨100
5月28日	不作调整	不作调整
6月11日	上涨175	上涨170
6月28日	上涨225	上涨215
7月12日	上涨70	上涨65
7月26日	降低100	降低95
8月9日	不作调整	不作调整
8月23日	降低250	降低245
9月6日	上涨140	上涨140
9月18日	上涨90	上涨85
10月9日	上涨345	上涨330
10月22日	上涨300	上涨290
11月5日	不作调整	不作调整
11月19日	降低95	降低90
12月3日	降低430	降低415
12月17日	降低130	降低125
12月31日	上涨140	上涨135

数据来源：国家发展改革委价格司。

根据近期国际市场油价变化情况，按照现行成品油价格形成机制，自 2021 年 12 月 31 日 24 时起，国内汽、柴油价格每吨分别提高 140 元、135 元。调整后，各省区市和中心城市汽、柴油最高零售价格如表 3-2 所示。相关价格联动及补贴政策按现行规定执行。

表3-2 2021年12月31日各省区市和中心城市汽、柴油最高零售价格

单位：元/吨

地区	汽油（标准品）	柴油（标准品）
一、实行一省一价的地区		
北京市	8895	7890
天津市	8860	7855
河北省	8860	7855
山西省	8930	7910
辽宁省	8860	7855
吉林省	8860	7855
黑龙江省	8860	7855
上海市	8875	7860
江苏省	8915	7895
浙江省	8915	7910
安徽省	8910	7905
福建省	8935	7920
江西省	8915	7915
山东省	8870	7865
湖北省	8885	7880
湖南省	8925	7940
河南省	8880	7875
海南省	9005	7990
重庆市	9075	8065
广东省	8940	7925
广西壮族自治区	9005	7990
宁夏回族自治区	8865	7855
甘肃省	8845	7875
新疆维吾尔自治区	8640	7750
二、暂不实行一省一价的地区		
呼和浩特市	8875	7870
成都市	9080	8090
贵阳市	9040	8015
昆明市	9070	8045
西安市	8845	7865
西宁市	8825	7900

数据来源：国家发展改革委价格司。

进入2021年以来，航煤价格呈现出震荡上行的态势，其中国内航煤到岸完税价低点出现在1月，为3261元/吨，高点出现在11月，为5415元/吨。第三季度航煤市场价格稳定在5000元/吨以上。

航空煤油价格受供需影响较大，航煤量增加，市场流通量缩减。2021年，航空民航运输稳健恢复，国内市场恢复到疫情前水平。受疫情等因素影响，第一季度航空运输生产下降明显，春节过后，航空运输快速反弹；第二季度，行业运输总周转量已经恢复到2020年同期的45.7%，较第一季度大幅提高22.8%。2021年上半年民航全行业完成运输总周转量465亿吨千米，同比增长45.4%，恢复到2020年同期的75.7%，由此推动航煤价格上涨。此外，航煤现货紧缺，推高了航煤市场价格。航煤消费税政策实施后，市场航煤流通货源大幅缩减。自华东、华南炼厂陆续暂停出货后，市场上航煤现货货源越发紧张，现货紧缺成为航煤市场价格不断上涨的重要支撑因素。

航空煤油到岸完税价整体呈现上涨走势，其价格与国际原油价格呈现极强的相关性，国际原油走势也是影响航煤市场价格的因素之一。6月，航煤市场价格走势与国际原油价格走势基本一致。7月中下旬，国际原油出现大幅下跌后再上涨的趋势，航煤市场价格却稳步上涨，主要因为航煤市场现货紧缺，导致航煤市场价格不断上涨。后期因航煤市场价格持续高位，下游接货意愿不强，叠加国际原油价格震荡下跌，航煤市场价格开始下跌。

2021年11月，石油和航空燃料价格呈持续上升趋势，加重了航空公司的成本负担。国内航空煤油综合采购成本已触及国家发展改革委、民航局于2015年发布的《关于调整民航国内航线旅客运输燃油附加与航空煤油价格联动机制基础油价的通知》的征收标准（5000元/吨）。燃油附加费机制设置的主要目的是希望转嫁部分成本，此次重新开征燃油附加费有利于减轻航空公司的成本压力，或对航空公司经营情况构成一定利好。

3. 成品油市场价格变动关联分析

2021年国内成品油价格变化的主要特点体现在以下几个方面：

（1）中国成品油价格与WTI价格趋势更为相近。

相比布伦特价格，中国成品油价格与WTI价格趋势更为相近，与布伦特价格变化趋势不相关。

中国成品油价格与WTI价格趋势更为相近的原因可能在于：WTI期货价格、WTI现货价格以及大庆原油现货价格之间相互影响，WTI价格和中国原油现货价格之间联系更为紧密。WTI期货市场在期货市场与现货市场的相互影响关系中处于绝对优势的地位，WTI 期货价格引领 WTI 现货价格的发展。由于中国在国际原油市场缺乏定价权，只是国际原油市场的价格接受者，所以中国原油价格更多受到国际油价影响，而非主动影响国际油价。WTI 现货价格的波动对中国的 GDP 造成一定的影响，其上升短期内会带动中国 CPI 和 PPI 的升高，油价上涨的冲击对中国 CPI 和 PPI 的影响比下跌的冲击大。

（2）成品油价格与成品油供求关系紧密相关。

在国际原油价格波动沿着产业链向国内成品油市场传导的过程中，中国成品油价格形成机制发挥着"合理释放预期、降低非理性波动"的功能，保障了国内成品油市场交易秩序的稳定，为国民经济稳健运行提供了有力支撑。

成品油主要包括汽油、煤油、柴油及其他替代燃料，其中原油炼化的汽油、柴油是微观主体开展交通运输、物流仓储等经济活动最常用的成品油。在绿色能源与碳减排政策影响下，全球汽油、柴油两类成品油在能源消费增长边际的占比有所下降。从微观层面看，中国成品油价格变化深受供求关系的影响，而供求关系主要跟随政策、季节、经济等因素的变化而变化。其中季节因素、经济因素等传统影响因素最终都呈现在成品油价格的短期波动上。

（3）标准汽油、柴油价格年内每吨分别累计上调 1485 元、1430 元。

成品油零售价格与国际原油价格高度联动，持续承受国际原油市场的价格冲击，中国产业门类较为齐全，其中多数产业依赖于石化能源供给，因而成品油零售价格波动的实际波及面大于一般国家。中国成品油价格形成机制为国家发展改革委在兼顾上游原油进口与生产成本基本面、国民经济需求结构特征以及市场预期的基础上，按照一定的成品油价格形成机制向社会公布相应的成品油零售指导价格，以引导零售终端价格进行相应调整。现有的成品油价格形成机制为进一步兼顾市场机制决定因素，增加了指导价格调整频率，从而使中国成品油价格形成机制更灵活、更富有弹性。

（4）成品油零售主体多元化格局继续深化，价格竞争更加激烈。

自 2019 年 10 月 1 日起，省级商务厅不再受理成品油零售经营资格审批事项。通过成品油零售市场集中度的变化，可判断行业的竞争程度。从经营主体来看，中国成品油零售市场由中国石油、中国石化、其他国有企业、民营企业等主体组成。成品油经营准入门槛下放，市场经营主体持续增加，其他国有企业、民营企业等主体加油站数量占比逐年增加。民营及外资加油站逐步实现了连锁化、网络化，销量市场集中度也将进一步下降，主体多元化格局继续深化，价格竞争更加激烈。

（二）2022年中国成品油零售价格前景展望

2022年OPEC+增产谨慎，国际油价涨势持续。现实困境迫使供应链危机还会在2022年出现，2022年全球石油库存预期将持续下滑，这将推动油价持续上行，原油价格涨势持续，将带动成品油价格上涨。"双碳"目标早期，新能源因为供应不稳定、净能源系数（能源产出与投入之比）偏低等难以完全弥补供需缺口，传统能源全面短缺将延续到2022年上半年，下半年能源短缺或有所缓解。2022年美元加息可能性增加，会对油价产生一定影响。中东问题、伊核谈判、俄乌矛盾、中美关系都将影响油价的上涨。受国际油价波动的影响，在中国政府各项政策、措施以及经济发展周期的共同作用下，预计2022年国内成品油价格仍然存在上涨空间，成品油价格调整次数涨领先于跌，其中汽油、柴油价格年度合计增速将达到两位数。中国成品油零售价格具体展望如下：

1. 国际原油价格涨势持续，带动国内成品油价格上涨

从供需面上看，2022年世界经济将进一步复苏，新冠病毒虽然不断变异，但随着疫苗和治疗新冠药物发挥作用，全球疫情的控制将值得期待，原油需求复苏将达到疫情前水平。OPEC预测，石油需求将在2022年下半年恢复到2019年的水平；IEA发布石油市场报告，上调2022年全球石油需求至日均9960万桶。根据IEA的预测，由于能源危机持续促使人们重新依靠石油，2022年全球石油需求将日均增长330万桶。同时，受气候政策的影响，国际煤炭、石油和天然气项目投资在减少，OPEC+增产谨慎，国际油价涨势持续。从供应链上看，尽管西方主要国家纷纷出台政策、优化基础设施、缓解运输"阻点"、应对供应"断点"，但长期布局难解现实困境，供应链危机还会在2022年出现。从库存上看，疫情的持续暴发，或将导致2022年全球石油库存持续下滑，推动油价持续上行。从金融上看，2022年美元加息可能性增加，会对油价的增长产生一定影响，但随着供应链问题的持续，通胀将继续加剧，然后在2022年中开始回落。从地缘政治上看，中东问题、伊核谈判、俄乌矛盾、中美关系都将影响油价上涨。在综合分析各种预测依据的基础上，笔者认为，正常状态下，国际油价仍有上涨空间，2022年上半年油价可能在75~100美元/桶震荡，若某些地缘政治风险攀升，尤其持续发酵影响能源供给格局，则国际油价可能超过120美元/桶，甚至更高。

预计2022年汽、柴、煤油价格将全年趋于上行。虽然炼化一体化项目相继投产、炼厂扩容，成品油市场供应增加，但中国经济的增长势头将刺激成品油的需求增长，区域市场价格竞争成为主角。成品油价格调整次数涨领先于跌，其中汽、柴、

煤油价格年度合计增速将保持两位数。

2. 汽、柴油生产成本增加，成品油零售价格将稳定保持高位

预计2022年中国汽、柴油生产成本增加，将促使汽、柴油零售价格保持稳定高位。过去，国家宏观层面上在整个油气体制改革里态度鲜明，一直都强调要严格控制成品油出口。中国的出发点就是要控制"大进大出"这种大量进口原油又大量出口成品油的两头在外模式。另外，当前"双碳"目标也是国家非常重要的战略考量，政策收紧也有利于"双碳"目标的实现。2021年5月，财政部、海关总署、税务总局联合发文，将进口环节的轻循环油、混合芳烃、稀释沥青等调油组分纳入消费税征收目录。这些资源此前主要用于调和低价未税的汽、柴油产品，不合规低价资源减少，将促使中国汽、柴油生产成本增加，汽、柴油零售价格将保持稳定高位。

3. 新能源替代效应不明显，传统能源全面短缺

预计传统能源全面短缺将延续到2022年，这将推动成品油油价、零售价格上涨。在能源生产和消费方面，可再生能源作为清洁能源，它对化石能源的替代作用正逐渐显现，2022年中国会更加重视和加强可再生能源的开发和利用，推动绿色低碳生活。随着新能源汽车的稳步发展，油气公司或将围绕能源效率提高、甲烷气体逸散、生产设施改造升级、广泛发展多元化清洁能源产品（包括碳捕获、利用与封存，氢能，电动汽车充电，高端化工品，新材料，可再生电力等），加速向"碳中和"愿景迈进。但"双碳"早期，新能源因为供应不稳定、净能源系数（能源产出与投入之比）偏低等难以完全弥补供需缺口，传统能源全面短缺将延续到2022年，导致终端成品油的需求旺盛。此外，追求"碳中和"，推进能源转型，天然气作为绿色过渡能源供需缺口增大，天然气价格高涨也将推动成品油油价、零售价格上涨。

二、中国成品油批发市场现状与前景展望

2021年1月，商务部发布《石油成品油流通行业管理工作指引》，进一步推动石油流通行业市场改革进程，批发市场面临事前事后监督。2021年，成品油批发市场价格总体呈现上涨趋势，其中柴油批发价格涨幅较大。成品油批发和仓储经营审批等权限下放，市场竞争更加明显，也因各地监管政策和力度不同，给跨多地区经营的油企在管理方面带来了新的挑战。展望2022年，中国成品油批发价格或将上升并呈现阶段性波动，批发市场竞争进一步加剧，市场监管力度将进一步加大，未来的成品油批发市场必然向多元化、差异化、竞争化、合规化方向发展。

（一）2021年中国成品油批发价格现状

2021年，受中国"放管服"改革持续深化推进，"双碳"目标减排，国家政策强调加大监督力度等因素影响，成品油批发市场竞争情况越发复杂。1月，商务部发布《石油成品油流通行业管理工作指引》，进一步推动石油流通行业市场改革进程，各省区市也陆续发布相关地方政策。2021年，成品油批发市场价格总体呈现上涨趋势，其中柴油批发价格涨幅较大，且全年持续增长。成品油批发和仓储经营审批等权限下放，增强了中国成品油市场的自我调节能力，同时市场竞争也更加明显。各地监管政策和力度不同，给跨多地区经营的油企在管理方面带来了新的挑战。具体分析如下：

1. 成品油批发市场运行现状

2021年，中国石油行业进入改革提速期。为贯彻落实"放管服"决策部署，保障取消成品油批发仓储经营资格审批、下放成品油零售经营资格审批政策有效落地，2021年1月，商务部印发《石油成品油流通行业管理工作指引》（以下简称《工作指引》），进一步为市场化进程提供规划与指引。《工作指引》主要适用于各省级商务部门，主管部门按职责依法开展石油成品油流通行业管理工作，从6个方面做了详细指引，分别为全面落实改革任务、服务民生保障供应、促进行业现代化发展、规范优化审批服务、依法依规加强监管和建立健全工作机制。《工作指引》印发后，各省级政府也根据地区石油成品油行业发展现状发布了各地的管理细则和工作规划，部分省区市政府也发布了关于成品油流通监管立法管理的征求意见稿（见表3－3）。部分省区市虽没有发布相关地区政策，但对商务部发布的《工作指引》进行了详细的政策解读和政策宣传。随着"放管服"改革的进一步深化，各省区市成品油流通行业管理和监督力度产生了地域差异，这对于成品油企业来说在地域管理层面出现了新的挑战。

表3－3　2021年各省区市成品油流通管理政策发布情况

省区市	发布时间	文件名称	主要内容
河南省	2月23日	《河南省成品油流通管理办法》	涉及成品油批发仓储经营资格的申请、经营资格的受理、经营资格证书的颁发与变更、企业经营规范、监督管理法律责任等主要工作环境
北京市	4月28日	《关于印发优化营商环境更好服务市场主体工作方案的通知》	加大对制售假冒伪劣成品油等违法行为的打击力度

续表

省区市	发布时间	文件名称	主要内容
山东省	7月7日	《山东省"十四五"现代物流发展规划》	着力推进独立炼厂企业与国家成品油官网的连通，建设炼厂连通性，构建管道、区域仓储和铁路、公路、水路运输相结合的成品油输送体系
深圳市	9月3日	《深圳市成品油监督管理条例（征求意见稿）》	深圳市生态环境局、司法局成立了成品油监管联合立法工作专班，起草该文件并向社会各界征求意见
新疆维吾尔自治区	9月24日	《新疆维吾尔自治区石油成品油零售经营资格审批管理办法》	主要内容包括成品油零售体系发展规划、加油站建设规划确认、成品油零售经营资格的申请与办理、成品油零售经营批准证书的颁发与变更、成品油零售经营企业歇业、经营资格注销、申请的梳理与审查及期限、监督管理等九部分
江苏省	12月31日	《江苏省成品油流通管理办法》	完善成品油流通管理工作机制；加强成品油批发、仓储市场监管；细化成品油零售经营许可事项；规范成品油市场秩序；完善成品油流通监管机制；强化监管手段和措施

数据来源：网络资讯。

2021年作为"十四五"的开局之年，中国石油市场将在"双碳"目标的新形势下，加速推动成品油流通环节一体化，加之批发主体快速增长，批发环节将逐步被弱化。

2. 成品油批发价格分析

2021年，中国疫情防控坚持"动态清零"而非"零感染"，国内成品油需求逐步恢复，成品油批发市场价格呈现先升后降的趋势，其中柴油批发价格全年呈现增长趋势。在国家油价上涨和市场需求复苏的主要影响下，成品油批发价格同比上涨明显。中国成品油批发价格呈现明显区域特征，东北地区批发平均价格整体偏低。具体分析如下：

（1）2021年上半年月平均价格呈上升趋势，柴油批发价格全年持续上涨。

2021年，中国成品油批发价格呈现先升后降趋势，如图3-2所示。上半年，受OPEC减产协议及新冠疫苗等利好因素刺激，成品油市场整体涨势明显，成品油批发价格整体呈现上升趋势，其中92号汽油价格涨幅最大。第三季度阶段性冲高后再次回落，10月再次迎来了价格上涨。造成国内成品油批发价格整体上涨的主要原因是国际油价涨势明显，同时国内成品油需求较好且出现极端性、区域性的资源供应紧缺，导致价格短时上涨。第四季度，国际原油价格延续涨势，叠加下游需求较好，10月国内成品油批发价格一度涨至近三年高位，随后国内供需情况好转。其中，柴油批发价格全年持续上涨，国内部分地区柴油资源供应紧缺，更加助推了价格上涨。

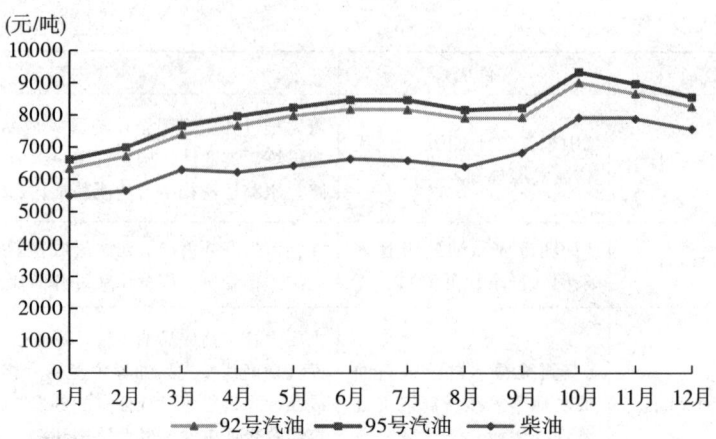

图 3-2　2021 年成品油平均月度批发价格

数据来源：隆众资讯。

（2）成品油批发价格同比上涨明显，国际油价与市场需求为主因。

2021 年，成品油批发价格同比上涨明显。汽油批发价格方面，较 2020 年同比递增趋势明显，8 月、9 月有所下跌，主要是由于其间原油市场价格下跌明显，且国内部分地区疫情出现反复、中原地区强降雨等因素，居民出行及部分企业开工受到影响，成品油中端需求表现较为弱势。柴油批发价格方面，1 月、2 月较 2020 年同期有所下降，3 月之后，柴油批发价格同步逐月增长，在 10 月到达最高值。与汽油需求相比，柴油需求端与居民出行挂钩较小，所以下半年国内散点多发的疫情对柴油需求影响较小，且 10 月柴油供应端紧张，部分地区加油站实行柴油限量供应政策，具体变动情况如图 3-3 所示。

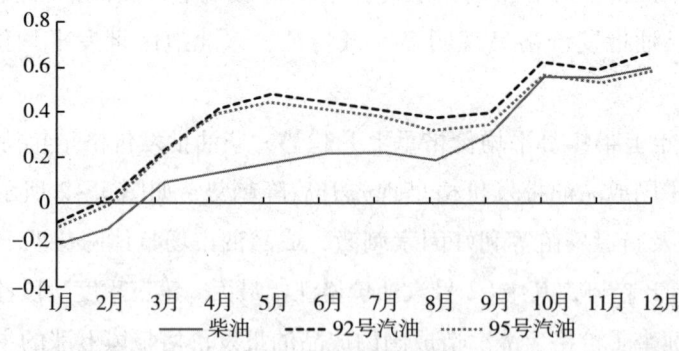

图 3-3　2021 年成品油批发价格月度同比

数据来源：隆众资讯。

（3）成品油批发价格区域性特征明显。

2021 年，中国成品油批发市场呈现区域性特征，西北地区汽油及柴油批发平均价格最低，华南地区汽油批发平均价格最高，西南地区柴油批发平均价格最高。汽油批发价格方面，西北地区与华南地区价差高达901元/吨，除西南地区外其他地区95号汽油批发价格均低于全国平均价格，华东地区92号汽油与全国平均价格价差最高；柴油批发价格方面，下半年华东、华南、东北、西南等地不断传出柴油现货资源紧张的消息，柴油价格在以上地区增长涨幅较大，其中在西南地区平均价格最高，2021年西南地区柴油批发平均价格最高，西北地区最低，如图3-4所示。

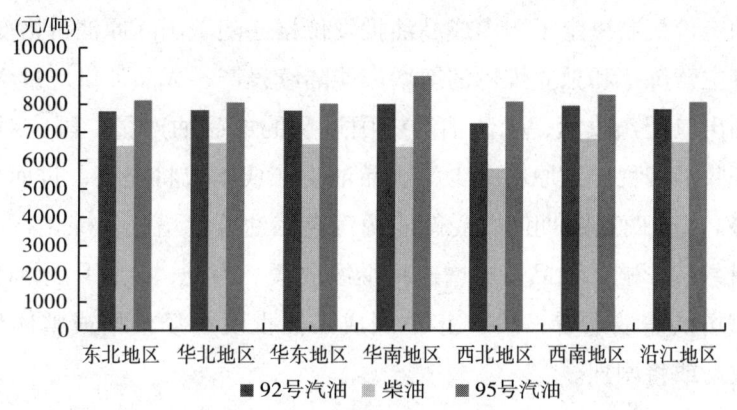

图3-4　2021年各地区成品油批发平均价格

数据来源：隆众资讯。

3. 成品油批发市场竞争分析

2021年，得益于疫情防控良好，国内汽油需求较上一年明显好转，在批发价格整体上涨的走势下，中国成品油批发市场竞争进一步加剧。加之"放管服"改革的进一步部署，商务部就成品油取消和下放行政审批事项进一步加强后续监督提出具体意见，各地相关政策陆续出台，办理手续的通道和依据陆续落实，导致成品油批发行业参与者增多，加剧了批发市场竞争的同时也拉动了成品油消费。另由于各地区经济发展水平、行业发展水平及政府治理水平存在差异，导致各地成品油批发市场存在不同程度的竞争，各地区业务管理将面临不同的政策监管，也为经营业务覆盖面较为广泛的油企提出了新的管理难题。

（二）2022年中国成品油批发市场前景展望

展望2022年，中国成品油批发价格或将上升并呈现阶段性波动，批发市场竞争加剧，市场监管力度将进一步加大，未来的成品油批发市场必然向多元化、差异化、竞争化、合规化方向发展。对中国成品油批发市场前景展望分析如下：

1. 受国际油价和国内供需端双重影响，中国成品油批发价格或将呈现上升趋势

原油是成品油行业的上游端口，因此国际油价是影响成品油批发价格走势的重要因素之一。2022年国际油价或将保持震荡的新常态，2020年11月，OPEC+原计划达成适度增产协议，因受新一轮疫情出现这一重大变化的影响，或将选择暂停增产甚至是适度减产，油价可能出现止跌回调；相反，美联储大概率将逐步开始收紧货币政策，以应对日益严重的通货膨胀，美元的收紧也将意味着油价的下跌。中国现行的成品油定价机制决定了国内成品油批发价格会随着国际原油价格变动。

随着国有主营炼厂和独立炼厂的新增产能陆续投产，成品油供应量将继续增加。此外，成品油出口配额收紧，无法消纳中国过剩的成品油产量。国家对稀释沥青、轻循、混芳征收消费税导致原料减少，成品油生产成本或将提高，进而影响成品油批发价格走势。"十四五"期间，受新能源汽车汽油替代增长及炼化行业"炼化一体化"转型升级的影响，油品需求增速将继续放缓。因此，从国际原油价格及国内成品油批发市场供需端来看，2022年中国成品油批发市场价格或整体呈现上升趋势，阶段性波动或将剧烈。

2. "双碳"目标下大炼化已成发展趋势，成品油批发市场竞争更加激烈

在"双碳"目标下，国家加速推动炼化行业转型升级，"减油增化"已成为未来炼厂发展趋势，对成品油市场的影响也在逐渐显现。主营炼厂多年来一直以"减油增化"为突破口，加快炼厂转型升级，同时，受成品油出口配额政策的影响，成品油供应量在可控范围内。在民营炼厂中，受原有进口配额政策红利的影响，成品油供应量逐年增加。虽然民营炼厂正在加速转型升级，成品油出口配额也对民营炼厂开放，但是仍然无法避免出现成品油供应过剩的局面。在"双碳"目标下，炼化行业转型升级和控制成品油供应量都将使成品油批发市场迎来大规模洗牌，竞争将更加激烈。

3. 政策改革持续推进，成品油批发市场或将创新事中事后监管方式

为了深化"放管服"改革、优化营商环境，持续激发市场活力，放宽市场准入，2021年6月国务院印发《关于深化"证照分离"改革进一步激发市场主体发展活力的通知》，指出按照直接取消审批、审批改为备案、实行告知承诺、优化审批服务等四种方式分类推进审批制度改革，力争在2022年底前建立简约高效、公正透明、宽进严管的行业准营规则，大幅提高市场主体办事的便利度和可预期性。随着改革推进，成品油批发市场仍将继续涌现大量市场主体，市场竞争将日趋激烈，而传统监管将难以为继，创新事中事后监管方式将成为政府未来重要的成品油批发市场管理工作。

第四篇

成品油储运与燃料油

2021年，以国内大循环为主体、国内国际双循环相互促进的新发展格局逐步形成。随着中国经济的快速复苏，国内疫情得到快速有效的控制，整体经济发展表现乐观。受此影响，中国汽、柴、煤油库存从高位回落。国内成品油库库容保持快速增长态势；成品油仓储处于稳定发展阶段，集中度较高；成品油物流市场整体保持在一个相对平稳、有序发展的状态，疫情的反复也对中国成品油物流市场造成了一定程度的影响。

2021年，成品油库库容逐步增加，储备基地基本建成，现代化智能油库逐步建立，库存年末从高位回落，需求逐步增加，但供需仍存在一定失衡。成品油仓储处于稳定发展阶段，集中度较高，油库建设项目在不断推进。国家管网集团在数字化建设方面也取得进一步突破，销售公司、运输公司也逐步实现数字化管理，提高管理效率。中国燃料油市场逐步复苏，燃料油进出口量也呈现整体回升态势。全球限硫令正式生效，低硫燃料油凭借供应能力占领市场，中国燃料油市场进入低硫时代。

展望2022年，成品油储运与燃料油市场发展具有以下趋势：一是成品油高库存将逐渐成为常态，成品油仓储方面将通过平台智能机器人进一步建设智能化、自动化成品油库和港口码头，引领仓储业迈向新阶段，成品油物流行业更加市场化；二是随着数字化、信息化的发展，成品油物流运输管理也逐渐智能化，管理水平将有所提高；三是燃料油的需求预计会先下降后上升，这将使燃料油交易价格出现明显震荡，导致燃料油价格预期总体呈现下降趋势。

一、中国成品油仓储和码头现状与前景展望

随着中国经济继续回暖，国内投资和消费水平持续提升，以国内大循环为主体、国内国际双循环相互促进的新发展格局逐步形成。在此背景下，成品油库存、仓储将持续保持高位。2021年成品油库库容逐步增加，成品油仓储处于较好的水平，成品油码头项目继续推进并且在泊位吨级上重点发展。展望2022年，成品油高库存将逐渐成为常态。

(一) 2021年中国成品油仓储现状

2021年成品油库存全年保持震荡走高的趋势，库容依旧保持快速增长趋势，仓储业处于稳定发展阶段，中国石油和中国石化在成品油油库市场中占据主导地位，各港口积极开发建设万吨级以上码头工程。

1. 成品油库存呈现震荡趋势，年末出现高位回落

随着国内疫情得到快速有效的控制，国内经济所受影响明显减弱，整体经济发展表现乐观。受此影响，中国汽油、柴油、煤油需求整体表现向好，尤其是第四季度成品油需求大幅度增加，成品油库存大幅减少。2021年汽油、柴油库存双涨，国内汽油、柴油、煤油需求量同比分别上涨13.9%、9.7%、16.5%。其中，汽油库存达1418.7万吨，同比上涨2.5%，库容比40.5%；柴油库存达1494.2万吨，同比上涨2.0%，库容比33.2%。2021年，中国成品油产量35738.2万吨，同比上涨7.9%。第一、第二季度，国内汽油需求一直处于稳定状态，而柴油需求恢复缓慢，成品油市场供过于求，因此成品油库存一直处于高位，库存压力较大。第三季度成品油库存呈现先涨后降趋势。第四季度正值国庆假期，外出旅行人数激增，国内汽油需求上涨至高位，库存从高位回落。国庆假期及"双十一"等电商活动，带动交通运输、物流行业表现活跃，一定程度支撑了国内柴油的需求。临近年底，国内很多地区基建工程等进入赶工阶段，从而使国内柴油需求在第四季度整体表现良好，成品油库存呈现下降趋势。如图4-1所示，成品油库存在前三季度呈震荡上行趋势，第四季度库存下降，2021年末成品油库存从高位回落。

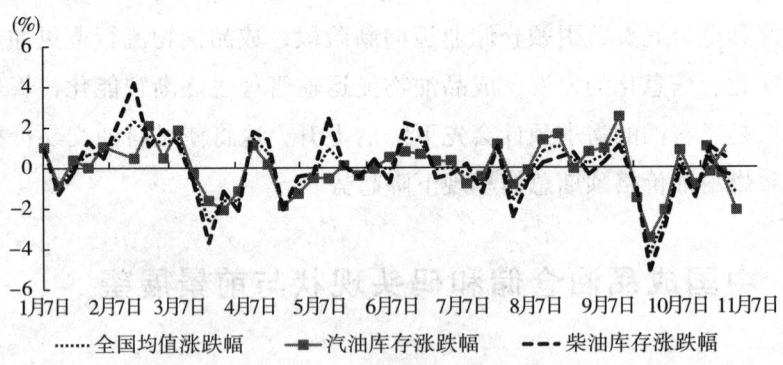

图4-1　2021年成品油库存涨跌幅

数据来源：隆众资讯等。

2. 成品油库库容持续增长，储备基地基本建成

国内成品油库库容保持快速增长态势，成品油仓储处于稳定发展阶段，集中度

较高。中国成品油库建设项目在不断推进，中国海油、中外合资企业等新进入这一市场的企业在不断新建、收购成品油库，扩容态势迅猛。截至2020年底，中华油气项目数据库统计的全国已建、在建和规划中的原油和成品油油库超过3000座。

从中国代表性油库的容量来看，东营原油库和浙江台州临海油库容量处于领先水平，分别达到52万立方米及年吞吐量260万吨左右。其他代表性油库还包括江西南昌石油昌北油库、浙江绍兴油库等。天津、鄯善、舟山石油储备基地库容排名前三。在油库数量较多的情况下，以成品油储备基地为例，分析油库的区域布局：从2008年起，中国正式建设成品油储备基地，经过十余年的建设，2021年末基本建成12个储备基地，分别位于天津、鄯善、舟山、黄岛（地面和洞库）、独山子、镇海、惠州、大连、兰州、锦州（洞库）、金坛、湛江。截至2021年底，大部分基地建设完成，天津、鄯善基地扩容进行中，惠州基地已建成。2021年总库容约为6000万立方米（含在建部分库容），加上其他商业企业的储备能力，到2021年底，对应储备能力可超过6000万吨。广东省成品油库库容总规模约占全国的20%，华东地区的江苏、浙江、上海合计占全国的23%，华北地区的山东、河北两省也占据较高的比例，分别占比7%、5%（见图4-2）。山东汽油库存46.4万吨，占汽油库库容的24.7%，同比增加9.5万吨。东北样本企业汽油库存24万吨，同比增加2万吨，占汽油库库容的40%。西北样本企业汽油库存14.1万吨，占汽油库库容的30.2%，同比增加3.4万吨。华东样本企业汽油库存12万吨，占汽油库库容的24.5%，同比增加5.9万吨。湖北汽油库存3.2万吨，占汽油库库容的29.1%。

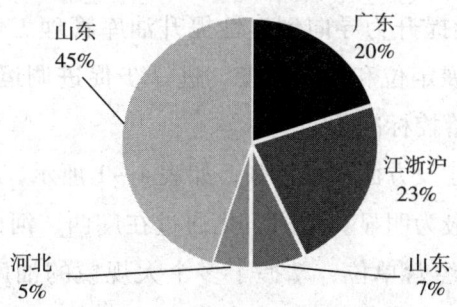

图4-2 2021年中国成品油油库分布情况

数据来源：根据公开数据整理。

通过对中国成品油库存量、油库数量的分析得知，中国成品油仓储处于较好的水平。从区域角度来看，天津、鄯善、舟山在石油库容及库存量方面均保持领先地位。在众多油库中，中国石油和中国石化在成品油油库市场中占据主导地位。

3. 油库建设出现扩张趋势，现代化智能油库逐步建立

一直以来，中国石油、中国石化两大公司在成品油油库市场占据主导地位，但社会经营单位的成品油库库容也在持续稳步增长。除此之外，中国海油等新生军正逐步收购社会经营单位，逐步扩大油库拥有量，通过在惠州炼厂周边建设油库以及在浙江等消费地收购社会经营单位等方式，掌握了多个大规模的油库，对市场的影响正在逐步增加。

2021年，胜利油田启动东营原油库迁建工程，建设国内首座"双碳"油库。新库远离主城区，整个罐区库容68万吨，较之前增长31%，占地33.6万平方米。该工程在国内将首次使用原油液下装车技术，大大提高运行效率。同时，胜利油田将数字孪生技术与绿色低碳站库建设相融合，实现工程建设与生产运行的孪生体管控，打造绿色低碳发展标杆原油库，引领中国同类原油库建设。中国石化首个独立的氢气分析实验室在黄埔油库正式启动建设，填补了中国石化氢气全分析检测机构的空白，黄埔油库也是华南地区首个具备氢气全分析检测能力的现代化智能油库。为适应企业发展改革管理需要，深入推动仓储物流体系建设，着眼于仓储物流专业线发展定位和油库由仓储单元+中转功能转变为仓储经营+服务单元的管理要求，进一步解放思想，赋能油库主动履责，强化日常管理，优化运行模式，适应环境变化，甘肃油库建立了2级3类油库管理指标综合评价体系，促进油库提升管理水平和发展定位。油库聚焦效率效益和油库分级分类管理，将以需求视角审视和提升调运工作、以效率为出发点促进配送工作、以效益为着眼点合理安排库存结构（分布+罐容）、以操作规程和技能提升为导向创建性提升油库管理工作，全面推动油库在仓储物流体系建设中的发展定位和角色转变，进一步促进调运合理化、配送高效化、库存创效最大化、油库管控标准化。

成品油企业在油库建设方面积极扩张，如表4-1所示，成品油加工能力不断提升的中国石化扩张速度最为明显。中国石化通过在广西、河南等地建设油库以及在江苏等消费地收购社会经营单位，掌握了多个大规模的油库，市场地位正在逐步加强。

表4-1 2021年中国部分油库拟新建、改造项目

项目地点	项目名称
江苏省	江苏泰州溱湖油库技改项目
湖南省	株洲815油库2021年安全环保隐患改造项目
浙江省	中国石化销售股份有限公司嘉兴桐乡油库改造项目
	宁波大榭开发区信海油品仓储有限公司小田湾油库二期项目

续表

项目地点	项目名称
新疆维吾尔自治区	新疆中油建筑安装工程有限责任公司哈密销售公司2021年油库改造项目
重庆市	重庆市长寿区中国航油西南战略储运基地项目中转油库、输油管道工程
湖北省	湖北省枝江市宜昌姚家港化工园区油库公共管廊工程
	湖北宜昌枝江油库（王家河油库迁建）项目
	湖北枝江市宜昌姚家港化工园区油库公共管廊工程
	湖北省武汉市机场油库扩容工程（又称：武汉天河机场油库扩容工程）
	中国石化湖北石油荆州油库迁建项目
广东省	广东广州白云机场油库扩建工程
河北省	中国石化销售股份有限公司河北省衡水市石油分公司迁建油库扩建工程
湖南省	湖南怀化市芷江机场油库改扩建工程
江西省	江西省抚州市白露山油库工程
四川省	四川湘蜀石油化工有限公司川南陆港成品油库工程
安徽省	中国石油天然气股份有限公司安徽销售分公司蚌埠油库自控改造项目

数据来源：根据公开资料整理。

4. 部分港口结构调整，成品油码头泊位快速发展

2021年，成品油码头在泊位吨级上积极发展，在已有万吨级成品油码头的基础上，各港口积极开发建设万吨级以上码头工程。惠州港荃湾港区新建5万吨级石化码头于2021年1月完成交工验收，预计于2022年2月投入使用，并力争在3月开通对外口岸，将为中国海油等公司炼化产出的成品油提供海上运输通道，投产后成品油码头将实现年吞吐量1000万吨规模，为大亚湾石化区成品油出口带来便利。2021年，中国石化浙江舟山石油分公司通过扩容港口浦油库油气回收装置以及新建成品油装船油气回收处理装置，提升了库区油气回收能力，成为国内首套投产运行的成品油码头油气回收系统。库区油气回收处理能力从原来的每小时300立方米扩容到每小时700立方米，码头油气回收能力每小时增长了400立方米。2021年11月，国家成品油储备655项目码头工程正式在泰兴经济技术开发区开工建设。码头工程是655工程的储运纽带。项目投入运营后，可满足各类成品油的储存，具有码头来油接卸、汽车装车、装船、油品储存和倒罐等功能，进一步成为战略储备需要、保障市场供应、稳定油品市场秩序的国家成品油储备库。超10万吨级油码头也进一步发展，钦州首个30万吨级油码头分别在2021年11月5日和12月3日实现了2次成功靠泊30万吨级油轮，说明钦州码头设备设施的技术性能已成熟，将大幅提升北部湾港液体散货接卸能力，成为广西北部湾各港中距离西南地区主要石化企业最近、

接卸原油能力最强的油品运输、中转和储存基地,将对保证西南地区的成品油供应起到重要作用。

(二) 2022 年中国成品油仓储前景展望

2021 年国内经济仍在持续恢复中,预计未来几年内,中国成品油产量仍将保持稳定上升走势。成品油需求增速平稳,叠加替代能源占比不断增加,预计未来成品油市场仍将是供大于求的格局,成品油库存依然将保持高位。

1. 成品油高库存将成常态,成品油库存可能增至高点

预计 2022 年末汽油累计库存将在 1600 万吨附近,柴油累计库存将在 1900 万吨附近。2021 年末汽油库存累计上涨 407 万吨,涨幅 30.9%,年均上涨 3.0%,其间价格回落至 3579 元/吨,跌幅 38%,年均下滑 5.2%。柴油库存累计上涨 594 万吨,涨幅 39.6%,年均涨幅 3.8%,其间价格回落至 3615 元/吨,跌幅 43.5%,年均下滑 6.1%。汽油年末库存 1721 万吨,两年增长 301 万吨,涨幅 21.2%,对比同期价格回落了 1105 元/吨,跌幅 15.9%。柴油年末库存 2094 万吨,增长 562 万吨,涨幅 36.7%,对比同期价格回落了 1930 元/吨,跌幅 29.1%。造成累计库存增长的主要原因是供需失衡,加之疫情因素导致供需失衡现象更加严重,成品油高企的库存很难迅速下滑,导致 2022 年成品油高库存将逐渐成为常态。

2. 港口智能化提速,绿色港口将成为未来发展方向

中国港口成品油码头实现常态化船舶作业的业务能力逐步加强,码头设备设施等系统逐步适应国内外市场各类型油轮的靠泊及接卸需求。未来沿海主要成品油码头建设继续保持平稳发展,虽然泊位总数或将因为环保压力推进结构调整而导致成品油专业化码头的减少而减少,但万吨级以上油码头数将有所增加,甚至 30 万吨级以上的油码头数量也将有所上升。因此码头设备设施应更加完善,以应对船舶大型化发展的挑战和日益发展的国际接卸需求。在未来云计算、大数据、物联网等新一代信息技术不断创新应用下,以现代信息技术为依托,打造智慧型港口,将成为沿海各大港口抢占新一轮港口发展制高点的战略选择。生态环境部和市场监管总局于 2021 年 4 月 1 日起实施的强制性国家标准《储油库大气污染物排放标准》将新建油品码头和现有万吨级及以上油品码头装船泊位纳入了适用范围,交通运输部水运局对原油成品油码头油气回收展开全面调研,绿色港口建设逐步科学化、规范化、标准化。因此,智慧型绿色港口或将成未来主要发展方向。

二、中国成品油物流现状与前景展望

随着中国经济的逐渐复苏，中国成品油物流市场整体保持在一个相对平稳、有序的发展状态。但在后疫情时代的背景下，疫情的反复对中国成品油物流市场产生了一定程度的影响。展望2022年，中国成品油物流发展将比较稳定，物流管理水平也将有所提高。

（一）2021年中国成品油物流现状

成品油物流体系中管道运输、水路运输、公路运输、铁路运输四种方式并存，其中管道运输和水路运输为主要方式。2020年成品油管道划归国家管网集团，由国家管网集团统一管理，成品油物流市场得到进一步发展。成品油管道建设速度大幅提升，多段线路投入建设，数字化建设也取得重大进展。随着中国经济率先从疫情中复苏，水路运输也逐步正常运行。管道运输和水路运输无论从运输规模还是运输效率上都有很大程度的提升，成品油物流的数字化建设也进一步加强。

1. 成品油管道建设取得新进展，管道运输积累量取得新突破

2021年12月6日，经国务院批准，中国物流集团有限公司正式成立，这标志着中国完成了海陆空物流资源的有效整合。国家管网集团继续加强成品油管道建设，并取得了新的进展。2021年初，国家管网集团华南公司进一步推进"双千万吨"增输工程，着力改造茂名—河池段、曲靖—贵阳段、北海—南宁—百色段管道，新建茂名西站、南宁西站和钦州站等三个输油站，提前改造贵港站、玉林站、百色站等三个输油站。工程投用后，西南成品油管道北线茂名首站以及南线北海站出站输油能力均可达1000万吨/年。1月18日，上海石化—闵行油库成品油管道工程正式开工，该工程自上海石化储运六车间起，经过金山、奉贤、松江、闵行四区，终点为闵行油库。设计输油量300万吨/年，全长约61千米，输送介质为汽油、柴油。加强成品油管道建设能够有效满足沿线市场需求，进一步推动经济发展。

2021年国家管网集团通过优化输油方案、调整输油工况等措施，在管道运输积累量方面取得了新突破。2021年3月，国家管网集团西南管道有限责任公司昆明输油气公司主要运营管理的云南成品油管道累计输送成品油1000万吨。其中百昆管道（广西百色—云南昆明）自2016年6月正式投入生产，至2021年12月已连续安全运行66个月，累计向沿线省市输送成品油突破2267.77万吨，超额完成管输量，保障了云南省能源供应的及时、高效与充分。

2. 成品油海上运输稳定运行，沿海运价指数整体下降

2021年中国成品油海上运输较为稳定。上半年有665艘成品油船进行内贸沿海成品油运输，内贸沿海成品船共挂靠22128次，涉及码头503个、泊位1014个，内贸成品油下海量3999万吨，同比增长3.7%。沿海成品油运价指数整体呈现先波动性下降，在9月到达最低点，后小幅上涨的趋势。疫情、季节等成为运价指数波动的主要影响因素。第一季度因中国局部地区疫情严峻，户外大型工程多已进入收尾期，成品油终端需求疲弱，沿海成品油运价下滑。第二季度前期因2021年环保检查较为严格，北方多数工矿未开工，沿海运价下跌；2021年6月中国成品油零售限价实现年内的第八次上调，成品油价格上涨带动市场情绪，上游出货积极。加上部分炼厂检修结束，市场货源成交活跃，运输需求转好，市场运力偏紧，沿海运价有所反弹。第三季度部分地区出现本土多点散发小范围疫情，物流运输、人员流动等方面受到抑制，加之天气影响，基建工程等大型项目开工率依旧维持低位，成品油运价继续下跌，且逼近成本线。第四季度成品油零售价多次上涨，消息面给市场面带来利好，主营价格涨势强劲，部分单位汽油价格亦涨至批发限价，为近三年以来的高位。随着限电政策不断趋严，成品油供应受到较大程度影响，且随着气温降低，中国迎来传统消费旺季，社会库存整体低位，叠加下游补库需求，成品油购销气氛持续改善，运价明显上涨，如图4-3所示。

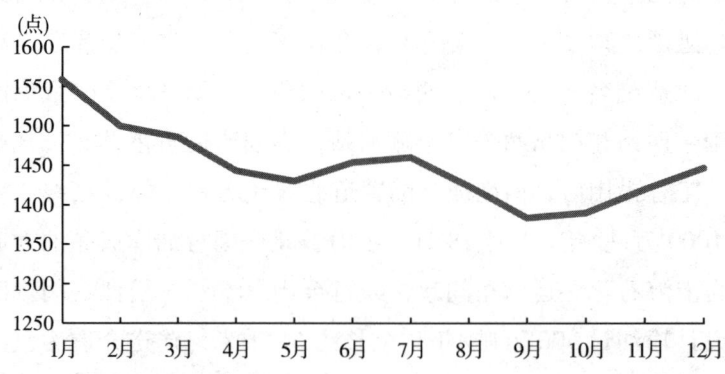

图4-3 2021年中国沿海成品油运价指数

数据来源：中华人民共和国交通运输部。

3. 物流数字化建设有所加强，物流管理能力有所提高

2021年，国家管网集团在数字化建设方面也取得进一步突破，中国首套全国产化成品油管道数据采集与监视控制系统（Supervisory Control And Data Acquisition，SCADA）顺利在国家管网集团华南公司上线运行。SCADA包括全套硬件和软件，是

数据采集与监督控制系统,广泛应用于成品油管道等领域。

除了国家管网集团,销售公司、运输公司也逐步实现数字化管理,提高管理效率。2021年6月27日,西北销售公司"成品油综合指挥调度及储运物联网平台"二期功能全面建成。平台围绕"智能调度+智能预测",对物流运输进行了更加细致的优化,需求预测准确率达到80%以上,西部管道、兰成渝管道仿真效果显著,对物流运输整体节奏的把控更加精细。2021年8月,运输公司黑龙江分公司成功研制出道路风险提示仪,该提示仪能够接收卫星信号,脱离通信网络的限制,可实现对道路风险与环境风险数据的量化、数字化管理,能够及时、准确地为驾驶员提示各类交通道路风险,有效降低道路交通事故和环境污染事件的发生,成为道路风险管控数字化升级管理的一项重大突破。

(二) 2022年中国成品油物流前景展望

2022年中国成品油物流将由中国物流集团负责规划,中国成品油市场将依旧保持平稳,成品油物流行业会更加市场化。随着数字化、信息化的发展,成品油物流运输管理也逐渐智能化,管理水平将有所提高。

1. 成品油市场平稳增长,成品油物流行业稳定发展

根据"十四五"规划,未来中国将会减少对石化燃料的依赖,大力发展新能源。但短期内石化燃料仍旧占据主导地位。预计2022年中国成品油价格较为平稳,成品油物流行业的发展也较为稳定。利用具有长短期记忆的机器学习方法对中国沿海成品油运价指数数据进行预测,预计2022年中国沿海成品油运价指数整体呈现先上涨后回落的趋势(见图4-4)。第一季度,受疫情影响,加上接近年尾,成品油需求减少,中国沿海地区成品油运价呈现下降态势。第二季度,随着天气转暖,经济生产活动逐步恢复,国内炼厂加紧生产,成品油贸易量继续增加,运输市场大量货盘放出,运力供不应求,运价指数开始逐渐走高。第三季度,受高温及南方雨季影响,成品油需求偏淡。另外由于前几个月运力紧张,大型炼厂纷纷提前锁定船舶、船期,市场有效运力缩减,同时下游库容偏满,上游放缓出货节奏,运输市场货盘减少,运价指数下降。9月,因消费旺季到来,消费需求提振,下游库存消耗加快,国内资源"偏紧"态势显现,支撑下游拉运需求,沿海成品油运力供不应求,运输价格上涨。第四季度,起初成品油市场维持原有态势,物流市场整体较为平稳,运价指数也保持不变。随后,汽、柴油市场逐步进入淡季,且因正处于冬季,缺乏节假日支撑,汽油需求表现相对平稳;各地基建、工矿赶工结束后,柴油后市需求量有所下滑。国内成品油市场依旧供大于求,下游库存饱和,主营单位及地方炼厂出货压力较大，部分选择减产，沿海成品油运输需求总体低迷。

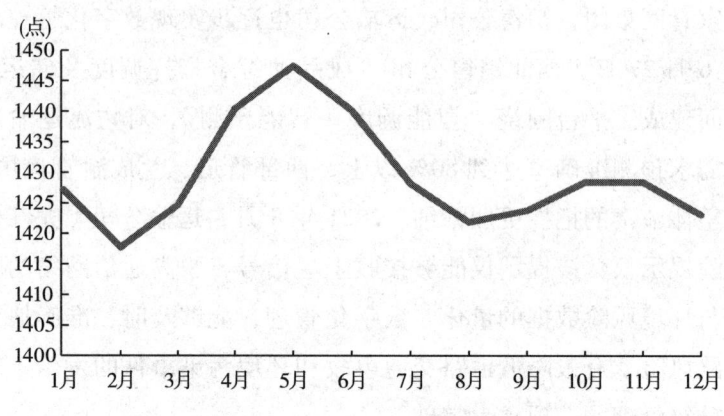

图 4-4　2022 年中国沿海成品油运价指数预测

2. 信息化、数字化及智能化趋势显著，成品油物流管理效率继续提高

成品油物流配送运输管理路径的探索，离不开管理模式的优化。2022 年中国将继续加强大数据、云计算、物联网、人工智能、区块链等先进技术与成品油物流业务有机融合，实现物流环节的无人化、自动化、智能化，引领业务发展，推动成品油物流运行效率和效益的提高。主要体现在以下两方面：一是逐步打造以成品油物流为纽带的产、运、销、储一体化的成品油物流体系，与上游炼油厂生产实现"产运"联动以灵活调整炼油厂生产及资源配置，与下游成品油终端销售实现"运销储"联动，推动成品油物流管理效率的提高；二是通过智能预测、精准调运、仿真推演、智能分析等功能，实现对业务的可视、可控、可模拟、可预测管理，综合考虑炼油厂、油库、管道、在途、加油站成品油库存，提高成品油库存的精益化管理水平。

三、中国燃料油市场现状与前景展望

2021 年疫情逐步得到控制，中国燃料油市场逐步复苏，燃料油进出口量也呈现整体回升态势。燃料油出口免抵退税政策持续实施，国内产能进一步释放。展望 2022 年，疫情可能出现反复，影响全球经济持续恢复，将造成燃料油市场供需波动。

（一）2021 年中国燃料油市场现状

中国疫情防控坚持"动态清零"而非"零感染"，燃料油供给端快速增长，供需两旺。中国燃料油进出口量呈现不同幅度的回升态势。"低硫"作为中国燃料油市场的核心影响因素特性更加突出,"舟山锚地供油价"应运而生。燃料油进出口市场相关政策持续实施,市场进一步规范,产能进一步释放。2021年燃料油市场呈现以下特征:

1. 中国燃料油产量提升,进出口呈现上涨态势

随着中国石化企业不断发展,国内炼厂炼油能力持续增长,燃料油产量相应增加。2021年,中国燃料油累计产量4339.7万吨,同比增长22.1%。四个季度累计产量分别为913.8万吨、1305.8万吨、1250.8万吨、1241.9万吨,全年月平均产量总体呈现下降—上升—下降趋势,12月全国燃料油产量达到最高位434.8万吨,如图4-5所示。

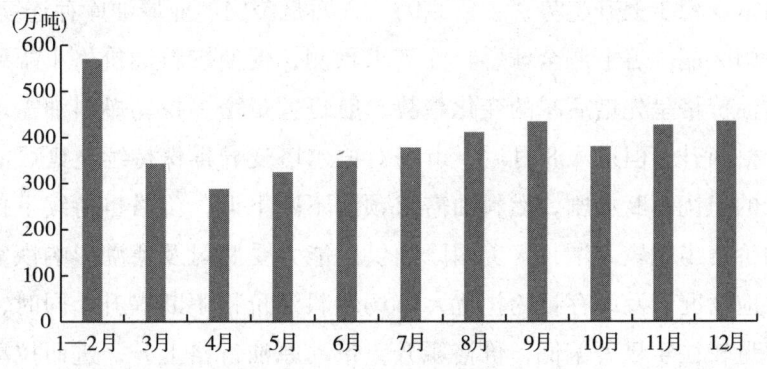

图4-5 2021年中国燃料油月度产量

数据来源:国家统计局、隆众资讯。

2021年中国燃料油进出口情况也出现了较大变化。产量的提高使燃料油市场呈现进口小幅上涨、出口大幅上涨的态势。全年燃料油进口量1102.75万吨,同比增长3.9%;燃料油出口量1615.4万吨,同比增长37.3%。从进口来源国来看,中国进口的燃料油主要来自马来西亚、新加坡、俄罗斯、阿联酋、伊拉克、韩国六国,从这些国家进口的燃料油数量占进口总量的96.6%,其中,马来西亚、新加坡、俄罗斯的资源占进口量的87.3%。与2020年同期相比,俄罗斯、韩国资源进口份额下滑明显,而马来西亚进口份额继续提升。低硫燃料油市场中供应能力仍是影响价格的首要因素,中国炼厂自给率提升后,外部采购集中在以马来西亚、新加坡为主的东南亚国家,俄罗斯则作为炼厂深加工资源的重要补充。2021年中国燃料油进口依存度为42.4%,同比增加2.8个百分点。

从燃料油进口方式来看,保税货物和一般贸易是主要的进口方式,其中一般贸易占15.2%,2020年同期一般贸易进口占比9.5%。因2021年6月开始对进口稀释

沥青征收消费税，加之进口原油配额收紧，燃料油进口用于独立炼厂深加工需求自5月起有所提升。保税货物进口需求基本应用于保税船燃。国产低硫燃料油增加导致保税船燃进口需求下跌明显。

2. 燃料油期货价格震荡上行，整体呈现上升趋势

2021年燃料油价格总体呈现上升趋势，价格变化幅度较大，如图4-6所示。第一季度燃料油价格走势整体较为平稳，受航运市场复苏的影响，燃料油需求量持续增加；受寒潮影响，美国原油产量持续下降，同时高盛等公司大幅上调油价预期以提振市场，致使燃料油价格稳步上升。随后，巴西发现新冠病毒变异毒株，下调了国内市场对燃料油的需求预期，伊朗和利比亚大幅增加原油供给，也使原油供需平衡受到一定的冲击，燃料油价格在较长的一段时间内保持低位水平。第二季度，燃料油价格呈现稳步上升趋势，主要原因一方面是美国商业原油库存连续三周下降，另一方面是国际能源署上调全球燃料油需求预测，促使燃料油价格小幅回升。第三季度，燃料油价格呈先增后减的变化趋势，航班数量增多拉动燃料油需求上升，带动燃料油价格回升。但进入8月后，市场对德尔塔变异毒株持续蔓延可能会影响经济发展前景的担忧不断加剧，燃料油需求预测不断下调，价格也持续下探。第四季度，燃料油价格出现较大增长，美国原油供应能力受飓风及寒潮影响恢复缓慢，出于对原油供应情况以及库存量的担忧，市场燃料油价格不断提升。同时，由于全球天然气库存量较往年显著偏低，价格飙升，带动原油价格上升，进而拉动燃料油价格持续走高，并创下年内最高价格纪录。第四季度末，南非发现新的新冠病毒变异毒株，叠加美国将释放战略储备石油的消息，引发市场对经济和需求前景的担忧，导致国际原油价格暴跌，价格波动传导至燃料油市场，使国内燃料油价格迅速下跌。

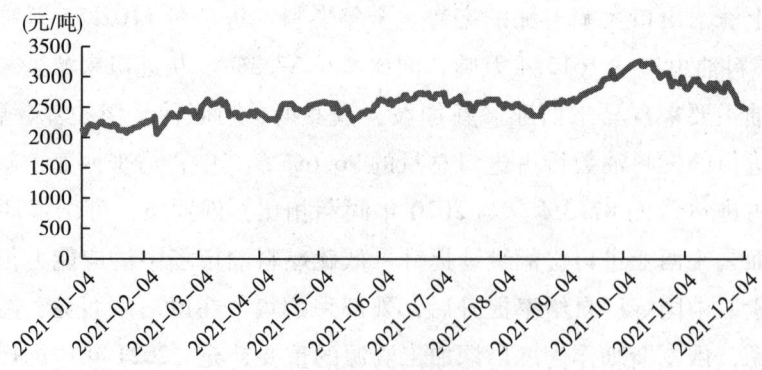

图4-6 2021年燃料油期货合约价格

数据来源：Wind数据库。

3. 船用低硫燃料油市场持续扩大，推出"舟山锚地供油价"

2020年1月1日起，国际海事组织《国际防止船舶造成污染公约》规定全球船舶必须使用硫含量不高于0.5%的船用燃料油，船用燃料油已是步入低硫时代的第二年，相关品种结构、供应模式、物流模式等发生巨大变革。在这之前国际远洋船舶燃油消耗以重油为主，低硫油占很小比例，而低硫油价格相较于重油价格更高，因此保税高硫燃油需求增长空间受到一定限制，限硫要求使燃油成本大幅增加。2021年国内炼厂的低硫船燃资源不断大规模进入中国保税船供油市场，中国保税船燃市场实现快速增长，其中低硫燃料油国内炼厂产能同比增长50%以上，中国保税船供油量在年底达到2000万吨的历史高位。

2021年6月21日，上海期货交易所联合浙江国际油气交易中心推出"中国舟山保税低硫燃料油船供价格"，即以低硫燃料油期货结算价为基准的人民币舟山锚地供油价格。随着中国船供油市场销售规模不断扩大和自贸区红利陆续释放，中国船供油市场在东亚地区的竞争力快速提升，已逐步成为东亚地区低硫船用燃料油定价中心。除此以外，中国船供油市场的数字化转型已提上议程，数字化转型会大幅提升中国船供油市场的服务水平和供油效率，促进中国船供油市场规模进一步扩大；清洁船舶燃料油研发和应用呈现加速发展态势，清洁船舶燃料油技术的研发正在全力开展，推动了中国航运绿色发展。

（二）2022年中国燃料油市场前景展望

展望2022年，全球经济恢复压力仍然较大，燃料油需求预计会先下降后上升，将使燃料油交易价格出现明显震荡。

1. 低硫燃料油需求持续增加，进口依存度有望下降

新冠病毒不断变异产生新毒株致使疫情反复，拖累全球经济恢复速度，不利于石油加工业及交通运输业的恢复与发展。进入夏季后，气温回升有利于遏制疫情蔓延，带动全球航运行业加速复苏，燃料油需求量增加，有利于拉动燃料油交易价格上升。

2. 低硫燃料油供应有望继续快速增长，出口配额进一步扩大

国内炼厂低硫燃料油产量持续提升，2021年实现了同比增长22.48%。得益于国内保税船供油量的持续增加，预计2022年燃料油的出口量将出现10%以内的增幅，同时随着中国保税船燃市场的不断成熟，出口配额预计将进一步增加。

3. 保税船供油市场进一步放开，越来越多的地方牌照放开

中国作为全球增长潜力最大的船加油市场，保税船供油市场不断扩大。为更好

地服务船供油市场的发展，各地地方牌照不断放开，中国的保税船供油市场港口集约化程度不断提升，预计将逐步发展形成以环渤海的青岛港、长三角的舟沪港、珠三角的洋浦港为中心的供应港口并辐射周边市场，中国保税船加油版图将进一步壮大。

4. 加速研发清洁能源，供应量呈现快速增长

随着限硫令政策的逐步落实，市场将更多注意力转移至清洁能源的研发上。世界上环保先进国家都在推广使用LNG，这也是中国清洁能源领域的重点研究方向之一。预计2022年清洁能源供应量将快速增长，由此加快建设中国燃料油市场，促进整个行业更好发展。

第五篇

加油站建设与经营

2021年，国内疫情形势不断好转，经济持续恢复发展，汽车保有量增加，新能源汽车产销量快速增长，为加油站数量的增长，尤其是综合能源服务站的快速发展带来机会。加油站总量增加，但增速缓慢。国有石油公司传统加油站的增长仍然缓慢，重点推进综合能源站、加氢站建设；民营加油站的投资建设热情提高，外资加油站投资建设持审慎态度。成品油仍供需失衡，消费税后移、部分成品油进口环节消费税的征收以及更严格的监管，加剧了市场竞争，加速了市场化进程，促进了市场的公平、有序竞争。石油公司坚持常态化疫情防控，通过实施精准营销和差异化营销，提升量效；持续打造数字化智慧加油站，加快加油站数字化转型升级。成品油市场需求回暖，销售规模同比增长明显，全年增幅平稳，整体利润同比增加；加油站单站日销量同比基本持平；零售价格变化幅度大，汽、柴油盈利差异大。加油站便利店呈规模化发展，加快线上线下全渠道销售与跨界融合，数字化管理水平不断提升，销售规模和利润增长显著。

2022年，"双碳"目标对传统能源行业的发展提出新的挑战，也对加油站的建设与经营提出新的要求。加油站的建设与经营将具有以下趋势：一是在"双碳"目标下，加油站绿色化发展提速，多功能综合能源服务站成为建设重点；二是加油站收购成本持续看涨，轻资产开发模式成为重要渠道；三是加油站深度融合智能化、网络化技术，致力于提供优质体验并拓展服务。

一、2021年中国加油站投资与建设现状

2021年世界经济逐步复苏，中国经济持续稳定恢复，成品油供需仍有一定失衡。汽车保有量持续增加，为加油站数量增长带来机会。加油站总量稍有增加，但增量低于2020年，增速持续放缓。加油站密度小幅下降，单站服务车辆数增加明显。国有石油公司致力于通过加油站的改扩建达到提质增效的目的，新增加油站数量极少；同时为响应国家"双碳"战略目标，国有石油公司不断推动加氢站、综合能源服务站等业务的发展。政策的不断放开，加快了加油站审批进程，深化石油成品油流通"放管服"改革，发挥市场作用，推动主体多元化，加速了民营加油站的

布局。外资投资建设态度比较谨慎，发展速度较2020年并无明显变化。

（一）加油站数量变化分析

随着中国经济稳步恢复，成品油需求也稳步恢复，同时伴随成品油零售市场的全面放开，加油站总量略有增长，增速持续放缓。加油站总量从2020年的10.75万座增加到2021年的约10.76万座，增速约为0.12%。加油站密度继续降低，单站服务车辆数有所增加。加油站数量的变化及呈现的特点具体分析如下：

1. 加油站数量增长低于2020年，增速继续放缓

2021年上半年，全球疫情逐渐得到控制，宏观经济复苏、油气市场需求回升、价格总体震荡上行，加油站投资热情回升，资本性支出有所增加。下半年，新冠病毒的变异使疫情形势反复，需求的回升并不会对国内加油站数量的增长起到大力推进作用。新能源汽车在相关政策的推动下快速发展，带动综合能源服务站的投资建设和数量增长。加油站数量仍在增长，但由于总量已趋于饱和，增长空间已经很小，新增加油站主要集中于少数高速站及布局还未饱和的县城和乡镇站。以中国石油、中国石化和中国海油等代表性国有石油公司加油站总量的增速来预估国内加油站总量变化，2021年全国加油站总量约为10.76万座，相比2020年增加约130座，较2020年的增长量减少800余座，较2019年和2020年的平均数量增加约610座，增速由2020年的0.91%降为0.12%，如图5-1所示。

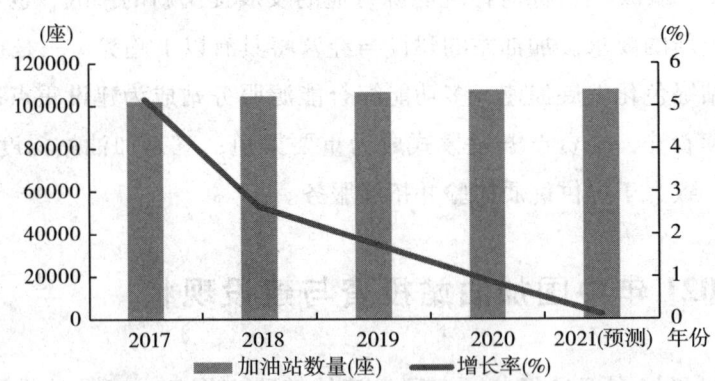

图 5-1　2017—2021年中国加油站数量及增长率
数据来源：前瞻产业研究院、隆众资讯。

2. 加油站密度小幅下降，单站服务车辆数增长明显

随着汽车保有量稳定增长，中国交通基础设施不断建设与改善，中国公路建设投资仍保持较快增长。2021年1—11月，公路建设固定资产投资2.39万亿元，同比增长6.0%。根据交通运输部2022年2月印发的《公路"十四五"发展规划》中

2025年全国公路网总里程550万千米的发展目标，按照年平均发展速度计算，预计2021年全国公路里程数为525.7万千米。加油站数量的低速增长和公路里程建设的相对较快增长，导致加油站密度稍有降低，约为2.05座/百千米，较2020年减少0.02座/百千米，如图5-2所示。

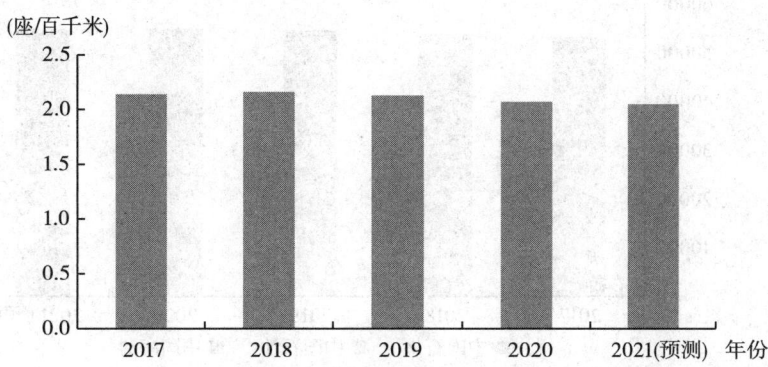

图5-2　2017—2021年加油站密度

数据来源：根据公开资料整理。

2021年，全国汽车保有量3.02亿辆，较2020年增加了0.21亿辆，同比增长7.47%。汽车保有量快速增加及加油站数量缓慢增长，加油站单站服务车辆数明显增加，达到2805辆/座，较2020年增加192辆/座，增速为7.35%，如图5-3所示。

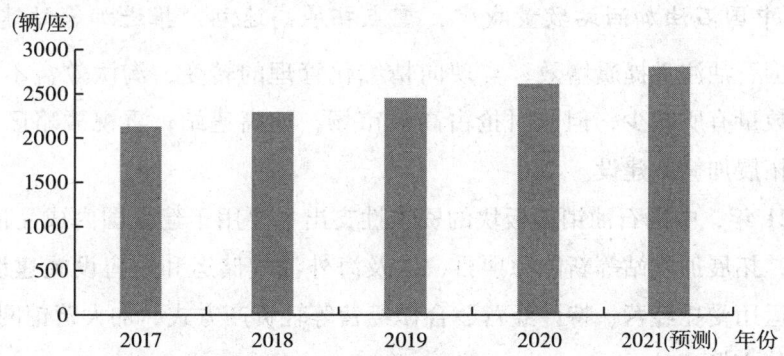

图5-3　2017—2021年加油站单站服务车辆数

数据来源：根据公开资料整理。

（二）国有石油公司加油站投资及建设现状

随着疫情逐步得到控制，经济持续恢复，成品油需求稳步增长，油价持续上升。国有石油公司响应绿色低碳新能源号召，资本支出主要用于建设国内成品油市场终端销售网络，拓展加氢站等新能源项目。加油站总量增长甚少，国有石油公司数量增减不一。中国石油实施精细化管理，淘汰效益不佳的加油站，加油站数量减少较多；中国石化新增加油站数量维持低位；中国海油通过多种模式继续扩大零售网络规模，数量增加较多。中国石化、中国石油、中国海油三大国有石油公司加油站总量约5.49万座，较2020年增加60多座，较2019年和2020年的平均数量增加210多座，如图5-4所示。

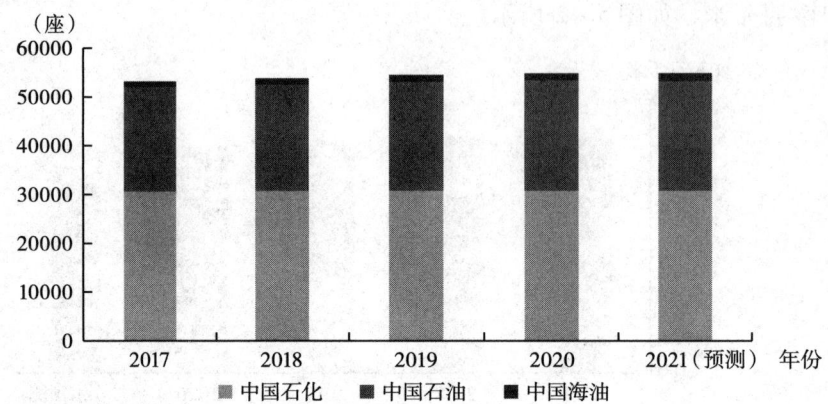

图5-4　2017—2021年中国石化、中国石油和中国海油加油站数量
数据来源：中国石化、中国石油和中国海油公司年报。

随着城市成品油零售网络的饱和，城乡市场将逐渐成为新市场。各国有石油公司持续优化终端网络布局新模式，加快油氢合建站和加氢站建设，构建综合能源供应和服务的格局。

1. 中国石油加油站数量减少，重点拓展高速站、推进加氢站建设

中国石油注重提质增效，实现向精细化管理的转变，淘汰效益不佳的加油站，加油站数量有所减少，但同时抢占高效市场，如高速站；重视战略区域优质站点，并开始拓展加氢站建设。

2021年，中国石油销售板块的资本性支出主要用于建设国内成品油市场终端销售网络，拓展加氢站等新能源项目，以及海外油气储运和销售设施建设等。中国石油同时运用受托经营、特许经营、合作经营等轻资产方式，加大营销网络开发力度，抢占高效市场。

中国石油越来越注重加油站的发展质量，不再租赁经营一些销量不佳、效益不好、位置偏僻的加油站，并重点建设高效市场，如高速站等，体现了从粗放式管理到精细化管理逐步转变的过程。截至2021年底，中国石油加油站数量22528座，比2020年底的22619座减少91座，降幅为0.4%，较2019年和2020年的平均数量增加36座，如图5-5所示。

中国石油部分拟新建、迁建加油站项目如表5-1所示，建设、投运的部分高速加油站项目见表5-2。

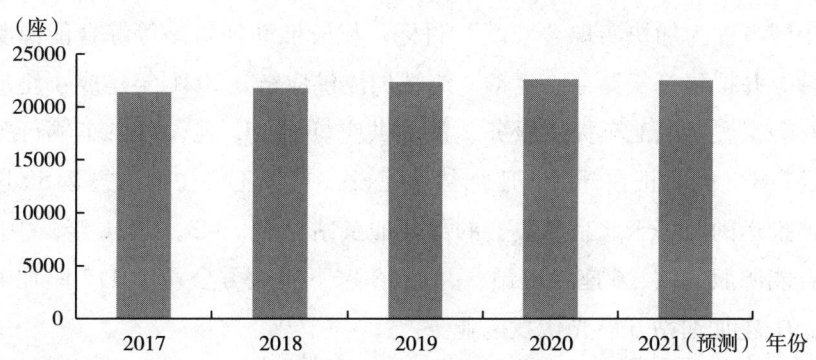

图 5-5　2017—2021 年中国石油加油站数量

数据来源：公司年报、公司季度报告。

表 5-1　2021 年中国石油部分拟新建、迁建加油站项目

地区	加油站名称	位置	类型
新疆维吾尔自治区	精河县北环路加油站	国省道	拟新建
	萨尔乔克乡物流园加油加气站	国省道	
	南环路北加油站	城区	
	亚尔镇加油站	城区	
	木垒胡杨路加油站	乡村	
	昌吉市西城加油加气站	乡村	
	昌吉分公司呼图壁县五工台加油加气站	乡村	
	和田分公司和田市台北路加油站	城区	
	和田分公司和田市玉都大道加油站	城区	
	和田分公司洛浦重工业园区北加油站	国道	
	和田分公司于田奥依托格拉克加油站	国道	
	昌吉分公司呼图壁呼雀路加油站	城区	
辽宁省	中国石油八岔沟加油站	城区	迁建
陕西省	陕西渭南销售分公司富平迎宾加油站	城区	拟新建
云南省	中国石油景谷碧安加油站	乡镇	拟新建
	中国石油景谷永平加油站	城区	
	云南普洱销售分公司景东景旺加油站	城区	

数据来源：根据公开资料整理。

表 5-2　中国石油建设、投运的部分高速加油站项目

高速名称	数量/座	类型
G7	24	加油（加气）站
G30	12	加油（加气）站

数据来源：根据公开资料整理。

中国石油为加快实现"双碳"目标,积极推动加氢站等综合能源服务站的建设和运营,并拟建氢气储存、运输、终端加注供应链。2021年建成4座加氢站为冬奥会816辆氢燃料电池车提供服务,预计供应氢能155吨,可供车辆行驶里程累计达232万千米。同时正在开展6座加氢站建设,未来还将在国内投运50座加氢站。中国石油投运的服务于北京冬奥会的部分加氢站见表5-3。2021年,中国石油建成3座综合能源服务站、6座换电站,并在18家下属地方公司的117座加油站开展充电业务,91座加油站开展光伏发电业务。

表5-3 2021年中国石油投运的服务于北京冬奥会的加氢站

加氢站名称	地点	加注能力/(千克/日)
太子城加氢站	河北省张家口市	1000
北京金龙综合能源服务站	北京市延庆区	1500
福田加氢站	北京市昌平区	600
崇礼北油氢合建站	河北省张家口市	2000

数据来源:根据公开资料整理。

2. 中国石化新增加油站数量维持低位,全力打造"综合能源服务站"网络

中国石化新建传统加油站数量继续维持低位。截至2021年底,加油站总量为30719座,如图5-6所示。同时,中国石化全力打造"综合能源服务站"网络,已建成超过1000座充换电站、超过1000座分布式光伏发电站。2021年部分拟新建和改扩建加油站如表5-4所示。

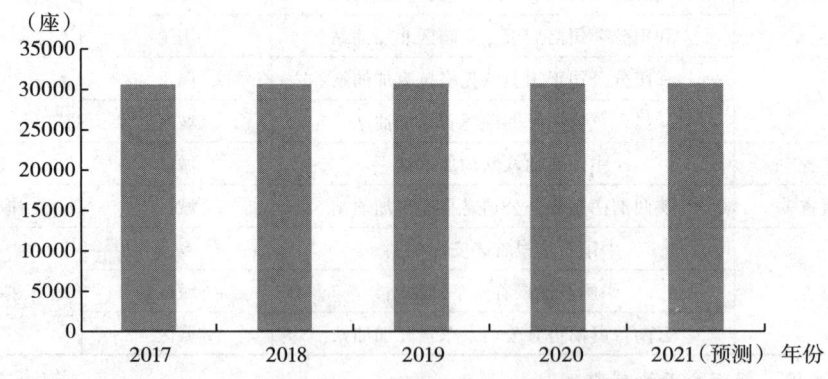

图5-6 2017—2021年中国石化加油站数量
数据来源:中国石化公司年报、公司季度报告。

表5-4 2021年中国石化部分拟新建和改扩建加油站

地区	加油站名称	位置	类型
新疆维吾尔自治区	和田县城北加油加气站	城区	拟新建
	和田县城西加油站	城区	
	和田县朗如乡加油站	国道	
	中国石化昌吉亚欧国际物流园加油加气站	城区	
	中国石化昌吉市哈密路加油站	城区	
	中国石化昌吉市南外环路加油加气站	城区	
	中国石化昌吉市北绕城路加油站	乡镇	
	中国石化昌吉市北城路加油加气站	城区	
云南省	麒麟三宝温泉加油站（双向）	城区	拟新建
	麒麟麻黄加油站	城区	
	文山石油分公司藤子寨加油站	城区	
	曲靖沾寻高速公路新庄加油站（双向）	国道	
	中国石化澜沧县上允加油站二站	国道	改扩建
湖南省	湖南益阳桃江石油分公司竹海加油站	乡镇	拟新建
江苏省	江苏盐城未来城加油站	城区	拟新建

数据来源：根据公开资料整理。

由于疫情得到有效控制，中国石化资本支出保持增长。2021年营销及分销板块支出265亿元，同比增长4.33%，重点是做好加油站、加气站、加氢站、成品油库、非油品业务等项目的建设。加油站总量较2020年底、2019年和2020年的平均数量分别增加6座、11座，增幅分别为0.02%、0.04%。

为践行绿色低碳发展，中国石化正快速推进向"油气氢电服"综合能源服务商转型升级，尤其快速推进加氢站建设。截至2021年12月底，中国石化通过在传统加油站基础上改建、扩建或者新建等方式，已建成加氢站74座，充换电站超过1000座、分布式光伏发电站超过1000座。中国石化规划在"十四五"时期，建成加氢站或油氢合建站1000座、充换电站5000座、光伏发电站7000座。为保障北京冬奥会氢燃料电池车的氢气供应、车辆加氢和加氢站运营，中国石化投运了4座加氢站。具体如表5-5所示。

表5-5 中国石化投运的服务于北京冬奥会的加氢站

加氢站名称	地点	加注能力/（千克/日）
庆园街加氢站	北京市延庆区	1500
王泉营加氢站	北京市延庆区	1500
燕化兴隆油氢合建站	北京市延庆区	—

续表

加氢站名称	地点	加注能力/（千克/日）
西湾子加氢站	河北省张家口市	1000

数据来源：根据公开资料整理。

3. 中国海油加油站数量快速增加，开始试点新能源站

2021年，中国海油通过多种模式扩大零售网络规模，加油站总量达到约1650座。中国海油积极拓展新能源业务，开始在部分地区试点新能源站点。

中国海油为扩大终端市场份额，加大终端网络开发的投入力度，加油站总量显著增长，较2020年增加约150座，增长10%，较2019年和2020年平均数量增加接近170座，增长11.34%，如图5-7所示。同时，中国海油积极构建绿色低碳发展体系，积极拓展新能源业务。但目前仅在重点地区、经济发达城市进行加氢站等新能源站试点，11月首座综合能源站在上海投入使用，12月首座加氢站在山东潍坊投入运营。

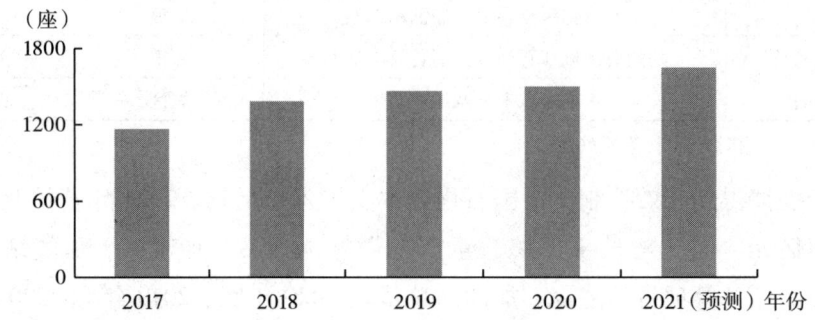

图5-7　2017—2021年中国海油加油站数量

数据来源：根据公开资料整理。

（三）民营及独立炼厂加油站投资及建设现状

成品油零售审批资质下放政策的逐渐落地，推动了民营加油站连锁化、规模化发展。独立炼厂通过扩大加油站投资建设规模，解决油品产量增加带来的油品销售问题。截至2021年底，民营及独立炼厂加油站数量约4.8万座。

为贯彻落实国务院"放管服"改革决策部署，2021年，河南省、山东省、江苏省等先后发布相关政策，将下放成品油零售经营资格审批政策落地落实，激发了民营主体的投资热情，促进民营加油站连锁化、规模化发展。由于市区成品油终端布局已趋于饱和，所以在城市新区或环线周边以及乡镇，民营加油站进入积极性较高。但因高额投入带来资金紧张，部分民营企业以特许经营和短期租赁作为主要参与方式。特许经营后部分民营品牌存在管理混乱的问题，随着消费者对服务品质、品牌

要求的提高，民营加油站也意识到服务品质和品牌的重要性，主动寻求与国有品牌进行合作。2020年以来已有10余座民营项目选择与中国海油在山东、河南地区进行品牌合作。

在政策不断放开和炼化企业产能增加的背景下，独立炼厂为扩充油品销售途径，提高市场占有率，也越来越重视建设投资加油站，投资规模不断增加。加油站初步形成规模的独立炼厂有陕西延长、京博石化、万通石化、东明石化、富海集团、汇丰石化等。其他独立炼厂也规划和投资开发加油站，如浙江石油计划到2022年底前建成加油站700座。

2021年部分民营加油站拟新建、迁建加油站项目见表5-6。

表5-6 2021年部分民营加油站拟新建、迁建加油站项目

地区	加油站名称	位置	类型
黑龙江省	友谊县友邻加油站	国省道	拟新建
	黑龙江红兴隆农垦天明加油站	城区	
	建三江农垦鑫顺石油销售有限公司加油站	县乡道	
江苏省	如皋市丁磨路强村加油站	乡镇	拟新建
	三姓街村加油站	城区	
	南京西部路桥集团有限公司龙眠大道加油站	城区	迁建
新疆维吾尔自治区	伊犁建顺加油站有限公司昭苏县白马服务区加油站	国省道	拟新建
	新源县兴茂投资有限公司别斯塔玛克加油站	县乡道	
	精河县路博顺通石油有限公司加油加气站	城区	
	精河县巴西庄子加气站技改增油扩建加油站	国省道	
	新疆中昆鑫隆商贸有限公司加油加气站	乡镇	
浙江省	台州太和路加油站	城区	拟新建
	常山县未来驿站能源开发有限公司草坪加油站	县乡道	
云南省	麻栗坡创源石化有限公司六河加油站	乡镇	拟新建
	师宗县高良朝阳石化加油站	城区	迁建
	景东彝族自治县斗阁加油站	城区	
陕西省	临渭区新远航加油站	乡镇	拟新建
	蒲城东都加油加气站	乡镇	
湖南省	桃江县半稼洲加油点	乡镇	拟新建
	西环线加油加气站	乡镇	
	沾溪加油站	乡镇	
江西省	萍莲高速六市服务区东加油站	城区	拟新建

数据来源：根据公开资料整理。

（四）外资加油站投资及建设现状

2021年，外资企业在中国成品油零售市场投资建设加油站态度谨慎，速度较缓，但相比2020年疫情影响下的速度有所提升。截至2021年底，外资运营的加油站达3000余座。其中，壳牌在中国有1710多座加油站，主要分布在陕西、四川、广东、江苏，其中在陕西达600余座，目前也向浙江、湖南、福建等省份开拓终端网络。壳牌主要推广资产站、租赁站及轻资产的品牌特许加盟，2021年在河南南阳开发2座加盟站。埃克森美孚的加油站主要分布在福建和湖南两省，布局相对集中。BP以收购、租赁为主，在营加油站800余座，其中，河北5座、山东12座、湖南2座。道达尔也开始进入河南市场，主要以加盟和租赁的方式开展加油站业务，2021年通过租赁方式在南阳开发了河南的第一座加油站。外资的加入，在加剧行业竞争的同时，也促进了国有、民营加油站提升服务质量，推动行业整体转型升级。

二、2021年中国加油站竞争与经营现状

2021年，成品油"放管服"政策在多个省份落地和实施，且市场开放政策效果逐渐显现，加油站市场化进程进一步加快；虽然疫情较2020年好转，但由于成品油供过于求，出口减少，市场竞争加剧，加油站经营压力依然较大；消费税征收的变化以及市场监管的进一步加强，使市场运营秩序更加规范，促进了市场公平竞争。

石油公司在常态化疫情防控基础上，为提升经营效益，实施精准营销和差异化营销，并持续加快加油站数字化转型升级；成品油需求逐渐增加，销售规模增长显著，全年增幅平稳；零售效率同比基本持平，零售价格变化幅度大，汽油、柴油盈利差异大。非油业务随着疫情形势好转快速发展，石油公司加快线上线下全渠道销售模式与跨界融合；连锁便利店呈规模化发展，不断提升数字化管理水平；销售规模持续上升，经营效益显著提升。

（一）市场竞争现状

2021年，成品油"放管服"政策在多个省份落地和实施，消费税征收发生变化，各地实施严格的监管政策，成品油市场呈现如下特点：

1. 市场开放政策效果逐步显现，加油站市场化进程进一步加快

2021年是成品油"放管服"政策下放并执行的第一年，零售审批权限下放后多个省份推出地方性政策。7月下发的《深化"证照分离"改革进一步激发市场主体发展活力工作实施方案》提出，取消石油、成品油的批发、仓储经营资格审批。相

关政策的出台预示着成品油流通领域开放力度继续加大，加油站市场化进程进一步加快。同时，政策的实施效果已逐步显现。各经营主体进入市场的审批流程加快，审批效率更高，进入速度更快。

2. 成品油供过于求加剧竞争，加油站经营压力并未缓解

2021年，成品油产能继续增长，国内主营炼厂及独立炼厂的开工率同比增长明显，成品油产量小幅增长。经济持续回暖，投资和消费水平稳定恢复。成品油的表观消费量也明显增长。疫情对全球经济的影响导致国际市场成品油需求萎靡，成品油出口利润降低；"双碳"目标的实现要求对出口收紧，也会影响成品油出口。2021年，成品油出口配额较2020年减少接近40%。因此，面对供给增加、出口减少，即便需求有所增长，也是供大于求，国内市场仍竞争激烈，加油站的竞争压力较2020年并未得到缓解。

3. 消费税政策变化及监管加强规范加油站经营秩序，促进公平竞争

消费税后移征收环节并稳步下划地方，智能税控系统的安装和实施，以及部分成品油征收进口环节消费税，多地成品油市场监管的加强，有效打击市场的不法行为，规范市场竞争秩序，营造公平的竞争环境。

消费税后移征收环节并稳步下划地方，将是消费税的改革方向，加油站将会成为消费税的缴纳主体。为配合加油站征收消费税，部分省份已安装实施新版税控系统（即智能税控系统），税务机关可精准掌握加油站的实际经营数据，促进销售企业对销售收入的如实申报，有效打击市场的不法行为，有利于规范市场秩序，营造公平的税收环境。自6月12日起，中国对部分成品油视同石脑油或燃料油征收进口环节消费税。此举将遏制近年来混合芳烃、轻质循环油、稀释沥青等进口原料油大幅增长带来的环境污染及不符合标准的成品油非法交易等问题，有利于引导市场良性、公平竞争。

2021年，多地掀起成品油市场油品质量以及税收漏洞等专项整治活动，不断加大税收缴纳规范方面的监管力度。这是对行业税收规范体系建立健全的积极响应，将会规范成品油市场经营秩序，营造公平的竞争环境和营商环境。

（二）加油站经营现状

2021年以来，石油公司通过实施精准经营策略，开展差异化营销，持续优化客户消费体验，提升服务质量，量效齐升；坚持常态化疫情防控，营造安全的消费环境；继续推进智慧加油建设，加快加油站数字化转型升级。

1. 持续推进精准营销，加大网络平台营销力度

2021年以来，石油公司抓住市场政策调整机遇，以满足顾客需求为中心，大力实施精准经营策略，开展差异化营销，持续优化客户消费体验，整合客户及营销资源，持续提升服务质量，提升量效创造水平。

中国石化发挥一体化优势，全力推进市场开拓，大力开展差异化营销，持续提升服务质量；优化终端网络布局，加快"油气氢电服"综合加能站建设，以数据支撑为精准营销赋能，通过系统数据筛查，结合终端客户历史销售数据，有针对性地开展营销活动，经营规模不断扩大。

中国石油整合客户及营销资源，持续加强市场营销，大力推进精细营销，努力开发终端客户。积极转变销售思维，自主开发网约车系统和线上合作方平台，实施定制化服务、优惠服务、增值服务，精准锁定网约车客户。借助平台的大流量和补贴政策，推送中国石油营销信息，将客户引流到加油站，让符合网约车司机身份条件的客户享受专属加油优惠和权益，汽油销量提升明显。

2. 常态化疫情防控，营造加油站安全消费环境

随着2021年疫情好转，石油公司在抓住宏观经济复苏、油气市场需求回升、价格上行的有利时机的同时，做好常态化疫情防控，通过优质服务组合营造加油站安全消费环境，积极配合各级部门应对疫情的反复变化，保障正常的生产经营。石油公司认真履行主体责任，落实好"早发现、早报告、早隔离、早治疗"工作，统筹做好疫情防控常态化管理和生产经营。

中国石化通过"加油、购物、充值、开票"全环节的"零接触"服务，践行"油品不断供、商品不涨价、服务不打烊"，努力营造安全、放心的消费环境，积极探索疫情常态化防控下的经营管理新模式，严格落实加油站"学、备、核、戴、消、宣"防疫六步曲，将加油八步法优化为"引、问、提、确、宣、推、结、送"，在员工自我防护、客户防护提醒和防疫信息核查、推介无接触业务等方面重新确定服务规范。大力推动"一键加油""无感加油""POS扫码付""易捷到车"等无接触业务。确保员工零感染、服务更便捷、消费更放心。中国石油为确保疫情期间油品保供和疫情防控需要，推出刷脸办卡免到站、线上支付免接触、线上充值免圈存、自主开票免排队等服务，办卡充值、加油付款都可在线上完成。

3. 持续推进智慧加油站建设，助力加油站转型升级

石油公司不断跟踪和研究新零售解决方案发展趋势，借助物联网、大数据、人工智能等技术，持续推进成品油零售业务的转型升级，智慧加油站综合解决方案不

断应用。加油站数字技术从营销、服务扩展到管理层面;逐渐实现数字人民币的融合应用。

中国石化将单一的智能加油站拓展至各地理区域和销售环节,改进集团的上下游协同效率,实现了数字人民币在用户消费、资金支付、资金回笼、销售凭证、资金对账等各个流程的融合应用,打通了数字人民币与加油、购物等10多种业务的使用通道,并已在27座加油站完成测试上线,在中国石化上海石油分公司所属550余座加油站全面推广。

中国石油运用物联网、云平台、大数据、人工智能等数字技术,积极探索开展"油气氢电服"综合能源服务平台建设。依靠科技创新助力销售业务数字化转型发展升级,进一步加快加油站管理系统3.0和零售会员体系建设,加快设备设施管理信息化步伐;深入推进试点加油机器人项目。

民营加油站也通过数字化升级、品牌赋能升级、供应链服务支撑、新能源新业态引入等四个方面,对加油站进行赋能。帮助加油站从0到1实现油电一体化综合能源港的搭建,让加油站实现全面的智慧升级。

(三)加油站成品油零售现状

2021年,中国经济发展稳中加固、稳中向好,疫情防控形势相对稳定,国内民众出行意愿提升,成品油零售市场随之回暖,成品油市场需求逐渐增加,销售规模同比增长明显,增长幅度趋于平稳;加油站零售效率不同经营主体差异较大,国有石油公司小幅波动,单站日销量与2020年基本持平,民营加油站单站日销量水平参差不齐;零售价格变化幅度大,汽油、柴油盈利差异大。

1. 销售规模同比大幅增长,增长幅度趋于平稳

2020年成品油零售市场大幅震荡,年底逐渐恢复至同期水平。2021年,成品油市场回暖,零售规模相比2020年同期整体有了较大的提升,整体呈现先大幅上升后趋于小幅上升的变化趋势。

国有石油公司中,中国石化发挥一体化优势,全力拓市扩销,大力开展差异化营销,持续提升服务质量,整合全国客户及营销资源,扩大销售规模。成品油全年销量有较大提升,2021年全年中国石化境内成品油经销量为171.3百万吨,同比增长1.98%,与2020年和2019年同期平均销量相比降低了4.91百万吨,如图5-8所示。2021年全国成品油零售量为1.1亿吨,同比增长0.98%。其中2021年中国石化的零售量为114.3百万吨,同比增长0.98%,与2020年和2019年同期平均零售量相比降低3.56百万吨。

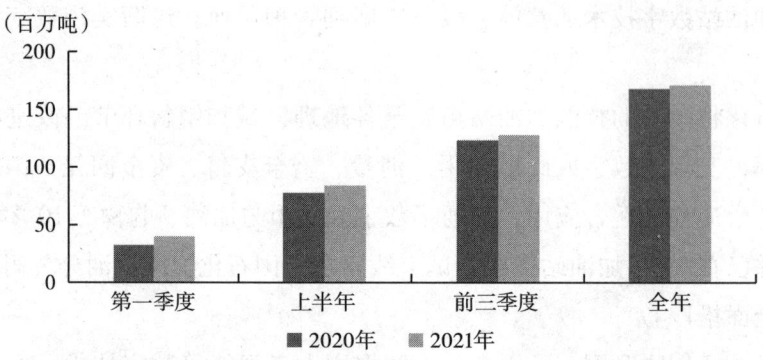

图 5-8　2020—2021 年中国石化成品油销量
数据来源：中国石化季度报告。

中国石油克服资源过剩、竞争加剧及部分地区疫情反弹等不利因素影响，细化分区域分品种市场研判，加强产销结合，组织开展纯枪提量创效活动，推动航煤增效上量，积极抓住国内成品油市场需求逐步恢复的有利时机，大力推进精细营销，积极开发零售和终端客户，统筹国内市场，主要油气产品销售实现量效齐增。2021年前三季度国内成品油销量 84.1 百万吨，同比增长 8.1%，略高于 2020 年和 2019 年同期平均销量的 83.61 百万吨，如图 5-9 所示。

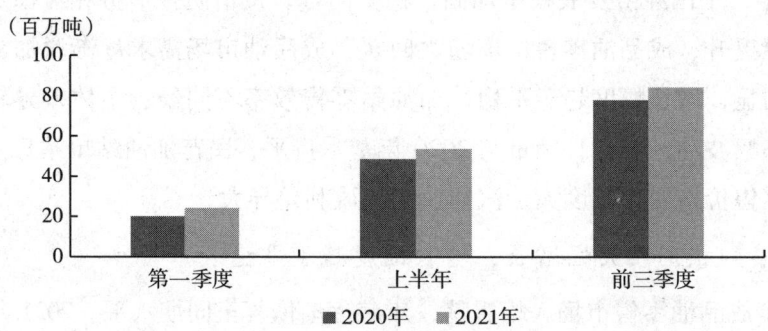

图 5-9　2020—2021 年前三季度中国石油成品油销量
数据来源：中国石油季度报告。

2. 加油站零售效率小幅波动，单站日销量与 2020 年基本持平

随着经济较为平稳运行，成品油销量、零售量与 2020 年比有所回升，加油站零售效率先降后升。从加油站零售效率的主要指标单站日销量来看，2021 年初，加油站单站销量不抵 2020 年平均单站日销量，但随着市场需求的增加，零售效率有所回升。前三季度中国石化平均单站日销量 9.95 吨，略高于 2020 年同期的 9.88 吨，与 2019 年全年平均单站日销量 10.94 吨差距较大；中国石油单站日销量连续 4 年呈现

下降趋势，2021年随着部分效益不佳的加油站被淘汰以及强有力的营销措施的实施，单站日销量有所改观，预计全年平均单站日销量好于2020年的8.5吨，但不及2019年的10.08吨，如图5-10所示。民营加油站单站日销量逐渐上升，进入下半年，少数民营加油站单站日销量已超过9吨，相比上半年有了大幅提升，但由于民营加油站的经营质量参差不齐，导致其整体的平均单站日销量仍不足3吨。外资加油站拥有加油站布局、经营管理及服务优势，单站日销量接近12吨。

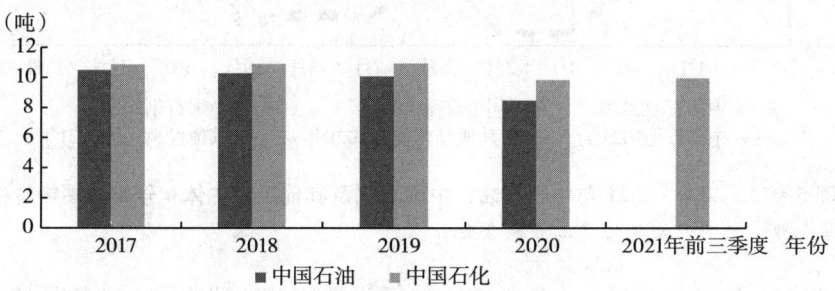

图5-10　2017—2021年中国石油和中国石化加油站单站日销量
数据来源：中国石油、中国石化年度及季度报告。

3. 零售价格变化幅度大，汽油、柴油盈利差异大

受国际油价波动影响，2021年成品油零售价格波动频繁，价格整体高于2020年同期。汽油、柴油价格各上涨15次，下跌6次，但下跌幅度较低，上涨幅度较大，4次不作调整。相比2021年初，10月的汽油、柴油零售价格上涨幅度高达25%，整体呈现上升趋势，与2020年的整体趋势相反；在年末，汽油、柴油价格出现下跌，与2020年趋势一致。在各经营主体方面，变动趋势基本一致，其他经营主体价格略低于国有石油公司，如图5-11和图5-12所示。

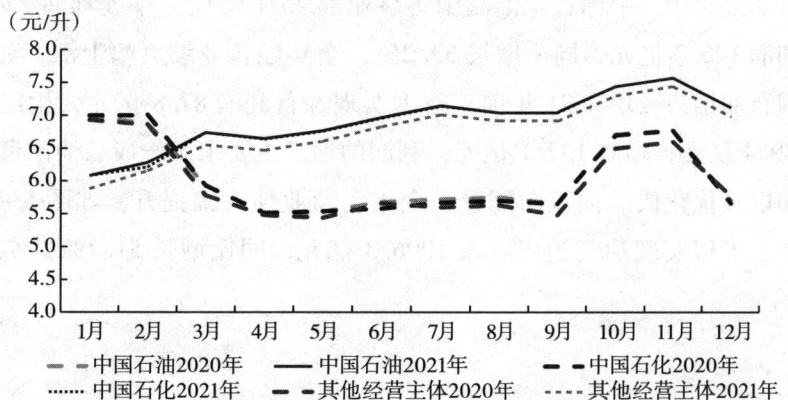

图5-11　2020—2021年中国石油、中国石化及其他经营主体92号汽油零售价格
数据来源：中国石油与化学工业联合会。

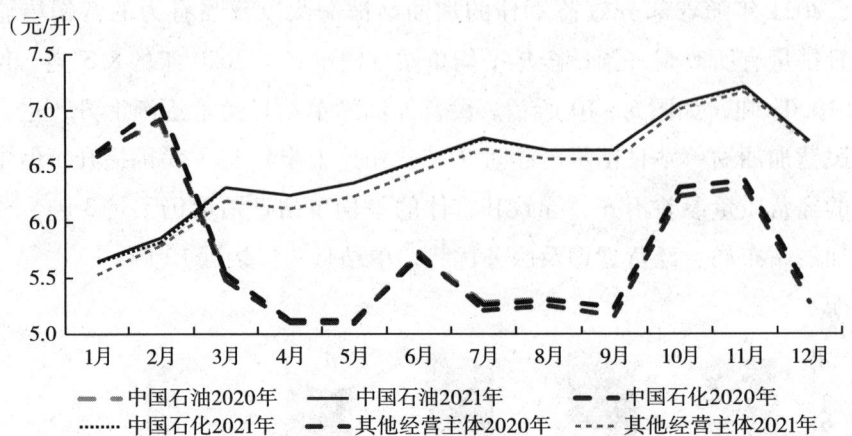

图 5-12　2020—2021 年中国石油、中国石化及其他经营主体 0 号柴油零售价格
数据来源：中国石油与化学工业联合会。

尽管 2021 年成品油零售价格上涨，但受成品油批发端价格上涨趋势的影响，零售端利润趋紧。从市场整体来看，汽油零售利润不及 2020 年同期，柴油零售利润略好于 2020 年同期，国有石油公司的成品油销售利润有一定改观，2021 年呈现上升趋势，但上升幅度逐渐降低。进入下半年，成品油零售价格波动，汽油零售价格下调，批发价格下跌，批零价差呈现拉大趋势，零售利润增加，但 9 月以后，加油站零售价格逐渐上涨，批发价格同步上涨，且涨幅高于零售价格，甚至多地 0 号柴油出现"批零倒挂"现象，使得整体零售利润收窄；柴油零售利润变动趋势同汽油相似，下半年零售价格略有下调，但批发价格下调幅度更大，使得零售利润增加。9 月以后，随着柴油资源紧张，零售价格上调，批发价格同步上升，且幅度大于零售价格，使得零售利润收紧。

国有石油公司中，中国石化油品销售事业部 2021 年前三季度利润 224.2 亿元，上年同期利润 146.3 亿元，同比增长 53.2%，全年经营业绩大幅上涨，如图 5-13 所示；中国石油销售板块 2021 年前三季度实现经营利润 87.8 亿元，相比上年同期经营亏损 49.4 亿元，增利 137.1 亿元，利润的增长主要来源于成品油销量的增加和毛利润增加以及优化成品油流向配置，全年经营业绩大幅提升，如图 5-14 所示；中国海油在上半年实现油气销售收入 1006.3 亿元，同比增长 51.7%，实现净利润 333.3 亿元。

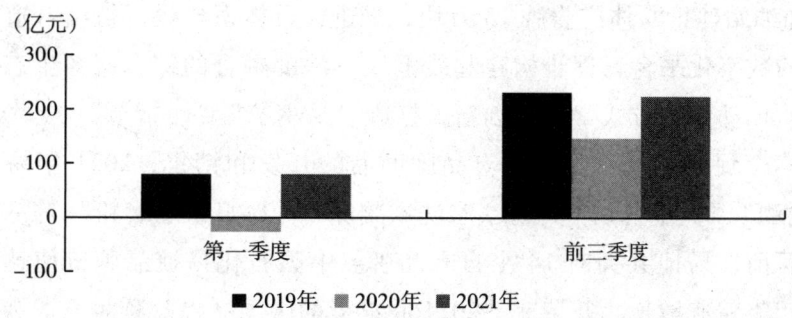

图 5-13 2019—2021 年第一季度、前三季度中国石化营销与分销事业部利润
数据来源：中国石化季度报告。

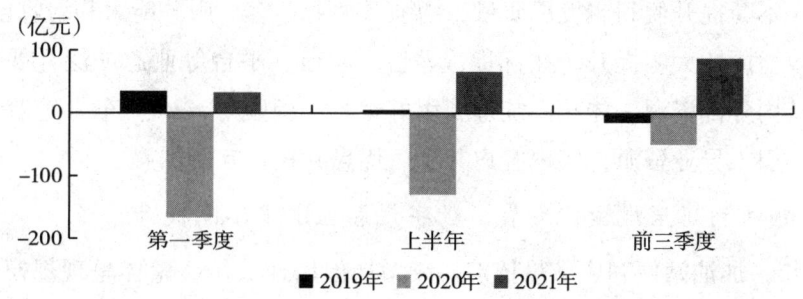

图 5-14 2019—2021 年第一季度、上半年、前三季度中国石油销售板块利润
数据来源：中国石油季度报告。

（四）加油站非油业务现状

2021 年，随着国内疫情整体形势日趋好转，加油站非油业务继续快速发展。国有石油公司加快线上线下全渠道销售模式与跨界融合，推动非油业务快速发展；连锁便利店呈规模化发展，数字化管理水平不断提升；销售规模持续扩大，经营效益显著提升。

1. 加快线上线下全渠道销售模式与跨界融合，推动非油业务快速发展

2021 年，国有石油公司加快综合服务站建设，不断探索非油业务经营新模式。一方面，线上线下的充分融合，跨界直播带动利益增长的跨界新零售举措，有力拓展了新营销渠道和宣传推广的影响力，维护了加油站良好的品牌形象。另一方面，持续打造自有品牌，培育系列品牌，保障了加油站业务收入的稳定性。

中国石化探索"互联网+加油站+便利店+第三方"的新商业模式，做强做优以便利店为主的多元化实体服务。此外，中国石化持续拓展汽服、快餐、广告等新兴业态，已建设加油站汽服网点 8700 余座，拓展餐饮门店 1200 余家，全国

1.4万座加油站建设媒体广告牌15万块；推进会员体系建设，持续打造以会员运营为核心的数字化平台，逐步构建起线上线下深度融合的综合服务生态圈；创新营销模式，推动营销方式常态化创新，打造"易享节""年货节""水饮节""养车节"等多个促销活动；加强自有品牌商品的开发和销售，2021年易捷打造出"三人炫白酒""黄金月饼""易享家洗衣凝珠""易姐姐螺蛳粉"等一批自有品牌新品。目前，易捷共拥有14个自有品牌。中国石化易捷品牌价值达184.6亿元，连续四年高速增长，并荣获"2021我喜爱的中国品牌"称号，成为国内品牌价值最高的连锁便利店。

中国石油积极创新非油业务运营模式，加强自有商品开发运营，布局跨界合作零售网点，不断提升便利店发展质量，增强非油业务客户服务能力和增收创效能力，非油业务效益同比大幅提升。在百货、零售、超市、平台等业态广泛开展异业合作活动。坚持内外部资源一体化，统筹利用好银行、保险等"人·车·生活"生态圈合作伙伴，引入异业资源，实现客户共享、优惠共担、互利共赢。

2. 连锁便利店呈规模化发展，数字化管理水平不断提升

2021年，加油站便利店数量依旧持续增加但增速放缓，整体呈现规模化发展态势。以中国石化为例，2021年底便利店数量约为27994座，较2020年底增加273座，增幅为0.98%（见图5-15）。中国石油在大幅减少加油站数量的同时，便利店数量也相应减少，2021年底便利店数量约为20075座，相比2020年底的20212座减少137座，降幅为0.68%（见图5-16）。2021年中国石化与中国石油的便利店数量仍居连锁行业便利店门店总数的第一、第二位，数量占全国便利店总数的比例超过20%。

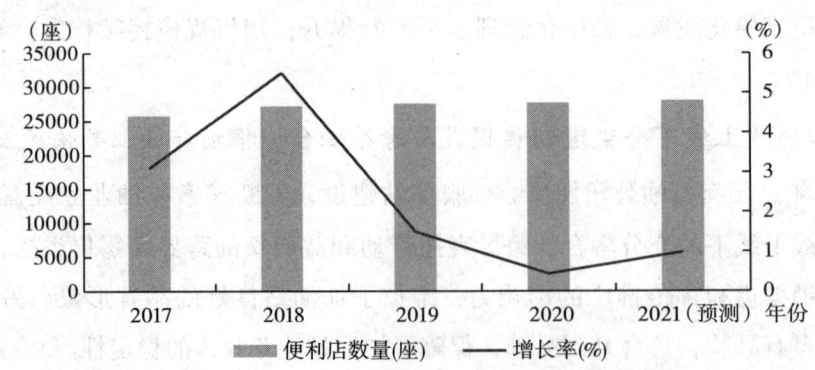

图5-15　2017—2021年中国石化便利店数量和增速

数据来源：中国石化年报及季度报告。

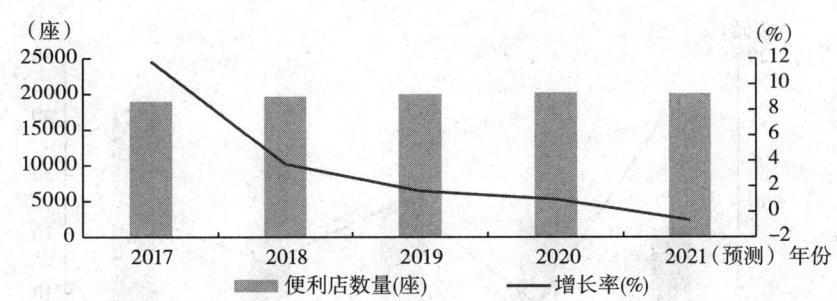

图 5-16　2017—2021 年中国石油便利店数量和增速

数据来源：中国石油年报及季度报告。

便利店规模化发展的同时，管理水平，尤其是数字化管理能力不断提升。智能商用终端是门店数字化升级的重要载体，它的成功应用促进了加油站便利店的连锁化和规模化发展，为便利店赋能、引流、降本、增效。物联网、大数据、云计算等现代信息技术的应用，及时反映了消费市场的关注点和动向，也可以对内部灵活运用，以实现门店标准化和精细化的数字运营，形成有效的运营方案。

3. 销售规模持续上升，经营效益显著提升

国有石油公司不断增强非油业务的创效能力。非油业务销售规模和利润创效高，销售规模保持较快增长，利润增长速度也保持高位。

2021 年中国石化非油业务收入预计约 360 亿元，利润约 46.2 亿元，收入较 2020 年增加 21 亿元，增幅为 6.19%，利润较 2020 年增加 9.2 亿元，增幅为 24.86%；此外，相较于 2019 年与 2020 年两年平均值，非油收入增加 30 亿元，增速达到 9.09%；利润增加 11.7 亿元，增幅为 33.91%，如图 5-17 所示。单店非油业务利润从 2020 年的 13.35 万元增加到 16.50 万元，增加了 3.15 万元，增幅达到 23.65%，如图 5-18 所示。

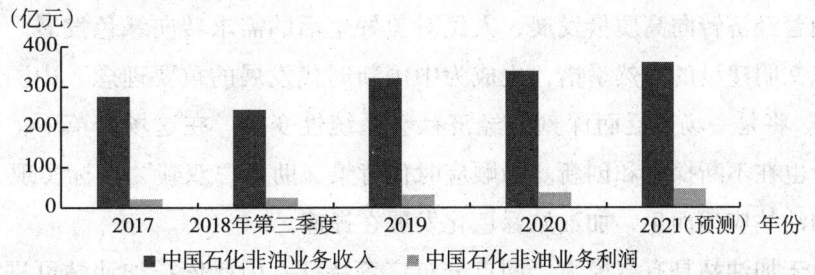

图 5-17　2017—2021 年中国石化非油业务收入及利润

数据来源：中国石化年报、季度报告。

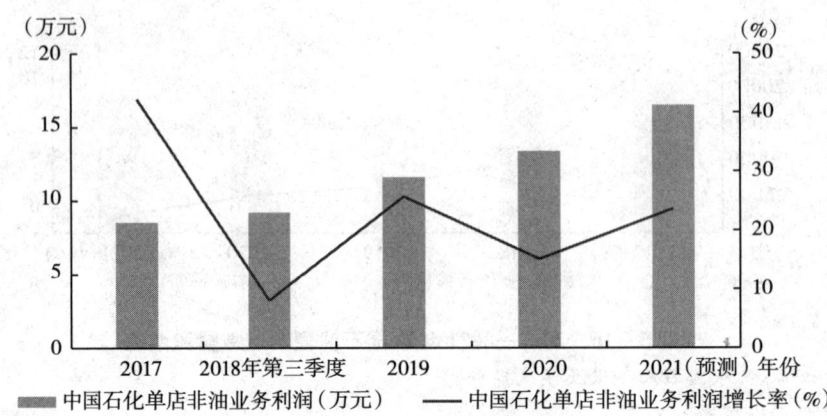

图 5-18　2017—2021 年中国石化单店非油业务利润及增长率

数据来源：中国石化年报、季度报告。

2021年上半年中国石油非油业务销售额为134.3亿元，销售额远超2020年上半年，预计全年经营毛利将达历史最好水平。

三、2022 年中国加油站建设与经营前景展望

"双碳"目标的制定对传统石化行业发展提出新的挑战。加油站作为石油石化行业的终端销售环节，也在积极响应政策，不断革新。为助力中国实现"双碳"目标，加油站绿色化发展在提速，多功能综合能源服务站成为加油站建设重点；随着加油站收购成本持续看涨，拓展轻资产开发模式成为加油站建设的重要渠道；未来，加油站将深度应用互联网、5G 等新兴技术，加快加油站智能化、网络化建设，并致力于提供优质服务体验，拓展服务内容。

（一）加油站绿色化发展提速，多功能综合能源服务站成建设重点

随着经济转向高质量发展，人民对美好生活的需求转向绿色发展。绿色发展成为生态文明建设的必然举措，也成为中国新时代发展的重要理念。中国承诺的实现"双碳"将是一场广泛而深刻的经济社会系统性变革。在这场变革下，传统石油石化行业也在不断探索和创新。为顺应时代背景、助力"双碳"目标实现，"碳中和"模式加油站应运而生，加油站绿色化发展在提速。

由于加油站具有规模大、网点分布广等特征，因此依托加油站可进行分布式能源项目建设，例如可在加油站罩棚顶、站房顶、停车区棚顶等空间铺设光伏组件，实现传统能源与新能源互补发展。"碳中和"模式加油站不仅能够为加油站的运营提供必备的电力需求（包括生产生活用电和充电桩设施用电等），同时也能实现

CO_2排放的减少，助力实现"双碳"目标。建设"碳中和"加油站不仅为可再生能源行业注入新的增长活力，还有利于促进传统油气行业的转型发展。因此，在"双碳"目标下，建设"碳中和"加油站将会成为一种新的发展趋势。

随着经济社会的快速发展和新能源汽车的推广，传统加油站已不能满足人们对多元化服务的需求。加油站由单一燃料补给向多元化服务转型。多功能综合能源服务站以最大化满足客户综合需求为核心，秉承节能降碳理念，应用新理念和技术，通过智能化管理和多元化经营，将传统加油业务与成品油、天然气、氢气、充电桩、便利店、餐饮等非油品业务进行融合，实现一站供应。多功能综合能源服务站不仅为客户提供传统的加油业务，还为公众提供便利店、文旅、汽车服务等非油服务，以创造加油站新的经济增长点。它将加油站的建设、运营、管理高效化，最大限度利用加油站的场地优势、品牌优势来带动其他业务发展，从而实现高效服务和企业增效。

（二）加油站收购成本持续看涨，轻资产开发模式成重要建设渠道

加油站作为经销油品的终端，其经营利润与成品油价格密切相关。2021年以来，国际油价持续攀升。按照国内成品油调价机制，在调价窗口内的调价模式形成一定的价格滞后，会增加批零价差。2022年，国际原油市场上石油需求强劲，基本面将处于需求大于供给的局面。据国内外多家知名机构预测，2022年油价或将保持高位运行。油价的上涨直接导致加油站收购成本提升，压缩加油站利润空间，一定程度上将影响加油站整体盈利水平。从需求端来看，国内经济复苏明显，基建项目、终端消费和出行增多，对价格也将形成有力支撑，成品油批零价差将受益于零售价格上调而重新走扩。此外，随着石化产业炼化一体化项目的投入，成品油批发竞争加剧，山东地区独立炼厂对应汽油批零价差比92号汽油全国批零价差平均多约1800元/吨，利润将持续从炼油企业向加油站转移，零售终端采购呈现白热化、多样化趋势。

随着石化产业链一体化加深，行业利润由炼油企业向终端加油站转移。与此同时，加油站行业也逐渐由卖方市场转变为买方市场，规模化品牌经营将成为加油站发展新趋势。目前，加油站行业同时存在重资产模式（自建、收购等）和轻资产模式（租赁等）。部分加油站经营企业利用其体系化的管理能力和品牌连锁优势，在重资产模式无法施行的情况下，积极向轻资产的商业模式转型，开拓连锁加油站的创新运营模式。轻资产开发模式成为加油站建设的重要渠道，这样既能通过轻资产拓展企业业务，还能打造加油站企业的品牌知名度，提升企业的竞争实力。未来逐渐将分散运营的小规模加油站集中为中大型品牌加油站，在国企和外资之外，逐渐

形成全国性和地区性的民营加油站品牌。通过服务提升和油源保障，民营加油站的品牌优势和规模化扩张将迎来快速发展。

（三）加油站深度融合智能化、网络化技术，致力于提供优质、多元服务

随着成品油市场的进一步放开，中国的石油、石化企业将直接与在成品油分销业务上更先进成熟的外资企业开展竞争，互联网、5G等新兴技术将逐渐参与到加油站智能化、网络化的建设进程中，以应对成品油销售市场的严峻挑战。以5G、大数据、云计算、物联网和人工智能等技术为代表，这些新兴技术将给能源零售业带来新的增长点，为新兴科技与能源产业融合带来新的契机。能源互联网平台可将较为分散的供需双方进行联合，以数字化赋能传统加油站，有效解决炼厂产能过剩而物流行业成本过高的双重困境，从而降低经营成本、提高运营效率并改善用户服务体验。这些互联网平台同时连接了大量分散的加油站、物流车队、网约车平台、汽车售后服务等，有效连接了交通部门的能源供需两侧。同时，加油站互联网平台的流量、交易数据也是大量有关交通、能源行业的基础数据，为中国交通部门基础设施的建设提供重要参考。

随着社会的不断发展，人们对生活质量要求的提升，优质的加油站服务成为油站运营管理的重要内容。加油站也由过去油品竞争转变为优质服务竞争。提供优质服务，构建一站式的服务成为提升加油站核心竞争力的关键。加油站的服务包括基本服务、便捷服务、温馨服务、亲情服务、增值服务和超值服务六个层次，除了为客户提供基本、便捷、增值的物质层面服务外，未来加油站的服务升级将主要体现在温馨、亲情和超值等精神层面。加油站行业将进一步提高服务标准，提升客户体验，多渠道拓展特色服务，打造加油站核心竞争力。

第六篇

航煤、石油焦和国际贸易

2021年世界经济处于逐步恢复阶段，中国疫情防控坚持"动态清零"而非"零感染"，经济回暖且增长持续改善，在以国内大循环为主体、国内国际双循环相互促进的新发展格局推动下，中国航空煤油、石油焦需求环境良好，成品油国际贸易持续增长。

航空煤油方面。航空煤油消费一直占煤油消费的90%以上，2020年新冠肺炎疫情暴发以来，国内外航空业所受影响较深，国际航线仍处于较低迷状态。国内航班量在第一、第二季度虽然较往年水平仍有一定差距，但出现较快恢复增长，由于第三季度疫情发生反复，全年航班量出现了较大的波动，民航运输总量呈现先增后减趋势。国内许多炼厂开始由航空煤油转产柴油，控制了航空煤油的市场供给量，航空煤油的价格也因此整体出现波浪式变动，航空煤油市场供需存在一定矛盾。航空煤油进口量前三季度较平稳，第四季度出现较大涨幅；出口量前三季度稳步增长，第四季度出现下滑趋势。展望2022年，随着国际国内经济的进一步稳定恢复，预计国内航线将恢复至2019年甚至之上，中国航空煤油需求仍有恢复空间，或将实现稳定上升走势；航空煤油供应能力也将有望回升，有利于航空煤油出口，但疫情仍会是最大的不确定性；价格将逐步与国际接轨，航空煤油行业朝向高质量发展；同时，生物航空煤油作为航空能源发展的新方向，会持续保持发展劲头。

石油焦方面。受下游铝价强力支撑，2021年石油焦市场表现良好。在原油价格、环保政策、相关产品进出口配额变化等多方影响下，石油焦生产2021年年均开工率较上年略有降低，但全年产量较为稳定。需求市场持续波动明显，全年整体市场存在供不应求的态势。受下游需求支撑，石油焦价格出现持续上涨，且远高于2020年。进出口贸易逆差情况不变，进口量变化与需求量变化趋势相似，港口库存在第二季度末、第三季度高位运行。展望2022年，在"双碳"目标与环保压力下，中国石油焦市场对低硫焦的需求将大幅增加，但整体石油焦供不应求状态可能持续；国内石油焦价格将持续高位，其中低硫焦价格将更快增长。

成品油国际贸易方面。2021年中国成品油的进出口总量虽然在不断增长，出现较强的出口发展态势，但同比仍是下降状态。国家监管要求加强，下半年成品油出口配额下放放缓，起征进口消费税，由于需求市场吸收较往年不足，供应存在过剩压力。此外，成品油国际市场竞争激烈，尤其是亚太区域市场。东南亚仍是中国成品油出口的主要流向地。在出口主体上，多元化构成显现，但是国内出口利润呈下跌趋势。展望2022年，成品油监管日益严格，出口配额数量将进一步紧缩；成品油进口实行国营贸易管理，允许非国营贸易进口；国际能源行业坚持以清洁低碳为发展目标，中国成品油将面临出口空间有限的局面。

一、中国航空煤油现状与前景展望

2021年，中国航空业行业规模逐步提升，上半年全行业发展态势良好，完成的运输总周转量增速明显，几乎恢复到疫情前的水平。但从全年来看，行业恢复程度依旧相对较低，疫情的局部反复延缓了航空业的发展，进入下半年后，航空业的发展陷入低迷。因此，航空煤油市场尚未彻底摆脱疫情影响，仅恢复至2019年的80%。展望2022年，国内的疫情防控仍将维持动态清零政策，应对经验逐步积累，疫情影响将逐步下降，航空业将获得更好的恢复，预计国内航线恢复至2019年之上，航空煤油发展将实现稳定上升。

（一）2021年中国航空煤油现状

2021年，在疫情的反复冲击下，中国民航业经济波动较大。上半年，中国民航在全球率先触底反弹，是全球恢复最快、运行最好的航空市场，航空运输生产先降后升，呈现V形走势；下半年，受境外输入疫情影响，民航经济低位运行。

1. 国内航空业波动频繁，民航运输总周转量先增后降

2021年上半年，中国航空业各项指标表现良好，但下半年市场陷入低迷，全年民航运输总周转量达到857亿吨千米，同比增长7.3%；货邮运输总量为732万吨，同比增长8.2%；旅客运输总量为4.4亿人次，同比增长5.5%；分别恢复至2019年的66.3%、97.2%、66.8%。

得益于中国积极抗击疫情，航空市场在波动起伏中上升，如图6-1所示。具体来看，第一季度，1月，国家号召"就地过年"，春节期间客运流量整体下降，民航全行业共完成运输总周转量63.5亿吨千米，是2020年同期的62.9%，航空运输生产下降明显，春节过后，航空运输快速反弹。第二季度，行业运输总周转量已经恢复到2019年同期的82.3%，较第一季度大幅提高16.7个百分点。整个上半年，全行业完成运输总周转量465.0亿吨千米，同比增长45.4%，恢复到2019年同期的74.1%，恢复程度较2020年全年提升12.4个百分点。7月以来，南京、厦门、哈

尔滨三地相继出现疫情，各地防疫政策趋紧，直接造成暑运旺季客源匮乏，导致下半年民航旅客运输总周转量同比出现大幅下滑，行业复苏周期被再度拉长。

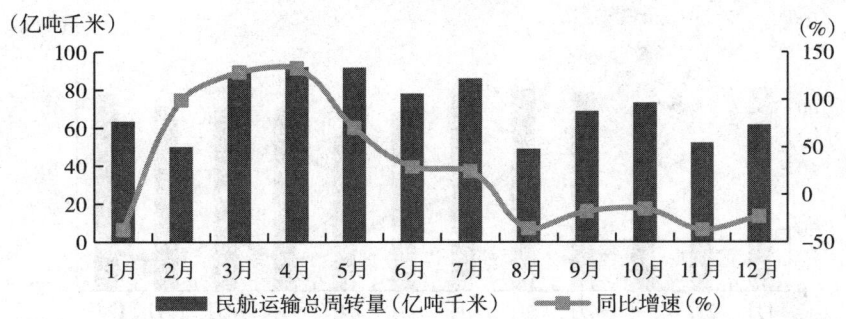

图6-1　2021年1—12月民航运输总周转量及同比增速

数据来源：中国民用航空局。

2021年上半年，旅客运输量共完成2.45亿人次，同比增长66.4%，恢复到2019年同期的76.2%，恢复程度较2020年提升12.9个百分点。第二季度行业旅客运输量已经恢复到2019年同期的89.0%，较第一季度大幅提高25.6个百分点，其中，国内航线旅客运输规模与2019年同期持平，恢复到疫情前水平。8月因疫情导致旅客运输量大幅下滑，虽然9月旅客运输量有所恢复，但恢复程度依旧相对较低，疫情局部反复延缓旅客运输量恢复进程，如图6-2所示。

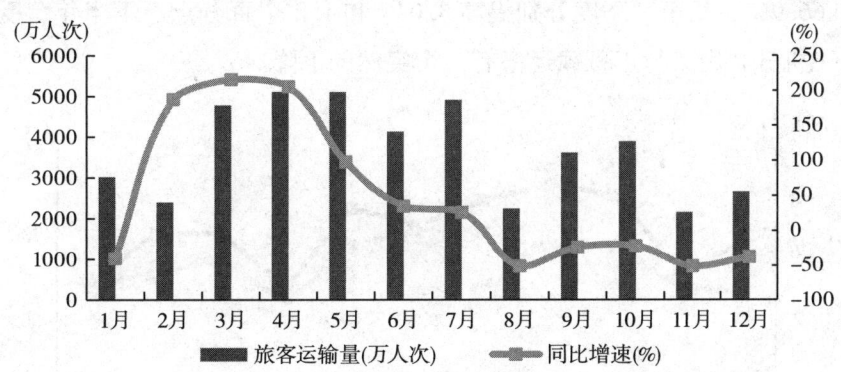

图6-2　2021年1—12月旅客运输量及同比增速

数据来源：中国民用航空局。

2021年航空货邮运输需求旺盛，如图6-3所示。上半年，全行业共完成货邮运输量374.3万吨，同比增长24.6%，较2019年同期增长6.4%，恢复程度较2020年全年提升16.6个百分点。第二季度，行业货邮运输量较2019年同期增长6.7%，较第一季度提高0.5个百分点，其中，国内、国际航线较2019年同期分别增长

1.2%、17.8%。受疫情影响,8月货邮运输量同比增速在2021年首次降为负值,降至-5.6%,9月与10月的增速也同样为负值。

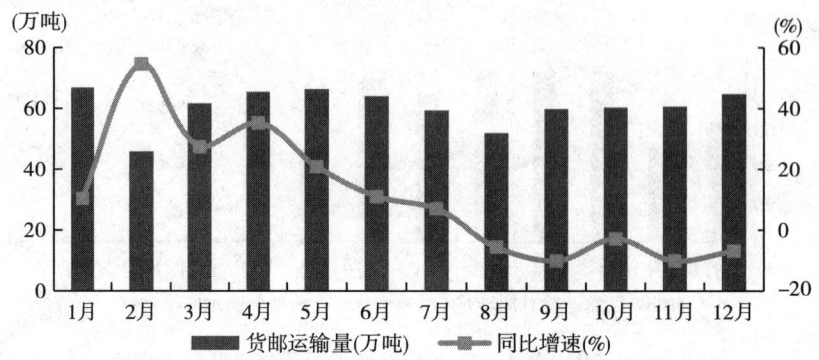

图6-3 2021年1—12月货邮运输量及同比增速

数据来源:中国民用航空局。

2021年飞机日利用率与正班载运率波动较大,如图6-4所示。上半年,航班效益指标总体回升,第二季度基本保持稳定。上半年,全行业飞机日利用率为7.3小时,较2020年同期提高2.1小时;正班客座率和正班载运率分别为74.7%和67.9%,较2020年同期分别提高6.1个和3.7个百分点。第二季度全行业飞机日利用率达到7.9小时,较第一季度提高1.3小时;正班客座率和正班载运率分别达到78.2%和66.9%,较第一季度分别提高8.0个和1.2个百分点。下半年,受疫情影响,8月飞机日利用率与正班载运率有一个突然的下降。

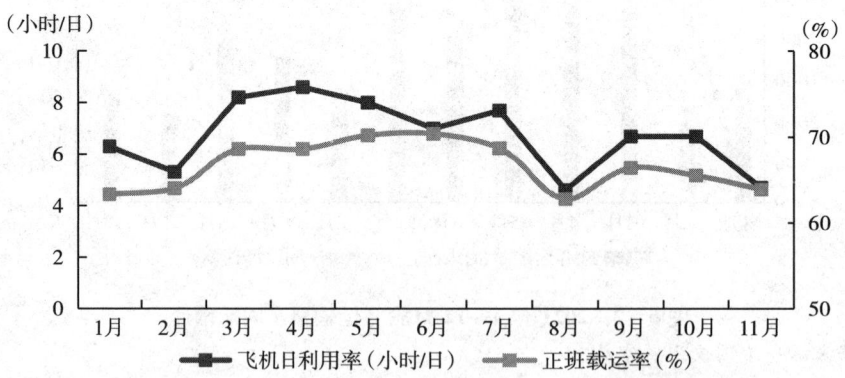

图6-4 2021年1—11月飞机日利用率及正班载运率

数据来源:中国民用航空局。

2. 航空煤油产量逐渐恢复,炼厂供应竞争越发激烈

2021年国外疫情形势依旧严峻,国内疫情仍时有反复,航空业受疫情影响依旧

较大，航煤产品严重滞销。经初步计算，中国航空煤油全年供给大约4200万吨。全年来看，航空煤油的生产量与需求量依旧偏低，依旧有炼油厂主动将航空煤油转产到柴油。

国内市场生产航空煤油的企业主要集中在主营炼厂以及新兴的民营大炼化厂，其中主营单位炼厂产出的航空煤油资源的流通途径主要为供中国航油、军队以及出口国外，能够流入国内市场贸易环节的资源相对有限。而新兴的民营大炼化厂航空煤油设计产能高，产量占比较大，但能供应到中国航油系统内的资源相对有限，主要流入调油环节或其他应用行业。2021年部分企业航煤生产装置情况见表6-1。

表6-1 2021年部分企业航煤生产装置情况

时间	航煤生产企业	航煤生产装置建设升级情况
2021年1月	长岭炼化	40万吨/年航煤加氢装置增设SIS（安全联锁系统）项目圆满完工。项目对高低压互窜及安全合规性风险排查治理起到关键作用，提升装置安全运行保障
2021年3月	中韩石化	针对航煤市场疲软的现状，精做减产航煤、增产乙烯原料，将1号、2号常减压装置常一线航煤经过新增管线与初顶石脑油合并，作为乙烯原料外送，每小时新增乙烯原料35吨，同时停运1号航煤装置，降低运行成本。做大焦化汽油，优化参数，不断提高焦化汽油装置加工量，增产乙烯原料显著
2021年4月	茂名石化	茂名石化积极优化航煤出厂措施，优先安排送往广州、昆明、成都等客流量较大机场的龙组车进厂装车，保证航煤源源不断装运出厂。针对国外市场对航煤需求增加的实际，增加外输机泵功率，启动双泵同时输送，加快航煤下海出口
2021年4月	广州石化	积极调整产品结构，优化航煤生产和出厂，4月累计出厂航煤17.08万吨，创2020年1月疫情暴发以来单月出厂量新高
2021年5月	扬子石化	5月13日，扬子石化新增航煤加剂系统建成投用，首批990多吨航煤通过该系统顺利实现公路装车出厂。这标志着该公司航煤出厂的水路、管路、公路、铁路四路作业，都拥有了相对独立的航煤加剂系统
2021年7月	洛阳石化	洛阳石化在建蜡油加氢改造等项目也已进入安装冲刺阶段，下一步该企业将继续树牢"项目为王"工作导向，同时积极推进洛阳—新郑国际机场航煤管道等外部配套项目建设，努力做好百万吨乙烯项目前期各项基础工作
2021年8月	中国石油华北石化	随着北京大兴国际机场航班陆续恢复，航煤需求量陡增，加氢裂化装置作为华北石化航煤主要生产装置，通过引入直馏柴油作为原料，加大反应深度，产量由日均800余吨逐步提高到2200余吨，大大缓解了航煤保供压力。公司调整工艺流程，将航煤介质引入酸性水汽提装置作为热源使用，每小时可节省16吨蒸汽，有效降低生产成本，保障京津冀地区高质量绿色能源供应

续表

时间	航煤生产企业	航煤生产装置建设升级情况
2021年9月	中国石化	利用镇海炼化拥有的生物航煤许可证，依托现有装置改造，建设了10万吨/年生物航煤产能，目前已具备生产条件，未来将根据市场情况，动态安排生产计划和销路

数据来源：根据公开数据整理。

3. 受疫情反复影响，中国航空煤油价格呈不断波动状态

进入2021年，航空煤油出厂报价出现回升，整体波动较大，呈上升趋势。在年初与年末，出厂价波动幅度一度超过15%。前三季度出厂报价的涨跌幅度总体呈下降趋势，其中，5月与9月为负增长；第四季度，油价上升幅度拉大，11月达到年度最高值5355元/吨。

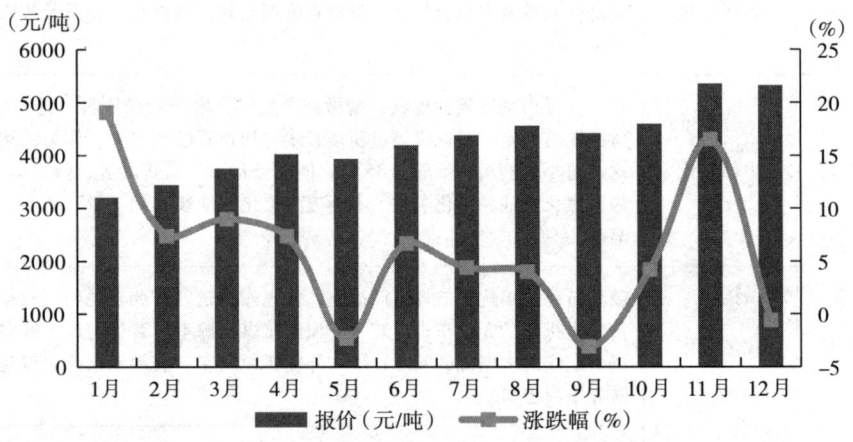

图6-5　2021年1—12月航空煤油出厂报价及涨幅

数据来源：隆众资讯。

4. 航空煤油进口量呈波动中下降趋势，整体出口量稳步上升

中国航空煤油进口数量在2021年呈现逐渐上涨趋势，2021年中国航空煤油进口数量137万吨，同比下降46.2%；进口金额520380万元，同比下降18.7%；2021年中国航空煤油进口均价3798.4元/吨。2021年，除3月、8月和10月外，其他月份的航空煤油进口数量同比增速基本为负值，10月突然出现短暂的剧烈增长，同比增速高达541%，如图6-6所示。

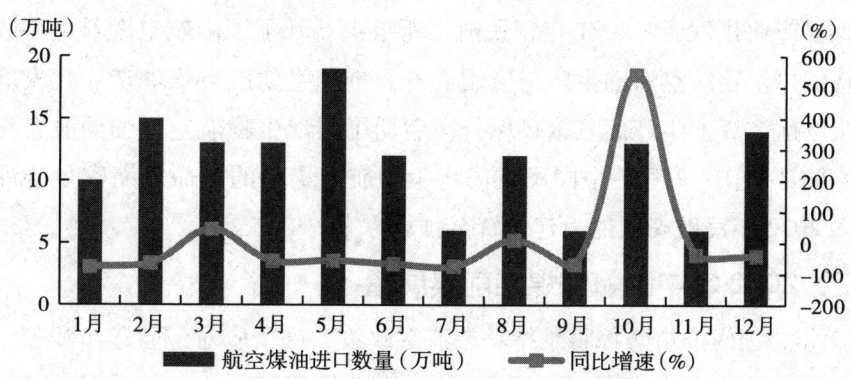

图6-6 2021年1—12月中国航空煤油进口数量及同比增速
数据来源：中国海关。

2021年中国航空煤油出口数量856万吨，相比2020年同期减少了142万吨，同比下降14.2%，1—12月具体出口数量如图6-7所示；出口金额3193444万元，相比2020年同期减少了119453万元，同比下降3.6%。

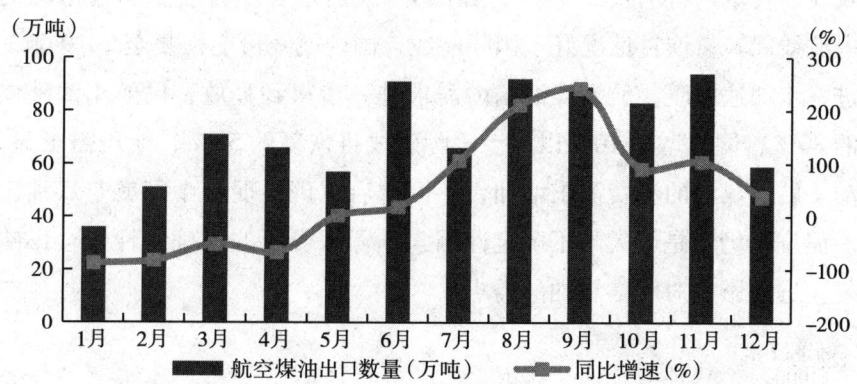

图6-7 2021年1—12月中国航空煤油出口数量及同比增速
数据来源：中国海关。

5. 生物航空煤油战略意义重大，国家继续推进应用研究

作为未来航空业的关键支撑，飞机动力燃料的清洁和低碳化很重要，生物航空煤油的产业化深刻影响着航空业的发展方向。"非粮原料的油脂基航空生物燃料"在中国具有良好的应用前景和战略意义，属于非粮油脂基原料的蓖麻在中国有广泛的种植空间，中国民用航空局也仅批准了采用该原料生产的航空生物燃料产品。

国际航空运输协会、国际民航组织、传统和新型油品公司等都在积极推动航空生物燃料发展。中国是全球最大的航空市场，年均航空煤油消耗量超过3000万吨，市场前景十分广阔。"双碳"目标的提出，全面推动航空业转型升级，加速国内生物航空煤油产业化发展。2021年,民航二所组织召开了国内航空燃料可持续发展大会,围绕国内生物航空煤油生产与应用展开,推动生物航空煤油产业化发展。国内知名的生物航空煤油生产商三聚环保公司启动了实现生物航空煤油的波音与空客的台架技术验证工作。9月,中国民航局将生物航空煤油的生命周期碳足迹评价技术规范列入2022年民航安全能力建设资金预算方案。

(二)2022年中国航空煤油前景展望

2022年,国内疫情防控将维持动态清零政策,疫情应对经验逐步积累,负面冲击也在下降。从全球范围来看,疫情制约将逐步下降,在较高的疫苗接种率下,2022年航空业将获得更好的恢复,航空煤油消费将逐步赶上往年正常水平,但短期新变种病毒带来的不确定性或将延后航空煤油的修复时点。

1. 国内、国际航空业逐步恢复,有利于促进中国航空煤油需求及出口

随着新冠肺炎疫苗接种的加快,国外将加速边境的重新开放,预计2022年中国和国际航线周转量均将增长约10%,如图6-8所示。随着航空运输市场的有序恢复,国内航线周转量恢复情况好于国际航线,国内航线可能恢复至2019年,国内民航将会进一步加速回暖,航空煤油国内需求进一步得到释放,民航用油整体恢复到疫情前的80%,同比增长10%以上。国际航线将恢复约55%,航班需求显著增加,进而带动了航空煤油的消费需求增加,各国重启航班会促进中国航空煤油出口市场的发展。但疫情仍然是最大的不确定性因素,毒株变异的不确定性也会影响航空客运的修复,进而影响对航空煤油的需求。

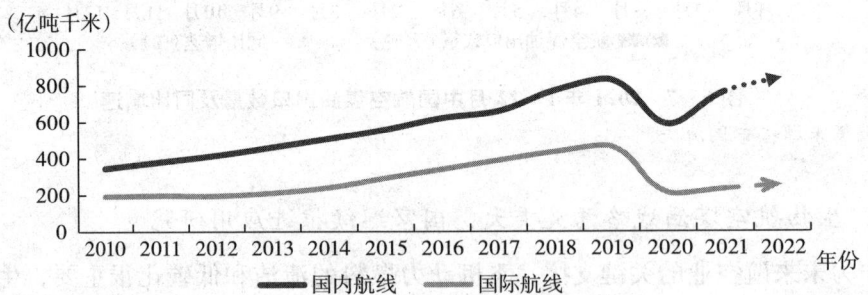

图6-8 国内、国际航线周转量变化

数据来源:中国海关、中国石化经济技术研究院。

2. 经济增长放缓影响需求,但中国航空煤油需求仍有恢复空间

受限于国际疫情仍未完全得到控制,对里程数更高的航班的需求仍然较为有限,整体对航空煤油需求量有一定限制。2021年7月10日,税务局在航空煤油类目中新增"经销企业库存勾选控制"功能，管控航空煤油销售途径，加强贸易端税收监管。国内炼厂生产的航空煤油，只能销售给用于飞行的航空公司，以享受暂缓征收消费税。而流入调油、建筑、物流等行业的航空煤油将缴纳消费税。征税标准进一步规范，下游使用成本大增，将大大降低接货意向，对大炼化厂的航空煤油销售将产生较大影响，航空煤油转产柴油的情况增加。

3. 国家将逐步放开对航空煤油价格的控制，航空煤油价格将与国际市场接轨

根据国家发展改革委最新颁布的《石油价格管理办法（试行）》，国家发展改革委将按照与国际市场接轨的原则制定航空煤油标准品出厂价格。随着国内成品油价格体系不断完善，国家将逐步放开对航空煤油价格的控制，航空煤油价格将与国际市场接轨，与原油价格联动，并与柴油形成合理的比价关系。在这种形势下，中国航空煤油行业将会迎来一个新的发展机遇。

4. "双碳"目标及科学技术运用，航空煤油行业向高质量、智慧化发展

在全球低碳目标与中国"双碳"目标下，使用更清洁的燃料是实现这些目标的有效路径。使用生物航空煤油为目前以及可预见的未来实现飞机燃料碳减排的主要途径，生物航空煤油需求空间也同样巨大。在技术的不断推进下，生物航空煤油受到关注，2022年，随着经济持续恢复稳定增长，生物航空煤油的商业化运作模式将会受到推广。

此外，在物联网、人工智能等科技加持下，航空煤油行业也在进行智慧赋能。在现有的平台模式下，将利用大数据进行更精准的平台化运营，实现智慧化，提高整个航空煤油市场的效率。

二、中国石油焦现状与前景展望

2021年中国持续巩固疫情防控和经济复苏成果，经济运行稳中有增。受下游铝价强力支撑，2021年全年石油焦市场表现良好，产品供不应求，价格持续升高，且预计未来仍会持续一段时间。受国际国内经济形势、国内"双碳"目标、生态环保提高要求等因素影响，展望2022年，中国石油焦市场对低硫焦的需求将有大幅增加。

（一）2021年中国石油焦现状

受原油价格、环保政策、相关产品进出口配额变化等多种因素影响，2021年中国延迟焦化装置年均开工率相较2020年略有降低，且月产量变化不大。需求方面，

整体依旧呈现供不应求的特点，受国家行业政策、库存变化、原油价格、下游需求等多因素影响，需求波动明显。价格方面，受下游需求支撑，价格持续上涨，且水平远高于2020年。进出口贸易方面，2021年中国石油焦进出口贸易逆差情况不变，进口量变化与需求量变化趋势有一定的相似性，港口库存在第二季度末、第三季度高位运行。

1. 全国延迟焦化装置年均开工率略有降低，全年产量较为稳定

2020年中国延迟焦化装置年均开工率62.82%。受原油价格、环保政策、相关产品进出口配额变化等多种因素影响，2021年中国延迟焦化装置年均开工率比2020年略有降低，约为60%；由于炼厂停工检修，2021年4月、5月、7月、8月全国延迟焦化装置月均开工率跌至55%以下。

2021年全国石油焦产量比2020年增加44.89万吨，且每月产量变化幅度不大，如图6-9所示。第一季度，受铝价稳定高位影响，下游需求支撑强劲，1月石油焦产量较高；2月由于春节、北方部分地区出现疫情等，全国石油焦产量下降；随着复工复产的范围扩大，3月全国石油焦产量有所回升。第二、第三季度，炼厂分批停工检修，4月、5月、7月、8月全国延迟焦化装置开工率下降明显，石油焦产量小幅波动。第三季度末第四季度初，需求端支撑良好，铝价高位，且炼厂检修结束，石油焦产量上涨。

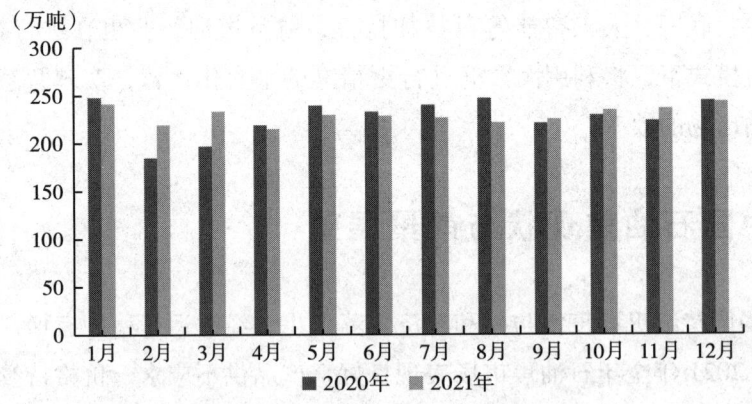

图6-9　2020—2021年中国石油焦产量变化情况

数据来源：隆众资讯。

2. 全年整体供不应求，需求波动态势明显

受原油非国营贸易进口允许量减少、环保管控政策、限电限产、部分独立炼厂淘汰等因素影响，全年石油焦供应量变化不大。下游铝价支撑强劲，对石油焦的需

求较高。2021年中国石油焦表观消费量为3836.36万吨,全年呈现供不应求局面,如图6-10所示。

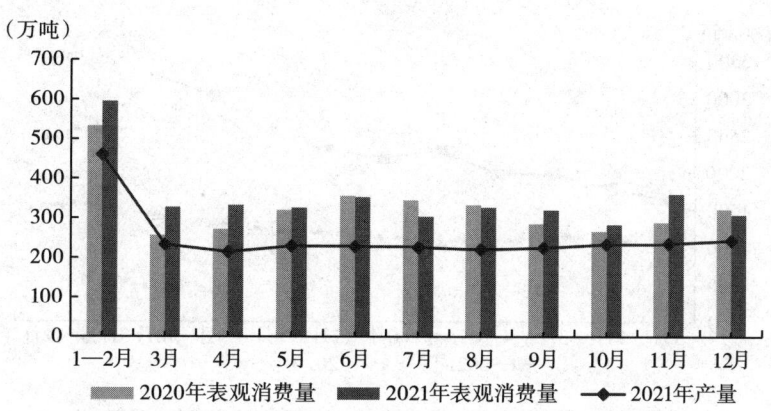

图6-10　2020—2021年中国石油焦表观消费量及产量

数据来源:隆众资讯。

需求方面,第一季度下游铝价持续稳定高位,浮法玻璃、金属硅、建筑钢材等出货稳定,石油焦消费量持续上升。第二季度初,下游需求支撑持续强劲,石油焦消费量继续上升;但5月中下旬,国家发展改革委、工业和信息化部、国资委等部门约谈铝行业重点企业,对囤积居奇、哄抬物价的市场行为进行限制,下游需求支撑减弱,石油焦消费量减少;6月终端电解铝价格高位震荡,铝企利润空间增加使石油焦需求恢复。第三季度初,广西、云南、新疆等地施行限电政策,碳素、金属硅减产,石油焦需求降低;8月、9月下游需求交投良好,石油焦需求相比第三季度初上涨。第四季度初,原油价格处于高位,炼厂原油供应紧张,石油焦供应不足,价格上涨,消费量下降;其中11月是进口石油焦集中到港口的时间,供应增加,消费量相比前期有较大提升。

3. 价格水平远高于2020年,全年价格持续攀升

供、需两方支撑使2021年中国石油焦价格水平远高于2020年,如图6-11所示。第一季度,下游需求支撑强劲,加之"限硫令"的影响,市场上优质低硫焦流向船燃生产,而供给受到春节、疫情、炼厂停工影响,石油焦价格持续上涨。第二季度,4月、5月部分炼厂停工检修,开工率降低,供应降低导致石油焦价格上涨,6月随着炼厂复工复产,石油焦价格略有回落。第三季度,石油焦价格持续上涨且增幅较大,主要原因是需求端拉动强劲,但供应端产量提高幅度不大,原油配额缩减,资源紧张。第四季度,10月石油焦价格达到2021年峰值,供需端11月国际油价承压,进口石油焦陆续到岗;需求端下游金属硅市场、电解铝市场下行,价格下

跌，供需双方作用使国内石油焦价格大幅下降，12月石油焦（合格品）价格比10月下降，幅度达23.78%。

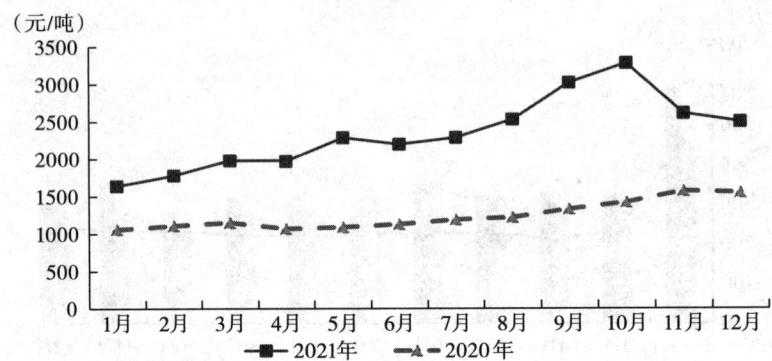

图6-11　2020—2021年中国石油焦（合格品）价格
数据来源：中国石油和化工经济分析月度报告。

4. 全年进出口贸易大幅逆差态势不变，港口库存第二、第三季度高位运行

受下游需求端的支撑作用与供给端炼厂检修的影响，2021年国内石油焦市场表现较好，进口贸易市场活跃且出货良好。石油焦进口总量1273.9万吨，同比增长24%。同时，石油焦进出口贸易大幅逆差态势仍在持续，如图6-12所示。第一季度，需求支撑石油焦进口量不断增加，2月受春节影响，进出口量都有降低。第二季度，石油焦价格处于高位，高价吸引使得进口有所上涨，出口量略有降低。第三季度，石油焦进口进入淡季，国外炼厂开工受气候因素影响，供应量减少，进口量降低。第四季度，10月石油焦进口量持续降低，11月是进口石油焦集中到港时间，进口量相比10月大幅上涨，12月有所回落。

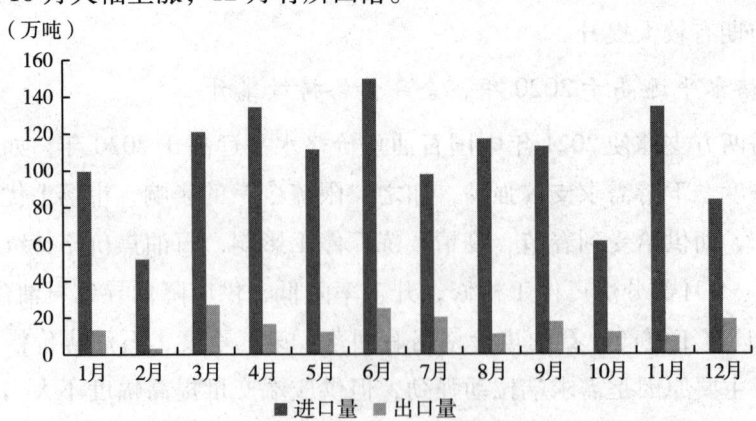

图6-12　2021年中国石油焦进出口情况
数据来源：中国石油和化工经济分析月度报告。

2021年中国石油焦港口库存情况如图6-13所示，主要包括日照港、龙口港、南京港、南通港、镇江港、南沙港、防城港、泰州港和钦州港数据。2021年中国石油焦港口库存变化情况与进出口量走势具有一定相似性，第二、第三季度进口受下游需求强劲支撑，港口库存也进入高位。第三季度末，国内供应量和进口量都开始下滑，但国内石油焦价格仍处于高位，受高价吸引，港口释放库存，石油焦库存量开始下降。

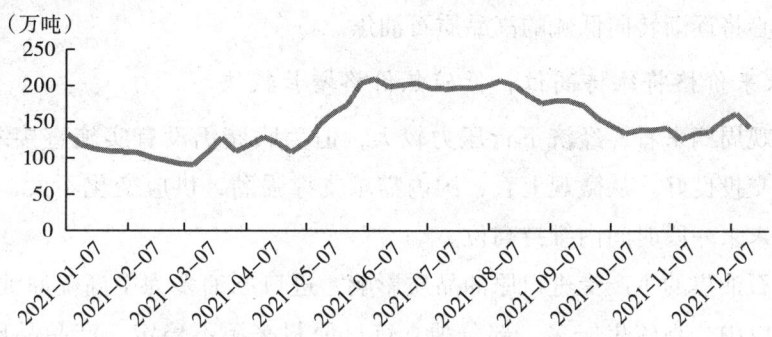

图6-13　2021年中国石油焦港口库存情况

数据来源：Wind数据库。

（二）2022年中国石油焦前景展望

展望2022年，国际经济社会环境变化不确定性增强，国际能源价格或将维持上涨态势。国内推动实现"双碳"目标布局进一步加快，石油炼化行业也进入了行业整合期，落后产能淘汰或将加速。下游电解铝、锂电池负极材料的支撑短时间内降低可能性不大。综合国际国内多重因素，预计2022年中国石油焦市场供不应求局面仍将持续，价格将维持高位，对低硫焦的需求可能会大幅增长，且其价格增长幅度或将高于其他类型石油焦产品。

1. 国内供应增加概率不大，供不应求格局仍将持续

受国际油价、国内环保政策、"双碳"目标影响，一方面，炼油利润空间缩减，原油非国营贸易进口配额减少，对国内石油焦供应增加的抑制作用明显；另一方面，落后炼油技术和相应独立炼厂淘汰速度可能加快，延迟焦化装置淘汰厂家数量会增多，而新增炼油产能为后续生产高端化工品，选择以加氢精制路线为主，也将导致石油焦供应量处于低位，国内供应增加概率不大。

需求端，石油焦在其下游电解铝、金属硅、碳化硅等领域，具有一定的不可替代性，尤其是铝的需求在未来一段时间内增长态势明显。在燃料用途领域，受环保政策限制，国内对低硫石油焦的需求将扩大，2022年石油焦供不应求格局仍旧持续的可能性较大。

2. "双碳"目标与环保政策施压，低硫焦需求或将大幅增长

《中共中央 国务院关于完整准确全面贯彻新发展理念做好碳达峰碳中和工作的意见》《2030年前碳达峰行动方案》两个官方文件的发布，对中国实现"双碳"做出了目标、要求、任务和举措等重大相关部署。随着中国实现"双碳"目标部署的施行和生态环保要求的提高，石油焦的生产与使用都将受限，2022年及之后，下游需求重心将逐渐转向低硫的高品质石油焦。

3. 未来价格将维持高位，低硫焦价格增长较快

从宏观周期来看，经济下行压力较大，但美联储仍没有实施直接缩水的措施，大宗商品交投良好。从微观上看，国内需求支撑强劲，供应变化不大，预计石油焦价格将在未来一段时间内维持高位。

中国石油焦的生产受进口原油品质影响，进口原油多为中高硫原油，导致生产的石油焦以中、高硫焦居多。部分独立炼厂原料来源不稳定，产品品质波动较大。随着新能源汽车和储能市场的快速发展，锂电池负极材料对低硫焦的需求将逐渐扩大。加之国家连续出台关于环保的新法规，高硫石油焦作为高污染燃料产品使用受限，下游电解铝、电池负极材料、燃料等对优质石油焦资源争抢加大，低硫焦价格增幅将扩大。

三、成品油国际贸易现状与前景展望

2021年，疫情仍在全球蔓延，中国外贸发展面临的外部环境依然复杂严峻。中国成品油进出口量出现小幅度同比下跌，但对于主要贸易伙伴出口增速较快，外贸主体竞争力进一步增强，民营企业规模不断壮大，外贸"稳定器"作用突出。中国石化、中国石油一般贸易出口配额依旧处于前列，浙江石化和中国兵器集团的成品油继续一般贸易方式出口。展望2022年，"放管服"政策可能会进一步引起成品油进出口需求增加，净出口量将上涨。

（一）2021年中国成品油进出口现状

由于2021年疫情仍未结束，成品油净出口量同比下跌，出口市场竞争加剧，一般贸易出口配额下放速度减缓，生产环节税收监管进一步强化，民营企业的成品油出口利润将呈现下跌趋势。

1. 中国成品油进出口量全年累计呈同比下跌状态

由于疫情仍在全球蔓延，进口方面，2021年12月中国成品油进口量220.6万吨，进口额1516百万美元；1—12月累计进口量2713.5万吨，累计进口额16640.3百万美元；1—12月累计进口量同比下降4.0%，进口额累计同比增长60.3%（见表6-2）。

表6-2 2021年中国成品油进口额统计

时间	进口量/万吨	进口额/百万美元	进口量同比增长/%
1—2月	398	2045	-19.4
3月	210	1283	-13.3
4月	196	1210	-14.9
5月	234	1404	-22.0
6月	213.5	1354.7	-39.0
7月	252.3	1550.8	31.8
8月	292.8	1714.6	50.0
9月	221.8	1427.3	19.1
10月	215.5	1413.6	43.3
11月	259	1721.3	26.5
12月	220.6	1516	1.4

数据来源：中商产业研究院、海关总署。

2021年成品油出口量明显低于2020年水平。2021年1—12月中国成品油出口量6033万吨，同比下降2.4%；出口额30467.5百万美元，同比增长26.6%（见表6-3）。整体来看，成品油出口量连续缩水，配额收紧、外航疲软叠加第四季度国内柴油出口削减，全年国内汽油、柴油、煤油出口不足4200万吨，同比下降11.8%。

表6-3 2021年中国成品油出口额统计

时间	出口量/万吨	出口额/百万美元	出口量同比增长/%
1—2月	1096	4492	0.0
3月	683	3266	0.0
4月	682	3489	-1.2
5月	541	2834	-5.3
6月	644.1	3442.7	19.0
7月	463.5	2570.4	-28.0
8月	373.3	2110.0	-12.6
9月	413.6	1616.6	17.5
10月	394.6	1775.1	17.1
11月	419.3	2699.7	-15.3

续表

时间	出口量/万吨	出口额/百万美元	出口量同比增长/%
12月	322.6	2172	3.1

数据来源：中商产业研究院、海关总署。

2. 成品油外贸主体竞争力增强，呈现较强的外贸发展态势

中国成品油出口的主要地区在亚太，但亚太地区国家国内成品油需求量减少，市场总体已呈饱和态势，成品油出口存在阻力。部分亚太地区国家为释放国内过剩的产能增加了出口，采取更为严格的进口关税、放行措施等。

中国对主要贸易伙伴出口量保持高速增长，特别是对美国、东盟和欧盟出口增速分别达38.9%、29.3%和27.9%，对金砖国家出口量增长42.8%。一般贸易方式出口占比持续提升，一般贸易方式出口量增长34.5%，占比较2020年同期提高2个百分点，增至60.9%。

2021年汽油出口目的地中出口量前五位分别为新加坡、马来西亚、墨西哥、印度尼西亚和阿联酋，合计占汽油累计出口量的88%。其中，新加坡仍是中国汽油主要出口国家，占累计出口量的66%。2021年柴油出口目的地中出口量前五位分别为新加坡、中国香港、菲律宾、澳大利亚以及孟加拉国，合计占汽油累计出口量的82%。其中，新加坡为中国柴油主要出口国，占柴油累计出口量的24%。2021年中国成品油出口情况如图6-14所示。

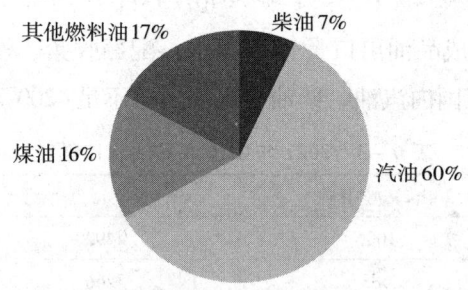

图6-14　2021年中国成品油出口情况

数据来源：中国海关总署。

3. 下半年成品油出口配额下发步伐明显放缓，供应过剩压力较高

成品油一般贸易出口配额仍以总量形式下发，出口企业根据国内及国际成品油市场情况自行安排成品油等相关产品的出口数量。2021年中国成品油出口配额总量同比减少36.25%。上半年国内成品油配额尚且充足，中国成品油月度出口量也维持高位。不过，由于第三批配额下发时间较晚，第三季度开始国内成品油出口量出现明显收窄迹象。10月中国成品油出口仅240万吨,同比下降46.9%,环比下跌7.3%,11月出口419.3万吨。为实现"双碳"目标,非国营贸易单位原油进口配额降低、成品油出口配额减少。2021年中国成品油出口配额见表6-4。

表6-4 2021年中国成品油出口配额统计

企 业	第一批/万吨	第二批/万吨	第三批/万吨
中国石化	967	171	51
中国石油	901	282	43
中国海油	283.75	71	0
中化集团	246.8	60	25.9
浙江石化	200	52	38
中国兵器	15	15	0
中国航油	3	4	0
合 计	2616.55	655	157.9

数据来源:卓创资讯。

2021年第一批成品油出口配额较2020年第一批增加150万吨,增长5.36%。其中,加工贸易配额同比下降3%,主要是中国海油和中化集团加工贸易出口配额出现下降,而中国石化和中国石油同比持平。一般贸易出口配额量为2616.55万吨,同比上涨7%。中国石化、中国石油依旧处在第一、第二的位置,分别同比上涨7%、14%。而中国石化、中化集团、中国航油分别同比下降12%、7%、50%。浙江石化继续取得200万吨成品油出口配额,独立炼厂没有成品油出口配额。第二批成品油出口配额合计655万吨(不包含低硫燃料油),环比下降75%,同比下降73%。第三批获得成品油出口配额的企业为中国石油、中国石化、中化集团以及浙江石化,多数为前两批出口方式的置换调整。其中中国石油、中国石化出口配额全部为前两批成品油加工贸易配额同等数量的置换,整体出口额度无变化。中化集团成品油加工贸易配额缩减2.9万吨,增加成品油一般贸易出口配额25.9万吨。浙江石化扣减低硫船用燃料油出口配额,增加成品油一般贸易出口配额38万吨。据海关数据统计,2021年中国成品油出口量完成第一、第二批成品油出口配额的91.15%。

4. 起征进口消费税,成品油市场稳步发展

通过全国政协十三届四次会议和十三届全国人大四次会议,我国强化了成品油生产环节税收监管。财政部、海关总署、税务总局发布公告,自2021年6月12日起,对部分成品油视同化工轻油或燃料油征收进口环节消费税,且明确提出对进口稀释沥青、轻循环油和混合芳烃征收消费税的建议,该政策有利于营造公平的成品油市场竞争环境,推动成品油市场稳步发展。

5. 成品油出口主体多元化，出口利润呈下跌趋势

随着中国成品油出口政策进一步放开，民营炼厂获得成品油出口配额并成功运作成品油出口，出口主体向多元化发展，成品油贸易领域形成适度的竞争格局，促进了国内能源企业提质增效，进而提升了国内能源企业的国际市场竞争力。

成品油国际市场竞争日趋激烈，加上新加坡汽、柴油价格持续下跌，导致2021年出口利润和需求均低于往年同期水平。价格持续下跌影响国内炼厂出口的意愿，对于民营炼厂来说，负面影响更为直接，增加出口仅能短期维持其开工率。民营企业的成品油出口配额全部是一般贸易出口方式，与国内价格相比更难以盈利，且不享受国家补贴政策，成品油出口利润呈现下跌趋势。

（二）2022年中国成品油国际贸易前景展望

2022年，中国成品油出口消费区域仍为东南亚地区，并逐步向中东等地区发展；成品油相关监管日益严格，进口实行国营贸易管理，允许非国营贸易进口。能源行业坚持以清洁低碳为发展目标，中国成品油将面临出口空间有限的局面。

1. 中国成品油出口消费区域仍为东南亚地区，并逐步向中东等地区发展

中国汽油、柴油出口目的地多为东南亚国家，同时亚太及周边地区新增炼能大量投产，欧美成品油出口日益增加，东南亚地区的竞争日益激烈。为了更好地缓解国内成品油供需过剩的压力，国内石油公司在维护好东南亚市场的基础上，将加大对中东、南亚、澳大利亚等市场的出口力度，中国出口到新加坡、墨西哥的汽油、柴油占比将会出现回升。

2. 成品油进口配额主要集中在央企，石脑油进口量进一步增加

汽油、柴油、航空煤油的进口主体集中在央企，石脑油、蜡油的进口主体则包括央企及5家地方企业。国内石脑油蒸汽裂解制乙烯产能进入爆发期，且山东地区独立炼厂重整装置产能持续扩张，石脑油需求量扩大，国内采购难度加大，采购成本增加，国产石脑油产量短期内仍无法满足企业配套二次装置的使用，后期石脑油进口允许量将进一步增加。

3. 低碳能源迅速发展，成品油进出口或将减少

受疫情影响，中国可能严控成品油出口，避免"大进大出"，成品油出口配额或将趋减，其中2022年第一批成品油成品配额同比下降56%，有可能于2025年之前取消成品油出口。2022年，预计疫情得到控制后，成品油进出口将回升，但或将面临出口空间有限、需求结构变化、产品质量升级、环保压力加大等问题，成品油进出口量也可能面临下降趋势。

4. 开放企业非国营贸易进口允许量申领条件，促进成品油贸易发展

商务部制定《2022年成品油（燃料油）非国营贸易进口允许量申领条件、分配原则及相关程序》，将成品油进口实行国营贸易管理，同时根据中国加入世界贸易组织议定书的相关规定，允许一定数量的非国营贸易进口。2022年燃料油进口允许量实行"先来先领"的分配方式，符合非国营贸易进口允许量申领条件的企业根据实际进口需求申领燃料油进口允许量。

第七篇

成品油市场需求

2021年，随着新冠疫苗的接种和普及，疫情防控整体向好，国内投资、消费水平持续恢复，中国经济继续回暖，国内成品油需求环境得到进一步改善，需求呈现稳步上升的态势。同时，从中国"十四五"规划的发展方向可以看出，中国将会逐步减少对化石能源的依赖，加快低碳、新型能源的建设。加之"双碳"目标的推出，对成品油需求具有一定影响。从成品油总体需求看，需求量呈现稳步上升的态势；从成品油需求结构看，2020年底出台的各项车市政策落地及居民出行恢复正常，对汽油消费形成强有力支撑，其在成品油消费总量中占比最大且有所增加，柴油消费受严格的环保要求影响占比下降较大，航煤消费因国内航班持续回暖，消费量占比恢复到2020年水平；从供需关系看，中国成品油市场仍处于供需失衡状态，但供需差量逐渐收窄；从行业用油看，交通运输及仓储邮政业在成品油消费量上所占比例最大，工业成品油需求小幅下降，农林牧渔业、建筑业、批发零售及餐饮业、生活消费及其他成品油需求均呈现稳步增长趋势。展望2022年，随着疫情得到进一步控制和国内经济保持增长态势，成品油需求也将稳步增长，但随着"双碳"战略的推进，成品油需求将受到替代能源增长影响，其增速将逐渐放缓。

一、2021年中国成品油市场需求现状

2021年是中国实施"十四五"规划的开局之年，政府加快构建双循环新发展格局，持续推动扩大内需，促使经济稳定增长，成品油需求得到有力支撑；但由于疫情防控常态化以及能源结构转型，成品油需求受到影响，维持低速增长。2021年成品油需求稳步回升，第一季度，成品油需求量同比上升幅度较大；第二季度，形势依旧向好，成品油需求稳中有进；第三季度，成品油需求继续上涨；第四季度，增势依旧。成品油需求结构与2020年相比变化也较大，其中柴油消费占比退居第二，占比下降明显；汽油消费占比由于居民出行频率增加有所增长；航煤受疫情反复影响，消费占比略有下降。从供需平衡来看，供需差量略有缩减，成品油市场供需平衡问题仍旧存在。

（一）成品油需求总体分析及特点

2021年，随着国家疫情防控得当，国民经济持续稳定恢复，国内绝大多数地区出入自由，交通物流等行业运行畅通，加之基建投资增速持续回升，在建工程及新开重点工程的机械施工数量增加，建筑原料和工业品物流运输需求稳步增长以及国内航线持续回暖，促使成品油需求量总体明显上升，整体需求比较旺盛。

1. 国内经济持续回暖，成品油消费整体表现向好

由于中国实行稳健的疫情防控措施和积极的经济发展政策，随着国民经济持续稳定恢复、疫情防控更加精准有效、扩内需促消费政策效应不断显现，国内大循环、国内国际双循环共同发力，消费市场延续稳定复苏态势，成品油需求环境进一步改善，促使成品油消费稳步提升。如图7-1所示，近五年中国GDP除2020年外均呈现持续增长的态势。其中2021年达到114.37万亿元，按可比价格计算，同比增长8.1%，两年平均增长5.1%。经济发展带动了成品油表观消费量的增长，2021年达到了34148万吨，同比增长10.3%；单位GDP耗油持续下降，2021年降至0.028万吨/亿元，下降6.67%。

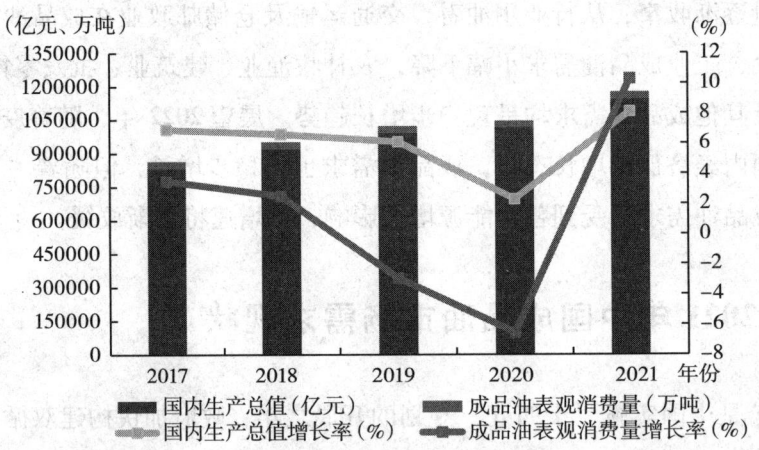

图7-1　2017—2021年国内生产总值、成品油表观消费量及增长率

数据来源：国家统计局、中国石油与化学工业联合会。

2. 全年各季度成品油需求有波动，呈现先升后稳的趋势

随着疫情的稳定控制，中国经济持续复苏发力，各行各业复工复产，但各季度变化不同，映射到成品油需求上，也呈现出先上升后稳定的走势。分季度来看，如图7-2所示，2021年第一季度，中国经济运行开局良好，GDP达到249310亿元，同比上涨18.3%；经济稳定增长，但就地过年政策使人员和车辆流动较往年减少，

成品油表观消费量为 7239.5 万吨，同比上升 17.1%。第二季度，经济环比增速较第一季度有所加快，GDP 达 282857 亿元，同比增长 7.9%，成品油表观消费量受各地逐渐放松疫情管控措施、人员流动恢复正常，以及各项固定资产投资的开工建设和气温上升等因素的影响，达到 7592.8 万吨，比第一季度增加 354.8 万吨，同比增长 7.3%。第三季度，尽管经济增速受疫情反复、汛情等多种因素的影响有所回落，但中国经济发展还是表现出了强大的韧性和活力，GDP 达到 290964 亿元，同比增长 4.9%；第三季度各地工矿、基建类工程开工负荷依旧维持高位，成品油消费进入"金九银十"传统消费旺季，加之 5 月国内严查税务以及走私，同时三部委发文对于混芳、轻循、稀释沥青进口征收消费税，对成品油的利好开始显现，成品油表观消费量达 8209.2 万吨，但同比下降 0.3%。第四季度，中国部分地区疫情反复以及投资全面回落，中国经济上升势头有所放缓，GDP 达到 320539 亿元，同比增长 4.0%；成品油消费受国庆假期外出旅行人数激增以及"双十一"等电商活动带动交通运输、物流行业表现活跃等因素影响，整体表现良好，成品油表观消费量达 8931.6 万吨，同比增长 18.9%。

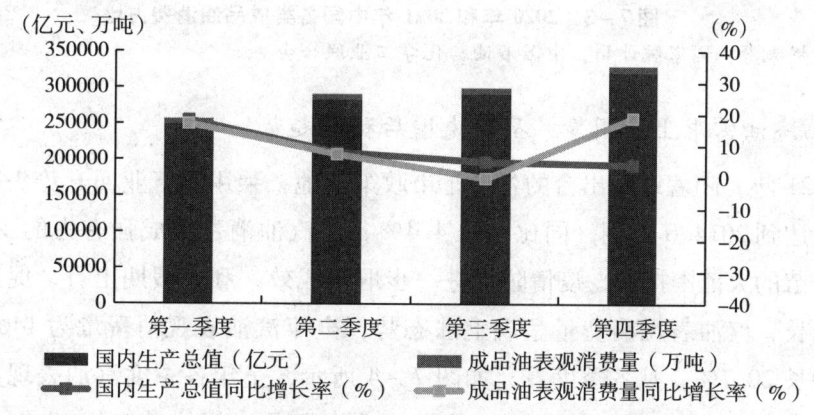

图 7-2　2021 年各季度国内生产总值、成品油表观消费量及同比增长率
数据来源：国家统计局、中国石油与化学工业联合会。

（二）成品油市场需求结构及主要油品消费特点

从需求结构来看，2021 年，各油品的消费量在成品油总消费中的占比较 2020 年产生了一些变化，汽油消费占比有所上升，主要受益于汽车市场复苏良好、汽油需求转好提供的有力支撑，再加上疫情得到有效控制，假期旅游出行促使汽车使用增多，拉动了汽油需求的增长；柴油消费受各种能源替代力度增强和"双碳"政策，以及绿色低碳出行、传统基建投资减弱影响，占比下降；航煤消费受国内航线持续回暖、国际航线时常熔断的影响，占比较 2020 年略有下降。

1. 成品油市场需求结构变化明显，柴汽比有所下降

由于国民经济产业结构调整，中国成品油消费结构发生了较大变化，如图7-3所示，2021年汽油消费占比约为43.9%，汽油消费占比与2020年相比上升3.8个百分点；柴油消费占比约为46%，与2020年相比下降2.5个百分点；航煤消费占比约为10.1%，与2020年相比下降1.3个百分点。2021年的燃料结构与2020年相比，柴汽比为1.07，同比下降13.4%。

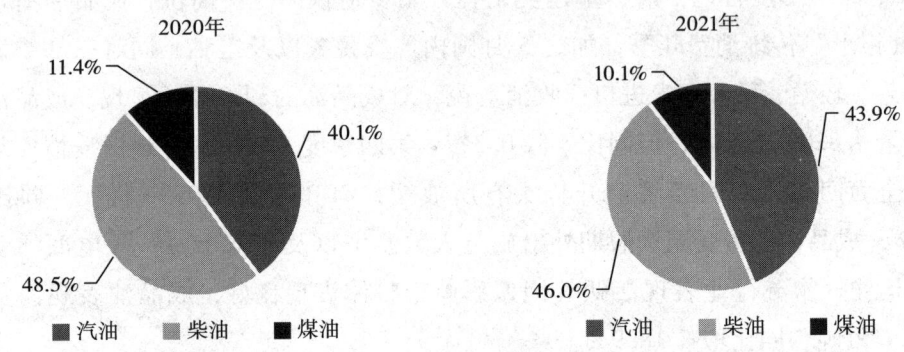

图7-3　2020年和2021年中国各类成品油消费占比

数据来源：国家统计局、中国石油与化学工业联合会。

2. 汽油需求上涨明显，呈现先增后稳的趋势

2021年，随着政府出台的各项车市政策落地，乘用车行业回升势头明显，乘用车销量达到2014.6万辆，同比增长4.4%，对汽油消费形成强有力的支撑。此外，随着疫苗的大范围接种，疫情防控进一步取得成效，利好假期出行，促进汽油消费量的增长，汽油表观消费量呈现上涨态势，全年汽油表观消费量为14037.5万吨，同比增长20.7%。从各季度看，如图7-4所示，全年各季度汽油表现消费呈上升趋势，第一季度，恰逢春节及元宵假期，政府倡导"就地过年"，人们远距离出行需求多转为近距离出行，民众自驾出行游玩增多，受益于此，汽油表观消费量为3138.8万吨，同比增长23.6%；第二季度，随着天气转暖，居民出行率增加，汽油需求出现了季节性用油高峰，汽油表观消费量为3336.6万吨，同比增长19.8%；第三季度，前期随着天气变热，夏季车载空调使用率频繁增加油耗，但随着学生放假，降雨增加，私家车出行减少，加之部分省市出现疫情，汽油消费表现平平，后期随着国内疫情风险级别降低，各种出行管制逐渐放松，居民出行频率有所增加，汽油需求缓慢回升，纵观全季度，汽油表观消费量为3816.1万吨，同比增长18.5%；第四季度，前期国庆小长假居民出行频率有一定增加，汽油消费增加，节后北方陆续进入寒冷天气，加上疫情出现小范围复发，人们出行持续受限，汽油需

求受到影响，全季度汽油表观消费量为 3746 万吨，同比增长 21.7%。

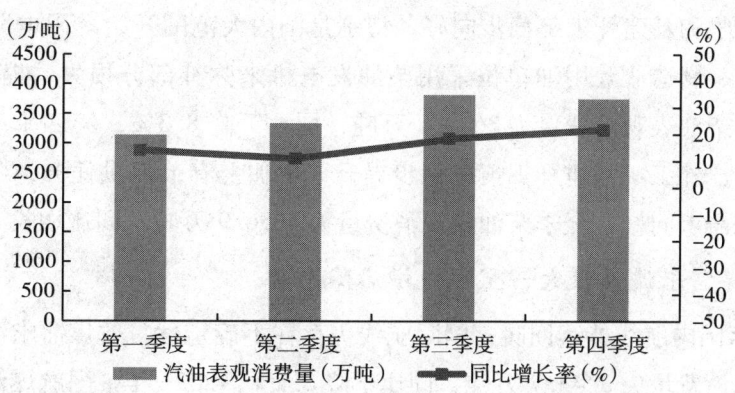

图 7-4　2021 年各季度汽油表观消费量及同比增长率

数据来源：国家统计局、中国石油与化学工业联合会。

3. 柴油需求稳中有进，同比增降振动较大

2021 年，产业结构和能源结构调整优化取得明显进展，成为柴油需求变化的重要因素，重点行业能源利用效率大幅提升，新型电力系统加快构建，绿色低碳技术研发和推广应用取得新进展，绿色生产生活方式得到普遍推行，致使柴油需求同比降幅较大。柴油表观消费量为 14692.8 万吨，较 2020 年全年同比增长 4.5%。如图 7-5 所示，第一季度，柴油表观消费量为 3174.5 万吨，春节期间，多地倡导或要求就地过年，部分沿海省份春节不停工，工业产能率的提高以及公路物流运输量的提升带来柴油消费量小幅提高，同比增长 6.6%；第二季度，受南方雨季和环保检查等影响，以及北方工矿基建等项目开工放缓，柴油需求减少，柴油表观消费量

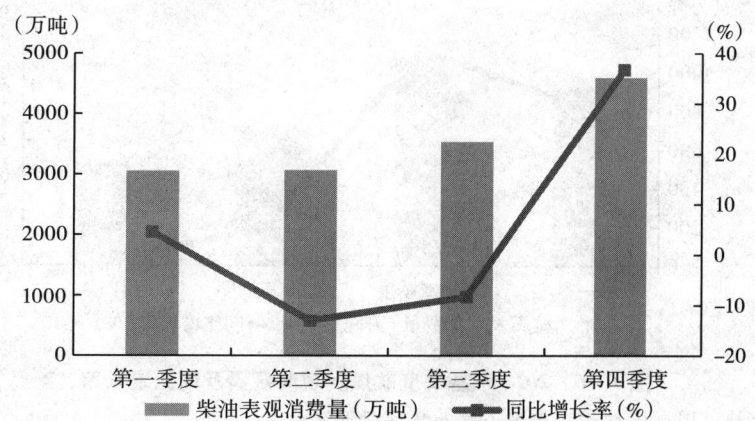

图 7-5　2021 年各季度柴油表观消费量及同比增长率

数据来源：国家统计局、中国石油与化学工业联合会。

为3187.3万吨，同比下降13%；第三季度为传统年内柴油需求高峰期，阶段内天气转凉，秋收和基建开工都稳步向好，特别是国内大范围开始"限电"，受其影响，基建、工矿、制造业等用油单位采用柴油发电机来弥补部分损失，提振柴油需求，纵观全季，柴油表观消费量为3674.1万吨，同比下降8.3%；第四季度，前期随着雨水减少，户外工矿基建开工情况稳步提升，再加上春节保供任务，冬奥会也即将举办，柴油需求向好，全季柴油表观消费量为4656.9万吨，同比增长36.7%。

4. 航煤需求波动较大，呈现先增后降态势

2021年国内航线持续回暖，国际航线仍存在不确定性，航煤需求波动较大，全年航煤表观消费量为3243.7万吨，同比下降2.2%。2021年中国航煤消费量呈现先增后降的趋势。随着国内航线逐步恢复，航煤消费量先是走高，但受国外航线不确定性和国内疫情反复影响，航煤消费量出现了波动下降。如图7-6所示，第一季度，受冬季疫情反复影响，春节前夕航空运输业受到冲击，随着春节后出行限制解除和疫苗接种比例提升，航空客运量同比显著回升，但尚未回归疫情前水平，而国际航线由于境外疫情蔓延受到不利影响，航空客运量表现一般，全季度航煤表观消费量为926.2万吨，同比增长40%；第二季度，随着疫情的消退，航空运输业表现持续复苏，客运量和货运量同比均实现快速增长，促使航煤表观消费量达到1069.7万吨，同比增长70.4%；第三季度，受新一轮疫情影响，航煤表观消费量为712.9万吨，同比下降28.5%；第四季度，受疫情防控政策影响，国内民航旅客、货运周转量均环比下降，随着变种病毒奥密克戎扩散，各国政府再次实施封锁和旅行限制，对航空运输业影响较大，全季度航煤表观消费量为528.8万吨，同比下降48.3%。

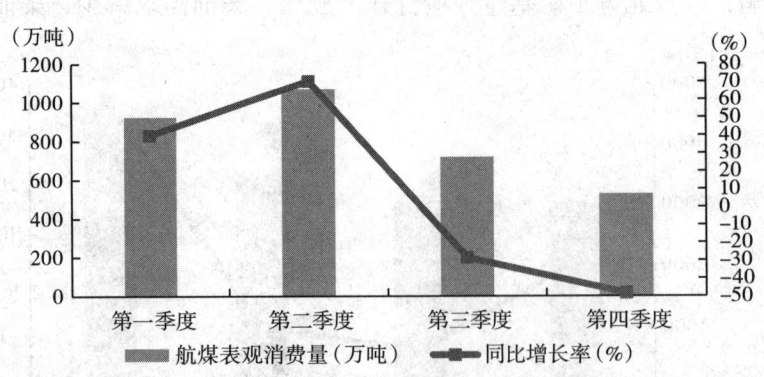

图7-6　2021年各季度航煤表观消费量及同比增长率

数据来源：国家统计局、中国石油与化学工业联合会。

（三）成品油供需平衡状况及特点

2021年中国成品油市场的供需走势与疫情防控成果和经济复苏态势息息相关，维持成品油的供需平衡是确保成品油市场健康发展的必要条件。2021年，得益于良好的防疫成果，中国经济取得了一定的恢复和增长，市场成品油需求得到了一定的支撑。但随着国内大小炼厂的陆续建成投产，成品油供给端增长量大于需求端，再加上成品油出口受限，绿色生产生活方式得到普遍推行，成品油供需差量略有放宽，供需矛盾依旧存在。

1. 受供给增长和出口受限影响，成品油供需差量放宽

2021年，中国成品油表观消费量有一定的增长，随着大小炼厂的陆续开工投产，中国炼化能力进一步增强，成品油供给量得到增长。此外，受疫情的影响，海外工厂开工率不高，而国内疫情得到了有效的控制，国内产品出口屡创新高，各大工厂开足马力生产，成品油需求量增幅较大，供需差量收窄。如表7-1所示，2017—2021年，中国成品油产量和表观消费量均是先缓慢上升，在2018年达到峰值后开始下跌。对比供需，成品油差量在2019年达到峰值，而后在2020年开始下降，在2021年持续走低。

表7-1　2017—2021年中国成品油产量和表观消费量

年份	成品油产量/万吨	成品油表观消费量/万吨	成品油供需差量/万吨	成品油供需差量增速/%
2017	34792.0	31144.0	3648.0	4.0
2018	36034.0	31954.3	4079.7	11.8
2019	36031.6	31013.3	5018.3	23.0
2020	33125.8	28981.1	4144.7	-17.4
2021	35738.2	31974.0	3764.2	-9.1

数据来源：国家统计局、中国石油与化学工业联合会。

2017—2021年，成品油供需矛盾在2019年达到顶峰，而后呈现下降趋势。如图7-7所示，在疫情影响下，2021年的成品油供需差量同比持续缩减，但整体看中国炼油能力过剩，下游需求市场却增长缓慢，供需不平衡仍然存在。

2. 各油品供需矛盾有所缓解，不平衡问题仍旧存在

2021年汽油、柴油、航煤供需差量较2020年均有所下降，但供需平衡问题仍然存在。如图7-8所示，柴油的供需差量一直都是最大的，汽油次之，航煤供需差量最小。由于三者主要需求市场不同，汽油主要用于汽车，柴油则是用于工农业生产，航煤的主要用途是航空业，因此汽油、柴油、航煤的需求量走势存在一定的差异。

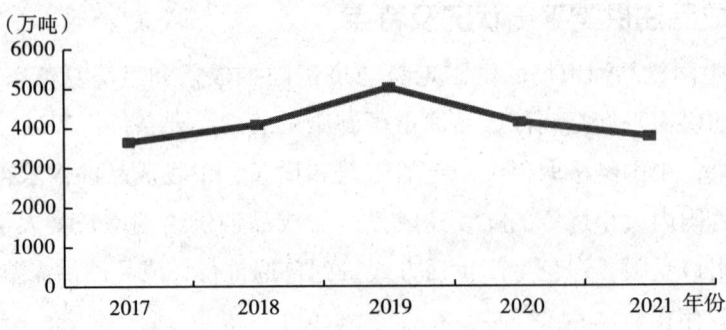

图 7-7　2017—2021 年中国成品油供需差量

数据来源：国家统计局、中国石油与化学工业联合会。

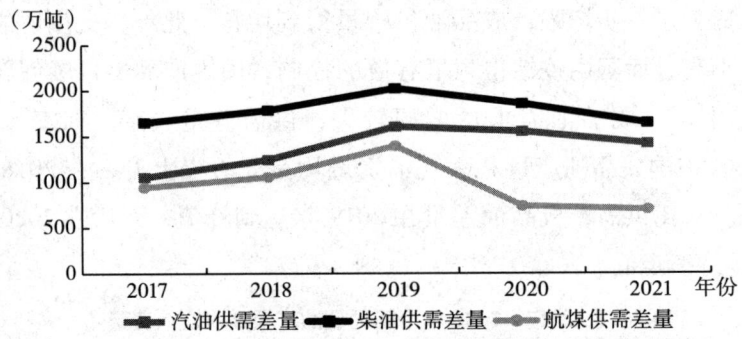

图 7-8　2017—2021 年中国汽油、柴油、航煤供需差量

数据来源：国家统计局、中国石油与化学工业联合会。

（1）汽油供需差量收窄，供需平衡矛盾依旧存在。

随着疫情逐步得到控制，炼厂开工率逐渐上升，新建炼油厂也开始生产，汽油产量回升。如表 7-2 所示，2021 年，汽油产量从第一季度的 3641.8 万吨上升到第四季度的 4018.0 万吨。因为中国汽车保有量不断提升，疫情防控得当，人们出行意愿增强，使汽油表观消费量也在不断攀升。汽油供需差量从第一季度的 503.0 万吨下降至第四季度的 272.0 万吨，降幅达 45.9%，供需差量收窄。但是，随着新能源汽车和混合动力汽车的市场渗透率持续升高，挤压传统汽车的市场份额，导致汽油需求量增速下降，供需平衡矛盾依旧存在。

表 7-2　2021 年中国汽油供需量及差量　　　　　　　　　　　　单位：万吨

时间	汽油产量	汽油表观消费量	差量
第一季度	3641.8	3138.8	503.0
第二季度	3770.2	3337.8	432.5
第三季度	4014.8	3802.8	211.9

续表

时间	汽油产量	汽油表观消费量	差量
第四季度	4018.0	3746.0	272.0
合计	15457.3	14037.5	1419.8

数据来源：中国石油与化学工业联合会。

（2）柴油供需差量先升后降，供需差量呈缩减趋势。

由于中国对能源结构转型的需要，同时受实现碳达峰、碳中和目标的影响，柴油供给和需求将步入缓慢下行通道。2021年，物流行业需求难以继续提升，工矿基建对柴油需求则在部分地区有所下滑，同时柴油生产利润也低于汽油，因此2021年柴油产量增幅不大，柴油表观消费量也波动较小。如表7-3所示，第一季度中国柴油供需差量为600.7万吨；第二季度上涨至662.6万吨；第三季度大幅下降至461.1万吨，相较第二季度降幅达30.4%；第四季度中国柴油供需差量为126.7万吨，较第三季度降幅达50.1%。

表7-3 2021年中国柴油供需量及差量   单位：万吨

时间	柴油产量	柴油表观消费量	差量
第一季度	3774.9	3174.2	600.7
第二季度	3850.0	3187.4	662.6
第三季度	3780.5	3319.4	461.1
第四季度	4783.6	4656.9	126.7
合计	16189	14337.9	1851.1

数据来源：中国石油与化学工业联合会。

（3）航煤供需差量扩大，供需矛盾加重。

2021年，随着疫情得到稳定控制，国内航线逐步恢复，有效地刺激了航煤的消费。但是国外航线大批量减少，在运营的为数不多的国外航线也时常熔断，再加上夏季中原地区洪水泛滥和国内疫情的零星暴发，导致航煤的产量和表观消费量都呈现先增长后下降的趋势。如表7-4所示，航煤供需差量第一季度为119.5万吨，第二季度上升至168.0万吨，第三季度扩大为217.1万吨，相较第二季度差量增幅为31.5%，第四季度略有下降，为195.6万吨。总体来看，航煤供需差量在扩大，供需矛盾加重。

表7-4 2021年中国航煤供需量及差量   单位：万吨

时间	航煤产量	航煤表观消费量	差量
第一季度	1045.7	926.2	119.5
第二季度	1237.7	1069.7	168.0

续表

时间	航煤产量	航煤表观消费量	差量
第三季度	936.1	719.0	217.1
第四季度	724.4	528.8	195.6
合　计	3943.9	3243.7	700.2

数据来源：隆众资讯。

二、2021年中国各行业成品油需求现状

2021年，国内疫情得到有效控制，各行业正常运行，居民生活基本恢复正常。行业成品油需求指标处于合理区间，成品油需求呈现稳中加固、稳中向好态势。交通运输及仓储邮政业仍是成品油消费中的主力军，成品油消费量稳健上升；其他行业成品油需求呈现平稳趋势。2021年，成品油需求占比较高的行业有交通运输及仓储邮政业、生活消费及其他行业，占比分别为63%、24%。

（一）交通运输及仓储邮政业成品油需求现状及特点

2021年交通运输及仓储邮政业以保障物流链畅通促进产业链协同，以交通可持续发展促进经济社会可持续发展，为抗击疫情和促进发展提供了坚强有力的支撑和保障，实现了"十四五"良好开局，行业总体运行平稳。交通运输及仓储邮政业是成品油消费中的主要消耗行业，占比最大，油品以柴油为主，占比超过全行业用油的50%。

1. 行业经济稳健上升，促进成品油消费增长

国家统计局数据显示，按照可比口径，2021年，中国完成货运总量521.1亿吨，同比增长12.45%，两年平均增长5.37%，完成客运总量83亿人次，同比下降14.16%，两年平均下降26.42%；邮政行业业务总量13698.3亿元，同比增长25.10%，两年平均增长31.13%；中国物流业景气指数与仓储指数基本维持在48%~54%平稳运行。如图7-9所示，交通运输及仓储邮政业GDP一直呈现增长趋势，但增速有所下降，2021年增长率同比为6.94%，两年平均增长5.43%。

2. 交通运输及仓储邮政业是成品油消费中的主力军，占比最大

交通运输及仓储邮政业是经济发展的基础和先导，对国民经济的健康发展起着支柱性作用。近年来，随着人民生活水平和各行业生产效率的提高，出行和购物产生的交通需求增加明显，交通行业运行效率提升显著。作为成品油消费量最大的行业，行业的迅速发展带动了油品的消费，在物流、客运等刚性需求下，交通运输及仓储邮政业一直保持着成品油消费大户的地位，2021年占比超过40%。2021年，

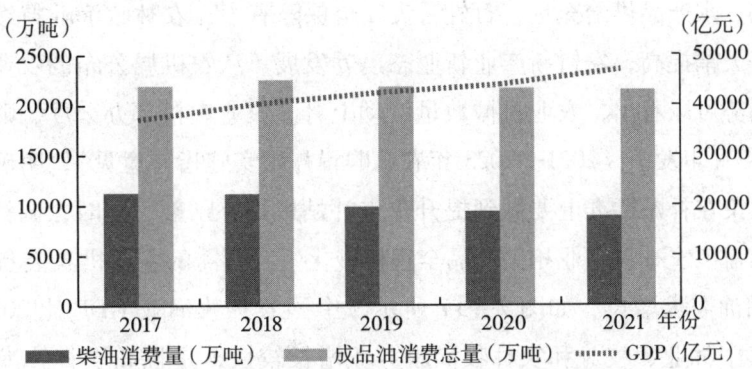

图 7 – 9　2017—2021 年交通运输及仓储邮政业 GDP 和成品油消费量
数据来源：国家统计局、2020—2021 年数据根据公开资料整理。

交通运输及仓储邮政业汽油消费量占总汽油消费量的一半；交通运输及仓储邮政业柴油消费量占柴油消费总量的 50% 左右；航空运输业仍是航煤消费量占比最大的行业，其他行业用油量微小。2021 年交通运输及仓储邮政业中航煤、汽油及柴油消费占比见图 7 – 10。

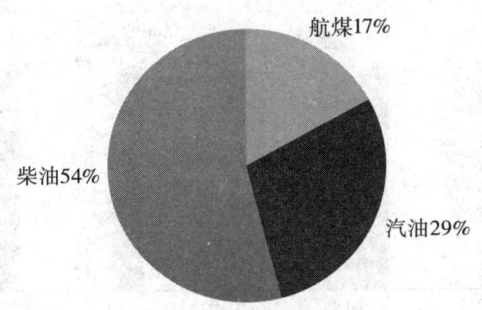

图 7 – 10　2021 年交通运输及仓储邮政业用航煤、汽油及柴油消费占比
数据来源：根据公开资料整理。

（二）其他行业成品油需求现状及特点

2021 年，农林牧渔业生产稳定增长，成品油需求量基本保持平稳，用油以柴油为主；工业用成品油需求量小幅度下降，用油以柴油为主；建筑业成品油需求以汽油和柴油为主，需求平稳发展；批发零售和住宿餐饮业成品油用油以汽油和柴油为主，需求呈现增长趋势；生活消费及其他行业成品油需求增长回升，在成品油消费总量中占比稳步增加。

1. 农林牧渔业生产稳定增长，成品油需求量基本保持平稳

2021 年，中国整体农林牧渔业经济稳中向好、稳中向新。粮食连年丰收，肉、禽、蛋、奶、水产品供给充足，百姓舌尖安全保障有力；农林牧渔业持续增收，农业现代化水平大幅提高，农村新产业新业态蓬勃发展。从农机局公布的农业机械每年新增数量的趋势可以看出，农业机械数量波动上升。农业农村部办公厅、财政部办公厅于2021年4月印发了《2021—2023年农机购置补贴实施指导意见》，明确提出新一轮农机补贴政策在补贴标准上要做到提升重点补贴机具补贴额，同时，调整扩展补贴范围，基本涵盖了农林牧渔业相关产品全程机械化生产所需的主要机具装备，促使农林牧渔业成品油需求增长。如图7-11所示，中国农林牧渔业GDP比2020年同期稳定增长，其中林业、牧业和农林牧渔服务业增长较快，是拉高农林牧渔业总产值增速的主要因素，整体表现为稳定增长。农林牧渔业成品油需求也呈增长趋势，其中，农林牧渔业中成品油需求量最多的为农业，牧业和渔业每年对成品油的需求基本维持稳定。农业为内需、刚需型行业，成品油需求量有一定的稳定性，且夏粮、早稻、秋粮均实现增产，畜牧业生产快速增长，农业结构持续优化，农林牧渔业生产呈现平稳增长态势，成品油需求基本保持平稳态势。

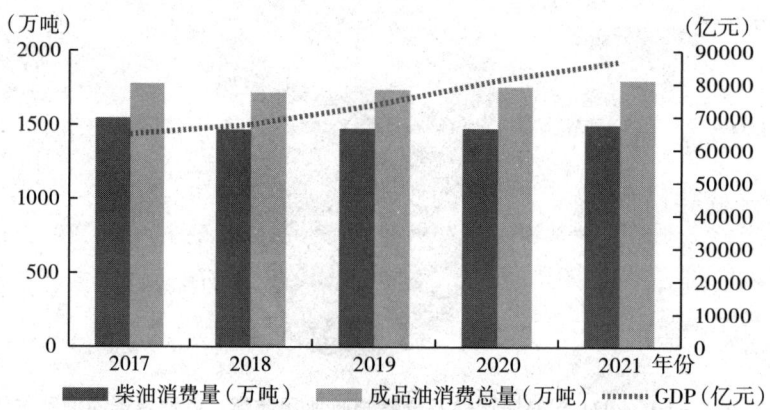

图7-11 2017—2021年农林牧渔业GDP和成品油消费量

数据来源：国家统计局、2020—2021年数据根据公开资料整理。

2. 工业经济健康稳定运行，工业用成品油需求量小幅度下降

2021年，工业生产增速有所回升，工业发展韧性强、潜力大、动力足的特点进一步彰显，工业经济基本保持稳定。随着疫苗接种工作的加快推进，世界经济正在逐步恢复，新型基础设施建设进程开始加快，经济周期性回升力量不断增强，中国工业经济健康稳定运行，如图7-12所示。工业用成品油需求基本保持稳定，工业领域机械以柴油为主。工业和信息化部认真落实《中华人民共和国节约能源法》《工业节能管理办法》，将工业节能监察作为推进工业绿色高质量发展的重要工作抓手，在全国范围统一组织开展国家重大工业专项节能监察，坚决落实党中央、国务

院"双碳"目标要求,加强人员培训和机构能力建设,推动工业节能和能效提升,促进工业绿色高质量发展。随着政策逐步推进,工业成品油消费总量预计有小幅度下降。

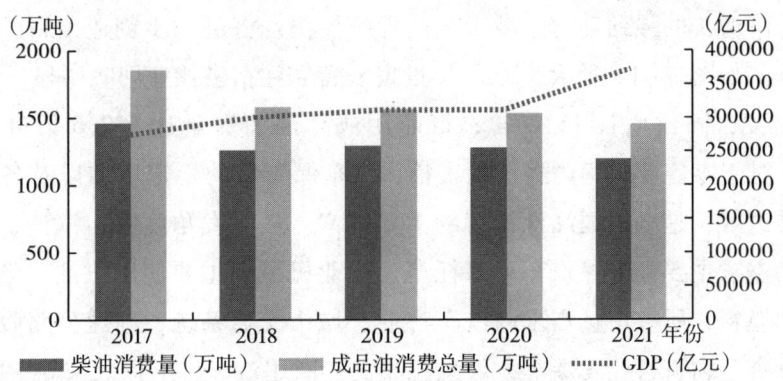

图 7-12 2017—2021 年工业 GDP 和成品油消费量

数据来源:国家统计局、2020—2021 年数据根据公开资料整理。

3. 建筑业生产有所提升,成品油需求量基本保持平稳

当前建筑业仍是中国的支柱产业,也是"一带一路"建设的核心支撑。随着建筑业的发展,建筑施工机械化程度和数量在不断提高,国家相继出台了一系列针对建筑施工机械设备行业的相关政策,对其加大扶持力度,为建筑业持续健康发展提供了良好的政策环境。如图 7-13 所示,2021 年建筑业 GDP 较 2020 年同期有所上升,行业用成品油消费量基本保持平稳,其中建筑机械是建筑工程中最关键的技术装备,其能源消耗以柴油和汽油为主。

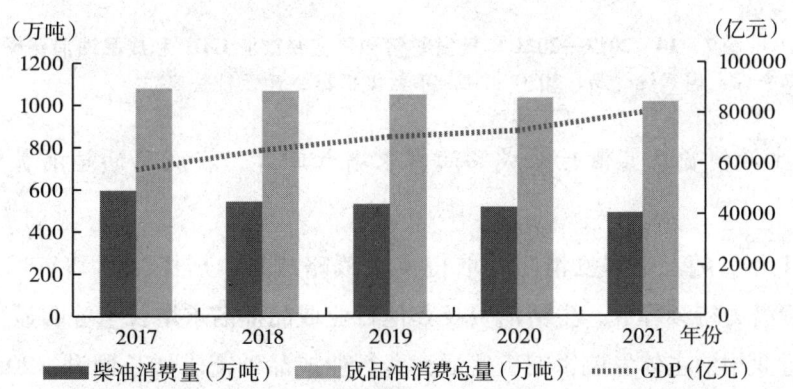

图 7-13 2017—2021 年建筑业 GDP 和成品油消费量

数据来源:国家统计局、2020—2021 年数据根据公开资料整理。

4. 批发零售和住宿餐饮业经济不断发展，成品油需求稳定并呈增长趋势

当前中国批发零售和住宿餐饮业转型升级面临巨大的压力，但同时也拥有巨大的机会和空间。国内消费市场正处在加速扩展时期，蕴藏在民间的巨大消费潜力将转化为经济增长的强劲动力。城市化进程的加快，将进一步创造出新的投资需求和消费需求。如图7-14所示，2021年批发零售和住宿餐饮业回暖明显，行业GDP达128346亿元，同比增长15.24%，行业用成品油消费量达522.6万吨，同比增长0.58%。对于零售业，国内经济的增长、汽车保有量的稳定增加以及各行业机械化进程的推进等，是助推成品油销售的主要因素。从批发角度看，汽油、柴油批发行业的市场需求主要如下：汽车、摩托车、工业机械等主要使用汽油、柴油，因其是发动机的燃料，所以市场需求与汽车产业、城市交通系统、高速公路收费政策、固定资产投资、物流行业发展等方面息息相关；商用汽车、工程机械等主要使用柴油，因此柴油消费量情况与固定资产投资具有较强的关联性。整体来看，批发零售和住宿餐饮业以基础民生经济活动为主，与民生生活和生产关联性极高，成品油的使用主要集中在汽油、柴油两部分，2021年整体需求稳定。

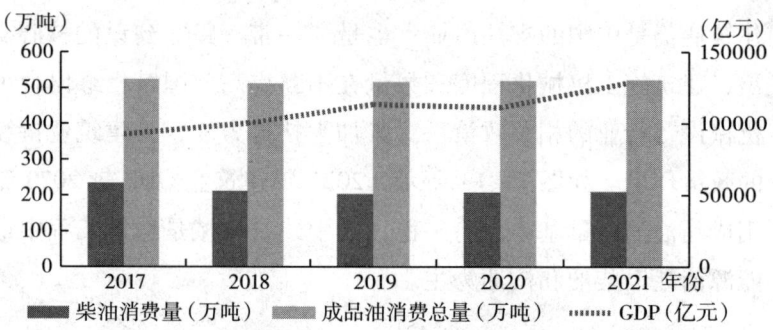

图7-14 2017—2021年批发零售和住宿餐饮业GDP和成品油消费量

数据来源：国家统计局、2020—2021年数据根据公开资料整理。

5. 生活消费及其他行业成品油需求增长回升，在成品油总消费量中占比稳步增加

2021年，随着中国疫情防控取得重大战略成果，居民生活和市场活力加快恢复，消费潜力持续释放，生活消费及其他行业成品油需求增长十分明显。

受行业用油主体发展影响，生活消费行业成品油需求增长回升，2021年国内疫情基本得到控制，经济社会秩序基本恢复，消费市场回升较快，线下消费市场与线上消费市场均有大幅度的回升，行业GDP达428774亿元，同比增长0.17%，如图7-15所示。

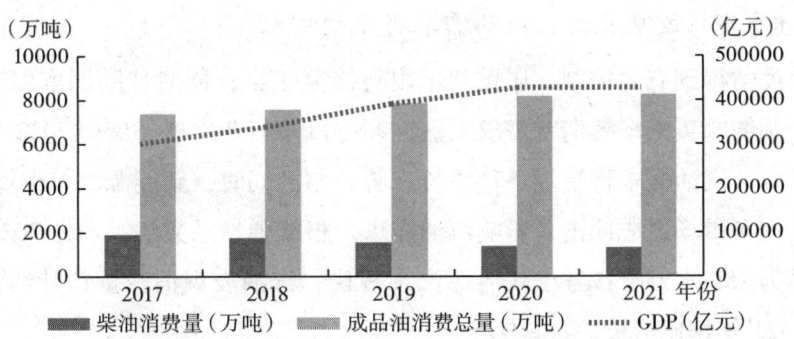

图 7-15　2017—2021 年生活消费及其他行业 GDP 和成品油消费量

数据来源：国家统计局、2020—2021 年数据根据公开资料整理。

三、2022 年中国成品油市场需求展望

根据国家统计局公告，2021 年 GDP 实际增速已达到 8.1%，两年平均增长 5.1%。展望 2022 年，国民经济将继续保持平稳增长趋势，带动成品油市场总体需求呈现小幅增长趋势。在成品油主要油品市场中，汽油需求受新能源汽车影响将呈现平稳上升趋势，柴油需求增速受"双碳"目标等节能减排压力影响将逐渐放缓，航煤需求因国内外航班恢复将小幅上涨。从行业成品油市场来看，交通运输及仓储邮政业仍将占据成品油消费量最大比重，农林牧渔业、工业、建筑业、批发零售和住宿餐饮业、生活消费及其他行业成品油需求均呈现稳步增长趋势。

（一）成品油市场总体需求展望

随着中国疫情得到进一步控制和国内经济保持增长态势，展望 2022 年，成品油需求也将实现稳步增长。原油、成品油市场管理办法的正式废止及高质量发展办法的出台可能在 2022 年，届时成品油消费环境将不断向好，成品油消费规模将在一定程度上有所扩大。根据弹性系数法，预计 2022 年成品油表观消费量为 32097 万吨，与 2021 年相比增长 0.4%。

（二）成品油主要油品市场需求展望

疫情的有效控制，使各行各业恢复正常运转，经济平稳发展，带来了成品油需求的提升。展望 2022 年，随着汽车行业快速发展和私家车数量的增长，汽油需求将平稳增加；受"双碳"政策和其他能源替代影响，柴油需求将持续下降；国际和国内航班将得到恢复，航煤需求呈小幅上涨趋势。

1. 汽车市场发展良好，汽油需求将平稳增长

国内疫情得到有效控制，居民驾车出行恢复正常；同时伴随国家促进消费政策的拉动，刺激购买汽车等消费需求上涨，利好汽车行业发展。展望2022年，汽车市场发展良好，汽油需求将呈现平稳增长态势。与此同时，新能源汽车市场发展迅速，将对传统汽车市场造成冲击，影响汽油需求。根据弹性系数法，预计2022年汽油表观消费量为15944万吨；考虑新能源汽车替代，汽油表观消费量预计约为14444万吨，与2021年相比增长3%左右。

2. 受"双碳"目标及减排政策等影响，柴油需求将稳步下降

"双碳"目标和燃油车禁售政策倡导节能减排、绿色出行，同时LNG车用气的使用对柴油产生直接替代作用。展望2022年，中国将更多使用清洁能源和新能源，进一步调整优化能源结构，提高行业能源利用效率，柴油需求将进一步下降。根据弹性系数法，预计2022年柴油表观消费量为15250万吨；考虑LNG车用气替代，柴油表观消费量约为14250万吨，与2021年相比减少3%左右。

3. 受疫情影响航煤需求波动较大，但需求总量将有所增加

航煤需求受疫情影响较大，随着国内外疫情得到进一步控制，国际和国内航班将逐渐恢复正常；随着经济的稳步增长和居民生活水平的提高，将会有更多人群选择航空作为出行方式。展望2022年，航煤需求将呈现小幅增长态势。根据弹性系数法，预计2022年航煤表观消费量为3318万吨，与2021年相比增长2%左右。

（三）各行业成品油需求展望

新冠疫苗的接种和普及使疫情得到有效控制，中国经济呈现稳定增长趋势，各行各业恢复正常生产经营。展望2022年，交通运输及仓储邮政业仍将占据成品油消费量最大比重，农林牧渔业、建筑业、批发零售和住宿餐饮业、生活消费及其他行业成品油需求均呈现稳步增长趋势，工业用成品油需求将小幅下降。

1. 交通运输及仓储邮政业成品油消费增速有所下降，仍占成品油消费主体地位

随着新冠疫苗的接种和普及，疫情得到有效控制，交通运输及仓储邮政业生产运营良好，成品油需求呈现稳定增长趋势；无接触配送和线上购物的兴起使物流服务业快速发展，也将进一步促进交通运输业的发展。但新能源汽车的快速发展在一定程度上会替代燃油车，造成汽油消费量的减少。展望2022年，交通运输及仓储邮政业仍然是成品油消费的主力军。根据相关预测方法并考虑新能源汽车

等因素对成品油消费的替代作用,预计2022年交通运输及仓储邮政业成品油需求约为18850万吨。

2. 其他行业成品油需求将保持稳定增长态势

(1) 农林牧渔业成品油需求将继续增长,柴油居主导地位。农林牧渔业作为基础性产业,得到中央和地方政府补贴等支持政策,农林牧渔业越发呈现出机械化趋势。但农林牧渔业受季节性影响,导致成品油需求呈现阶段性、周期性变化,需求弹性较小。展望2022年,农林牧渔业对成品油的需求将平稳增加,柴油仍占据绝大比重。根据相关预测方法预计2022年农林牧渔业成品油需求约为1820万吨。

(2) 工业用成品油需求将小幅下降,柴油占绝大比重。工业和信息化部印发的《中华人民共和国节约能源法》《工业节能管理办法》以及党中央、国务院"双碳"目标要求的进一步落实,推动了工业节能和能效提升,促进了工业绿色高质量发展。展望2022年,工业用成品油需求将小幅下降,柴油仍占较大比重。根据相关预测方法预计2022年工业成品油需求约为1426万吨。

(3) 建筑业成品油需求将保持平稳,柴油和汽油占比较大。建筑业作为"十四五"期间重点投资方向,也是"一带一路"建设的核心支撑,具有一定的市场和增长空间。展望2022年,建筑业发展整体向好,建筑业成品油消费量与2021年基本持平,柴油和汽油的消费量在建筑业中占较大比重。根据相关预测方法预计2022年建筑业成品油需求约为996万吨。

(4) 批发零售和住宿餐饮业成品油需求将稳定增长,汽油和柴油占较大比重。国家号召扩大内需以及加快城市化进程,将带来批发零售和住宿餐饮业的投资需求和消费需求。展望2022年,批发零售和住宿餐饮业成品油需求将稳定增长,仍然以汽油和柴油为主。根据相关预测方法预计2022年批发零售和住宿餐饮业成品油需求约为526万吨。

(5) 生活消费及其他行业成品油需求将不断增加,并以汽油为主。中国经济的持续增长,人民生活水平的不断提高,使得生活消费及其他行业得到快速发展。疫情防控卓有成效,国家和地方政府为刺激消费出台的优惠政策和地摊经济的到来促进了生活消费及其他行业的发展,带动了成品油需求的增加。展望2022年,生活消费及其他行业成品油需求将持续增长,并以汽油为主要消耗品。根据相关预测方法预计2022年生活消费及其他行业成品油需求约为8553万吨。

第八篇

新能源

"双碳"理念已成为全球趋势，发展新能源成为必然趋势。新能源汽车在能源来源、尾气排放方面具有很大的环保优势，因此发展新能源汽车是实现传统汽车工业节能减排的有效途径，对低碳经济起到很大的促进作用。中国可再生能源开发和利用成本大幅降低，竞争性优势不断凸显，替代化石能源的趋势不可逆转，不仅在总量上实现对化石能源的有效替代，在替代结构上也日益丰富。

2021年，国家及地方政府出台各项政策，积极加大新能源发展扶持力度。新能源汽车产销量均大幅增长，应用领域不断扩大，渗透率持续上涨，对成品油消费的影响持续加大；光伏产业迅速发展，装机容量与发电量均增加，消纳能力同2020年基本持平，与5G、工业互联网、人工智能等技术的融合越发紧密；风电机组装机容量和风力发电量继续增加；生物质能产业发展效果显著，发电量稳步提升，产业化节奏加快，技术运用方面取得新突破；氢能被纳入中国"十四五"规划和2035年远景目标纲要，多省出台了氢产业战略规划，氢能开发即将迎来集中爆发。新能源的快速发展对成品油形成一定规模的替代且替代力度逐年加大。

展望2022年，为助力"双碳"目标实现，中国将严格控制化石能源消耗，新能源发展将呈现以下趋势：一是新能源汽车在没有补贴的情况下，将完全回归市场，保持高景气度，产销量继续保持高速增长，渗透率将迎来快速上升通道，加速替代成品油消费；二是光伏产业将继续呈现高速发展趋势，产业规模将不断扩大，应用场景将不断扩展，技术研发方向仍将以提高电池转化效率为主；三是风能发电行业发展势头较好，整体规模将继续保持增加；四是生物质发电等行业将健康有序发展，开发利用将呈现多元化、智能化和网络化；五是氢能产业发展将加快步伐，产业自主可控程度有望提升，燃料电池汽车推广将走向快速通道。

一、中国新能源汽车发展现状与前景展望

2021年，国家及地方政府出台大量利好政策，新能源汽车发展迅速，产销屡创历史新高。海外市场需求增加，中国新能源汽车出口量大幅增加，对汽车出口增长的贡献约20%。新能源汽车市场需求增加，为充电桩数量的快速发展奠定了良好基

础；新能源汽车销售市场呈现多元化发展趋势，新型车企逐渐占据一定市场份额，发展潜力巨大；政策驱动向需求驱动转变，新能源汽车渗透率大幅上升，超过10%，但主要覆盖发达城市，乡村等发展较慢地区相对较少，国家开展新能源汽车下乡活动有利于进一步开拓乡村市场。2022年，新能源汽车补贴正式退出，作为国家战略方向的新能源汽车产销将增长明显，车联网技术将更加成熟，市场推广应用力度将加大，自动驾驶发展进度将加快。

（一）2021年中国新能源汽车发展现状

2021年，基于国家发布的鼓励新能源汽车及其技术应用与发展的相关政策，新能源汽车生产量和销售量较同期急剧上升，同比分别增长159.5%和157.5%；新能源汽车渗透率持续上升；新能源汽车市场呈现多元化发展趋势，新型企业具有较大市场潜力；充换电基础设施发展迅速。具体分析如下：

1. 国家政策推动新能源汽车发展，地方政府响应号召落实政策实施

2021年1月1日，工业和信息化部发布《〈关于进一步完善新能源汽车推广应用财政补贴政策的通知〉的解读》，阐释了中国继2020年退坡20%的新能源汽车购置补贴标准，以及新能源汽车在新试验方法标准下的技术要求，推动了新能源汽车在消费市场的发展。2月9日，工业和信息化部发布《〈关于2020年度乘用车企业平均燃料消耗量和新能源汽车积分管理有关事项的通知〉政策解读》，表明2021年新能源汽车的正积分可抵偿2020年产生的负积分，对新能源汽车的发展起到了鼓舞作用。2月22日，国务院发布《国务院关于加快建立健全绿色低碳循环发展经济体系的指导意见》，鼓励国民使用新能源汽车等绿色低碳交通运输工具，并鼓励相关部门加强对新能源汽车充换电、加氢等配套设施建设，极大地促进了新能源汽车的推广应用及技术发展。3月31日，工业和信息化部等四部门发布《关于开展2021年新能源汽车下乡活动的通知》，有效促进了中国新能源汽车在市场的全面推广和发展。5月14日，工业和信息化部等三部门发布《关于调整免征车辆购置税新能源汽车产品技术要求的公告》，有利于推动新能源汽车进一步发展。6月7日，国务院发布《国务院关于建设现代综合交通运输体系有关工作情况的报告》，鼓励加大新能源汽车的应用力度，扩大了国民对新能源汽车的消费需求。8月27日，工业和信息化部等五部门发布《关于印发〈新能源汽车动力蓄电池梯次利用管理办法〉的通知》，有利于解决新能源汽车的电池及资源综合利用相关问题。

在国家层面政策的促进下，各个省份都相继推出了政策和规划以促进当地新能源汽车的发展，各省份新能源汽车政策汇总如表8-1所示。

表 8-1 2021 年中国各省份新能源汽车政策汇总

地区	发布时间	政策名称
北京市	2021 年 2 月	《新能源汽车摇号指标政策》
上海市	2021 年 2 月	《上海市鼓励购买和使用新能源汽车实施办法》
广东省	2021 年 6 月	《广东省 2021 年汽车以旧换新专项行动公告》
河北省	2021 年 2 月	《2020 年河北省新能源汽车发展和推广工作要点》
江苏省	2021 年 3 月	《关于切实加强汽车产业投资项目监督管理的风险防控的通知》
江苏省	2021 年 4 月	《关于调整新能源汽车限制转让过户政策的通知》
浙江省	2021 年 4 月	《浙江省新能源汽车产业发展"十四五"规划》
山东省	2021 年 3 月	《山东省新能源政策及补贴标准说明》
湖北省	2021 年 5 月	《湖北省新能源汽车充电基础设施建设运营管理暂行办法》
湖南省	2021 年 2 月	《关于加快电动汽车充(换)电基础设施建设的实施意见》
西藏自治区	2021 年 3 月	《自治区商务厅联合多部门印发通知:补齐短板弱项释放农牧区消费潜力》
青海省	2021 年 3 月	《关于调整 2020 年新能源汽车推广应用购置补贴政策的通知》
宁夏回族自治区	2021 年 3 月	《自治区清洁能源产业高质量发展科技支撑行动方案》

数据来源:根据公开资料整理。

2. 新能源汽车月产销屡创历史新高,海外市场需求旺盛促进出口增加

2021 年,新能源汽车生产量和销售量分别为 354.5 万辆和 352.1 万辆,同比分别增长 159.5% 和 157.5%。如图 8-1 和图 8-2 所示,国内经济持续复苏,2021 年 2 月新能源汽车生产量和销售量分别达到 12.4 万辆和 11 万辆,同比分别增长 723.6% 和 584.7%,增长率达全年最高。2020 年新能源汽车产销回温,2021 年 3 月产销同比增长率迅速下降,且生产和销售环比增长率由负转正,分别为 74.9% 和 106%。随着市场需求增加,4—12 月新能源汽车产量呈上升趋势,销量除 4 月环比

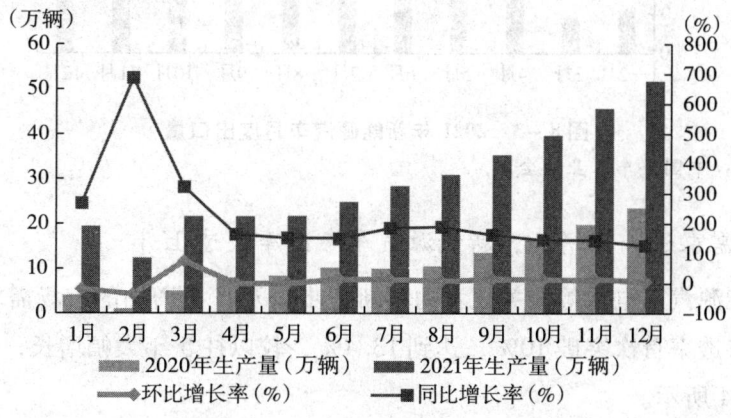

图 8-1 2021 年中国新能源汽车月度生产量

数据来源:中国汽车工业协会。

增长率为负外，总体呈上升趋势，产销同比增长率、环比增长率变化幅度较小。

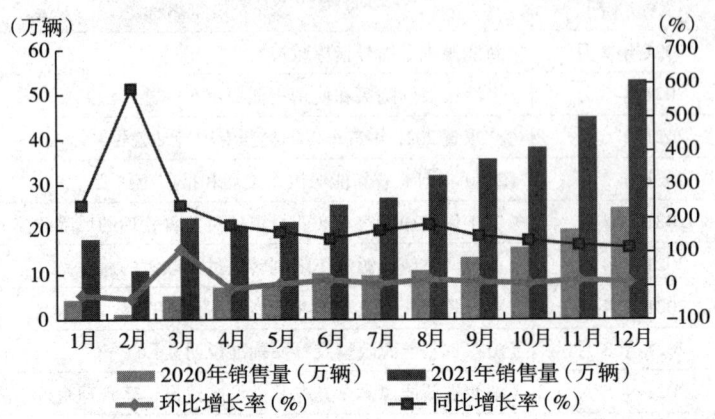

图 8-2　2021 年中国新能源汽车月度销售量

数据来源：中国汽车工业协会。

如图 8-3 所示，2021 年，中国新能源汽车出口量波动明显，全年出口新能源汽车 31 万辆，同比增长 304.6%，对汽车出口增长的贡献约 20%。技术的进步增强了中国新能源汽车的国际竞争力，受海外疫情影响，国外生产停顿也在一定程度上促进了中国新能源汽车出口。

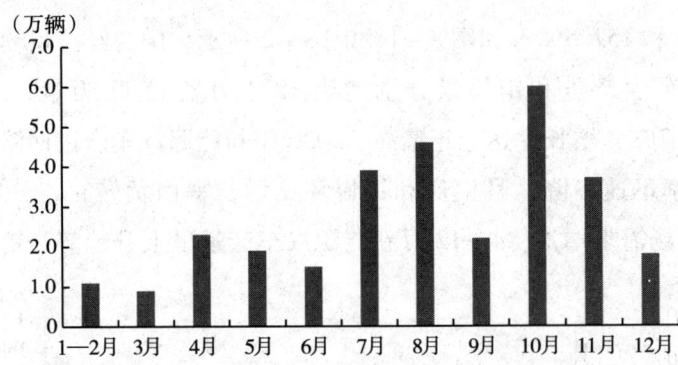

图 8-3　2021 年新能源汽车月度出口量

数据来源：中国汽车工业协会。

3. 市场需求进一步增加，新能源汽车渗透率快速上升

基于新能源汽车电池等相关技术的不断进步以及日益增加的市场需求，2021 年新能源汽车渗透率首次突破 10%，达到 13.4%，较以往 5 年大幅增长，发展态势良好，如图 8-4 所示。

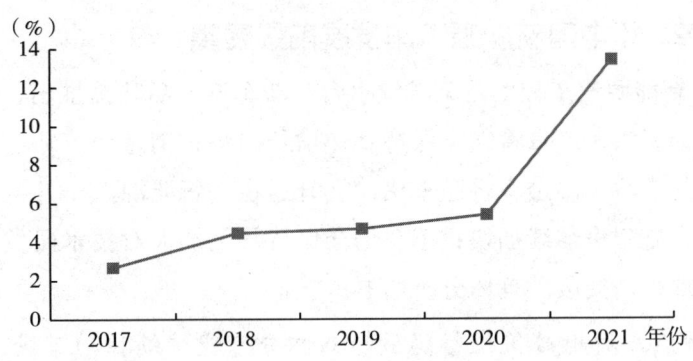

图 8-4　2017—2021 年新能源汽车渗透率

数据来源：中国汽车工业协会。

4. 大型新能源车企市场份额大，新型车企销量发展潜力巨大

多元化发展是 2021 年新能源汽车销售市场的主要特征之一。上汽通用五菱、比亚迪和特斯拉中国总销量所占份额接近 70%，远高于其他企业，如图 8-5 所示。奇瑞、小鹏、理想等新型车企销量表现较为优秀，未来具有较大市场发展潜力。

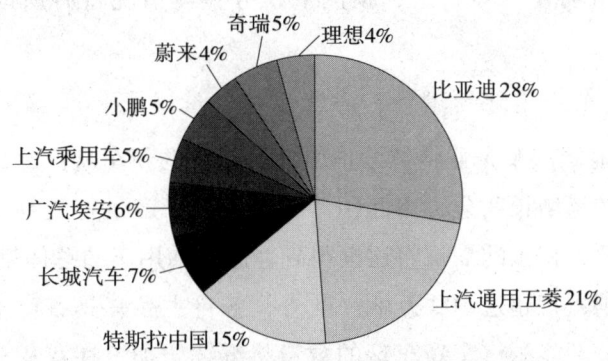

图 8-5　新能源汽车销量前 10 名及占比

数据来源：乘用车市场信息联席会。

5. 政策支持换电模式发展，充换电模式互补优势明显

截至 2021 年底，中国充电基础设施已达 261.7 万台，换电站数量也已升至 1298 座。2021 年 5 月 20 日，国家能源局发布《关于进一步提升充换电基础设施服务保障能力的实施意见（征求意见稿）》，鼓励推广换电模式，推动企业对换电业务的研发投入，有利于加大换电模式在市场的推广普及力度。电动汽车充电模式虽已在市场全面推广，但受限于电池管理昂贵及充电利用率低等弊端，相比之下，尚未全面推广的换电模式优势更加明显。政策支持下，充换电模式相互补充，促进了电动汽车行业发展。

（二）2022年中国新能源汽车发展前景展望

2022年，新能源汽车相关政策继续出台，新车型产品陆续推出，并且在双积分的压力下，新能源汽车产量将继续保持高速增长趋势；销量随着缺芯问题的缓解将继续增加，新能源汽车渗透率将迎来快速上升通道；新能源汽车的继续增加将带动下游充电基础设施建设继续加快；车企仍会保持甚至加大对技术研发和自主创新的投入，技术将取得新突破。具体分析如下：

1. 新能源汽车补贴政策继续退坡，双积分可能继续拉动市场

2022年，新能源汽车免征车辆购置税政策继续实施，支持新能源汽车产业发展，促进新能源汽车消费。2022年1月1日，新"汽车三包"政策正式开始实施，将增强消费者消费新能源汽车的信心。2021年9月15日，商务部印发《关于进一步做好当前商务领域促消费重点工作的通知》，支持新能源汽车加快发展，会同相关部门深入开展新能源汽车下乡活动，确保2022年上半年新能源汽车消费运行在合理区间，更好地服务于新发展格局的构建。2022年是新能源汽车补贴停止之年，新能源汽车将开启市场化发展轨道，预测双积分整体情况将有所改善，压力将有所减轻。

2. 新能源汽车产销继续增加，渗透率将继续增长

2022年，新能源汽车企业将继续推出各具特色的新车型产品以及补贴退出，将导致新能源汽车产量增长明显，由此预计新能源汽车产量将继续保持高速增长。随着缺芯问题的缓解，积压的需求将逐渐得到释放，乘用车的总体销量也将有所增加，预测新能源汽车销量将超过500万辆。此外，各自主品牌具有竞争力的新一代混动车型将陆续上市，新能源汽车新车型的数量将继续增加。在双积分的压力下，传统车企必定增加新能源汽车的占比，为新能源汽车的高速增长提供可靠支撑。预计新能源汽车渗透率将持续走高。

3. 新能源车企加大研发力度，新技术可能继续突破

2022年，新能源车企继续加大研发投入力度，将取得新技术：一是第三代半导体电机控制器将实现多车企量产应用。第三代半导体电机控制器是保障电驱系统实现高效、高速、高密度的关键器件。二是基于专用平台的纯电动乘用车市场占有率将超过65%。纯电动专属平台采用"滑板式"设计有利于动力电池、车身、底盘一体化集成设计。三是国产高性能纯电动车将更多采用800伏电压平台。核心电动化部件突破800伏高压，可提高整车效率，配合大功率充电技术可实现急速充电。长安等企业有望推出800伏高压平台高性能量产车型。四是智能化新产品加速投放。

各车企将在智能座舱、人机交互、自动驾驶等领域多点发力,其中,自动驾驶技术仍是各车企的主要发力点。此外,2020年发布的《汽车驾驶自动化分级》国家推荐标准将于2022年3月1日正式实施,将积极推动自动驾驶技术落地。

二、中国光伏产业发展现状与前景展望

中国光伏产业充分利用自身的技术基础和产业配套优势快速发展,逐步取得了国际竞争优势,已具备全球最完整的光伏产业链。2021年,在国家政策支持下,光伏产业迅速发展。光伏装机容量稳步增加,发电量大幅增长;电池产量在装机容量稳步增加的带动下继续增加;光伏整体消纳能力有所提高。2022年,随着经济持续好转及"双碳"目标确立,光伏需求预期向好;"整县推进"政策将快速推进,分布式光伏项目将加速发展;风光大基地项目将持续释放,进一步激发光伏市场活力;技术的进步将推动光伏发电成本持续下降。

(一)2021年中国光伏产业发展现状

随着中国光伏发电技术逐渐成熟、成本逐步降低、上网电价初步明确以及国家改善能源结构的需要日益增加,光伏发电迅速发展,光伏产业规模持续扩大,行业发展总体趋好。2021年,光伏发电装机容量稳步增加,同比增长20.95%;发电量大幅增长,同比增长25.11%;电池产量持续增长;弃光率同2020年基本持平。具体分析如下:

1. 国家出台多项政策性法规,进一步支持光伏产业发展

2021年是光伏产业正式迈入"平价时代"的第一年,国家出台诸多政策性法规支持其发展。1月27日,国家能源局发布《关于因地制宜做好可再生能源供暖工作的通知》,支持将光伏、储能和微电网方式用于北方地区取暖。2月2日,国务院发布《关于加快建立健全绿色低碳循环发展经济体系的指导意见》,大力推动光伏发电发展。2月9日,多部门发布《关于开展第二批智能光伏试点示范的通知》,支持建设一批智能光伏示范项目。2月24日,国家发展改革委等五部委联合发布《关于引导加大金融支持力度促进风电和光伏发电等行业健康有序发展的通知》,加大金融支持力度,促进光伏发电等行业健康有序发展。5月11日,为持续推动光伏发电高质量发展,国家能源局印发《关于2021年风电、光伏发电开发建设有关事项的通知》。7月19日,商务部、生态环境部发布《对外投资合作绿色发展工作指引》,支持太阳能等清洁能源领域对外投资。9月22日,《中共中央 国务院关于完整准确

全面贯彻新发展理念做好碳达峰碳中和工作的意见》出台，提出大力发展太阳能，有效推动太阳能就地就近开发利用。10月26日，国务院印发《2030年前碳达峰行动方案》，提出加快建设风电和光伏发电基地，加快智能光伏产业创新升级和特色应用，创新"光伏+"模式，推进光伏发电多元布局。10月27日，国务院新闻办公室发表《中国应对气候变化的政策与行动》白皮书，全面协调推进太阳能发电的开发工作。

2. 光伏发电装机容量稳步增加，光伏电池产量持续增长

2021年，中国光伏发电装机容量3.06亿千瓦，同比增长20.95%，如图8-6所示。2021年，全国光伏新增装机5488万千瓦，为历年以来年投产最多，其中，光伏电站2560万千瓦、分布式光伏2928万千瓦。从新增装机布局情况看，装机占比较高的区域为华北、华东和华中地区，分别占全国新增装机的39%、19%和15%。光伏电池的作用是将太阳发射出的光转化成电能，按电池材料种类可大致分为两种：晶体硅电池和薄膜太阳电池。2021年，中国光伏电池产量达23405.4万千瓦，同比增长42.1%。

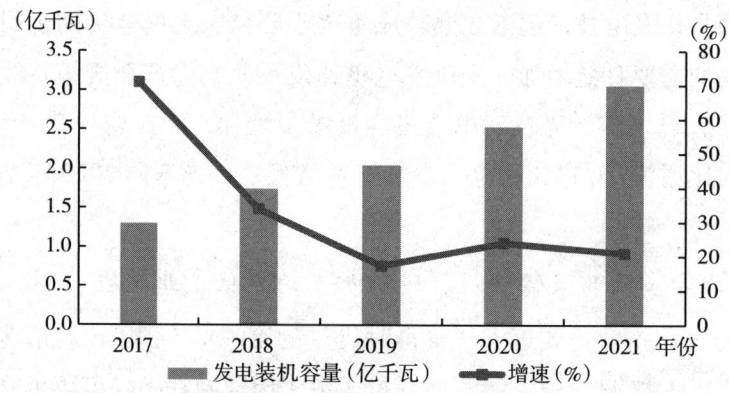

图8-6　2017—2021年中国光伏发电装机容量及增速

数据来源：国家能源局。

3. 光伏发电量大幅增长，消纳能力同2020年基本持平

2021年，中国光伏发电量3259亿千瓦·时，同比增长25.11%，如图8-7所示；利用小时数1163小时，同比增加3小时。东北地区和华北地区利用小时数较高，分别为1471小时和1229小时，其中，内蒙古、吉林和四川利用率最高，分别达到1558小时、1536小时和1529小时。2021年全国光伏发电平均利用率98%，与2020年同期基本持平。新疆和西藏等地光伏消纳水平显著提升，光伏利用率同比分别提升2.8个和5.6个百分点。

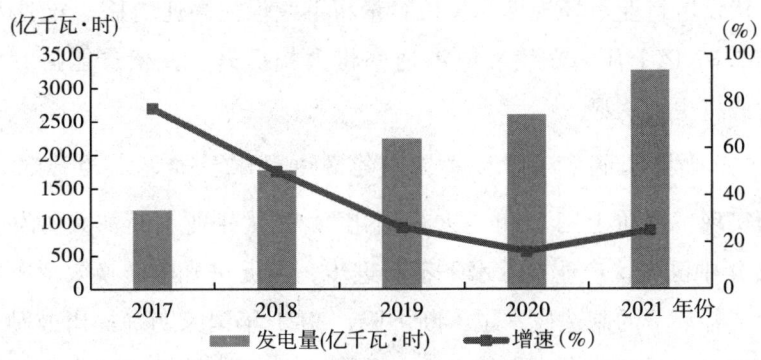

图 8-7　2017—2021 年中国光伏发电量及增速

数据来源：国家能源局。

（二）2022 年中国光伏产业发展前景展望

2022 年，国内集中式和分布式政策多重利好，支持光伏发电产业健康发展，光伏发电已进入快速发展通道。金融支持有望利好民营企业参与光伏开发，绿色贷款降低项目融资成本，光伏成长性将增强；"整县推进"政策将加速推进，推动光伏发电行业市场规模和装机容量持续增长；光伏产业技术水平将不断提高，新能源电站配置储能成为标配。具体分析如下：

1. 多项利好政策出台，光伏成长性将继续增强

2021 年 4 月，国家发展改革委发布了《关于 2021 年新能源上网电价政策有关事项的通知（征求意见稿）》，政策明确 2022 年起不再提供任何补贴，但户用项目仍有补贴且不占用年度保障并网规模，新建户用光伏项目也不再补贴，倒逼行业进入全面平价时代。2021 年 3 月 12 日，《中华人民共和国国民经济和社会发展第十四个五年规划和 2035 年远景目标纲要》中提出加快发展非化石能源，坚持集中式和分布式并举，大力提升光伏发电规模，加快发展东中部地区分布式能源，"十四五"期间将计划建设九大基地。2021 年 11 月 8 日，人民银行推出碳减排支持工具，通过"先贷后借"的直达机制，按照 1.75% 的利率提供贷款本金的 60% 资金支持，引导金融机构向碳减排重点领域内的各类企业提供碳减排贷款，贷款利率与同期贷款市场报价利率（LPR）大致持平，该政策可显著提高民营项目内部收益率（IRR），激发民营企业活力，光伏成长性将继续增强。

2. 光伏市场规模将继续增长，规模、集群和成本优势凸显

中国光伏产业已经形成比较明显的规模、集群和成本优势。2022 年"整县推进"政策将快速推进实施，分布式光伏项目将加速发展。受益于光伏发电平价上

网，中国光伏发电行业市场规模和装机容量将继续保持高速增长，分别达到3904亿千瓦·时和3.87亿千瓦。光伏发电渗透率将大幅提升，光伏产能持续本土化，规模+集群优势将更加明显。

3. 光伏产业技术水平不断提高，新能源电站配置储能成为标配

为全面实现"平价上网"和"去补贴化"，光伏企业不断加大研发投入和技术创新，2022年中国光伏产业技术水平不断进步，在促进光电转换效率不断提高的同时，全产业链各环节的制造成本也不断下降。2021年国家明确提出鼓励分布式光伏发电系统的发展，因此分布式光伏发电和建筑光伏一体化将会成为中国未来光伏产业的重要发展方向，诸如太阳能照明或者屋顶太阳能之类的太阳能下游市场将会得到大力发展。光伏并网电路的拓扑结构、分布式光伏发电系统的能量管理以及光伏发电系统的远程控制、监控和显示等相关技术，也将得到大力的研究与开发。此外，平价时代下，新能源电站配置储能正成为地方推行可再生能源项目的标配。

三、中国风能发展现状与前景展望

风力发电作为一种无污染的技术，在"双碳"目标设立背景下越来越受到重视，并被广泛应用。2021年，政府不断出台相关政策，加大对风能的扶持，为风力发电机组带来了重大利好，风电机组装机容量增速加快，发电量大幅增加。2022年，风能发电行业的发展势头较好，整体规模呈现逐年上升的态势。

（一）2021年中国风能发展现状

2021年，在"双碳"目标的牵引下，国家陆续发布相关政策，鼓励大力发展风电，加快开发中东部和南方地区风电，风电装机容量继续增加，发电量大幅增长28.52%，海上风电技术也在不断创新。具体分析如下：

1. 国家不断出台相关政策，大力助推风能发展

风电作为清洁能源之一，受到国家政策的大力支持，2021年国家不断出台相关政策大力发展风电产业。2月25日，国家发展改革委和能源局发布《关于推进电力源网荷储一体化和多能互补发展的指导意见》，提出通过优化整合本地电源侧、电网侧、负荷资源侧，探索构建源网荷储高度融合的新型电力系统发展路径，并提出外送输电通道可再生能源电量比例原则上不低于50%，优先规划类建设比例更高的通道。2月26日，国家能源局发布《关于2021年风电、光伏发电开发建设有关事项的通知（征求意见稿）》，指出2021年风电、光伏发电发电量占全社会用电量的

比重达到11%左右，同时要求落实2030年前碳达峰、2060年前碳中和，2030年非化石能源占一次能源消费比重达到25%左右，风电、太阳能发电总装机量达到12亿千瓦以上等目标。11月12日，国家能源局综合司发布《关于征求对〈风电场利用率计算办法（征求意见稿）〉意见的函》，进一步规范和完善风电受限电量、利用率的计算、统计工作，促进风电消纳和风电行业高质量发展。

2. 风电机组装机容量增速加快，发电量大幅增加

2021年，中国风电装机容量3.28亿千瓦，同比增长16.73%，如图8-8所示。2021年，全国风电新增并网装机4757万千瓦，为"十三五"以来年投产第二多，其中陆上风电新增装机3067万千瓦、海上风电新增装机1690万千瓦。

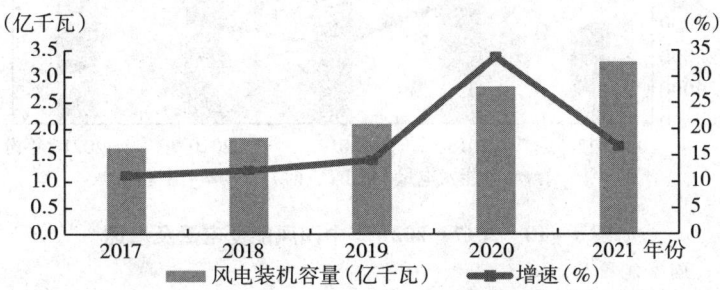

图8-8　2017—2021年中国风电装机容量及增速

数据来源：国家能源局。

2021年，海上风电装机容量骤增，新增装机容量位居世界第一。受补贴政策到期影响，海上风电进入抢装潮，国内海上风电市场迅速扩容，风电装机规模呈井喷式增长，海上风电新增装机容量1690万千瓦，是全球海上风电新增装机容量份额的80%，跃居世界第一；累计装机容量达到2639万千瓦，是2020年累计装机容量的2.93倍，如图8-9所示。

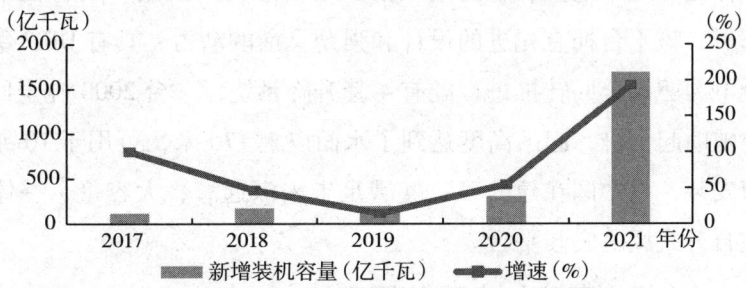

图8-9　2021年中国海上风电新增装机容量

数据来源：国家能源局。

2021年，中国风能发电量6526亿千瓦·时，同比增长28.52%，如图8-10所示。利用小时数2246小时，利用小时数较高的地区中，福建2836小时、蒙西2626小时、云南2618小时。全国风电平均利用率96.9%，同比提升0.4个百分点；尤其是湖南、甘肃和新疆，风电利用率同比显著提升，湖南风电利用率99%、甘肃风电利用率95.9%、新疆风电利用率92.7%，同比分别提升4.5个、2.3个、3.0个百分点。

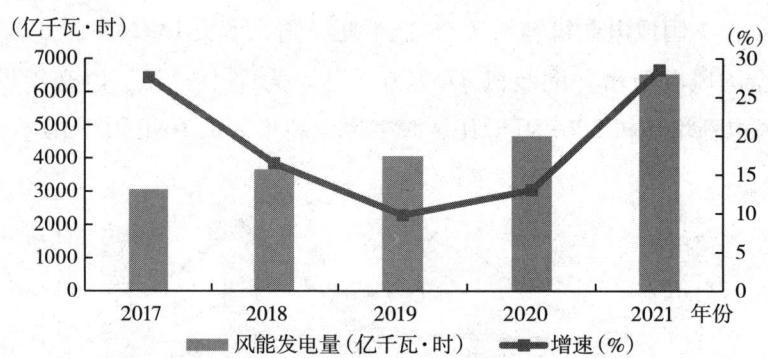

图8-10　2017—2021年中国风能发电量及增速

数据来源：国家能源局。

3. 全球最大功率半直驱永磁风力发电机在东营下线，首艘自升自航式一体化海上风电安装船开建

2021年7月10日，由某公司自主研制的全球最大功率13.XMW半直驱永磁风力发电机在山东东营成功下线，标志着中国大功率海上风力发电机的自主研制能力又上了一个平台，实现了13兆瓦以上风力发电机整机和部件关键技术的突破。2021年7月30日，中国首艘2000吨自升自航式一体化海上风电安装船开建。2000吨自升自航式一体化海上风电安装平台是某集团全面落实"双碳"目标的清洁能源发展战略重要部署。该平台拥有先进的设计和强劲灵活的动力，具有DP 2级动力定位能力，采用全电力驱动全回转推进，配有4套升降系统，一台2000吨全回转起重机及一台200吨辅助起重机，起吊高度达到了水面以上170米，可用于10兆瓦及以上海上风电机组安装，是中国在建的第一艘满足未来深远海、大容量、一体化施工作业要求的自航自升式风电安装平台。

（二）2022年中国风能发展前景展望

2022年，国家将继续大力支持风电发展，风电装机规模将持续增长，并且随着陆地风能逐渐饱和后，海上风电市场份额将逐步增加；风电发电机组将趋于大型化，成本也随之降低。具体分析如下：

1. 海上风电相关政策陆续出台，特殊地区风电补贴将有效落实

2022年，国家和地方政府将陆续出台有关海上风电设施规范的标准与有关消纳的竞争性配置政策。受平价上网政策的影响，2022年前，海上风电的抢装及并网都已经结束，海上风电电场的数量大量增加，但中国海上风电电场技术规范标准体系建设速度显著落后于海上风电的发展速度，同时大量海上风电电场的建立也导致了风电的需求远大于消纳能力，这就需要各地方政府因时因地做好竞争性配置工作。此外，国家将陆续出台有关特殊地区的风电补贴政策。2021年11月26日，国家发展改革委发布《"十四五"特殊地区类型发展规划》，支持地方因地制宜利用沙漠、戈壁、石漠化以及荒坡荒滩等地区发展风电等可再生能源，探索可再生能源发展与流域治理、生态恢复、特色产业发展有机融合的新模式。

2. 陆上风电建设将进入平台期，海上风电项目将有较快增长

2022年，随着风电技术的不断成熟进步，风电成本有望继续下降，释放装机需求增长压力，行业将进入"技术进步—降本—需求增加—竞争加剧—提升技术—降本"的正向循环。在"双碳"目标牵引下，陆上风电和海上风电都将实行高速增长。2022年，中国风电装机规模将达37330万千瓦，发电量将达7355亿千瓦·时。

3. 大型风电机组将继续开发，风能转化效率将进一步提高

2022年，风力发电行业为了降低生产成本，提高发电效率，将不断研究大型化的风电机组，以提高单机容量及风能的转化效率。在智能化技术快速发展的背景下，风力发电行业发展逐渐向智能化控制方向转变，在风电整机产品严重同质化、风电上网售电平价化的政策背景下，风电行业通过数字化运维方法来提升产品价值、降本增效成为提升风电竞争力和行业地位的必要手段。此外，风力发电技术的研发将侧重于海上风力发电。海上风力发电基本不受地形因素的影响，不仅靠近电力负荷中心，还可以避免占用土地资源，有利于风力发电的可持续发展。在国家持续开发可再生能源等相关政策的引导下，海上风力发电发展迅速，是风力发电行业未来重要的发展趋势。

四、中国生物质能发展现状与前景展望

2021年，得益于新的补贴政策，生物质能产业发展效果显著，发电量稳步提升，产业化节奏加快，技术运用方面取得了新突破。2022年，随着调控政策逐渐深

入，预计生物质发电行业将稳步增长，生物质清洁供热、沼气和生物天然气等领域将蓬勃发展，新生物质能技术将扩大应用范围，国内及国际合作项目相继落地运营，生物质能的实际利用率将有所提高，进一步推动中国能源结构调整。

（一）2021年中国生物质能发展现状

生物质能可利用有机废弃物来供应清洁能源，是顺应环境治理、应对气候变化的有效措施。补贴政策的调整有利于生物质能发电效率的提高，2021年生物质发电同比增长23.6%，继续保持稳步增长势头；发电主要应用类型依旧是农林生物质发电。具体分析如下：

1. 国家政策助力推进，生物质能逐步发展

为助力生物质能行业稳步发展，国家采取多项措施，如能源补贴调整，保持农林生物质发电上网电价的长期稳定；挖掘利用各地绿色能源，推进多类环保能源项目落地。2021年2月24日，国家发展改革委、财政部、中国人民银行、银保监会和国家能源局联合发布《关于引导加大金融支持力度促进风电和光伏发电等行业健康有序发展的通知》，支持风电、生物质发电等行业健康有序发展。7月31日，国家电网有限公司将完成公示的2021年第十七批次可再生能源发电项目补贴项目清单上报国家主管部门，共有生物质发电项目13个，分别为垃圾焚烧发电项目9个、农林生物质发电项目1个、沼气发电项目3个。8月19日，国家发展改革委、财政部、国家能源局联合印发《2021年生物质发电项目建设工作方案》，围绕"2021年补贴资金申报"和"生物质发电项目建设"两大主要任务，重点突出"分类管理"，推动生物质发电行业平稳健康发展。

2. 生物质能产业化节奏加快，众多国内外合作项目成功落地

生物质发电主要包括农林生物质发电、垃圾焚烧发电和沼气发电。2021年，生物质发电1637亿千瓦·时，同比增长23.6%；生物质发电新增装机容量808万千瓦，累计装机容量达3798万千瓦，同比增长28.6%，如图8-11所示。垃圾焚烧发电方面，新增发电装机容量达390万千瓦，累计装机达1923万千瓦。

2021年，河北、河南、黑龙江、山东和浙江是中国生物质能新增装机容量排名前五位的省份，分别达到91.8万千瓦、78.7万千瓦、72.3万千瓦、61.1万千瓦和58.1万千瓦，如图8-12所示；年发电量排名前五位的省份是广东（206.6亿千瓦·时）、山东（180.2亿千瓦·时）、浙江（143.8亿千瓦·时）、江苏（133.9亿千瓦·时）和安徽（117.4亿千瓦·时），如图8-13所示。

2021年，中国多个大型生物质能项目也取得了新的突破。黑龙江省百大项目九洲

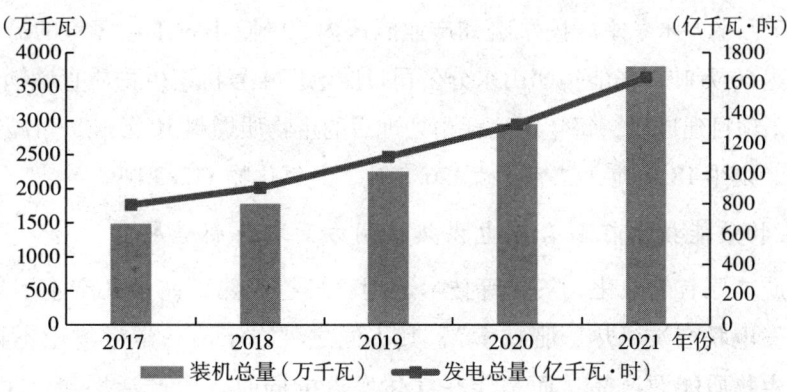

图 8-11　2017—2021 年中国生物质能运用情况

数据来源：国家能源局。

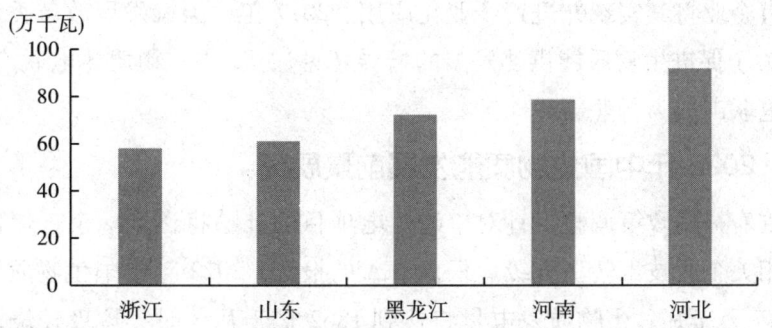

图 8-12　2021 年中国生物质能新增装机总量排名前五位的省份

数据来源：国家能源局。

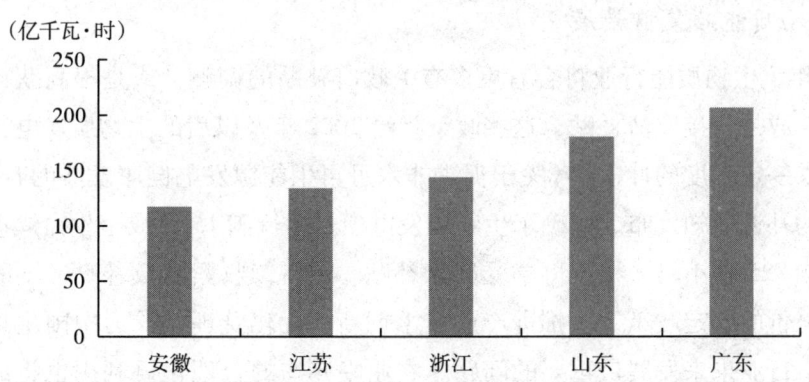

图 8-13　2021 年中国生物质能发电量排名前五位的省份

数据来源：国家能源局。

集团梅里斯生物质热电联产项目二号机组已并网发电，项目规划建设总规模为 80 兆瓦，全容量投产运营后，每年可提供绿色电力约 5.6 亿千瓦·时，并能满足梅里斯整个城区 107 万平方米冬季居民采暖和产业园区内 50 吨/小时工业蒸汽的需求，年秸秆消耗量可达 60 万吨；华能集团山东分公司日照电厂 4 号机组生物质直燃耦合发电项目开工建设，项目建成后，每年可消耗预处理后的生物质燃料 10 万吨，可减排二氧化碳 13.9 万吨、烟尘 18.9 吨、二氧化硫 126.5 吨、氮氧化物 112.3 吨。

3. 生物质能技术在联合发电供热应用方面取得新进展

生物质能原有的液化、气化等技术运用已日趋成熟，如今又产生了新技术"生物质气化发电联产炭、热、肥技术"，其不同之处在于：一是生物质不再是只能生产单一的生物质能源产品，而是能在气化发电的同时，生产活性炭、生物炭基肥，还能供热；二是生产过程不需要消耗煤炭等外加能源、不需要添加其他化学药品、催化剂、助剂等，绿色环保、高产高效；三是能走出实验室进行规模化产业化生产，国内已经有企业将其实现并进行产业化应用。2017 年，国家发展改革委和国家能源局出台《关于促进生物质能供热发展的指导意见》，加快生物质热电联产技术进步，生物质热电联产成为行业新风向。

（二）2022 年中国生物质能发展前景展望

随着政府补贴政策调整，针对单纯发电项目的补贴将逐步取消，促使农林生物质发电及相关企业技术转型升级。根据 IEA 的报告，2022 年中国生物质能装机容量将达到 3177 万千瓦，生物质发电量将达到 1862 亿千瓦·时，垃圾焚烧发电装机容量可达到 2235 万千瓦；生物天然气、燃料乙醇、热电联产、生物柴油、CO_2 捕捉等新兴技术不断进步，从纯电领域扩展到非发电领域应用。具体分析如下：

1. 生物质能政策前景展望

2022 年，生物质能行业将会有更多有关政府补贴的调整，或是提高获得补贴的审核标准，或是直接取消补贴，这些政策将给 2022 年及以后的生物质发电行业的商业模式带来一定程度的冲击。《关于促进非水可再生能源发电健康发展的若干意见》有关事项的补充通知发布，明确了生物质发电项目运行满 15 年或全生命周期合理利用小时数满 82500 小时，将不再享受国家补贴。在持续收紧财政补贴，不断下调新项目标杆电价的既定政策下，推进产业技术创新、优化管理，成为中国生物质能企业乃至整个行业未来发展最重要的问题。农业废弃物的合理化再利用也将成为行业热点。农林业产生的废弃物主要包括秸秆、稻壳等，产量较大，将这些废弃物加以利用，不仅能解决农村环境问题，也是能源循环再利用的一种方式。

2. 多个大型项目陆续投产，生物质能产业化节奏继续加快

2022 年，中国生物质能产业也将延续过去的优异成绩，继续在精准扶贫、生态环

境治理和温室气体减排等方面做出巨大贡献。生物质能发电量将达到 1862 亿千瓦·时，垃圾焚烧发电装机容量可达 2235 万千瓦。国内大型项目如总投资 46067 万元的宁能临高生物质发电项目、中国能建黑龙江首个生物质电厂、山东昶旭热力 12 兆瓦生物质热电联产项目将陆续投产，预计可减少 CO_2 排放 50 万吨，节约 28 万吨标准煤；国际合作项目也在稳步前进，中设集团以投资—建设—运营模式开发的北达卡市垃圾发电项目，日处理生活垃圾量能力 3000 吨，建成后有望成为南亚地区规模最大的垃圾焚烧发电项目。

3. 生物质能在非电领域中的应用将继续加强，应用技术将更加多元化

2022 年，生物天然气、燃料乙醇、热电联产、生物柴油技术等发电新兴技术将不断进步；生物质能在非电领域中的应用同样也将逐步铺开，在能源转换的过程中，生物质能的固体、液体、气体三种形态，都能够提供清洁的热力、电力和动力，因此，其在交通、电力、供热、采暖等方面将得到一定应用，并逐步拓宽应用范围，向综合能源供应转变。生物能源与碳捕捉转化（BECCS）技术也是未来发展重点，国际上已有公司在这方面取得了突破，中国相关企业也将该项技术运用于生物质能发电项目，该 CO_2 捕获系统每天的捕获能力为 300 千克，在碳减排方面应用效果显著，预计未来中国将大力发展 BECCS 技术。

五、中国氢能发展现状与前景展望

氢能作为燃料具有清洁、高效、绿色、零碳、储能等优点，其经济价值和战略意义已引起世界各国高度关注。应对气候变化的脱碳愿景逐步成为氢能大规模部署的最重要驱动力。2021 年，中国制氢量预计达 2589 万吨，以煤炭制氢技术为主；展望 2022 年，随着国家重点研发计划"氢能技术"重点专项的实施，氢能绿色制取、安全致密储输和高效利用等关键技术将取得新突破，产业自主可控程度有望提升；在应用方面，氢燃料电池汽车示范城市建设工作的启动，将有望带动燃料电池汽车推广走向快速通道。

（一）2021 年中国氢能发展现状

氢能产业链可分为上游制氢、中游氢气储运、下游加氢站，如图 8-14 所示。上游主要是氢气制备环节，中国氢源主要来自工业副产氢、煤制氢和天然气制氢；中游主要涉及氢气的储存和运输；下游主要是加氢站、合建站等零售站点业务。

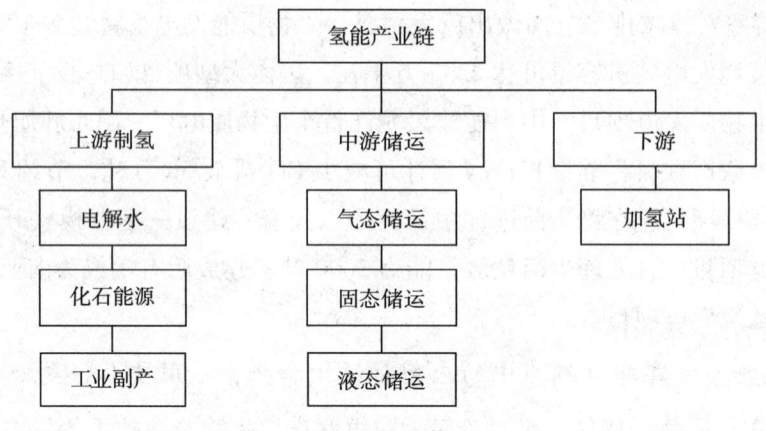

图 8-14 氢能产业链

1. 中国氢能政策法规标准体系逐步健全,全社会发展氢能的共识不断增强

中国氢能和燃料电池发展面临国家层面缺乏统筹、原始创新能力较弱、管理理念滞后、制氢技术经济性有待提高、成本优势不明显、国际合作水平不高等问题。早期行业国家相关政策较少,自 2020 年以来,中国的氢能相关政策在加速推出,以补足政策方面短板。2021 年,规范类的政策增多,促进氢能行业健康有序发展。中国各省区市大量氢能源相关政策是以新能源汽车政策与环保政策的形式发布,北京、天津、山东、四川等地正在或已经制定氢能源产业专项政策和规划。全国已有不少省份提出了氢能源产业发展目标。其中,北京、山东、河北、天津、四川、浙江、宁夏等省区市均发布了氢能相关专项政策或规划,明确氢能产业发展目标。其余省区市通过氢燃料汽车等相关政策规划发布氢能源产业建设目标,如表 8-2 所示。

2. 制氢产能继续增加,全球最大规模燃料电池汽车示范运营在北京实现

氢气的制备和生产是需要攻克的一大难题,降低工业制氢成本、绿色制氢是科研重点。氢能的利用首先要考虑氢气的来源问题,氢能按来源划分可以分为"灰氢""蓝氢""绿氢"3 类。"灰氢"是利用化石燃料(石油、天然气、煤炭)制取氢气,制氢成本较低但是生产过程碳排放较大;"蓝氢"是利用化石能源制取氢气,并采用碳捕获、利用和封存(CCUS)技术处理制氢过程中产生的 CO_2 副产品,该方法持续性较差且不环保;"绿氢"是利用可再生能源(太阳能、水电、风能等)与电解槽结合电解水制氢,该过程全程没有碳排放,且高效可持续,目前技术也成熟,但应用成本过高。

表 8-2 中国各省区市氢能产业发展目标

省区市	规划年份	产业规模/亿元	企业数据	燃料电池车产能/辆	推广（应用）燃料电池车/辆	加氢站（累计）/座	燃料电池发动机产能/台
北京市	2023	500（京津冀）	5~8家龙头企业	—	3000	37	—
	2025	1000（京津冀）	10~15家龙头企业	—	10000	72	—
山东省	2022	200	100家相关企业	5000	3000	30	20000
	2025	1000	10家知名企业	20000	10000	100	50000
	2030	3000	1批知名企业	50000	50000	200	100000
河北省	2022	150			2500辆	20座	—
	2025	500	10~15家相关企业	—	10000	50	—
	2030	2000	5~10家领先企业	—	50000	100	—
河南省	2023	—	30家相关先企业	—	3000	50	—
	2025	1000（氢燃料电池车）	25家领先企业	—	5000	80	—
重庆市	2022	—	6家相关企业	—	800	10	—
	2025	—	15家知名企业	—	1500	15	—
天津市	2022	150	2~3家龙头企业	—	1000	10	—
四川省	2025	初具规模	25家领先企业	—	6000	60	—
浙江省	2022	100	—	1000	1000	30	10000
上海市	2023	1000（燃料电池车）	—	—	10000	30	—
	2025	—	—	—	10000	70	—
江苏省	2021	500	1~21家龙头企业	2000	—	20	—
	2025	—	—	10000	—	50	—
广东省	2022	—	—	—	首批氢燃料电池乘用车示范运行	300	—
内蒙古自治区	2023	400	3~5家龙头企业	—	3830	60	—
	2025	1000（氢燃料电池汽车）	10~15家龙头企业	—	10000	90	—
宁夏回族自治区	2025	—	1批相关企业	—	—	1~2	—

数据来源：根据公开资料整理。

常规的制氢技术以传统化石能源制氢为主，主要是由于化石能源制氢的成本较低，其中天然气重整制氢由于清洁性好、效率高、成本相对较低，应用占全球的48%。据中商产业研究院预测，2021年中国氢气产量可达2589万吨，同比增长3.56%，如图8-15所示。发达国家化石能源制氢主要利用天然气，中国能源结构为"富煤少气"，煤制氢成本要低于天然气制氢，因而2021年中国煤制氢占比最大。为如期实现能源绿色低碳转型，可再生能源制氢将成为未来重要路线。利用可再生能源产生的电力进行水分解以及基于光催化反应直接利用阳光分解水制氢，是可持续制氢的两种有前景的方法。中国现有氢气制造业多分布于东部沿海地区，以广东、江苏、上海、山东、北京最为集中。国内氢能产业区域集群集中在京津冀、华东、华南以及华中四个区域，其中三个区域位处中国经济最发达地区。

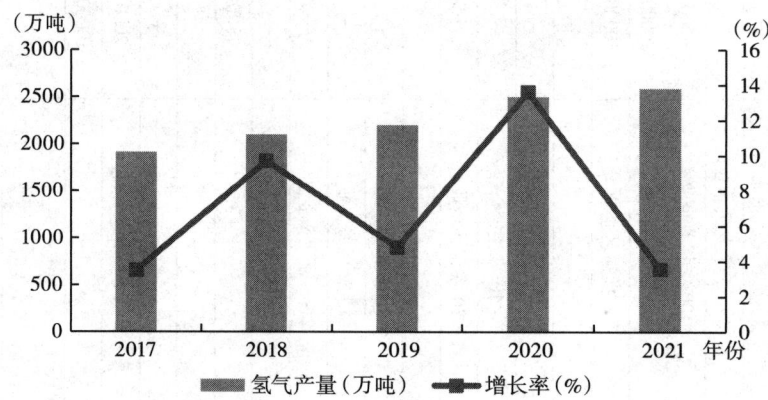

图8-15　2017—2021年中国氢气产量及增速

数据来源：根据公开资料整理。

公开数据显示，北京冬奥会示范运行了超过1000辆氢能源汽车，配备30多个加氢站，是全球最大规模的一次燃料电池汽车示范。在此次冬奥会赛事交通服务用车中，节能与清洁能源车辆在全部车辆中占比85.84%，其中氢燃料客车数量居首位。同时还配备了30多个加氢站，其中由中国石化负责的北京庆园街加氢站、北京王泉营加氢站、北京燕化兴隆油氢合建站、河北崇礼西湾子加氢站已在2021年9月初投入运营，均由燕山石化提供用氢保障。中国石油也为北京冬奥会建成投用河北太子城加氢站、北京福田加氢站、北京金龙综合能源服务站和河北崇礼北油氢合建站等4座加氢站，冬奥期间日供氢能力将达到5500千克，全球最大规模燃料电池汽车示范运营在京实现。

3. 以高压气态储运方式为主，技术层面有所突破

根据氢气的储存状态可将其储运方式分为气态储运、低温液态储运、有机液态储运和固态储运等。国际上，氢气主要以压缩气态或低温液态储运，压缩氢气的高压和液氢的低温、易气化等特点都限制了氢气的储运规模和储存时间，氢气的密度极小，使得压缩氢气的体积能量密度并不高，导致储运成本较高。全球氢气管道总长度约 5000 千米，其中超过 50% 位于美国，主要用于向炼化和化工输送氢气。

在气态储存方面，中国Ⅲ型瓶技术成熟，35 兆帕的Ⅲ型瓶已在燃料电池汽车上实际投产使用。2018 年，随着中国《车用压缩氢气铝内胆碳纤维全缠绕气瓶》使用标准 GB/T 35544—2017 颁布，70 兆帕Ⅲ型瓶开始在乘用车领域实现投产应用；在气态运输方面，分为长管拖车和管道运输两种方式。其中，长管拖车运输技术较为成熟，中国常以 20 兆帕长管拖车运氢，单车运氢约为 300 千克，正在积极发展 35 兆帕运氢技术。

中国液氢主要用于航天领域，已形成完整成熟的液氢应用体系。液氢生产方面，拥有 3 家液氢生产工厂，分别为西昌基地、北京 101 所和海南文昌，均服务于航空航天及相关研究，其中，海南文昌生产能力最大，液化能力为 2 吨/天。

固态储运氢气成本高昂，商业化程度低。

4. 中国加氢站数量增速加快，油氢合建站为主要趋势

随着燃料电池汽车推广应用数量的增多，加氢站建设步伐明显加快。2021 年国内已建成加氢站 218 座，同比增长 84%。基于政策推动、燃料电池技术持续进步及成本下降等多方面因素，全年燃料电池汽车生产量和销售量分别突破 1777 辆和 1586 辆，同比分别增长 48% 和 35%，这是刺激加氢站建设数量持续增加的主要因素。

2021 年上半年国内有 16 座加氢站投运，其中有 9 座为合建站，占比约为 56%，2020 年油氢合建站比例已达到 50% 左右，油氢合建站将成为加氢站建设的主要模式。从加氢站建设情况来看，中国加氢站主要集中在东部沿海等氢燃料电池企业产业发展较为领先的省市，如广东、上海等，国内氢能区域发展相对集中。氢能行业发展逐渐加快，加氢站建设参与主体呈现多样化趋势，氢能产业各环节的企业都有参与加氢站建设的案例，包括上游的能源、化工和气体公司以及专业的加氢站建设运营商和设备供应商，中游的燃料电池电堆和系统企业，下游的整车企业和车辆运营企业。2021 年，中国加氢站相关企业数量达 1771 家，同比大幅增长 132.4%。

（二）2022 年中国氢能发展前景展望

发展氢能是中国能源结构转型的必然要求，展望 2022 年，中国氢能行业仍将保持快速发展状态，国家大力支持，政策仍保持偏移，预测将会有更多省市政府发布支持政策及各类发展规划。在氢能产业方面，预计 2022 年会加速多元化发展，氢能产业链

条各个环节都将迎来投资大潮,在此形势下,专业人才需求缺口问题将逐步放大。氢能产业基础设备技术或将得到快速发展,并进一步推动产业数字化创新能力。

1. 氢能将进入较快发展通道,规划政策利好不断

2021年,在全国以及地方的"十四五"规划中,30个省区市对氢能做出重点布局。"双碳"目标的提出,为氢能发展创造更多空间和可能,全社会发展氢能的共识不断增强。展望2022年,中国氢能将保持迅猛的发展势头,规划政策利好不断。中国氢能行业仍将得到国家及地方政府的大力支持,政策仍保持偏移,将会有更多省区市政府发布支持政策及各类发展规划,一线城市可能将更加细化氢能行业未来发展规划与规划目标,预测各地方政府或将出台更有针对性的发展氢能的政策,并设置一些具体目标。

2. 传统制氢将向新能源制氢转型,氢能产业多元化进一步扩大

2022年,在源头的制氢端,将有一批项目建成投产。光伏企业跨界进入氢能领域,给绿氢的发展带来更多的可能性。传统的煤制氢方式CO_2排放量较大,相关企业需要承担较高的碳交易成本,经营成本可能迫使部分传统制氢企业转型到新能源制氢。氢能产业是需要大量投入资金的领域,因此企业之间形成合作关系、合力发展,可以实现共赢。即使是国家能源集团、中国石油、中国石化这样的大型能源央企也同样会选择合作实现共赢。2022年氢能产业将快速趋于更加多元化的发展,跨界合作的产业领域或将扩大。

3. 氢能设备技术与环境快速发展,产业数字化创新为新趋势

预计2022年中国氢能产业设备环境将以较快速度发展。在2022年能源工作会议上,国家能源局发布了2022年能源工作七大重点,其中包括2022年将加快推进技术装备攻关,重点推动燃气轮机、核电、可再生能源、油气、储能、氢能等重点领域技术攻关,力争绿色低碳前沿技术取得突破。除基础技术方面,氢能产业技术也将结合数字化基础,大力开展技术和产业创新,着力构建能源领域"双碳"标准体系,推进数字化技术创新,加快5G、区块链在能源领域应用,推动新型储能规模化市场化发展,探索氢能、综合智慧能源服务发展新模式。

六、新能源汽车、可再生能源发展对成品油消费的影响

2021年,新能源汽车持续高速增长对成品油消费形成一定规模的替代。随着新能源汽车保有量高速增长,其对燃油车市场的替代逐年加强,极大地挤压了燃油车

的发展空间。可再生能源具有清洁、安全等优势,发展速度较快,对汽、柴油等传统能源的需求份额也造成了很大影响。

(一)新能源汽车发展对成品油消费的影响

新能源汽车补贴政策退坡后,中国新能源汽车市场转向市场化推动,形成较强的内生增长动力。2021年,中国新能源汽车生产量和销售量分别达到354.5万辆和352.1万辆,同比增长均超150%。新能源汽车发展对传统汽车需求造成了一定程度的冲击,进而对成品油需求造成了一定影响。初步测算,2021年新能源汽车对汽油替代量达到449万吨,CNG汽车替代汽油量约1572万吨,合计占全年汽油消费量的14.4%;对柴油替代量达到1469万吨,占全年柴油消费量的10%。

2021年,成品油柴汽比降至1.07。面对柴汽比的不断下降,石油石化行业也会不断调整炼油结构以应对销量变化所带来的冲击,而新能源汽车的大力发展在短期内可以缓解柴汽比下降带来的风险,其主要原因是新能源汽车的应用主要在小型商务车和乘用车领域,还没有应用到大型商务车领域,汽油是主要替代的油品,柴油替代较少。通过计算,在没有新能源汽车新增时,2021年成品油需求结构为汽油占45.3%、柴油占45.6%、煤油占10.1%;与之相比,在有新能源汽车新增即实际情况下,2021年成品油需求结构变化为汽油占43.9%,下降1.4个百分点,柴油占46.0%,上升0.4个百分点,煤油基本保持不变。由此可见,新能源汽车的发展降低了汽油占比,提高了柴油占比,对成品油柴汽比的改善起到积极作用。

(二)可再生能源发展对成品油消费的影响

"双碳"目标提出后,中国能源结构调整速度持续加快,可再生能源已进入规模化发展的新阶段。2021年,可再生能源的清洁能源替代作用日益凸显,全年发电量达2.48万亿千瓦·时,同比增长0.27亿千瓦·时,占全社会用电量的29.8%。可再生能源具有清洁、安全等优势,发展速度较快,对汽柴油等传统能源的需求份额造成了很大的影响。根据经济学基本原理可知,通过影响供需,可再生能源的发展可能造成传统能源价格的降低。

可再生能源蓬勃发展和传统能源价格变动,进一步推动了传统能源向清洁能源转变。可再生能源发电市场迅速转变,使可再生能源市场渗透率正以每年约20%的比例增加,电力存储技术也在高速发展,并大力推动交通运输电气化发展。

第九篇

专 题

专题一 "双碳"目标驱动下的石油石化行业绿色发展

气候变化是当今人类面临的重大全球性挑战。从排放总量上看，中国是第一大碳排放国，在全球气候治理中起着关键作用。继 2015 年在气候变化巴黎大会提出 2030 年自主行动目标后，中国在 2020 年联合国大会一般性辩论和气候雄心峰会等重要会议上，首次提出争取 2030 年前碳达峰，2060 年前碳中和，2030 年碳强度下降 65%、非化石能源比重达到 25% 等中长期战略目标。这一系列里程碑意义的新目标，彰显了中国负责任的大国担当，也是实现中国高质量发展的客观要求。中国是全球最大的发展中国家，处在工业化和城镇化快速发展的阶段，经济增长快，用能需求大，以煤为主的能源体系和高碳的产业结构，使中国碳排放总量和碳排放强度呈现"双高"。2019 年碳排放量占全球总排放量的比重达到 29%，其中，能源活动碳排放 98 亿吨，占全社会总量的 87%。石化产业既是国民经济的重要支柱产业，产业关联度高、产品覆盖面广，又是资源型和能源型产业，石油、天然气、煤炭等化石资源都是石化产业的基本原料。石油石化行业碳排放贯穿全产业链，大多数碳排放都来源于化石燃料的燃烧。由此可见，"双碳"目标提出后，石油石化行业首当其冲地面临着严峻的碳减排压力，行业绿色发展刻不容缓。

一、石油石化行业碳排放及减排前景分析

（一）石油石化行业能源消费分析

国家统计局数据显示，2010—2019 年，全行业能源消费量均保持上升趋势，年均能源消费增长率由"十二五"期间的 6.7% 左右下降至"十三五"期间的 4.22% 左右。其中，2019 年石油和化学工业能耗 6.3 亿吨标准煤，同比增长 9.7%，如表 1 所示。石油和化学工业主要的耗能子行业为石油天然气开采、原油加工及石油制品、无机碱制造、无机盐制造、有机化学原料制造、氮肥制造、塑料及合成树脂和合成纤维，约占全行业能源消耗总量的 83.5%，如表 2 所示。

表1 2015—2019年中国石油和化学工业能源消费情况　　单位：万吨标准煤

年份	石油和天然气开采业	石油加工业	化学工业	合计
2015	3429	13885	38098	55412
2016	3275	14534	37797	55606
2017	3259	15323	37899	56481
2018	3777	15542	39265	58584
2019	3784	17028	42254	63066

数据来源：国家统计局。

表2 2019年中国石油石化子行业能源消费量

行业	2019年能源消费量/万吨标准煤	能源消费占比/%
石油天然气开采	3606.5	5.7
原油加工及石油制品	16875.2	26.8
无机碱制造	1914.4	3.0
无机盐制造	2594.9	4.1
有机化学原料制造	12428.7	19.7
氮肥制造	7124.1	11.3
塑料及合成树脂	6259.2	9.9
合成纤维	1854.1	2.9
合计	52675.1	83.4

数据来源：国家统计局。

（二）石油石化行业碳排放量分析

根据国家统计局能源统计数据和环境统计数据测算，2020年石化和化工行业碳排放总量为1378亿吨。其中，直接排放9.2亿吨，电力排放46亿吨。全行业碳排放的重点产品为石油天然气开采业中的油气开采、原油加工及石油制品业中的原油加工、无机碱制造业中的烧碱和纯碱、无机盐制造业、有机化学原料制造业中的煤制烯烃、烯烃（石油基）和对二甲苯、氮肥制造业中的合成氨以及电石行业中的电石（见表3）。这些产品2020年的碳排放量约942亿吨，占全行业碳排放总量的68.36%。按照碳排放重点企业的最低线2.6万吨统计，2020年石油和化工行业约有2300家企业进入统计范围，其碳排放量之和为8.9亿吨，占全行业CO_2排放总量的65%。从碳排放的能源结构和消费下游来看，化工行业在煤炭下游消费的碳排放中仅占8%；而化工行业在原油和天然气下游消费结构中的占比分别是49%和10%。从全国维度下的排放占比看，由于中国"富煤少油缺气"的资源现状以及煤炭的高单位排放量，导致了化工行业的排放贡献非常有限。化工行业碳排量绝对值仍然很高。2019年，化工生产部门产生碳排放量约5.9亿吨，约占工业领域总排放的167%，占全国能源碳排放比例为6%。

表3 2020年石油石化行业主要产品碳排放

产品	碳排放量/万吨
油气开采	6414
原油加工	20338
煤制烯烃	10838
烯烃（石油基）、对二甲苯	14318
合成氨	18563
磷酸一铵、磷酸二铵	3660
烧碱、纯碱	10481
电石	9594
合计	94206

数据来源：根据数据整理所得。

二、石油石化行业低碳绿色发展存在的问题分析

中国石化工业面临着发展与减碳的双重挑战。一方面，中国"双碳"目标明确，国家各部委积极推动各行各业碳达峰、碳中和行动落实，石化行业作为碳排放较高的行业，实现绿色低碳发展刻不容缓。另一方面，随着经济的发展和市场需求的变化，化工品及新材料的需求将持续快速增长，推动产能也快速增长，碳排放将随之增加。

（一）油气供应增加与 CO_2 排放降低的双重压力

伴随社会经济的发展，对能源的需求量逐渐增加。中国化石能源呈现持续消费增长的现象。IEA估计，2030年世界一次能源消费结构中，化石能源依然占据80%。中国能源的利用策略，决定了石油、煤炭、天然气依然是中长期经济发展中的重要资源。未来，中国将加快天然气的开发、利用，石油消费会伴随新能源汽车的普及呈下降态势，煤炭清洁化利用度逐渐提高，尽管煤炭仍然占据主导地位，但在节能环保背景下，其比例会日趋下滑。相应地，石油石化行业 CO_2 排放速度比煤炭要高。随着国家环保法规的不断完善、节能减排政策的陆续出台、监管和执法力度的持续加大，中国石化企业加大了污染物达标排放和降低综合能耗的投入力度，并取得一定成效。然而，在碳减排的认识、政策了解和基础工作方面的投入相对薄弱，绝大多数企业能源消耗相对清晰，污染物排放相对模糊，而温室气体排放尚未建立台账，且缺乏碳减排领域专业人才。

(二) 各环节的低碳化标准增加技术、成本压力

石油石化企业在整体运营过程中,应控制温室气体的排放。据统计,石油石化行业的全生命周期温室气体排放量为每桶油当量资源生成的 CO_2 高达 515~595 千克,不同原油产生的排放量差异在15%左右。上游、炼化环节的排放量约占总体的30%,油品燃烧约占排放剩余的70%。原油生产中的温室气体排放量也较大,具体排放量与油田自身特征、开采技术、油田生命周期有关。同一口油井,开采时间不同,开采技术不同,产生的排放量可能相差几倍。二次采油、三次采油也会增加能耗。中国很多油田进入开采中后期阶段,因石化工业规模小、运转周期短、高附加值的产品占比小等,难免增加能耗及 CO_2 的排放量。中国油品质量标准低于世界发达国家水平。石化行业碳排放主要来自生产过程的能耗以及工艺过程的烧焦等。受技术水平、装置设备等因素影响,中国石化行业能耗较世界先进水平仍有一定差距。就炼油综合能耗而言,中国平均值比世界先进水平高20千克标准油/吨原油以上。近年来,中国炼厂加工重质劣质原油产量不断增加,不仅提高了原油预处理的能耗,而且增加了FCC等装置的催化剂结焦,进而使炼厂的碳排放增加。另外,中国还存在大批装置陈旧、技术落后的小型石化厂,进一步增加了节能减排工作难度。

(三) 石油石化行业高能耗、高投入、高排放的粗放型发展模式

石油石化行业作为中国六大高耗能行业中的重点行业,能源消费和碳排放位居工业部门前列,对节能降碳目标能否实现具有较大影响。数据显示,近年来,石油石化行业能源效率持续提高,总能耗增速趋于放缓。石油石化行业作为中国六大高耗能行业中的重点行业,其能源消费和碳排放位居工业部门前列,对节能降碳目标能否实现具有较大影响。2016年,全行业能源消费总量达到5.6亿吨标准煤,居工业行业第二位。全行业总能耗增长1.3%,其中化学工业总能耗增长1%,全行业万元工业增加值能耗累计下降5.3%。总体来看,中国石油石化行业能耗水平与世界先进水平依然有较大差距,合成氨、甲醇、乙烯等重点产品平均能效水平与国际先进水平相比,普遍存在10%~30%的差距。

三、石油石化行业绿色发展路径选择

(一) 制定碳减排标准与政策

中国大部分石油石化企业,尚未形成较大发展规模,独立开发石油资源的能力有限,有关的政策、技术、经验还很不足。所以,应根据企业的实际情况,有效地

借鉴世界发达国家大型石油石化企业的发展经验。第一，适应低碳经济要求，各企业需主动地参与到碳减排政策规划中，提出各自意见，综合考量制定的政策标准，形成责任感强的能源企业效应。争取低碳经济环境下行业发展主动权，为企业的长期发展创造环境。第二，加快自身的结构调整，重视节能减排。一是调整产业、产品结构，开辟一体化、规模化、产业化的发展路径，转变落后的生产工艺，开发附加值高的产品，加快生产清洁燃料，增加石油企业产出效益。二是在工艺、加工、运输等环节，引进现代节能技术，加强现有用能设施的改造，提高能效、降低能耗，减少 CO_2 排放。三是通过调整能源结构，促进低碳经济发展。加强开发、利用天然气，在城市发电、运输、取暖领域取代煤炭、石油能源；淘汰、转化技术低下、能耗高、污染大、质量差的小型炼油厂。四是在保证能源安全供应的情况下，酌情上调部分高能耗产品的进口量，缓解环境污染、能耗量大的问题。

（二）大力发展和推广低碳技术

未来，低碳技术的开发、利用程度决定了企业在国际范围的发展地位。目前，中国的低碳技术相对较低，需要借鉴发达国家的经验，结合企业发展特征，实现自主研发。或者，可加强与国际大型石油石化公司的合作，进而掌握世界前沿的低碳技术，竭力掌握行业发展的主动权。同时，对可能占据未来技术领先地位的新技术，也可联合研究机构、大学院校、汽车企业等，加强技术储备，掌握知识产权。有选择性地开发低碳能源技术，如天然气水合物、新一代生物燃料开发技术。强化 CO_2 储存、捕获、利用技术和高附加值转化技术的研究。发展多联产的设施，提高资源、能源利用率。此外，加强基础设施建设，尤其是长期应用的设备，以免发生"锁定"效应。

（三）合理规划低碳经济发展

相比发达国家，中国的低碳经济发展起步较晚，且国内技术基础也较薄弱。因此，石油石化企业在启动低碳经济模式的时候，还要综合考虑各个因素，规划发展。从宏观视角出发，制定清晰的发展目标、发展战略、发展路线。石油石化行业管理者应制定合理的低碳发展方案，将其与节能减排综合分析。强化 CCS 与 CCU 技术的储备、利用。石油石化企业目前 CCS 与 CCU 商业化、规模化发展与其他国家相比存在一定的差距。但是，也要不断强化能力建设，相关技术人员应加大对碳储存问题的研究，综合分析、评价 CCS 技术发展路线，并将 CCS 视为先进的战略技术予以储备。中国东部地区，尤其是开发力度较大的区域已发现一些枯竭的油气田区块，通过技术改造升级，既可作为 CO_2 储集库加以利用，又可促进枯竭油气田的长期、健康发展。还可通过加强与国际石油石化企业的合作，跟踪世界先进的 CCS 技术的研发进度，通过技术交流，加快技术创新。

（四）大力发展新能源替代业务

一是在体制机制上，加强对各个油气田企业新能源利用、碳排放强度等关键参数的考核，解决新能源发展中"想不想"的问题；二是在技术及队伍上，加强研究与创新，面对油气生产用能主要是用热的现实，明确以"地热+"和"光热+"为引领的技术路线，产学研和工程实践密切结合，加快新能源新业务队伍建设，解决"能不能"的问题；三是在工程实现上，通过"上游全过程清洁低碳行动"，形成合力，将绿色低碳理念落实到每一项工作上，并加快项目实施落地，解决"行不行"的问题；四是在可持续性上，研究制定新能源利用模拟市场交易管理办法，利用经济杠杆，调动各油气田企业发展新能源新业务的积极性，解决"多不多"的问题。

四、结论

在未来，工业发展与环境容量的矛盾会更加凸显，石油石化企业作为国民经济发展的支柱产业，其管理者在低碳经济发展的背景下，必须转变以往的思想，充分认识低碳经济的实质，根据企业自身的发展特点，制定科学的发展制度，提高全体职工的"节能减排"意识，加快低碳技术的开发、利用，促进生态效益、经济效益同步发展。

专题二 以第三方为主体的成品油行业监管制度研究

自 2017 年 5 月中共中央、国务院联合发布《关于深化石油天然气体制改革的若干意见》以来,《外商投资准入特别管理措施（负面清单）（2018 年版）》取消对外国投资者建设和经营加油站的限制，2019 年两会通过的《外商投资法》标志着国家对外开放进一步扩大，尤其是国务院办公厅发布的《关于加快发展流通促进商业消费的意见》第十七条指出，"扩大成品油市场准入，取消石油成品油批发仓储经营资格审批"，将成品油零售经营资格审批下放，对整个输油（气）管道、油（气）库的建设、经营产业链放开，成品油市场化改革进入了新阶段。本专题通过总结美国、欧盟等成品油管理先进国家的经验及管理模式，总结归纳中国成品油市场监管等方面取得的成绩及存在的问题，并梳理了现有行业管理办法，分析了适应市场化条件的成品油行业管理办法的理论依据，对成品油行业管理存在的主要问题进行了分析，提出开发国家监管平台、利用第三方，形成企业自律的立体成品油行业监管模式的政策建议。

一、典型国家成品油行业管理体制的经验与启示

通过梳理总结北美、欧洲、日韩、东南亚等国家和地区成品油管理体制的经验，总结市场化程度高的典型国家成品油行业政府管理可借鉴的启示，从而为中国加快转变管理理念和管理方式，促进市场公平竞争，高层次引导成品油市场健康发展提供借鉴。

（一）资源市场化配置，以较为完善的法律、监管营造公平竞争环境

尽管各国石油工业上游的集中度不同，但成熟的石油市场开放程度普遍较高，开放是大势所趋。世界主要国家和地区，不仅包括美国、欧洲、日本等发达经济体，而且包括菲律宾、印度、委内瑞拉等一些发展中国家，都已经完成了石油销售领域的市场化改革。中国先后于 2004 年、2006 年在名义上开放了成品油零售市场和批发市场，但经过 10 年的发展，石油市场的运行和管理与成熟市场相比仍有很大的差

距,仍未实现真正的市场化。最主要的表现就是市场的开放程度明显滞后于经济发展水平和石油工业发展速度,普遍存在行政性垄断。党的十八届三中全会提出,要全面深化改革,处理好政府与市场的关系,使市场在资源配置中起决定性作用,更好发挥政府的作用。推进石油领域的改革,必须进一步加快市场开放的步伐。

从日本成品油市场的管理经验可以看出,监管方面,日本对石油市场的监管主要采取法制化管理办法,立法着重突出石油安全保障体系,主要是通过行业立法、设立分销商资质、建立健全技术法规体系等手段,规范成品油企业的经营行为,制止价格垄断、哄抬物价、恶性竞争等行为。财税方面,当油价过高时,政府可以适当调整税收,以减弱高油价对社会的冲击,同时对弱势群体进行补贴,但补贴范围和力度各国不尽相同。应急管理方面,日本在市场化改革后保留了对国内成品油供给可能产生紧急情况的管理权力,如果出现成品油供给大量短缺的情况,政府保留通过价格管制和其他方法干预国内或地区成品油产业链的权力。

(二)政府设立全面的行业标准,全方位立法监管成品油行业发展

美国不但有《2004清洁空气法案》等规范成品油行业的发展和运行,而且美国能源部、环保部、运输部等也在不断地颁布各种法案、法规来监管和保障成品油行业的健康稳定发展。

日本和韩国对石油行业上下游分开立法,上游领域主要适用规定石油天然气资源开采的批准程序等,下游领域主要适用规范石油炼制、进口和销售等业务。此外,两国在成品油油品质量标准、环保标准、安全标准、石油储备、消防和危险品管理等方面也都有比较健全完善的相关配套法律法规。如日本《汽油及其他燃料油质量控制法》规定,禁止销售不合格的汽油和其他燃料油产品,零售商承担质量控制责任,进口商和炼油厂承担质量再担保责任,对加油站采用质量合格标识体系。政府根据法律法规实施各种制度和政策,旨在稳定石油分销市场的供应、产品安全和实现具有竞争力的价格水平。

(三)完善的成品油分税制度,有利于行业监管引导及提高地方积极性

赋税高低是各国或各地区油品含税售价具有差异的主要原因,也是欧洲调整价格,引导消费的主要手段。英国、法国、意大利等欧洲国家成品油价格中各种税收(燃油税、增值税等)所占的比率很大。欧洲成品油的高税率与政府推行环保节能的政策密切相关,而且其税率依然有不断增加的趋势,通过市场化实现资源的优化配置。

美国拥有一套完整的税收登记和申报系统，所有成品油供应链上的相关企业，包括进口商、炼厂、储运商、调油商、批发商以及零售商，均需按规定进行登记并定期缴税。美国成品油消费税由联邦政府和地方分享，由联邦消费税、州消费税、销售税、总收入税、油品检测费、油品地下储存费和环境处理费构成。美国燃油消费税分税制度完善，消费税中各部分税费用途明确，这种税收构成体系增加了州政府的财政税收，也提高了地方税收监管的积极性。成品油市场同样可以利用税率去调节油价波动，并规范相关环境保护建设。同时美国对偷逃税行为的处罚十分严厉，如果消费者在退税申请中存在欺诈行为，会对其进行刑事处罚。

（四）政府发布行业权威信息，成品油市场监测有效

成品油库存等数据由美国能源信息署每周三定期发布，信息充分公开。该数据监测了每周美国公司商业成品油库存的变化，而库存数目影响了可以对通货膨胀和其他经济造成影响的成品油价格。因为该数据的影响力比较大，所以以此来监控美国原油生产和原油进口以及它们的成品油状态。

市场信息监测的有效进行，离不开完善的保障机制。美国颁布了一系列法律法规，为统计机构在执行职责过程中提供法律指导和法律依据。作为最为重要的联邦统计机构，美国劳工统计局必须依据美国法律行事，确保信息安全。

美国共有2万余家独立的油品质量检测机构，平均每个州约400家。油品质量检测机构的职责是检测炼厂、成品油进口商以及成品油分销商提供的样品质量是否符合美国材料试验协会制定的标准，出具相应的检测报告。这对中国政府制定管理手段有很大的启示作用，政府可通过发布权威的行业消息来引导竞争，并授权第三方检测机构，通过行业组织的检测管理成品油企业，维护市场秩序。

（五）明确的成品油储备要求，稳定市场供需

美国战略石油储备的收储轮换机制由政府决策，采取招投标形式，以市场化的方式运作。美国的战略石油储备由美国能源部管理，主要储存于地下，美国的石油战略储备主要为应对未来的供应中断，储存量可供美国国内消费约139天。美国政府会根据市场情况销售石油战略储备，干预市场平抑油价。截至2020年4月17日，美国战略石油储备为6.4亿桶，目前批准的储备上限为7.1亿桶。美国颁布的《能源政策与储备法》规定只有在发生严重能源供应中断时才能启动战略石油储备，战略石油储备的总量要保持在5亿桶以上，一次释放储备总量不得超过3000万桶，且必须在2个月内全部释放完毕。

以德国为代表的欧洲政府在成品油管理过程中，高度重视石油战略储备，建立

了一套既经济又高效的石油战略储备和应急机制。此外,积极开展能源外交,参与多边合作,鼓励能源企业到国外发展。

韩国政府规定销售商必须具备相当于 60 天销量的成品油库存,多数零售商或批发商的储备能力不能满足 60 天的要求,大部分成品油仓储设施都掌握在五大石油公司手中,因此零售商只能继续经营国内石油公司提供的油品。

近年来,中国成品油进口量不断扩大,对外依存度逐年提高。但是,由于成品油贸易的特殊性及诸多客观原因,并没有获得与自身进口量相匹配的贸易地位。受制于储备能力不足和贸易方式单一,无法通过调整买入时机和储备数量及时对国际成品油市场的变化做出反应。国际成品油价格的大幅波动经常给中国成品油企业造成损失,这种被动的局面与中国在国际成品油市场上的贸易量不相称。鉴于储备设施的建设需要一定的周期,从长远考虑,中国应当加快成品油储备设施建设,进一步完善国家成品油商业储备管理体系,利用好能源外交活动,规范成品油行业管理。

(六)注重环境保护,经济转向绿色可持续发展

美国一向重视环境保护工作,并一直走在环保规划的前沿,先后提出了从末端治理到源头控制,局部管理到全生命周期管理,命令控制型与基于市场的政策工具并用等理念。这些都为其他国家,尤其是发展中国家应对环境问题提供了经验。美国环保署的战略规划中也提到仅仅依靠自身是无法应对所有环境问题的,还需要借助学术界、市场、科技和公众的力量。为此,美国环保署十分重视对数据、信息的公开化和环保工作的透明化,以此来赢得多方的信任和参与。

21 世纪初,美国陆续出台了《21 世纪清洁能源的能源效率与可再生能源办公室战略计划》《国家能源政策》等 10 多项政策来推动节约能源。2003 年,美国能源部出台了《能源战略计划》,把提高能源利用率上升到能源安全战略的高度,并提出四大能源安全战略目标。此后,美国还颁布了《2005 年国家能源政策法》,核心内容是以优惠政策辅助科研力量,达到节能降耗的目的。欧洲通过高税收实现节约和环保的目标。欧洲的高税率与其惯用的高福利联系在一起,来自石油行业的税收除了用于环保、道路和交通的改善之外,还被用于支持经济可持续增长的其他方面,比如鼓励清洁能源的开发,以及养老、医疗补助等。

为推进成品油行业和环境协调发展,政府可以借鉴国际上先进经验,利用好立法、政策、技术和税收等手段,规范成品油行业清洁利用手段,注重环境保护。欧洲石油工业协会近期指出,环境立法严苛、市场竞争激烈和油品需求结构变化使得欧洲炼油业从繁荣走向衰退。由于产能过剩和利润空间狭小,欧洲有总计 3000 万吨/年以上的炼油能力被迫关闭或即将关闭。由于疫情,欧洲地区的柴油需求呈缓慢

增长趋势；由于发动机效率的提高，汽油需求已经达到新的平衡。

2010年，欧盟出台了可持续能源发展方针，规定2020年前所有欧盟国家在消费的油品中至少有10%为生物燃料。随着生物燃料的增加，化石燃料需求总体将逐渐下降。可再生能源及电动汽车的发展，对传统油气的替代前景强劲。德国联邦能源与水业协会发布的数据显示，2020年第一季度，德国可再生能源发电量占总电力消耗量的52%。IEA2020年4月最新发布，全球可再生能源发电装机容量占比已经快速增加到17.9%，这个趋势符合绿色发展理念，将持续冲击全球传统石油流通行业。

（七）企业自律意识强，违法违规惩戒力度大

美国环保署一旦发现严重的违规行为，会对违规企业征收高达数百万美元的巨额罚款，并对伪造测试结果的检测机构提起刑事诉讼。此举产生了极大的威慑效果，促使炼厂、成品油进口商及检测机构更加勤勉地检测油品的质量。同时美国对偷逃税行为的处罚十分严厉，如果消费者在退税申请中存在欺诈行为，则会对其进行刑事处罚。国际上对于违规行为的惩罚措施，督促企业自发性地达到行业管理要求，这一举措对中国有很强的可借鉴性。

二、中国成品油行业管理存在的主要问题

规范和强化成品油市场监管，统筹推进综合整治，构建良好的成品油市场秩序意义重大。虽然目前中国成品油监管方面取得了一定的成绩，建立起了成品油质量监管长效机制，对成品油经营主体和行为进行了有效监管，但是其存在的问题也是不容忽视的，主要体现在以下三个方面：

（一）市场化的法规亟须完善，市场监督与信息公开有待加强

现行的主要成品油行业管理法规，基本都是2006年甚至更早出台的，已经明显不适用于新的环境。2017年商务部曾就《原油成品油流通管理办法（征求意见稿）》公开征求意见，新的《关于促进石油成品油流通高质量发展的意见（征求意见稿）》于2020年4月起正式向公众征求意见，但依然不能完全体现当前和未来对成品油市场化发展的管理要点。此外，中国对成品油市场监测力度不够，缺少政府授权的第三方监测机构，行业协会在市场监测中没有很好地发挥作用。在信息公开层面，政府未能专门定期地对成品油质量和环境信息进行有效公开，行业存在一定的信息孤岛，不利于成品油市场的全面监管和良性竞争。

（二）成品油行业市场监管手段单一，市场适应性有待加强

政府部门对成品油市场的监管一般习惯由相关部门发布行政命令开展，仍沿用传统的监管模式，存在工作流程、职责交叉，监管透明度不强等问题。目前市场监管部门对成品油市场的监管执法，更多是依赖流通领域的油品质量抽检，打击销售不合格成品油违法行为的长效监管执法机制还不完善，监管执法手段需要进一步创新拓展。现阶段，成品油市场监管主要是依靠互联网监督及"双随机一公开"监督机制，没有充分发挥出消费者监督和成品油行业自律经营的作用，监管力量较少。社会共治程度不高，消费者监督、舆论监督力量有限，行业协会未发挥应有作用。受经济因素、社会因素的影响，创新监管手段有难度，难以适应新形势下成品油市场监管的需要。

（三）成品油行业监管主体重叠，市场监测有待加强

监管主体重叠，造成互相牵制，监管效率低下。从行政职能的划分上来说，政府部门对于成品油市场监管体系虽然是征信部门主管，但是其他部门，例如安监、质监、消防、公安、交通、环保、工商等多个行政管理部门都有自身特定的、一定范围的职能和权力，且这些部门也分别设置不同行政机构行使这些职能和权力，导致职能和权力分散。具体监管行为往往存在相互交叉和交错的情况，这就造成了具体开展成品油市场监管时，由于监管对象的功能和水平差异导致管理力度和出发点不能保持一致，这样的组织构成也会使监管部门和机构、行业企业及消费者之间在三者关系的协调与利益平衡上产生冲突和出现问题，在多个部门的实际管理上也会存在不同程度的牵制现象，同时也会给政府监管部门提供相互推诿的空间。由于成品油市场购、销、存、价的监测不到位，不能随时掌握成品油供应和价格动态变化情况，对成品油市场稳定供应造成不良影响。

三、构建以第三方为主体的成品油行业监管制度的政策建议

地方各级能源主管部门负责主持和监督办法的实施，省、自治区、直辖市及计划单列市人民政府商务主管部门（以下简称省级人民政府商务主管部门）支持和配合，负责制定所在辖区内加油站和仓储行业发展规划，组织协调所在辖区内成品油经营活动的监督管理，提高成品油市场的稳健性，保障经济高质量发展。其中，加快建立第三方监管制度尤为重要。

（一）构建"政府主导、第三方监督、企业自律、公众参与"的监督体系

政府在完善法律法规、标准，以及市场监测、风险预警体系基础上，透明发布行业资源、库存、价格及市场信息，对违法违规的企业行为要依法惩戒。

成品油质量控制、环保监督、引导竞争等重要环节需全社会力量参与。建议发挥第三方机构的监督作用，由政府授权有实力的专业机构，代表政府行使监督权，根据政府所制定的行业法律和法规，对油库、炼厂等成品油炼化存储企业进行管理，接受企业自主申报并对行业的发展、环境等影响要素进行评价，定期公开发布监管结果评价报告。授权第三方监督机构，对成品油销售企业的自检自律进行监督，成品油行业协会可发挥越来越多的监督作用。通过企业自检并定期向第三方机构申报相关成品油经营合规状况，同时公众参与监督，对市场的监管作用将会大大加强。建议形成"政府主导、第三方监督、企业自律、公众参与"的第三方成品油市场监督体系，如图1所示。

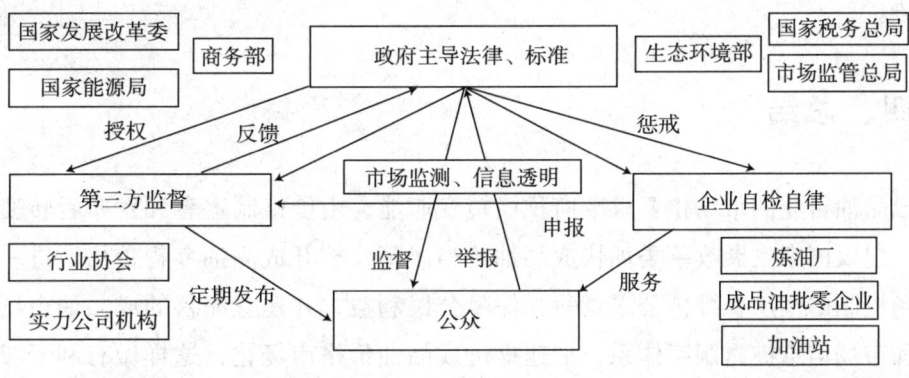

图1 "政府主导、第三方监督、企业自律、公众参与"的监督体系

（二）赋予省级及地市政府更多监管职责，落实企业自检申报主体责任

与成品油零售经营资格审批下放至地市级政府相匹配，应赋予省地市区域监管标准立法权，各类标准均以国家标准为底线，因地制宜地制定区域性质量标准，同时行业协会协助监督。

建立在线监管申报系统，对接第三方监督机构，对成品油生产企业、加油站、油品仓储和批发企业等申报，以进行查验和风险监测，及时评估区域企业合规经营状况，并且定期对社会公布。

产业链相关企业，自觉严格按照成品油行业标准、法规，确保合规、自律、诚

信竞争。经营企业从渠道、油品质量、生产许可、批发资质、调和、税收规范等方面充分自检自律。第三方定期组织抽查，企业定期依法自主诚信上报，配合公众举报措施，在全行业营造守法生产、诚信经营的良好氛围。

（三）建立智能化的行业监管平台，汇集行业信息并受理社会监督举报，惩治违法违规行为

信息的畅通传递、充分交流可以促进资源的优化配置。建议形成完善的成品油质量环保信息公开体系，并及时公布相关信息，方便政府、第三方机构和公众的查阅和监督。

构建基于"互联网+"的成品油行业监督平台，可汇集行业质量环保信息，受理社会举报，同时还能够通过数据碰撞发现成品油行业运行中的问题和潜在的波动风险。智能与数字化技术为成品油行业带来了效率，但行业数字化给监管也带来了一定的难度，需要整合监管平台，合理利用数字化技术进行监控，并在完善法律法规的基础上，受理社会监督举报，惩治违法违规行为，提高政府对行业管理的效率和优势。

四、总结

成品油行业的市场化要求政府积极转变职能，由价格制定者和发布者转变为监管者，建议国家发展改革委加快成品油价格改革，放开成品油零售价格，进一步发挥市场机制的作用，维护公平竞争，保障公民利益，并建立完善的成品油市场监管制度和市场信息披露制度体系，加速推进成品油价格市场化，这样做有利于成品油产业健康发展、国家能源安全有序保障、市场有序供应和企业竞争力不断提升。

专题三 成品油价格波动及对混烃轻循征收消费税的影响

本专题以成品油价格波动以及对混烃轻循征收消费税两个方面为主题，重点对成品油的价格走势，以及对混烃轻循征收消费税对成品油市场的影响进行分析。为了准确预测成品油的价格走势，本专题选取了四种汽油、两种柴油、M15 甲醇汽油以及轻质石脑油作为样本，运用神经网络算法对其进行分析。由于本专题构建的基于 LSTM 网络的指数预测模型对指数时间序列数据表现出了强大的学习能力和泛化能力，所以预测结果准确可信。影响成品油价格的因素有很多，如国际原油价格、市场供求、石油政策等。2021 年 5 月 14 日，中国正式出台对混烃轻循征收消费税的政策，此政策的推出对成品油市场产生了一定的影响。本专题第三部分以混烃轻循征收消费税为重点，分析了其对企业、成品油市场以及成品油价格的影响，对稀释沥青、轻循环油、混合芳烃征收消费税是对调和油市场进行的一次"大洗牌"，价格波动必不可少，但是其维护了中国成品油市场的秩序，促进了中国石油行业高质量发展。

关键词：机器学习；成品油价格；混烃轻循；消费税

一、前言

近年来国内成品油价格增长迅速已成为不争的事实，油价的增长不仅影响市民生活，对各行各业也影响颇深。成品油价格预测在市场化程度日益完善的今天具有十分重要的意义，价格预测的目的就是在把握市场信息的基础上预测油品价格走向，由此了解市场行情动态，预测经济收益，进而调整生产计划，规避市场风险，从而实现采购成本最低化、经济效益最大化。

本专题以 2018 年 7 月至 2021 年 10 月国内部分成品油月市场价格为数据样本进行分析，采用的成品油产品包括 89 号汽油、92 号汽油、95 号汽油、98 号汽油、0 号柴油、–10 号柴油、M15 甲醇汽油以及轻质石脑油。国内成品油价格主要受到国际原油价格、市场供求、石油政策、替代能源以及地缘政治等因素的影响，因而呈现为非线性、非平稳、高度嘈杂、周期性、受多因素影响等特点的金融时间序列数据。由于统计学的时间序列预测模型一般都要求时间序列数据具有平稳性，并且对序列数据的噪声进行限制，导致对金融时间序列数据处理能力较差，因此本专题采用预测精度和效果更好且契合成品油价格波动特征的神经网络算法。

本专题首先应用 LSTM 网络模型对成品油价格进行预测，通过人工调参经验不断优化网络结构和训练参数，并用多种评估指标对模型预测的精度进行比较。

二、研究方法

（一）神经元基本结构

人工神经网络的基本结构单位是人工神经元，能接收并处理信息，拥有学习、记忆和存储功能。假设一个神经元接收 N 个输入 $x_1, x_2, \cdots, x_n$，令向量 $X = [x_1, x_2, \cdots, x_n]$ 来表示这组输入，则神经元的输出为：

$$Y = \sum_{i=1}^{N} w_i x_i + b = f(w_N x_N + b) \tag{1}$$

其中，$w_N = [w_1, w_2, \cdots, w_n]$ 是神经元的权重向量，b 是神经元的偏置向量，非线性函数 $f(\ )$ 是神经元的激活函数。

（二）神经网络结构类型

人工神经网络结构是一种类似人脑的机器学习模型，由大量的神经元按照一定的方式进行连接而成，其中每个神经元通过激活函数的逻辑运算得到输出。神经网络一般由输入层、隐藏层和输出层组成，数据信息流在神经网络中的传输方向是从输入层，经过隐藏层，最后再传输到输出层，如图 1 所示。

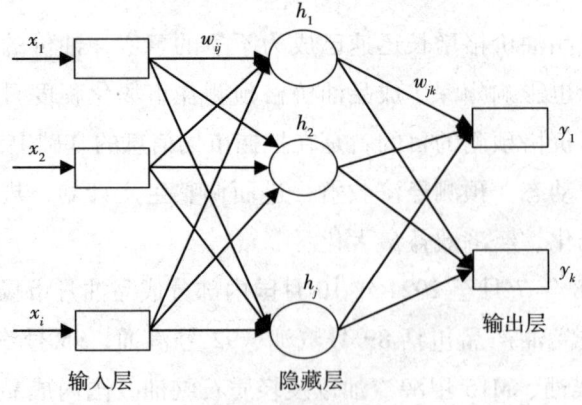

图 1　神经网络模型

学者设计出了各种各样的神经网络结构，目前常用的神经网络结构按照神经元和结构拓扑特点可以分为前馈网络、反馈网络和图网络三种神经网络结构，如图2所示，图（a）和图（b）中的每个圆圈代表一个神经元，图（c）中的每个圆圈代表一个或一组神经元。

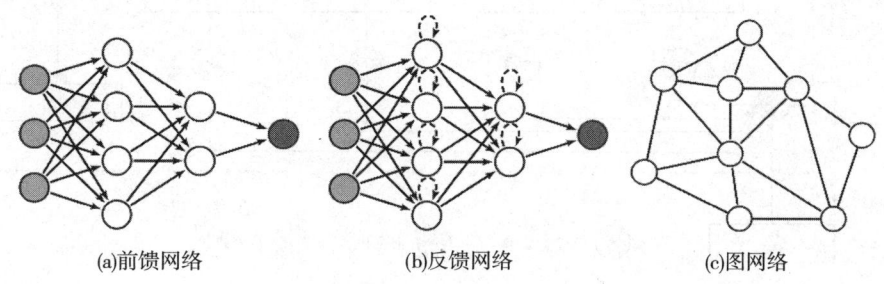

(a)前馈网络　　　　(b)反馈网络　　　　(c)图网络

图 2　神经网络结构类型

在前馈网络中，输入层、隐藏层和输出层之间的神经元相互连接，可以看成一个有向无环图，网络的每次输入都是独立的，而且网络的输出只依赖于当前的输入，这种限制虽然使网络变得更加容易进行训练学习，但限制了神经网络模型的应用范围。反馈网络具有强大的学习、记忆和存储能力，其网络的输出不仅和当前时刻的输入相关，而且也和过去一段时间的信息相关。和前馈网络相比，反馈网络更加符合生物神经网络的结构和功能机制。图网络是一种适用于图结构数据样本的神经网络，其诞生是为了处理知识图谱、社交网络等图结构的数据。在图网络中，每个圆圈代表一个或一组神经元。

（三）长短期记忆神经网络

如图3所示，LSTM神经网络的循环神经网络结构有两个优点：第一，LSTM网络添加了一个新的内部状态用来存储和记忆当前时刻以及之前的所有历史信息；第二，添加了三个"门"对信息的传递进行控制，三个门的输出区间均为（0，1），其中0表示遗忘当前时刻的输入信息，1表示保留当前时刻的输入信息。具体而言，这三个门的作用分别为："遗忘门"用f_t表示，用来决定当前时刻需要遗忘多少历史信息；"输入门"用i_t表示，用来决定当前有多少输入信息输入到网络中；"输出门"用o_t表示，用来决定当前有多少信息被输出。在LSTM神经网络中，神经元如果在某个时刻学习到了某个关键信息，可以将其在神经元中保存一定的时间间隔，但是保存周期要长于循环神经网络的"短期"记忆，但又远远短于"长期"记忆，因此将这种模型称为"长短期记忆"神经网络。

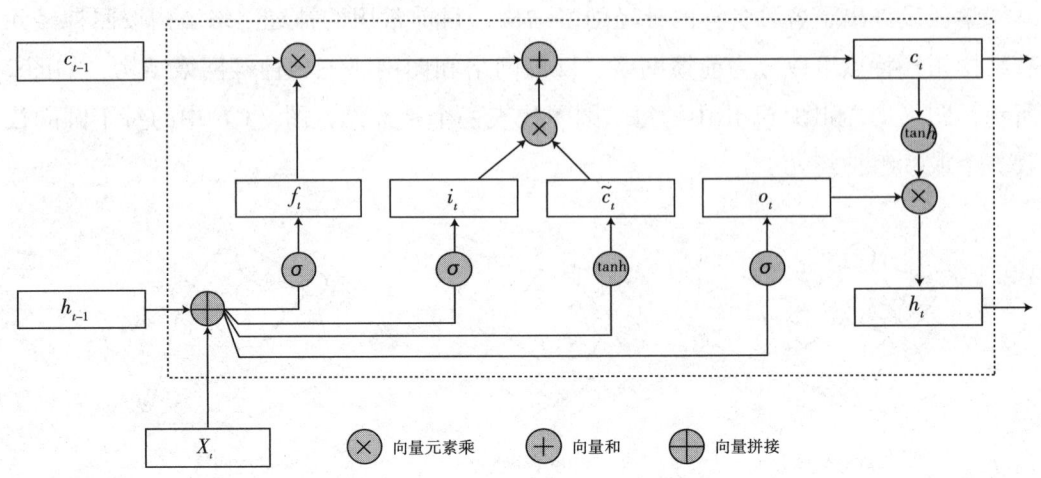

图 3　LSTM 网络的循环单元结构

三、研究结论

（一）汽油价格预测

汽油，是从石油里分馏、裂解出来的具有挥发性、可燃性的烃类混合物液体，标准汽油是由异辛烷和正庚烷组成的。汽油标号是实际汽油抗爆性与标准汽油抗爆性的比值，标号越高，抗爆性能就越强。89 号汽油在常用的汽油产品中标号较低，因而价格相对较便宜。92 号汽油适用于中档车，性能大致等于 95 号汽油的效果，但略不如 95 号汽油。95 号汽油比 92 号汽油在油耗和动力方面更有优势，但由于 95 号汽油比 92 号汽油精制工艺多，杂质少，抗爆成分不同，95 号汽油比 92 号汽油贵。98 号汽油相较于上述三种汽油抗爆性更强，且 98 号汽油燃烧值更高，兼有更低的硫含量，排出的尾气污染更小、更加环保，但生产 98 号汽油对于技术和设备的要求都会更高，因而 98 号汽油相较于其他汽油的价格较高。

根据图 4、图 5、图 6、图 7，可以把 89 号、92 号、95 号、98 号汽油样本价格大致分为四个阶段：第一阶段是 2018 年 7 月至 2018 年 10 月的递增阶段；第二阶段是以 2018 年 11 月价格骤跌为分段点，至 2020 年 2 月的波动变化阶段；第三阶段是以 2020 年 3 月价格骤跌为分段点，至 2020 年 10 月的波动变化阶段；第四阶段是 2020 年 11 月至 2021 年 10 月的波动上升阶段。2018 年 10 月全球股市下跌引发对石油需求增长担忧，沙特阿拉伯宣称增产，美国原油库存激增，种种利空消息打压油价，受此影响，原油变化率在负值范围内不断下滑，对应下调幅度扩大。2020 年 2

月疫情大面积暴发，石油需求骤减，美国、沙特阿拉伯、俄罗斯角逐石油市场，国际原油价格暴跌，成品油价格持续下调，并多次触发成品油地板价保护机制。2020年下半年，一方面受到疫情得到有效控制、新冠疫苗利好的影响，经济复苏前景乐观，石油需求增加；另一方面，受到中东地缘局势等因素的影响，市场预期原油库存供给减少，石油价格持续上涨。本专题发现 89 号、92 号、95 号、98 号汽油的历史价格波动呈现相同的趋势，这是由于它们历史价格的形成原因是一样的，影响它们价格波动的因素也相同，只是受到性能、防爆程度等性质影响而导致基础价格不同。LSTM 神经网络预期未来 13 个月的 89 号、92 号、98 号汽油价格呈现小幅递增的趋势，预期未来 13 个月的 95 号汽油价格呈现较明显的递增趋势，本专题构建的基于 LSTM 网络的指数预测模型对指数时间序列数据表现出了强大的学习能力和泛化能力，取得了较好的预测结果。

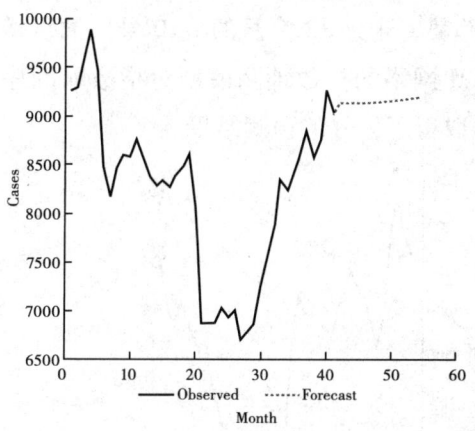 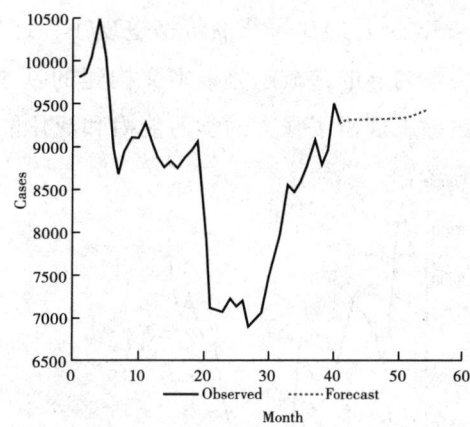

图 4　89 号汽油样本价格及预测未来 13 个月价格　　图 5　92 号汽油样本价格及预测未来 13 个月价格

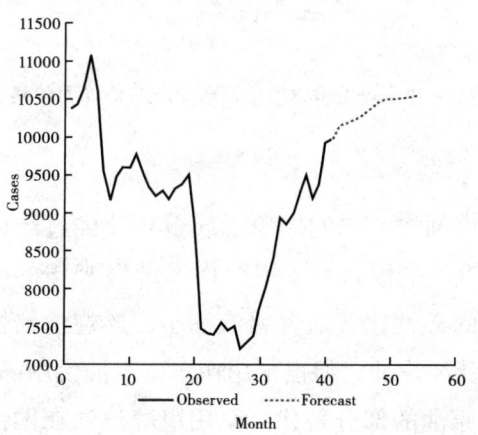 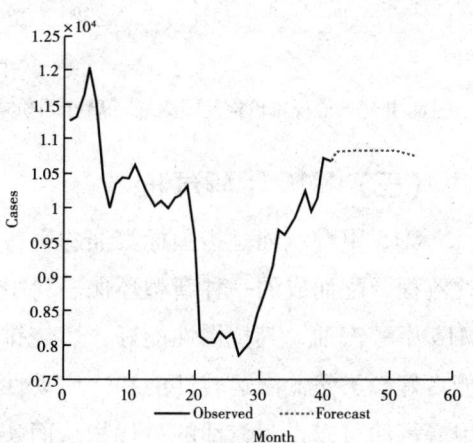

图 6　95 号汽油样本价格及预测未来 13 个月价格　　图 7　98 号汽油样本价格及预测未来 13 个月价格

（二）柴油价格预测

柴油是轻质石油产品，复杂烃类混合物，主要由原油蒸馏、催化裂化、热裂化等过程生产的柴油馏分调配而成，也可由页岩油加工和煤液化制取。柴油的标号，指的是凝结点，外界温度不同，使用柴油标号不同；0号柴油比其他的都耐烧，但0号柴油在零下5度可能会结蜡，使柴油车无法启动。

根据图8、图9，可以把0号、-10号柴油样本价格大致分为四个阶段：第一阶段是2018年7月至2018年10月的递增阶段；第二阶段是以2018年11月价格骤跌为分段点，至2020年2月的波动变化阶段；第三阶段是以2020年3月价格骤跌为分段点，至2020年10月的波动变化阶段；第四阶段是2020年11月至2021年10月的波动上升阶段。本专题发现柴油价格的变化阶段与上文所述汽油价格的变化阶段一致，但柴油价格的波动幅度较汽油价格的波动幅度明显。LSTM神经网络预期未来13个月的0号柴油价格呈现小幅递增的趋势，未来13个月的-10号柴油价格呈现较明显的递减趋势，本文构建的基于LSTM网络的指数预测模型对指数时间序列数据表现出了强大的学习能力和泛化能力，取得了较好的预测结果。

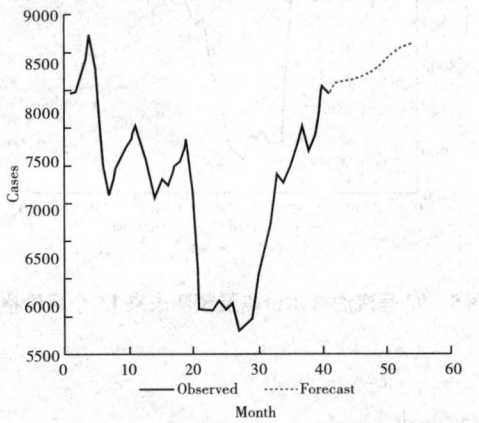 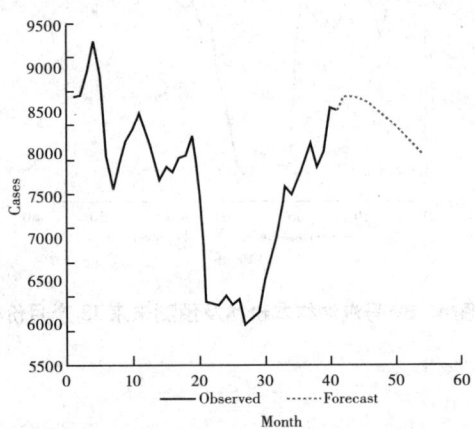

图8　0号柴油样本价格及预测未来13个月价格　　图9　-10号柴油样本价格及预测未来13个月价格

（三）M15甲醇汽油

M15甲醇汽油是指国标汽油、甲醇、添加剂按一定的体积（质量）比经过严格的流程调配而成的一种新型环保燃料甲醇与汽油的混合物。甲醇掺入量为15%的称M15甲醇汽油，其抗爆性能好，燃烧排出物的毒性比普通含铅汽油小，燃烧清洁性能良好，虽然低温运转性能和冷启动性能不及纯汽油，但也可用作车用汽油代用品。甲醇汽油可以作为汽油的替代物从而实现对原油的部分替代。车用甲醇汽油在国内独特、环保、成本低，节省资源、节省外汇、造福人类，市场竞争力强，具有极好的发展前景。

根据图 10，可以将 M15 甲醇汽油的历史价格分为三个阶段：第一阶段是 2018 年 7 月至 2019 年 5 月的价格上升阶段，第二阶段是 2019 年 6 月至 2020 年 5 月的波动下降阶段，第三阶段是 2020 年 6 月至 2021 年 10 月的价格上升阶段。LSTM 神经网络预期未来 13 个月的 M15 甲醇汽油的价格呈现出剧烈下降的趋势，本专题构建的基于 LSTM 网络的指数预测模型对指数时间序列数据表现出了强大的学习能力和泛化能力，预测结果比较准确。

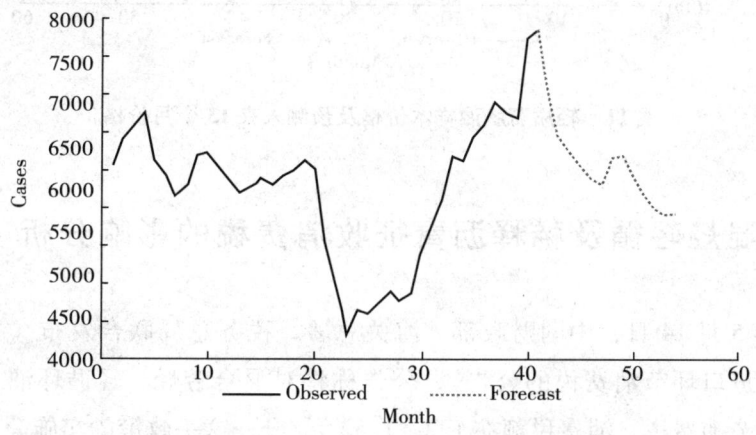

图 10　M15 甲醇汽油样本价格及预测未来 13 个月价格

（四）轻质石脑油

石脑油是以原油或其他原料加工生产的用于化工原料的轻质油，轻质石脑油是作为生产乙烯的裂解原料时，采用 70℃～145℃ 馏分的石脑油，其相较于其他石脑油更符合溶剂油发展的要求，因而采用轻质石脑油作为原料生产环保型溶剂油具有更广阔的市场。

根据图 11，可以将轻质石脑油样本价格大致分为三个阶段：第一阶段是 2018 年 7 月至 2020 年 1 月的波动阶段，第二阶段是 2020 年 2 月至 2020 年 5 月的价格大跌阶段，第三阶段是 2020 年 6 月至 2021 年 10 月的波动上涨阶段。LSTM 神经网络预期未来 13 个月的轻质石脑油价格呈现出波动下降的趋势，本专题构建的基于 LSTM 网络的指数预测模型对指数时间序列数据表现出了强大的学习能力和泛化能力，预测结果比较准确。

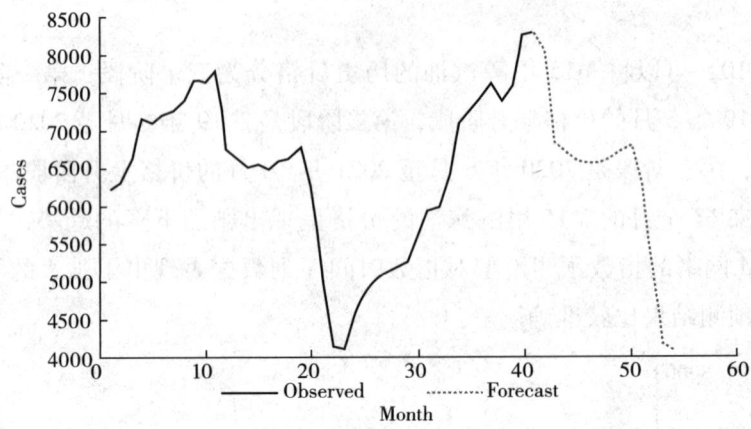

图 11　轻质石脑油样本价格及预测未来 13 个月价格

四、混烃轻循及稀释沥青征收消费税的影响分析

2021 年 5 月 14 日，中国财政部、海关总署、税务总局联合发布《关于对部分成品油征收进口环节消费税的公告》，公告称将对混合芳烃、轻循环油及稀释沥青征收进口环节消费税，消费税额在 1.2~1.52 元/升，这一政策的实施等于对调和油品市场进行了一次"大洗牌"，引发市场强烈反响。

以下对稀释沥青、轻循环油、混合芳烃的使用情况及现状进行阐述，并对此次征税政策对炼厂、市场、成品油价格三个层面的影响进行分析，以便让大家更好地理解此次征税政策的意义。

（一）征税产品使用情况和现状

稀释沥青、轻循环油、混合芳烃是油品中的非标品，通常含有较多芳烃或沥青成分，一般不用作燃油。但近年来，少数企业大量进口，加工生产不符合国家标准的燃油，产生较大的安全、环保以及税务问题。因此，国内已将稀释沥青、轻循环油、混合芳烃等产品纳入消费税征收范围。此次征收消费税是对此类非法产业链的打击手段，以维护成品油市场公平。表 1 全面概述了三种非标油品的用途、现状及近两年的进口情况，可以更好地反映三种油品对市场的影响程度。

表1 征税产品使用现状

品名	用途和现状	2020年进口情况	2021年进口状况
稀释沥青	以天然沥青、石油沥青、矿物焦油等为基本成分的沥青混合物,可作为沥青原料,也可作原油替代品加工。当前中国市场进口的多数稀释沥青本质是原油,特别是来自委内瑞拉的马瑞原油。在独立炼厂进口配额紧缺的情况下,大规模流入中国	2020年进口量大幅攀升至2650万吨,同比增加1489万吨	2021年第一季度,中国稀释沥青总进口量为531万吨,同比大幅增加460万吨,折合180万吨/月
轻循环油	原油经过常减压装置处理后的柴油组分或用作船用燃料等。多来自韩国或者东盟一带,严重冲击正常的柴油供应市场	2020年进口量高达1576万吨,同比大幅增长82.6%,近五年轻循环油进口量逐年走高	2021年第一季度,中国轻循环油进口量为458万吨,同比大幅增加227万吨,折合150万吨/月
混合芳烃	汽油组分主要原料之一。近年来,国内部分贸易商以混合芳烃名义变相大量进口汽油组分。进口混合芳烃的30%~50%以组分进入汽油供应环节	在国际油价大跌的背景下,因"地板价"保护措施刺激利润,2020年混合芳烃进口量攀升至618万吨,同比大幅增长118.9%	2021年第一季度进口量为173万吨,同比大幅增加125万吨,折合57万吨/月

(二)征收消费税对企业的影响

1. 独立炼厂成本增加,利润大幅缩窄

对稀释沥青征收消费税后,调油商操作的空间变得越来越小,"调油料"都征税,无法通过"合理避税"获取收益,独立炼厂成本的增加是可以预见的。此次征税行为倒逼部分独立炼厂企业选择其他替代原料,如冷湖、卡斯蒂拉等重质原油,独立炼厂的重油需求增加,但独立炼厂原油进口配额有限,稀释沥青消费税政策实施后将增加独立炼厂对原油进口配额的需求,进而抬升原油进口配额成本,企业的利润大幅缩窄。在2021年严查进口配额的影响下,国内油品供应或将紧张,直接推动原油期货价格及国内成品油市场价格的大幅抬升,如图12所示。

混合芳烃、轻循环油征收消费税提升国内调油成本,国内汽、柴油供需基本面改善,国外油品需求减弱。国内来看,混合芳烃、轻循环油是中国重要的调和汽油、柴油的原料,通过贸易商从东亚国家进口到国内,相当于汽油、柴油的进口。在对轻循环油、混合芳烃征收消费税后,轻循环油按照柴油消费税计算,成本至少增加35%~65%。混合芳烃按照企业消费税计算,成本至少增加42%~45%,这部分调油的利润基本是没有的,极大地压榨了调油商的利润。从长期来看,为了应对消费税的征收,未来,独立炼厂的重组和兼并是可以预见的,小规模的独立炼厂为了生

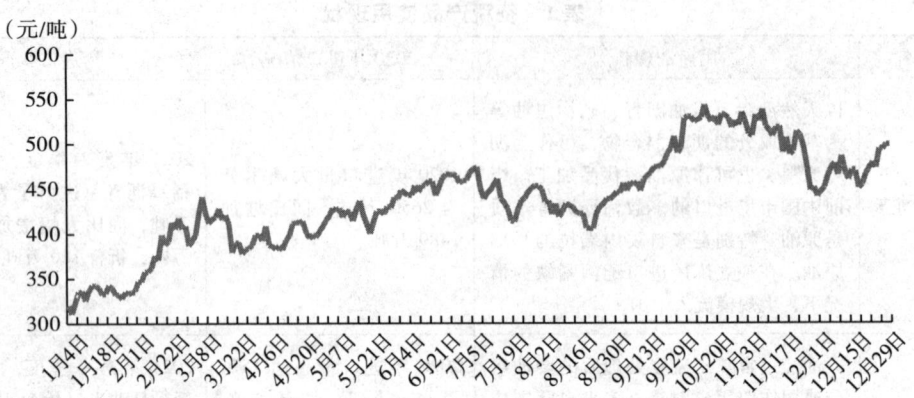

图12　2021年1—12月上海国际能源交易中心（INE）原油价格走势

存也将会积极转型。

2. 主营炼厂正常运转

主营炼厂完全不受此次征税影响，唯一会受影响的业务就是销售部门的进口业务。按照这样来看，主营炼厂还是受益的，因为对"调油料"征收消费税，主营炼厂可以内部消化，再从国家申请内部互供的手续，从而免征消费税。长期而言，调油行业、芳构化产业将进行"洗牌"，烷基化产业将会发展，主营炼厂因一体化和规模优势，生存能力较小独立炼厂强，加工量有可能进一步爬升，促进主营炼厂的发展。

（三）征收消费税对市场的影响

1. 宏观方面

从短期来看，国内成品油供应过剩趋势得到改善。监测显示，当前国内轻循环油每月进口量在150万吨左右，几乎100%用于调和柴油，而混合芳烃进口量为50万~60万吨，30%~50%的混合芳烃用于调和汽油。当前市场上用于调和汽油的替代产品较为充裕，因此对汽油调和影响相对较小。但由于混合芳烃多数来自欧洲重石脑油，中国混合芳烃需求下降或对欧洲石脑油价格产生压力，加重市场炒作氛围，推高柴油价格。在当前国内经济复苏加快、基建需求旺盛，且亚洲地区需求疲软、出口毛利下降的情况下，不排除调减柴油出口的可能性。但从中长期来看，国内成品油市场供应过剩形势不改。当前中国炼油能力接近9亿吨，整体炼能重组，随着浙江石化、盛虹炼化、广东炼化基地、海南炼化一体化等大型项目相继建成投产，国内成品油供应仍将持续增加，此外，炼厂调节柴汽比仍有余地，因此此次征税对长期影响较为有限。

2. 微观方面

微观方面，主要从税收政策对省内成品油市场的影响进行分析。近年来，低价非标柴油大量流入中国市场，特别是 2020 年以来更加猖獗，在市场需求下降的叠加影响下，中国炼厂的柴油销售量下降。短期来看，由于贸易商、独立炼厂等仍有相当部分的轻循环油和混合芳烃低成本库存，后期进口成本抬升，预计市场将借机炒作，调和油与国标油品的价格有望回落；长期来看，由于进口成本的增加，广东等沿海地区贸易商对混合芳烃、轻循环油的进口意愿下降，特别是轻循环油进口大幅减少后，非标柴油资源对省内柴油市场的冲击有望得到较大程度的缓解，隐形市场需求得到释放。另外，柴油销售价格到位率短期内将有所提高，企业整体创效能力将有所加强。随着非标油品特别是劣质柴油数量的减少，隐形柴油需求量逐步释放，柴油市场需求环境得到改善。

（四）征消费税对成品油价格的影响

从影响程度来看，稀释沥青征税对当前市场影响最大，其次是轻循环油，混合芳烃影响相对较小。考虑到中国此前对这三种油品较高的进口量（用作调油、炼化原料等），单位成本的大幅提升预计将对相关油品产业与市场产生较为显著的影响。

对于稀释沥青而言，在征税消息传出后，夜盘沥青价格上涨。后续而言，考虑到传统马瑞原料供应的不稳定性，稀释沥青进口数量下滑带来的潜在供应缺口等问题，远月沥青期价走势将被看好。2015 年开始，中国轻质循环油进口量就呈现逐年递增态势，其中，2020 年中国轻循环油进口量为 1576 万吨，同比增长 79.09%；进口混合芳烃方面，从 2018 年开始，中国混合芳烃进口量出现了断崖式的下跌，但在已经过去的 2020 年由于疫情的影响，国际原油价格暴跌，促使国内成品油地板价保护机制启动。就市场而言，进口成本的增加将造成轻质循环油和进口混合芳烃的价格明显上涨，并最终传导至终端市场，导致进口规模快速萎缩，很可能出现替代原料增加的情况。对于中国主营及独立炼厂来说，轻质循环油和进口混合芳烃消费税的征收会使国内油品供应出现一定的紧张，成品油价格上涨势头显著。据了解，自新闻发布之后，华东、华南等轻质循环油和混合芳烃进口使用量大的地区，整体资源供应量将出现萎缩，市场反应最为明显，贸易商普遍出现停售现象，主营单位也存在暂停销售或涨价情况。山东独立炼厂已有个别炼厂开始二调小幅推价，涨幅在 30~50 元/吨，后期成品油价格存在 100~200 元/吨的上涨空间。

总的来说，此次征税政策相当于对调和油品市场进行了一次"大洗牌"。面对此次征税政策，首先，要密切关注稀释沥青、混合芳烃、轻循环油等征收进口消费税后国内外市场动向。混合芳烃多来源于欧洲地区，轻循环油多进口于东盟，若其对华出口受阻，则将会寻找新的市场出口，混合芳烃、轻循环油价格有望下跌，并且轻循环油对华出口的锐减可能会给亚洲地区的柴油市场带来冲击。此外，国内混合芳烃、轻循环油进口减少后，原油进口可能增多，给原油市场带来一定程度利好。其次，由于此次征收消费税拉平了地方炼厂与主营炼厂的成本差距，有助于维护公平合理的市场秩序，促进中国石油行业高质量发展。

五、结论

本专题首先对神经网络模型进行简要的介绍，然后运用 LSTM 模型对成品油样本价格进行分段分析，并探讨对混烃轻循及稀释沥青征收消费税给成品油市场带来的影响。通过对成品油历史价格进行分段分析，本专题发现用途相同的成品油由于基础价格的形成因素相同而导致它们的价格波动阶段是相同的，只是由于性能和属性上的略微差异导致各自的基础价格具有一定的差异。通过分析发现成品油的价格波动具有周期性，重大事件的发生会导致整个市场所有产品价格的同时波动。从整体上来看，对混烃轻循及稀释沥青征收消费税会对石油企业、石油市场以及成品油价格造成不同程度的影响。具体而言，此次征税会导致独立炼厂成本增加，被迫选择其他替代原料，压缩了独立炼厂的利润空间，国内油品供应或将紧张，直接推动原油期货价格及国内成品油市场价格的抬升，可以在短期内改善国内成品油供应过剩趋势，并能在一定程度上缓解调和油等非标资产对省内成品油市场的冲击以及近期柴油需求不足的局面。此外，此次征税会导致稀释沥青价格的大幅上调，轻循环油、混合芳烃产品价格也会有较明显的增幅。

专题四　市场化环境下成品油销售企业客户开发策略研究

当前，国内成品油零售市场竞争日趋激烈，油品同质化、价差扩大化，价格战全面蔓延，降价促销已成常态。但该常态如同饮鸩止渴，初期的价降量升后，消费者们已不再满足于普通的、微小的优惠。这导致了现在的成品油销售企业销量、效益双下降。

2020年以来，随着国家废止成品油、原油市场管理办法，取消批发仓储经营审批，降低零售端准入门槛，外资企业、独立炼厂纷纷加快终端布局，市场竞争更加激烈残酷。柴油不再属于危化品序列，经销渠道不再单一化，线下超市、线上商场销售桶装柴油将成为普遍现象。新能源替代加速，成品油消费增长预期收窄，国家出台汽车行业新能源发展规划，专家预计，到2025年前后，电动车的性价比将超过燃油车。

受成品油供应过剩、市场不规范、体制机制不完善等影响，一些成品油销售企业经营出现亏损，导致员工规模缩小、收入下降，加油站服务功能弱化、员工主动服务意识差，市场份额不断被蚕食，陷入恶性循环。在当前充分竞争且不公平的市场环境下，以中国石油和中国石化为代表的成品油销售企业该如何破局成为当下的热点问题。作为销售企业，只有回归本真，真正围绕客户，扎实开发客户、用心服务客户、不断积累客户，才能实现正向突破。

一、成品油市场化环境发展趋势

近年来中国成品油市场化程度越发成熟，从国家下放原油进口配额开始，其间历经了成品油新定价机制改革，成品油批发仓储以及零售经营审批权下放再到税收制度规范及政策的收紧等变革，成品油市场运行各个主要环节都加入改革要素，最大限度发挥市场化原则，同时行业监管力度增强，推动成品油逐步迈向高质量持续发展阶段。

（一）成品油市场化进程加速，市场准入门槛再降

2019年，成品油市场化进程加速，重磅举措接二连三，从成品油市场准入门槛再降，到外资加油站进一步放开，再到支持民企参与成品油出口，市场化政策不断加码，成品油零售行业加速转型升级，行业格局快速更迭，数字化以及智能化、非油业务、多元化的能源供给等发展将成为未来成品油销售企业的转型方向，中国成品油零售市场将更加成熟化。2019年8月27日，国务院办公厅发布《关于加快发展流通促进商业消费的意见》，明确提出扩大成品油市场准入，取消石油成品油批发仓储经营资格审批，将成品油零售经营资格审批下放至地市级人民政府，并加强成品油流通事中事后监管，强化安全保障措施落实。

准入门槛降低将加剧成品油批发行业竞争，行业格局将迎来快速更迭，还将成为行业之外拥有充裕资金者投资的沃土。由于行业容量有限，激烈的竞争将驱动成品油批发业加快形成新的商务模式，行业内新进入者与闪退者并存，企业的新生与消亡快速更迭。这将成为成品油批发领域特有的业态，石油批发企业必将会迎来脱胎换骨的新生，对终端用户的服务水平也会相应提升。2019年12月3日，为进一步做好石油成品油流通管理工作，商务部下发《关于做好石油成品油流通管理"放管服"改革工作的通知》，再次重申要做好批发仓储经营资格审批取消后政策衔接、零售经营资格审批移交及相关管理制度制定完善等工作，油品领域改革再次提速。2020年7月3日，商务部贯彻落实《优化营商环境条例》和国务院有关石油成品油流通管理"放管服"改革工作的要求，对相关规章进行了清理，决定废止《成品油市场管理办法》以及《原油市场管理办法》（以下合称"两个办法"）。"两个办法"的废止意味着中国原油市场准入门槛正在降低、审批环节正在缩减与下放，有助于促进原油、成品油批发零售环境市场化，能够继续提升市场竞争力，加快现代能源体系的构建。此次彻底废止"两个办法"，同样是为了继续优化营商环境，落实国务院有关原油成品油流通管理"放管服"改革工作的要求，同时将引入更多的市场竞争者。

（二）促进原油成品油流通高质量发展，加快完善新的石油流通管理体制

2020年4月17日，商务部会同发展改革委等十部门起草了《关于促进石油成品油流通高质量发展的意见（征求意见稿）》，国家对成品油零售经营实施许可管理；进一步简化成品油零售经营资格审批程序；明确成品油零售网点改（扩）建、租赁经营、特许经营及企业停歇业、应急保供等管理规范。根据当地实际，进一步

优化简化对原址改建和符合规划的高速公路服务区新建零售网点的审批服务。

2021年7月12日，商务部发布《深化"证照分离"改革进一步激发市场主体发展活力工作实施方案》（以下简称《方案》），再度深化油品流通领域的市场化改革。《方案》明确，石油成品油批发经营资格审批（初审）、石油成品油批发经营资格审批、石油成品油仓储经营资格审批（初审）、石油成品油仓储经营资格审批等4项直接取消审批；成品油零售经营资格审批由省级商务部主管部门下放到设区的市级人民政府指定部门。取消申请企业提交成品油供应渠道法律文件相关要求。这一政策将大幅降低成品油流通领域准入门槛，激发更多资本进入油站行业，行业洗牌或将进一步加剧。

二、成品油销售企业客户分类

近几年，中国的成品油已经逐渐开放，还有很多石油公司对成品油进行销售，随着竞争的不断加强，成品油销售企业和客户关系发生很大的变化，加油站的客户消费群体越来越不稳定。企业最大的资本就是客户，石油企业应该在发展中，收集客户，建立良好的服务制度，不断改善与客户的关系，同时提高客户的忠诚度和满意度，这样才有利于减少企业经营的成本，在激烈的市场中把握机会，提高企业的经济效益和社会效益。大部分客户加油时还是考虑成本，有的客户同时拥有中国石油加油卡、中国石化加油卡和民营站卡，哪里优惠去哪里；有的客户每月可能只加1~2次油，他们对价格不太敏感，只要有优惠还是倾向于选择中国石油、中国石化；还有一些高端客户，他们最看重的是品牌、质量、规范，其次才是价格。根据以上分析，本文主要将成品油销售企业客户分为三类：

（1）价格敏感型客户（以A级车用户为代表）。这部分客户是构成销量的一部分基础，对效益贡献不大。

（2）对价格不太敏感、对服务有一定要求的客户（以B级车用户为代表）。这部分是构成企业量效的中坚力量，可通过适当优惠和良好服务，增强客户黏性，培养客户形成消费习惯。对这部分客户的开发短期靠价格，长期靠服务。

（3）对价格不敏感的高端客户（以C级、D级车等用户为代表）。他们对价格不敏感，对服务、便捷、功能、形象等方面却很在意，这部分客户是企业效益的来源，要注重他们的体验，安排专人去维护。想获取这些客户最后比拼的就是服务和便捷性。

三、市场化环境下成品油销售企业客户开发策略

（一）抓好两支队伍建设：加油站经理和客户经理队伍

加油站经理主"内"。一是抓管理。首先，抓好基础管理，确保加油站安全、平稳、合规、受控运行；其次，抓好员工管理，不断提升员工的职业素养；最后，抓好客户管理，开发维护好周边商圈客户、进站客户。通过各种渠道了解商情信息，配合客户经理进行开发维护。二是抓服务。通过高质量服务鉴证企业的品牌价值。首先，在服务上与先进单位对标，服务好每一位进站顾客，不让顾客长时间等待、无人服务；其次，做好客户建议的收集反馈；最后，持续完善站内服务设施，提升顾客体验，如增设洗车美容、快修快保等汽车后服务项目。三是抓思想。加油站经理不仅要有为客户服务的意识，也要有为员工服务的意识。要疏解员工的压力、照顾他们的生活，让员工从内心自觉去微笑服务、努力工作。

客户经理主"外"。负责大客户的开发、服务、管理与维护，通过差异化的营销策略和定制化、专属化的服务措施去开拓市场、"攻城略地"，从而带动企业销量增长。

客户经理通过开发客户实现用户增加，加油站经理通过优质服务留住每一位进站客户，最终实现销量落地。

（二）用"精准滴灌"式营销取代"大水漫灌"式普惠

未来主要有两种场景：一是零星客户到加油站办理业务，办卡不享受优惠，储值可以赠券或享受小幅优惠；二是客户经理开发大客户，根据客户规模、重要性及消费情况，给予不同程度的办卡优惠，并采取派送专属优惠券、定期组织活动等维护措施。通过这种差异化营销策略，不仅可以帮助企业控制成本，还可给予大客户一种尊贵的身份认同。

但取消普惠不代表放弃零星客户，这更加要求企业通过高质量服务来留住客户，同时通过会员积分等方式，根据客户的消费金额、使用年限，通过给予阶梯优惠的方法吸引客户、留住客户。

（三）围绕客户做强做优

1. 以客户为导向制定营销策略

一是在政策制定上，要突出主题，并围绕主题开展促销，打造企业自己的促销品牌。要给消费者传递简单直接、清晰明了的促销信息，避免促销花样繁多，无效

促销、无感促销。二是在政策执行上，促销政策经过充分研究确定后，要有可持续性、可预见性，尽量对冲内外部因素变化对促销政策的影响，方便客户形成消费习惯。三是在效果分析上。要做好政策执行过程中的效果跟踪分析，多注意收集客户的反馈意见。根据意见建议，对好的政策总结经验、持续优化，不好的政策及时修正完善，通过反复多次循环，营销政策不断贴近客户，持续产生效果。

2. 要重视对老客户的维护和服务

企业不仅要重视对新客户的拓展，更要重视对老客户的维护和服务，避免重开发、轻维护，一边开发客户、一边流失客户。老客户既然选择了消费，证明他们已经有了一次选择的理由，因此要重视他们的消费体验。可从老客户中选择一部分人作为服务监督员，定期进行回访，听取意见建议，增强客户的认同感，使客户和企业不断融合。

维护老客户和开发新客户是融合互促的，新客户开发初期多依赖降价，但维护老客户不能只靠优惠吸引，他们看重服务、品质。所以，要重视对老客户的维护和服务，通过"以客引客"带动新客户不断加入。

3. 创新经营方式，做强跨界合作

围绕"油+车"生态圈建设，梳理整合企业第三方优势资源，搭建共享平台，强化与4S店、保险、维修、酒店、银行等各行业的有机融合，突出互换流量、共享积分，依托第三方资金、客群、宣传等平台，在策略组合、客户互介、营销推广等方面做足文章。常态化组织展销会、推介会、团购会等活动，通过联合促销，不断拓展客户资源。

专题五 "双碳"背景下成品油销售企业转型升级路径探究

实现"双碳"目标是中国对全世界的郑重承诺。现阶段，中国正处于经济发展的恢复发展期，能源结构上虽然依旧以碳排量较大的化石能源为主，但是传统企业的产业结构也在加快进行转型升级。"十四五"时期，中国提出要"深入打好污染防治攻坚战"，触及的生态环境问题将更加复杂。中国企业对传统的煤炭、石油等能源的需求在国家调控的政策下将进一步降低。因此，随着新能源的发展，竞争格局的加剧，传统的石油销售企业将面临重大考验。本专题着重分析石油销售企业面临的现实处境，提出在当前处境下，中国传统石油销售企业转型升级迫在眉睫，且在转型升级过程中将面临前所未有的困难，必须探索出适合自己的道路。

关键词："双碳"目标；石油销售企业；转型升级；综合能源站；数字化

一、"双碳"背景下成品油销售企业转型升级的内涵

实现"双碳"目标这一过程，将从根本上改变能源生产、消费结构和能源利用效率，对能源行业有着颠覆性影响。氢能、生物基液体燃料、新能源汽车等快速发展，石油需求增速已明显放缓，行业将面临升级转型的低碳大考，"双碳"目标对行业的绿色、可持续发展提出了更高的要求。加之国内成品油炼油产能严重过剩，终端市场竞争越来越激烈。外部环境的变化促使各大石油公司提出了打造世界领先清洁能源化工公司的愿景，把新能源作为战略性新兴业务进行谋划。为适应新时代下的新形势，成品油零售企业必须转变观念，主动适应转型趋势，加快转型升级。成品油销售企业转型升级的内涵主要体现在以下两个方面：

（一）由单一的油品销售向现代化综合服务商转型

为应对挑战，同时助推"双碳"目标尽快实现，成品油销售企业积极探索智慧综合能源站建设。综合能源站属国家战略性新兴产业范畴，是助力中国实现"双碳"目标的长期有效战略路径。综合能源的互补利用是未来能源发展的主流趋势。2020年12月，中国石油甘肃销售兰州莫高智能智慧综合能源站顺利竣工。作

为中国石油首座综合能源示范站，该站集成品油零售、CNG加气、非油销售、汽车充换电于一体。综合能源站的建设，就是助力全社会共同减碳的探索。到"十四五"末，中国新能源汽车保有量将突破2000万辆。如何在做好传统加油服务的同时，满足电动汽车、天然气汽车、氢能汽车等车辆的用能需求，关系到新能源汽车行业能否顺利发展、减碳目标能否实现。

加油站应从以产品为导向逐步转向以服务为导向，立足于为车辆和驾驶人提供各种便捷、专业的服务，既能满足能源补充的需求，又能在洗车、快餐、生活等方面给予服务。面对C端顾客，仅仅依赖油品销售赚取价差这种单一的加油站盈利模式在需求端下降的背景下已经不再适用，如何给顾客提供最佳的服务体验成为加油站提升竞争力的关键。

在汽车后市场方面，越来越多的车主愿意加完油后对车辆进行清洁、保养，麦当劳、肯德基等快餐店也纷纷与中国石油、中国石化合作，开展快餐服务。这些项目为车主带来了便捷的一体化服务，同时延长了成品油销售企业的产业链，也培养了顾客的品牌忠诚度，显著提升了单一油站的综合竞争力。

（二）由线下业务向线上线下新零售数字化新兴业态升级

2021年以来，随着中国经济持续恢复，线上消费成为正向拉动经济增长的重要力量。国家统计局数据显示，2021年1—11月，全国网上零售额118749亿元，同比增长15.4%，明显快于社会消费品零售总额增速。传统零售业升级转型是社会、经济、技术、用户共同作用下的必然趋势，疫情的突然暴发与后疫情时代的来临，更加深化了"新零售"转型的急迫性与必要性。"双碳"背景下在国家宏观政策红利扶持，行业态势持续革新，消费服务需求升级，新兴技术蓬勃发展等推动契机下，催生了以行业与市场变化为基准，以消费者服务体验为中心，以差异化定位为原则，"全链路、全渠道、全业务、全周期、全治理"的"新零售"业态需求。成品油销售企业拥有全国最大的实体网络布局，未来线下业务将不断向线上线下新零售数字化新兴业态转型升级，满足更多消费者的需求。新零售业态的升级也将是在"双碳"背景下，能源企业走出的一条让消费方式逆向驱动行业变革与创新的新发展道路。

成品油销售企业转型升级必将融入社会发展的整体趋势，传统的线下业务不能满足年轻消费者的消费习惯。借助移动互联网业务的快速发展，手机终端呈现的消费模式必将成为未来成品油销售企业业务发展新的增长点。2021年，中国石油积极探索线上线下全渠道销售模式，销售板块非油业务经营毛利创历史最高水平。中国石化在新零售上积极引入第三方营销资源，推动跨界融合、数据赋能和共享发展，运用大数据分析技术和精准营销策略，完善"互联网＋加油站＋便利店＋第三方"新零售模式，构建线上线下充分融合的消费新场景。

成品油销售企业利用信息化手段强化全过程监督和管理，加强数据整合、强化数据共享，以推进信息系统大数据建设等措施为基层减负，能够让加油站人员放开手脚来抓经营、拓市场。一键加油、移动支付等业务的开展，实现了顾客加油不下车、无须找零、无须扫码，轻松实现手机终端在线支付，油站、油枪精准定位，而且还优惠共享，节省了加油站员工收款、找零、上缴营业款等业务流程，还大大降低了资金安全风险，将一线员工从繁杂的资金管理流程上解放出来。

沿着数字化、智能化、在线化路线，通过融合、共享、跨界，成品油销售企业为客户提供全产品、全渠道、全路途的服务，把加油站传统的零售线下业务打造成便捷的线上线下新零售数字化新兴业态。

二、"双碳"背景下成品油销售企业转型升级面临的机遇与挑战

（一）"双碳"背景下成品油销售企业面临的机遇

2020年全国两会《政府工作报告》中，首次把"新能源汽车充换电基础设施"列为新基建的七大重要领域之一。工业和信息化部、国家能源局等多部委也多次明确指出要积极支持充换电商业模式创新，助力实现"双碳"目标。

有了国家的支持，成品油销售企业面临深化改革前所未有的机遇。新能源电车的充电模式以居民自有充电桩的分散式补电为主。随着电动车保有量不断攀升与车位稀缺的矛盾日益突出，同时本着充分利用电能的原则，充电模式将逐步向以快充和换电模式为主的集中式补电转变。然而，由于商业模式的不成熟，真正布局集中式补电的企业十分有限，快充和换电模式之间也存在争议。大型国有企业利用全国几万座加油站的网点优势，统筹布局充电业务。

电动车和电池、充电的关系，类似饮水机和水桶、饮用水的关系，可以分开由几家运行。电动车和充换电站之间的关系，也是一种鸡生蛋、蛋生鸡的关系。生产电动车的企业希望优先发展充换电站，充换电站企业希望电动车能优先发展起来。中国石油销售企业利用网点优势、国企资金优势快速发展充换电业务，将为中国电动汽车的发展提供坚强保障，引领推动国家电动汽车产业快速发展。

具备以上优势，成品油销售企业可在转型升级过程中重新布局销售结构，淘汰落后资产，不断发展新业务。破茧成蝶，轻装上阵，走出一条创新发展可持续之路。

（二）"双碳"背景下成品油销售企业面临的挑战

成品油销售企业长时间销售单一的石油能源，在转型升级过程中会面临诸多挑战。

第一，既要完成国家的油气保供战略任务，又要做好碳减排，避免被未来的零碳时代抛弃。遇到突发紧急情况，如地质灾害、极端天气等，成品油销售企业特别是国企要做好油品保供工作，在承担社会责任的同时还要做好相应的服务工作。这对于传统石油销售企业来说，考验着改革决策是否能够应对外部环境变化、顺应能源行业发展趋势的战略选择。

第二，油气产业链上游资产占比越重，成品油销售企业转型的负担越重。在上游成功转型的基础上，下游销售企业才能加快布局新能源、新材料、新业态。

第三，尽管成品油销售企业转型大势初定，但是路径和节奏依然存在非常多的不确定性，难以一蹴而就。新能源汽车普及还需要若干年，并且新能源汽车的发展还存在诸多技术壁垒，造成成品油销售企业自身难以决定转型升级的方向。

三、成品油销售企业转型升级的路径

（一）综合服务商转型路径

1. 与油联动，利用"付费会员制"不断扩展新业态

成品油零售连锁经营所形成的实体平台价值越来越受到社会重视，以前被严重低估的情况正在得到改善。例如，中国石化易捷品牌最新的估值高达184.61亿元，换个角度看，易捷的品牌价值与其平台价值在某种程度上高度重合，几乎可以等同。中国石油的昆仑好客、咔咔汽修等品牌也越来越被广大民众所接受。而且随着加油卡、移动支付业务的大力推广，加油站实现了支付自由，油品、非油品、洗车服务等都可以使用贯通的支付方式进行结算，大大方便了客户，有利于更多业态的发展。

基于以上业态的成功开展，成品油连锁经营的销售企业应研究"付费会员制"。各业态供应商付年费入驻实体平台，商品零毛利或低毛利（不高于5%）销售，成品油消费者付年费成为非油会员。由于普通便利店的毛利水平一般处于20%~30%，意味着"付费会员制"情况下商品的价格较市场平均价格低20%左右，势必改变竞争格局，吸引大量的车主成为"油非双会员"，实现双向引流。

至此，石油销售企业不再采用传统零售商赚差价的模式，而是以会员年费作为核心收入来源。"油"是刚需，坐拥几万座的成品油零售终端，得益于"油非双向补贴"的强大威力，新的营销模式逐渐成形，新的消费习惯也将逐步养成。中国石

油某销售分公司在300座农村加油站大力发展"放心农吧"业态,扩展化肥、种子销售业务,实现非油收入增加2亿元。成功将农村加油站的油品、非油品进行联动,盘活农村加油站非油业务,实现油品、非油品双增收。

近几年加油站洗车业务已逐步发展,而且受到车主的广泛欢迎。大力发展洗车业务也是大势所趋,首先,国家鼓励发展绿色环保事业,全自动洗车机的普及能够减少洗车用水的浪费,同时也能够减少污水的排放。其次,加油站是车主经常要去的地方,但是加油站的消费业务比较单一,引进全自动洗车机能够提高加油站的非油业务,为其增收。

加油站引进全自动洗车机确实有效地提升了加油站的非油业务量,同时也丰富了加油站的车主服务。值得注意的是,按照如今全自动洗车机的市场认可度,全自动洗车机的发展速度还不够理想,盈利空间还很有限。大部分油企为了吸引顾客来加油,免费提供洗车服务。随着人工成本和商用水、电费的增加,这种赠送式的洗车服务成本越来越高,油企也不堪重负。在这种情况下,增加其他汽车后市场服务来提升盈利能力迫在眉睫。人们在加油的同时进行洗车的习惯还未完全养成,所以在加油站洗车收费可能会遭到冷落。石油销售企业在周边居民密集且有场地的加油站可优先发展提供汽车美容、修车等服务的汽车服务公司,统一品牌、统一形象,也可选择有资质的服务商进行业务外包,吸引车主修车的同时参与洗车、加油等业务。此外,汽车服务商为扩大宣传,可与油品、非油品进行优惠互动,支付方式可统一以加油卡作为载体,实现总体盈利的目标,逐步培养顾客到加油站即可享受到全方位服务的意识习惯,逐步形成综合服务公司。

2. 拥抱新能源

随着当今新能源的不断发展,能源市场竞争日趋激烈,燃油动力车辆需求日趋饱和,油企采取的各种促销手段的效果不断减弱。能源市场正逐步走向多元化供给阶段,电动汽车和其他技术会在未来几十年内挤占成品油市场,这意味着石油销售企业亟待升级转型。我们可探究以下为新能源汽车服务的路径:

(1) 加快氢燃料在加油站网点销售推广。

"双碳"背景下,燃烧后产生水蒸气的氢能越来越受到政府和环保人士的欢迎。未来氢燃料电池和电动车前景看好,并且有非常好的储能载体——甲醇。甲醇在常温常压下是液体,它的能量密度为4300千瓦·时/米^3,是现在电动汽车电池的20倍左右。有了液体能源,投资几万亿美元建成的液体基础设施就可以在改造后得以使用。对于一般的加油站,近年可能是6个储油罐,前期可将其替换成1个甲醇罐和5个汽、柴油罐,再过十年,替换成2个甲醇罐和4个汽油罐。由此,整个能源转型就不需要再花费巨资建设加氢站和充电桩。

大量的加氢站与加油站共同投入市场，车企可大力发展氢燃料电池。如果车上装载50升甲醇，通过甲醇制氢发电，可以给电池充电，相当于电动车的"充电宝"，一旦没有电或者冬天的时候，装50升甲醇如同装了50升汽油，甲醇和水反应的温度是200多度，用余热就可以把车加热，也可以把电池保持在最佳温度。基础设施的落实就可以解决电动车"鸡和蛋"的问题。通过新的技术给电动车和氢燃料电池赋能，就解决了新能源车发展的痛点，所以我们应促进新能源车企加强技术攻坚，促进车企、加能站共同发展。

（2）加快与汽车制造企业合作。

2021年4月15日，蔚来与中国石化正式签署战略合作协议，双方将携手共建充换电基础设施，并在新材料及智能电动汽车、电池租用服务（BaaS）、车辆采购和休闲消费场景建设等方面展开全方位合作，发挥各自优势，共同打造全球能源行业与汽车行业的创新合作模式。中国石化与蔚来合作建设的全球首座全智能换电站——中国石化朝英站正式投运。该换电站采用蔚来自主研发的第二代换电站技术，拥有电池储量13块，单日可提供换电服务最多312次，有效提升用户换电体验。随着第二代换电站的推出，蔚来将加快换电站布局，缓解目前换电资源紧张的问题。中国石化与蔚来的战略合作将高效整合双方资源，为智能电动汽车用户提供更好的加电体验，让"续航便利性"成为未来消费者购买蔚来的硬理由。

中国石化、中国石油两大传统石油销售企业目前正加快向"油气氢电服"综合能源服务商转型，加油站正在逐步转变为加能站。在转型发展过程中，两大油企也正在与汽车制造企业进行密切合作，双方共同协商发展，资金共享，风险共担，谋划更符合双方未来发展的经营模式，攻坚技术壁垒与应用痛点，形成车企、能源企业、车主与政府节能减排、"双碳"目标的要求闭环促进。

（二）推动数字化转型升级路径发展

中国石油首款智能加油机器人2021年9月26日在河南销售郑州26站正式"上岗"，经过多轮实际场景下调试，截至10月11日，智能加油机器人已储存掌握了多种车型的构造参数，可为广大顾客提供标准化加油服务。这是石油销售企业依靠科技创新助力销售业务数字化发展升级、加速综合能源服务商转型迈出的新步伐。

数字化转型的核心特征是具备数字化市场战略和数字化运营能力。中国石油近期对依靠科技创新助力销售业务数字化转型发展升级做出全面部署和安排。要求进一步加快加油站管理系统3.0和零售会员体系建设，全面启动销售物联网等项目，加快上线电子销售平台建设，加快设备设施管理信息化步伐；滚动修订销售数字化转型方案，着力做好集团公司数据治理项目试点工作，努力构建"营销服务智慧化、基础管理智能化"的新发展格局。

1. 数字化转型协助管理者迅速做出更好的决策

随着石油销售企业在信息系统、互联网、移动支付等方面实现技术突破，目前已经积累了大量会员数据。这些数据包括用户行为数据和油品、非油品用户消费数据等。这些数据不仅体量大，而且类型复杂多样。要让这些数据产生价值，必须有大数据技术的支撑。很多地区销售公司近年来启动了数据沉淀池项目建设，允许以任意规模存储所有结构化和非结构化数据，无须先对数据进行结构化处理，可以原样存储数据，并运行不同类型的分析（从控制面板和可视化到大数据处理、实时分析和机器学习），以指导做出更好的决策。中高层管理者通过手机安装应用App，能够对加油站的数据进行实时传输，了解市场情况、油品非油品交易量和销售排名，获得活跃加油卡客户和客户分类情况。在2021年9月至10月期间，油品价格大涨，决策者根据销量变化情况，立即做出了适应市场变化的营销策略，柴油从促销价1.2元/升，逐步调整到挂牌价销售，既保证了市场份额，也提升了营销质量。大数据平台的应用让身处于"战场"中的一线人员能使用更多的营销工具，更加精准地应对瞬息万变的市场竞争。

2. 构建线上客户交互平台，洞察客户需求

移动互联网的深入发展对人类行为产生深刻影响，如今越来越多的人活跃在线上不同的场景和渠道中。为了与客户保持联系，更好地留存客户，需要不断地收集最新的客户信息，不断地向现有客户推送其感兴趣的产品。加油站流量是刚性的，更应建立一个可以和客户发生更多更高频互动交流的平台，例如通过手机客户端开发会员中心界面，通过会员特色活动和小游戏，更加高效地和客户交流。在以用户为中心的时代，营销主要聚焦于数据化、自动化与个性化。基于线上客户交互平台大数据，可以零距离获取用户痛点，洞察客户需求，完善产品及服务，实现高效拉新，激发活跃，提升留存，刺激转化的目标。例如中国石油开发的"中油好客e站"App实现了会员卡移动支付，客户不用随身携带加油卡即可通过手机在车内实现支付，实现了不下车、不找零、不圈存，方便客户的同时，也方便了油企对客户消费情况的掌握，为对客户加油轨迹进行分析提供数据支撑。

3. 替代普惠营销，精准营销支出

通过会员营销活动，让消费者快速融入会员体系，并形成使用习惯，在此过程中持续对会员基础数据和行为数据进行有效的采集与标签化管理。不断完善会员信息和标签，融合客户分析功能对各类客户定义及分类，结合大数据分析，对现有客

户精准画像并进行客户营销活动，逐步形成分层级、标签化、模块化、自动化、智能化的应用体系，全方位解读客户特征及消费习惯，针对每个客户建立标签，通过标签组合筛选客群，为客户提供差异化的精准营销服务。通过建立会员体系，对营销模式、优惠方式进行优化调整，精准掌握会员信息。通过画像、标签等功能对会员需求进行分析，真正实现"一站一策，一人一策"。营销方式由传统的全省统一促销、固定促销、对站促销调整为以客户需求作为核心，合理应用营销资源的精准促销，营销支出得到合理应用，控制较好，从而为企业的高效快速发展打下坚实的基础。例如针对流失客户，中国石油某公司开展了"10惠充值客户唤醒"活动。加大流失客户代金券赠送金额，吸引客户回归。该公司通过对上半年"10惠"充值客户进行统计，针对半年内参与过但近3个月没有参与"10惠"活动的客户开展顾客唤醒。经过几个月的精准促销活动，客户唤醒率达到23%，每月实现5000名以上的个人卡客户回归，增加储值额500万元。

数字化转型的道路还很长，随着互联网的发展，大数据已经融入我们生活的方方面面，利用大数据分析技术预测用户的消费行为，并有针对性地制定营销策略，是新零售不可逆转的潮流。成品油销售企业全力推动数字化转型、智能化发展，结合正在试点的零售会员体系等创新业务，以应用为上，简化操作，推进信息技术与业务深度融合，构建数字化转型应用平台，为传统成品油销售行业插上大数据应用的翅膀，加速企业转型升级。

四、结语

在产业升级上，成品油销售企业的新业务图谱是从成品油和石化产品供应商升级为"油气氢电服"综合能源服务商，锻造强韧高效的产业链，加快打造技术先导型企业，提高研发经费投入强度，更加注重基础研究和应用基础研究，加强关键核心技术攻关，打造成果快速转化、产品快速迭代竞争利器。企业需要直面机遇与挑战，拿出壮士断腕的勇气和魄力，朝新能源方向、新服务业态方向探索。为顺应能源转型大趋势，践行绿色低碳发展战略，成品油销售企业一方面要立足当前，加大减排力度与提升低碳能源供给相结合，提高能源类非成品油销售的占比；另一方面要着眼长远，积极探索绿色低碳能源的转型发展，发挥自身优势拓展新的业务。逐步将成品油销售企业的非油品销售向非能源业态发展，不断提升企业服务能力。

专题六　2021年中国船供油市场回顾及2022年展望

2021年全球经济稳步复苏，海运贸易量快速增长，带动全球船供油需求恢复，特别是中国船供油市场发展迅速，成为全球增速最快的国家，发展势头全球关注。

一、全球船供油市场需求情况

（一）供应方面

根据BP统计数据，2010年全球燃料油产量5亿吨，2020年产量3.68亿吨，基本上十年来呈现连续下降趋势，年均复合增长率为-2.4%。受全球主要炼厂轻质化程度不断提高，以及发电、化工领域燃料油需求大幅下降的影响，只有船用燃油领域保持稳定增长。

（二）需求方面

根据IEA等机构统计，全球船用燃油需求总量在3亿吨左右，包括高低硫燃料油和船用柴油等，大体70%是低硫燃油，20%是高硫船燃，10%是船用柴油等其他燃料。2020年是低硫船燃元年，受疫情大流行影响，全球船用燃油需求下降6%，2021年需求逐步恢复增长，预计增速为3%。

（三）消费区域

全球船用燃油需求主要集中在亚洲区域，根据ARGUS统计的2020年全球十大船供油港口数据，包括新加坡在内的5个主要加油港均是亚洲港口。其中，新加坡是全球最大的船供油港口，年供应量高达5000万吨，香港排名第四，年供应量600万吨，舟山港排名第六，年供应量472万吨，全球船供油市场日趋东移，东亚区域港口市场份额持续增长。新加坡依然是全球船供油市场的定价中心、贸易中心、供应中心。2017—2020年，新加坡船用油消费量复合增长率-0.53%，一直没有恢复至历史最高5000万吨规模。2021年1—11月新加坡市场船供油量4581.1万吨，同比增长0.6%，预计年供油量接近5000万吨。

(四) 燃油替代

根据克拉克森统计，2021年全球共签订371艘替代燃料船舶订单，合计1596万修正总吨，占同期新签订单总量的36%。当前，双燃料订单以大型船舶为主。其中，超巴拿马型集装箱船、VLCC和好望角型散货船手持订单中替代燃料船舶占比分别为23%、26%和13%。在LNG之外，LPG、甲醇、氨等燃料也渐渐为船东所接受，共有286艘新船（总计750万总吨）采用这些新兴燃料。具体来看，有95艘船将采用LPG燃料，甲醇动力的新造船共计22艘，氨燃料动力船共计30艘。整体来看，随着2023年以后替代燃料船舶的陆续投入，新的清洁替代船舶燃料预计将迎来快速增长。

二、2021年我国船供油市场变化

中国船供油市场包括保税油和内贸油两个市场。其中，内贸油供应量保持稳定，沿海和内河水上燃油年需求稳定在1000万吨左右，其中，沿海港口内贸船供油总量650万吨，70%为重质燃料油。保税油市场呈现快速增长势头，2020年供应总量1631万吨，同比增长36%。根据隆众资讯数据，2021年1—11月中国保税船供油量1890万吨，同比增长约26%，预计全年供应量2060万吨，再次突破历史最高纪录，中国与新加坡港船供油行业差距不断缩小。

（一）保税油市场分品种供应情况

从保税油业务分品种来看，中国低硫船燃供应量为1700万吨，高硫燃料油供应量为200万吨，船用柴油供应量为100万吨，低硫船燃供应占比高达88%，中国是低硫船燃供应占比最高的国家。中国港口的保税船用油仍以低硫燃料油为主，消费品种中MGO的消耗占比约6%，高硫燃料油约占6%，低硫燃料油约占88%；新加坡市场船用油消费中，MGO消耗占比约8.5%，高硫燃料油约占25.6%，低硫燃料油约占65.9%，如表1所示。与新加坡市场相比，中国市场高硫燃料油占比明显偏小。2021年下半年，高硫保税船燃进口资源明显偏紧，导致部分企业高硫燃料油供油量较少，高硫燃料油市场份额保持较低水平。而新加坡市场已经成为全球最大的高硫油供应中心港口，年供应总量已经超过1200万吨。

表1 中国和新加坡保税船用油品种占比 单位：%

国家	低硫燃料油	高硫燃料油	MGO
中国	88	6	6
新加坡	65.9	25.6	8.5

（二）保税油主要供油港口情况

从国内主要的保税船加油港口来看，舟山仍是第一大保税船供油港口，2021年1—11月舟山地区保税船燃供应量496.5万吨，同比上涨约20%。占国内供油量的26.3%。其中，跨关区加注量占舟山供油量的50%。

年内除华东地区保持较高增速外，山东地区的保税船供油量也呈现出大幅增长态势，据隆众资讯数据，2021年1—11月山东各港口的保税船供油量总体超300万吨，同比上涨36%。山东省内青岛石化、胜利石化、齐鲁石化等炼厂较高的低硫燃料油产量对当地的保税供油量起到了支撑作用。

另外，作为海南自由贸易港重点的保税船加油港口洋浦港，其保税船供油量目前已达到19万吨的水平，同比涨幅125%。

（三）保税油市场份额情况

从保税供油企业来看，2021年1—11月中国石化燃料油公司市场份额近43%，中船燃市场份额近41%，两大供油公司市场占比达84%，而其他舟山等地方小牌照企业市场份额占10%。需要关注的是，中国保税油市场进一步放开，继舟山之后，广州、深圳也放开了保税油市场，相关企业陆续申请区域供油业务牌照，市场的开放范围进一步扩大。

（四）保税油市场分船型供应情况

从船型方面来看，不同于其他国家，中国港口一直以来干散货船舶供油量占比较高。2021年，中国保税油供应量2060万吨。其中，干散货船供应量1339万吨，占比65%；集装箱船舶供应量659万吨，占比32%；其他油轮等船型供应量62万吨，占比仅3%。由此可见，中国干散货和集装箱两大船型燃油供应占比高达97%，特别是干散货船燃油加注需求一直以来居主导地位。集装箱船特别是欧洲航线的船舶，大多在鹿特丹、新加坡等低价港口大量加注燃料油。

（五）保税油市场资源供应渠道变化

整体来看，中国保税油市场资源渠道一半来自国内炼厂资源，一半来自进口资源。2021年第一季度保税低硫燃料油价格处于低位，炼厂生产积极性不高，加之受春节假期影响，整体产量维持偏低水平。进入第二季度，为抢占市场份额，中国石化开始压低低硫燃料油价格，周边国家的部分需求转移到国内，保税燃料油终端加注需求增长，7月迎来产量的第一个小高峰。第四季度，中国石化产量大致持稳，而中国石油为完成400万吨任务大关，在最后两个月加大了生产力度，低硫燃料油产量稳步上升，并在12月迎来第二个高峰。中化集团及浙江石化两家企业2021年未进行低硫燃料油生产，仅在年初有少量的库存出口操作。其中，中国石化低硫燃料油产量依旧最为突出，占总产量的一半以上，全年出口配额量为696万吨，配额使用率超过90%。中国石油低硫产量增长也较为突出，中国石油全年的出口配额仅有338万吨，完成了400万吨的生产任务。据悉，中国石油在2021年最后一个月将部分成品油出口配额转为燃料油出口配额的低硫燃料油。由此推算，其燃料油配额使用率超过110%。中国海油集团低硫产量也稳步增长，其配额使用率在80%左右。

（六）中国北方地区保税船燃资源增长最快

从低硫船燃供应分布区域来看，2021年渤海湾地区低硫燃料油产量遥遥领先，由于中国石油旗下炼厂大多分布在北方，中国石油2021年产量的明显增长，对渤海湾地区形成有效支撑。此外，中国石化山东地区的炼厂产量也较为突出，尤其是青岛石化，全年产量已经突破150万吨。华东地区产量较低，区内炼厂分布较少，且多数炼厂产能并未全部释放。此外，2021年浙江石化没有生产低硫燃料油，也是整体产量偏低的重要原因。华南地区产量呈稳步增长趋势，主要炼厂包括海南炼化、茂名石化、广州石化、广西石化等。此外，2021年仍有个别内陆炼厂生产低硫燃料油，但受运输成本的限制，整体产量较少，预计未来将逐步退出低硫船燃的生产供应。

（七）排放限制区进一步扩容

2021年12月16日，海南海事局组织召开海南排放控制区先行政策宣贯会，指出自2022年1月1日起，海南将在全国沿海率先执行最严硫氧化物和氮氧化物排放控制政策，进入海南沿海控制区的船舶应使用硫含量不大于0.1% m/m的船用燃油，推行《国际防止船舶造成污染公约》第三阶段氮氧化物排放限值要求，减少船舶硫氧化物等大气污染物的排放，保护和改善海南沿海空气质量，推进船舶节能减排和绿色航运发展。同期，欧洲地中海沿岸国家也将实施硫含量不大于0.1% m/m的船用燃油强制要求。随着排放控制区的扩大，越来越多的国家实施更加严格的燃油排放控制政策。

三、2022年我国船供油市场发展趋势

（一）中国低硫船燃资源质量优势明显

中国保税低硫船燃资源大多从国内大型炼厂采购，并按照船用燃油质量指标进行调和处理，质量更有保障，稳定性较好，特别是辽河油田的低硫船燃已经成为全

球船用燃油质量最好的品种。而新加坡、鹿特丹等国外港口的船用燃油大多需要进行调和使用，由于原料来源不同、品种差异较大，极容易出现稳定性问题，需要及时燃油使用，质量问题较为突出。中国的船用燃油质量稳定性较好，品质优势明显。

（二）中国低硫船燃供应能力增长潜力巨大

从供给侧来看，中国炼油产能巨大，预计炼油产业过剩产能超过1亿吨规模，特别是国家在控制成品油出口总量以后，加上保税船用燃料油退税政策实施，两个因素叠加激发炼厂生产低硫船燃的积极性，越来越多的炼厂加入生产大军，而随着规模的大幅增加，炼厂加工成本也在持续降低，大大提高了中国保税船供油的竞争优势。综合来看，2021年中国低硫燃料油的生产已经进入稳定增长期，为中国的保税燃料油加注业务提供了强大的支撑后盾。进入2022年，中国低硫燃料油产量将继续增长，预计中国石化会继续提升低硫燃料油产量，单月产量有望增长至70万吨，中国保税低硫燃料油产量或将达到1300万~1500万吨。预计"十四五"末，中国低硫船燃产能将达到2000万吨以上，未来增长空间巨大。

（三）中国船供油资源保障能力优势突出

中国加油中心港口大多毗邻中国石油、中国石化的主营炼厂，由炼厂生产出的低硫船燃直接进入监管仓和保税仓进行供应，物流成本优势明显，减少了供油等待的时间。相比较原来的进口资源，由于港口拥堵、罢工、台风导致的船期延误问题不再存在，减少了港口出现断供的概率，市场供油保障能力大幅提升。

（四）资源采购渠道多元化有利于航运能源安全

通过输送国内炼厂的船用燃料油，各大船供油企业逐步摆脱对进口资源的依赖。炼厂生产+混兑调和+海外进口+交割库供应四位一体的供应模式使国内资源和进口资源形成互补，采购渠道的多元化有利于石油供应安全，助推价格竞争优势的逐步形成，也有利于避免制裁事件对国有航运公司的不利影响。

（五）中国保税油市场放开范围更大

中国沿海越来越多的港口启动保税船加油基地建设。比如舟山全力打造成为东北亚船加油中心，已经成为全球第六大船供油港口。青岛港成功打通青岛口岸集水路、铁路、公路三路为一体的低硫船舶燃料油集港物流通道，推出"集出分供"监管模式，打造"北方船供油基地"。2021年11月25日，国务院正式印发并向社会公布《关于开展营商环境创新试点工作的意见》，明确指出支持开展国际航行船舶保税加油业务，提升国际航运综合服务能力。赋予上海市、广州市国际航行船舶保税加油许可权。允许广州市、深圳市保税油供应企业在广东省范围内开展保税油直供业务，进一步增强国际航运综合服务能力，吸引国际航行船舶，也将大大促进上海和广州保税船加油业务的发展。预计洋浦、青岛等港口也将陆续放开保税油供应牌照，越来越多的公司进入船供油市场，市场活跃度越来越高。

（六）大型航运公司燃油需求有望转至国内

中远海运集团年燃油需求量高达1000万吨以上，若优先选择在国内港口加油，可以获得质优价廉的燃油。而且随着国家陆续出台港航便利政策和实施费率等优惠，将吸引更多的国内外航运公司选择在我国港口加注燃油，特别是未来船供油市场以全球采购、集中生产、全球分销为主要特征的传统产销模式将不断向"近岸采购、就近生产、就地销售"的新模式转变，全球加注市场需求日趋向东亚港口集聚，中国将诞生舟山、上海、青岛、天津、日照、宁波6个百万吨级港口，成为东亚地区新的船加油中心。中远海运、招商局等大型航运公司以往大多在新加坡等国外低油价港口加油，随着国内燃油价格的走低以及服务能力的提升，预计上述大型航运公司会逐步优先考虑在国内港口加油。

（七）中国上海期货交易所价格影响力不断增强

在舟山低硫船燃供应价格优势不断凸显的同时，上海期货交易所低硫燃料油价格"异军突起"，已经成为区域重要基准价，该品种及时适应了中国船供油行业的发展需要，有利于航运企业和船供油公司积极利用低硫燃料油期货合约进行套期保值，更好地满足燃料油产业链企业的风险管理需求，增强中国保税船燃行业定价话语权。

（八）船供油行业制裁风险需要高度关注

2021年12月底，全球最大的船用燃料油供应商Bunker Holding首席执行官Keld R. Demant接受了此前丹麦法院对其破坏制裁有关的指控以及四个月缓刑的判决。2021年初，Bunker Holding、子公司Dan – Bunkering和Bunker Holding首席执行官Keld R. Demant都因违反欧盟对叙利亚政府的制裁被丹麦法院处罚。其所属子公司Dan – Bunkering向俄罗斯中间商提供燃料，然后将燃料转卖给叙利亚，被罚款500万美元以及没收200万美元已得利润，母公司Bunker Holding首席执行官Keld R. Demant被判处四个月的缓刑。对于国内船供油公司来说，在日常供油业务中，要加大制裁风险的管控力度，避免造成不必要的经济损失。

（九）LNG等清洁船舶燃料替代加速推进

2021年12月20日，由中国海油气电集团建设运营的中国首座沿海液化天然气（LNG）船舶加注站在海南省澄迈县马村港码头正式投运。该加注站的投用填补了国内沿海LNG船舶加注站的空白，为中国推广海洋船舶应用LNG起到示范引领作用。据测算，相比燃油，船舶以LNG为动力，每年可减少排放硫氧化物、悬浮颗粒物100%，氮氧化物90%，同时降低燃料成本。马村LNG船舶加注站是橇装模块化加注站点，设计年加注规模2.5万吨，具有投资小、建设周期短、占地面积小等特点。加注站最大加注能力为每小时54立方米，与加注柴油相当。该站自2021年3月15日开始试运行，已累计为"海洋石油550"和"海洋石油551"两艘LNG动力守护船安全加注12船次。此外，LNG内河应用作为"气化长江"的重要举措，近几年一直受政策推动，《长江干线京杭运河西江航运干线液化天然气加注码头布局方案（2017—2025年）》提到，长江干线布局45处LNG加注站码头，部分LNG加注站码头如表2所示。

表2 部分LNG加注站码头

港口名称	港区名称	项目名称	状态
芜湖港	三山港区	芜湖长江LNG船舶加注站	已投
南京港	八卦洲	南京八卦洲加注站	已投
重庆港	主城港区	重庆麻柳加注站	已投
宜昌港	三峡大坝坝上	秭归水运应用LNG项目码头工程	待投
镇江港	高桥港区	镇江港润祥液化天然气加注站码头	已投
上海港	浦东老港	上海浦东老港内加注站	已投

此外，广东积极打造LNG加注市场，规划到2022年，新建LNG动力船舶50艘，改造LNG动力船舶300艘，形成350艘LNG动力船舶应用规模，打造内河船舶LNG应用示范工程，引领广东省内河航运绿色发展；到2025年，LNG动力船舶应用规模进一步扩大，LNG加注站布局进一步完善，形成较完善的珠三角内河LNG动力船舶运输网络。并发布了LNG动力改造补贴实施方案，单船补贴最高可得380万元。

整体来看，中国船供油市场已经进入黄金发展期，特别是保税船供油供应有望继续保持两位数快速增长态势，加上国内巨大的低硫船燃产能优势，中国船供油市场需求总量将达到2300万吨以上，发展势头值得期待。

专题七　中国石油焦行业年度发展特点、问题及展望

石油焦作为关系中国民生的重要基础能源，正处于转型升级的重要阶段，行业发展持续向好，但受限于行业本身的局限性，受到缺乏统一行业标准、管理水平落后、竞争无序化、供应链整合度低、研发能力不足等方面的不利因素影响，行业管理水平亟须得到整体提升。

一、2021年中国石油焦行业发展特点及问题

（一）2021年石油焦市场政策分析

为深入贯彻习近平生态文明思想，全面落实党的十九届五中全会关于加快推动绿色低碳发展的决策部署，坚决遏制高耗能、高排放（以下简称"两高"）项目盲目发展，加强"两高"项目生态环境源头预防，推动行业绿色转型，生态环境部组织起草了《关于加强高耗能、高排放项目生态环境源头防控的指导意见（征求意见稿）》，并向社会公开。

征求意见稿指出：新建、扩建"两高"项目应采用先进适用的工艺技术和装备，单位产品物耗、能耗、水耗等清洁生产水平和污染物排放强度应达到清洁生产一级水平或同行业先进水平；鼓励使用清洁燃料，重点区域建设项目原则上不新建燃煤自备锅炉，涉煤项目不得将兰炭、石油焦等高污染燃料作为煤炭替代措施。新建"两高"项目大宗物料优先采用铁路、管道或水路专用线运输，短途接驳优先使用新能源车辆运输。

石化、煤化工、燃煤发电（含热电）、钢铁、有色金属冶炼项目须严格落实《关于加强重点行业建设项目区域削减措施监督管理的通知》要求，制定配套区域污染物削减方案，明确区域削减措施及责任主体。对环境质量超标的区域、流域，实行重点污染物排放倍量削减，对其他区域、流域实行等量削减。

征求意见稿的公开，在一定程度上为石油焦行业提前做了预警，未来石油焦从生产、发运、使用到排污，都将会迎来更加标准、规范的市场变革及发展。

（二）2021年石油焦市场价格变化分析

2020年石油焦市场经历近两年低谷后于下半年开始反弹，石油焦市场价格逐渐趋于往年同期水平。2021年1月，国内低品质碳素级石油焦市场均价为1000元/吨，国内高品质碳素级石油焦市场均价为3500元/吨，进口高硫燃料级石油焦的国内外盘价格约为115美元，2月，国产石油焦以及进口石油焦开始实现质的飞跃，一直到10月中旬完成产品价格登顶。10月中下旬开始，进口燃料级石油焦首先出现明显的调价，接着国产石油焦价格开始直线下滑，究其原因，除了大家普遍关注的铝价以及煤价影响外，2021年更重要的两个因素还有政府的宏观调控以及国际海运费的上涨。2021年5月，面对不断上涨的大宗产品价格，国家发展改革委不断召开新闻发布会，告知大宗产品价格已经脱离市场正常价格，国家后续会释放储备，以调节市场。由于市场反应滞后，初期并不能产生明显的效果，以至于更多的市场参与者无视政府的宏观调控。在后期国家采取更加强硬的手段后，市场逐渐趋于缓和，价格逐渐回归理性。另外，由于欧美疫情加剧，国外生产能力下降，许多箱柜海船滞留欧美海港，造成国际海运近乎瘫痪，实际海运船只不足，导致国际海运费水涨船高，成倍疯涨，以至于大宗产品以及原材料价格跟涨。上述情形，造成了国产石油焦以及进口到中国的石油焦出现突破历史性价格的局面。而2021年国产石油焦价格涨势与以往有所不同，以往涨价次序为中国石化、中国石油、中国海油，2021年中国海油一马当先，中国石化紧随其后，中国石油后来居上，且中国海油首次实现了登顶，市场价格逼近中国石油的抚顺、大庆炼厂，中国石油旗下炼厂石油焦未能如2018年所愿，在国内各个炼厂陆续下调价格期间，也逐步放慢涨价节奏并开始进行价格回调。以中国海油惠州石化为例，10月1日至11月1日，市场价格从4600元/吨下调至3500元/吨，如图1所示。

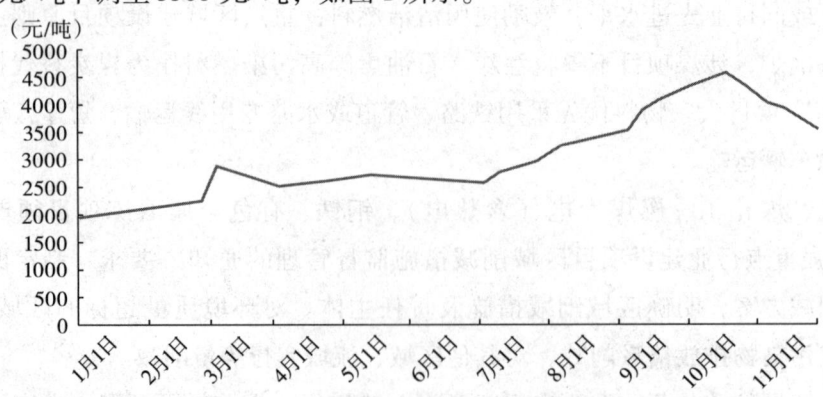

图1　2021年1—11月惠州石化石油焦价格

（三）2021年石油焦产业供应链分析

由于石油焦价格不断攀升，对国内工厂造成了众多的压力，石油焦的供应链由前期的炼厂—贸易商—终端已部分改变为炼厂—终端，但是2021年这种局面再次被打破，由于贸易商前期做了相应库存，待炼厂涨价期间，终端厂家依然会从贸易商手中购买大量现货。另外，就是一部分其他领域的专业人士以及国资企业发现石油焦这一产品的特殊性，开始陆续进入这个行业，给旧有的市场环境增加了新的血液，更加有利于扩大市场竞争范围，实现新老更替，促进行业发展。

（四）2021年石油焦市场呈现的问题

石油焦是一种产量较大的炼油产品，进入行业的门槛比较低，市场参与主体多为中小型民营企业，参与主体的特殊性决定了其经营理念以及经营方式还比较落后，市场趋利性较强，在不断完善的市场变化中抗风险能力差，资金实力明显不足。中国是炼化产能大国，石油焦作为原油生产的附属产品，一直以来以国内为主导，国外进口为辅，但随着落后产能的淘汰以及新上加氢装置，国内石油焦产量供应将会进一步减少，很大程度上将会增加国外石油焦的进口。作为生产铝制品、钢材、金属硅以及其他化工行业板块所必需的原料以及燃料，石油焦俨然成了国际的基础能源产品，但是尚未得到国家相关部门的重视，也未被国家列入产品管控范围，没有形成行业标准和国家标准，只存在企业标准，无法形成价格指数和合理的定价机制。在国际采购方面，由于市场参与主体经营理念的落后，形成了争相竞价，变相提高了应用端的生产成本。

二、2022年中国石油焦行业发展展望

"十四五"时期是中国全面建成小康社会、实现第一个百年奋斗目标之后，乘势而上开启全面建设社会主义现代化国家新征程、向第二个百年奋斗目标进军的第一个五年，国家在高铁、航空、港口建设、陆路运输、清洁能源发展方面提出了更高的要求与新的发展方向。石油焦是有色、化工板块不可或缺的特殊产品，也将起到支撑性作用。

（一）2021年石油焦尤其是高品质碳素级石油焦进口量有望增加

随着国内落后炼化产能淘汰以及新上加氢装置，国产碳素级石油焦在供应方面逐渐减少，在中国全面建设社会主义现代化国家新征程期间，市场成品需求体量将会进一步提升，这将会增加碳素级石油焦的需求量。以电解铝企业为例，国内铝厂为了降低人员劳动强度、保证电解铝过程电流稳定、提高铝水质量，除对石油焦含硫量做了

区分外,对微量元素如钒、铁、硅均提出了更高的要求。由于国产石油焦供应量降低,国内参与主体将会更全面地搜寻国外石油焦资源,进口量将在不久后超过国内总需求量的1/3,而石油焦行业也将会更加依赖于国际进口资源,如图2所示。

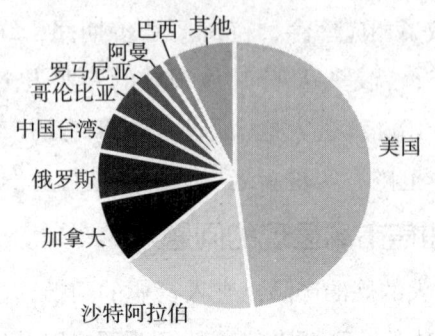

图2　2021年1—10月按国别进口石油焦总量份额

(二)石油焦产量需求向西南地区转移

云南省人民政府发布《关于促进经济平稳健康发展22条措施的意见》,提出加快发展现代产业体系。"绿色能源牌"方面,要进一步扩大省内用电市场,实行省、州(市)、县三级干部联系帮扶重大项目工作机制,实施派驻干部服务制度,采取"一户一策"针对性措施,一事一议协调解决绿色铝、绿色硅和产业链上下游企业落地过程中遇到的困难问题,全力推动绿色铝、绿色硅项目供电保障工程建设,促进项目尽快建成投产。同时在《重点产业链目录》中对铝行业发展做出规划:主动承接电解铝产能转移,大力发展铝精深加工产品,重点发展汽车用铝材、航空用铝材、轨道交通用铝材、消费电子用铝材、建筑用铝材、铝箔等产品,发展绿色铝产业链,建设"中国铝谷"。电解铝产能转移的背后,将是以石油焦为主的大宗原材料由原来的河南、山东、内蒙古、新疆地区进一步向西南地区转移,这将会逐步改变石油焦市场区域需求范围。

(三)市场价格将会长期处于波动局面,不确定性因素依然存在

石油焦因其产品独特性,市场价格不仅受国内外宏观环境影响,还受原油、成品油、石油焦库存、煤炭、下游产品价格及需求、国际海运费等诸多因素影响。2021年,新冠病毒从阿尔法、贝塔、伽马、德尔塔毒株变异为第五代奥密克戎变异株,全球尚无奥密克戎变异株传播能力、致病力和免疫逃逸能力等方面的系统研究数据,鉴于其在南非的快速流行趋势,包括美国、英国、欧盟、俄罗斯、以色列、中国台湾和香港等在内的多个国家和地区纷纷限制来自非洲南部的旅客入境,若奥密克戎变异株传播能力以及致病力加强,将会有更多的国家采取封闭措施,这将对

全球经济产生重大影响，市场波及范围也将会更加广泛。石油焦供需变化乃至市场价格变化将会跟随疫情的发展而产生新的变化。目前来看，国际供给较为活跃，国际海运费下调以及人民币汇率持续升值，将会一定程度上扩大进口，但国内下游需求支撑力有限，预计2022年石油焦价格将会维持整年波动局面。

（四）国内石油焦行业将会更加趋于标准化、规范化

随着科学技术的不断发展，石油焦的用途日趋广泛，而中国市场作为石油焦的主要产出国和主要消费国，一直都未形成系统的市场运行机制、行业管理标准，在配额管理、货源追溯、包装运输方面都未形成严格的管理体系。市场也缺乏组织引导、标准界定，一直处于无序竞争局面。中国石油流通协会石油焦行业委员会响应"十四五"规划整体方案及全面落实2020年中央经济工作会议提出构建新发展格局，积极筹建中国石油焦流通标准库。中国石油焦流通标准库不但在管理服务、硬件设施、运营体制上是与时俱进、标新立异的，而且将会实现管理服务智能化、石油焦商品标准化、交易模式数字化，更能有助于将来规范行业标准、形成石油焦价格指数，真正实现在产业链供应链方面不受制于人，不被"卡脖子"，在石油焦行业真正意义上实现中国主导，讲好中国故事，唱响中国声音。

专题八 "十四五"期间成品油消费影响因素分析

"十四五"规划多次强调能源问题，特别指出要推进能源革命，完善能源产供储销体系，对成品油行业发展具有指导性意义。进行"十四五"规划期间成品油消费影响因素分析，一方面有助于政府相关部门规范成品油行业的市场运行，推动成品油行业快速健康发展；另一方面有助于企业和消费者理解影响成品油消费现状的内在机制，提前做好风险应对。本专题首先回顾了"十三五"规划期间成品油行业的发展政策和成品油消费的现状及特点；其次区分内外部因素详细探讨了"十四五"规划期间成品油消费的影响因素；最后对"十四五"规划期间成品油消费状况进行合理预测。

关键词："十四五"规划；成品油消费；影响因素

一、前言

能源是经济发展的重要基础，关系到国计民生和国家竞争力。随着中国经济持续稳定发展和人民生活水平不断提高，成品油作为主要的化石能源，其需求仍然非常巨大，成品油行业发展受到了国家的极大重视。2020年10月29日，中国共产党第十九届中央委员会第五次全体会议审议通过了《中共中央关于制定国民经济和社会发展第十四个五年规划和二〇三五年远景目标的建议》，简称"十四五"规划。"十四五"规划多次强调能源问题，特别指出要推进能源革命，完善能源产供储销体系。在能源行业方面，"十四五"规划设立了能源资源配置更加合理、利用效率大幅提高，主要污染物排放总量持续减少的经济社会发展主要目标；指出要发展战略性新兴产业，加快壮大新能源、新能源汽车等产业。成品油行业方面，"十四五"规划指出要加强国内油气勘探开发，加快油气储备设施建设，加快全国干线油气管道建设，建设智慧能源系统，优化电力生产和输送通道布局，提升新能源消纳和存储能力，提升向边远地区输配电能力。

中国经济步入新常态，经济发展方式由高速发展向高质量发展转变，如何推动能源生产和消费革命被纳入国家长期战略。"十四五"规划多次强调能源问题，使得成品油行业发展挑战和机遇并存。一方面，作为成品油消耗大国，中国非常重视成品油的开发和运输，利用大数据、人工智能等科技提高成品油上中下游产业效率；另一方面，"十四五"规划又重点强调发展新能源，以达到节能减排的目的，为实现"双碳"目标打下坚实基础。为了回答"十四五"规划期间何种因素会影响成品油消费状况，本专题首先回顾了"十三五"规划期间成品油行业的发展政策和成品油消费的现状及特点，深刻探讨了能源政策和经济发展状况对成品油消费的影响；其次，从内外部因素两方面，探讨了"十四五"规划期间可能对成品油消费产生重要影响的因素；最后，对"十四五"规划期间成品油需求状况进行合理预测。

二、"十三五"期间成品油消费状况回顾

"十三五"规划期间，中国全面贯彻落实新发展理念，推动更深层次改革，实行更高水平开放，国民经济持续健康发展。2016—2020年，中国GDP总量保持不断增长的态势，GDP增速在2016—2019年基本保持稳定，受疫情影响，2020年GDP增速大幅下降。经济的发展为成品油消费需求的稳步增长奠定了基础，成品油表观消费量在2016—2019年始终高于31000万吨，在2020年受疫情影响降至29000万吨以下，成品油表观消费量增速持续下降。

（一）"十三五"期间成品油行业的发展政策

"十三五"规划期间，国家出台了一系列相关政策，旨在规范成品油行业的市场运行，推动成品油行业快速健康发展，主要内容如下：

2016年12月，国家发展改革委和国家能源局印发《能源发展"十三五"规划》和《石油发展"十三五"规划》，涉及上游资源勘探开发、中游原油成品油管网等基础设施建设，下游石油节约和替代等内容。2017年5月，中共中央、国务院印发《关于深化石油天然气体制改革的若干意见》，要求针对石油天然气体制存在的深层次矛盾和问题，深化油气勘查开采、进出口管理、管网运营、生产加工、产品定价体制改革和国有油气企业改革，以释放竞争性环节市场活力和骨干油气企业活力，提升资源接续保障等能力。2019年8月，国务院办公厅印发《关于加快发展流通促进商业消费的意见》，要求取消石油成品油批发仓储经营资格审批，将成品油零售经营资格审批下放至地市级人民政府，加强成品油流通事中事后监管，强化安全保障措施落实。2020年6月，国家能源局发布《2020年能源工作指导意见》，指出要坚持以保障能源安全为首要任务，着力补强能源供应链的短板和弱项，切实提高能源安全保障能

力和风险管控应对能力,要求大力提升油气勘探开发力度保障能源安全,推动常规天然气产量稳步增加。2020年7月,商务部发布《商务部关于废止部分规章的决定》,废止《成品油市场管理办法》和《原油市场管理办法》,贯彻落实国务院有关石油成品油流通管理"放管服"改革工作的要求。

能源政策对成品油行业具有导向和约束作用,为成品油的发展提供了良好的政策环境。《能源发展"十三五"规划》和《石油发展"十三五"规划》为成品油行业的可持续发展奠定了基础,《关于深化石油天然气体制改革的若干意见》明确了深化石油天然气体制改革的指导思想、基本原则、总体思路和主要任务,《关于加快发展流通促进商业消费的意见》降低了成品油市场进入门槛,《商务部关于废止部分规章的决定》加速推进了成品油市场化进程,这些政策营造了成品油行业良好有序的发展环境,有利于市场资源合理配置,推动了"十三五"规划期间成品油行业的可持续发展。

(二)"十三五"期间经济发展状况与成品油消费现状

1."十三五"规划期间中国经济发展状况及特点

"十三五"规划期间,各行各业在国家支持下得以发展,中国经济总体呈现持续平稳发展趋势。GDP总量保持逐年增长,GDP增速表现为先稳步上升后下降趋势。"十三五"规划期间,中国GDP总量从2016年的743585亿元升到2020年的1015986亿元,呈现持续增长态势。但受疫情影响,GDP增速呈现较大波动,如图1所示。2016—2019年,GDP增速虽然有所放缓,但均保持在6%以上,在国际上保持领先地位;受疫情影响,2020年中国经济发展状况明显变差,GDP增速急剧下降。但放眼全球,中国的GDP增速继续领跑主要经济体,2020年更是成为全球唯一经济正增长的主要经济体。

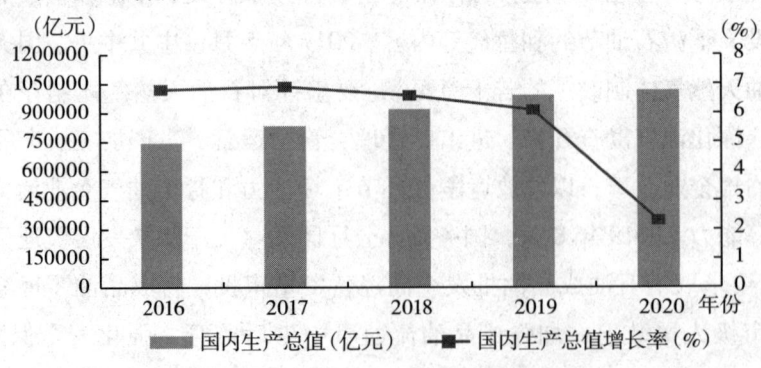

图1 "十三五"期间国内生产总值及增长率

数据来源:国家统计局。

2. "十三五"规划期间中国成品油消费现状及特点

国家经济发展状况在很大程度上决定了成品油行业的发展,是成品油消费的重要影响因素。"十三五"规划期间,中国经济发展状况总体呈现平稳发展趋势,在一定程度上利好成品油消费。成品油表观消费量呈先上升再下降趋势,而成品油表观消费量增长率呈逐年下降趋势。如图2所示,中国成品油表观消费量从2016年的31300万吨下降到2019年的31013.3万吨,表观消费量先上升再下降,但均大于31000万吨;受疫情影响,2020年成品油表观消费量下降为28974.52万吨,表观消费量增长率持续下降。

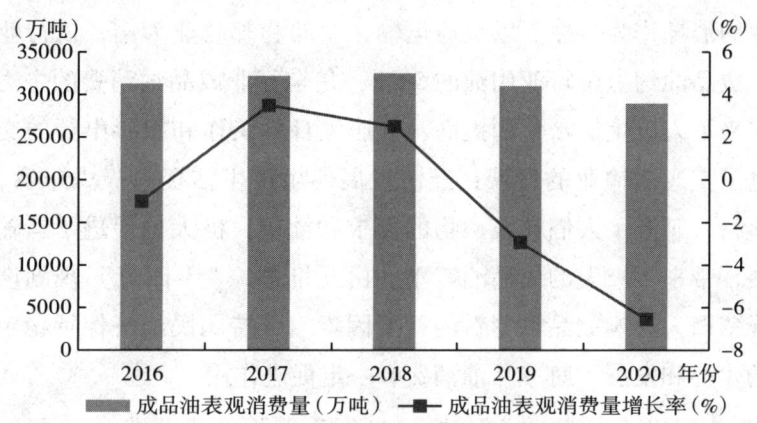

图2 "十三五"期间成品油表观消费量及增长率

数据来源:隆众资讯。

三、"十四五"期间成品油消费影响因素分析

"十四五"规划对能源问题高度重视,关注成品油行业的可持续性发展,使成品油行业发展挑战和机遇并存。对"十四五"规划期间成品油消费影响因素进行分析,一方面有助于政府相关部门规范成品油行业的市场运行,推动成品油行业快速健康发展;另一方面便于企业和消费者理解影响成品油消费现状的内在机制,提前做好风险应对。从成品油行业的外部因素来看,国民经济保持稳定增长,在一定程度上利好成品油需求;能源政策提供重要指引,以确保成品油行业朝着可持续性发展和市场化迈进。从成品油行业的内部因素来看,国家推动新能源汽车发展,对成品油消费形成部分替代;而燃料乙醇、氢能源等替代能源的出现,直接减少了成品油需求。

（一）外部因素

1. 经济因素——国民经济保持稳定增长时，利好成品油需求稳步增长

国家经济发展状况极大地制约着成品油行业的发展，是成品油消费的重要影响因素，当国民经济保持稳定增长时，利好成品油消费需求稳步增长；当国民经济出现较大波动时，成品油消费需求也会随之受到影响。以"十三五"规划期间为例，如图1和图2所示，中国的GDP总量逐年增长，GDP增速先稳步上升，后呈现不断下降趋势；与之相对应，成品油表观消费量呈先上升再下降趋势，成品油表观消费量增长率呈下降趋势。国家经济增长离不开各行各业的快速发展，而行业的发展繁荣以成品油的消耗作为支撑。以交通运输、仓储和邮政业为例，该行业主要消费柴油，消耗的成品油约占全行业用油的50%，是全行业成品油消费的主力军。国家经济的发展带来了人民生活水平的提高，使居民日常工作和旅游出行的交通需求明显增加，促进了交通运输业的发展；经济发展使生产生活资料极大丰富，消费主义、网络经济盛行，刺激了人们在线购物的需求和欲望，极大地促进了运输、仓储和邮政业的发展，带来了极大的成品油需求。由此推知，"十四五"规划期间，国家经济发展状况依旧为影响成品油消费的重要因素，维持国民经济保持稳定增长，利好各行各业的生存和发展，对成品油消费有一定促进作用。

2. 能源政策因素——"十四五"规划要求推进能源革命，完善能源产供储销体系

能源政策对成品油行业具有导向和规范作用，有利于加快成品油行业健康发展，推动成品油行业的市场化进程。以"十三五"规划为例，国家出台了一系列与成品油行业相关的政策，使产业政策逐渐放开，成品油行业加快向市场化迈进。"十四五"规划多次强调能源问题，特别指出要推进能源革命，完善能源产供储销体系，对成品油行业发展具有指导性意义。国家即将发布的《能源发展"十四五"规划》是"十四五"规划时期中国能源发展的总体蓝图和行动纲领，届时将提出"十四五"规划期间能源发展的指导思想，阐述能源发展的基本原则，制定能源发展的目标、重点任务和政策措施，为能源行业的发展指明方向，也是"十四五"规划期间中国石油产业可持续性发展的指导思想和行动纲领，届时将对上游如何更科学有效地勘探和开发原油资源，中游如何做好原油、成品油管网等的基础设施建设，以及下游如何处理好石油节约和替代问题提供重要指引，以确保成品油行业朝着可持续性发展和市场化迈进。

(二) 内部因素

1. 行业因素——国家推动新能源汽车发展，对成品油消费形成部分替代

国家大力发展新能源行业，对成品油消费造成一定冲击，特别是新能源汽车产业发展，对成品油形成一定程度的替代作用。为推动新能源汽车产业的高质量发展，2020年4月，财政部、工业和信息化部、科技部、国家发展改革委发布《关于完善新能源汽车推广应用财政补贴政策的通知》，旨在完善新能源汽车财政补贴政策，并指出中国新能源汽车在2020年、2025年和2030年的推广数量累计将分别达到500万辆、2000万辆和8000万辆。在财政补贴政策的支持下，中国新能源汽车产量和销量逐年增长，新能源汽车保有量不断攀升，连续多年成为全球最大的新能源汽车市场。以"十三五"规划为例，如图3所示，2016—2019年，中国新能源汽车产量和销量基本呈逐年上升趋势；但受疫情和新能源汽车财政补贴政策的综合影响，2020年中国新能源汽车产量和销量出现较大波动，增长速度变缓。

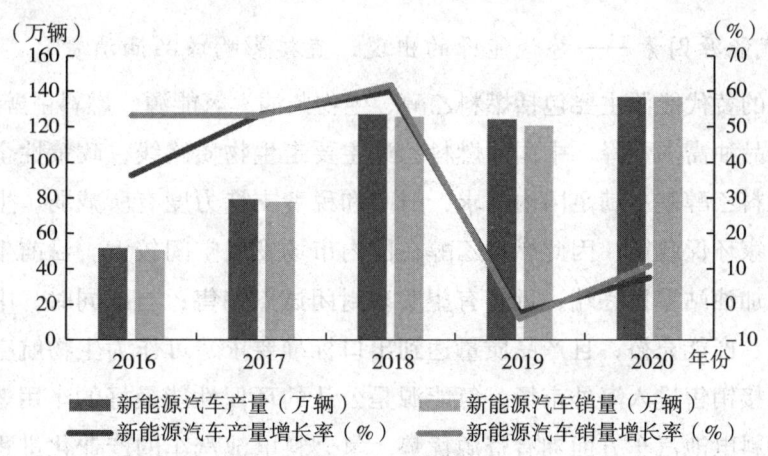

图3　2016—2020年中国新能源汽车产销量及增长率
数据来源：中国汽车工业协会，前瞻产业研究院。

国家甚至各省份相继制定了新能源汽车发展目标，使新能源汽车的市场渗透率逐年攀升。如图4所示，新能源汽车的市场渗透率从2016年的1.8%上涨到2020年的5.4%，呈逐年稳步上升趋势，但与传统汽车相比仍处于较低水平，具有很大提升空间。国家新能源汽车财政补贴政策和燃油车禁售政策的进一步落实，直接利好新能源汽车行业快速发展，对传统汽车行业造成了一定冲击，对成品油消费形成一定的替代作用。为应对全球变暖等气候问题以及响应节能减排的号召，2020年9月，中国在联合国大会上提出了"双碳"目标。鉴于二氧化碳的生命周期较长，而中国承诺实现从碳达峰到碳中和的时间，远远短于发达国家所用时间；与此同时，

"十四五"规划时期又是实现碳达峰的关键期、推进碳中和的起步期,因此要想在2030年实现碳达峰目标,必须尽早加快能源结构转型,减少成品油等化石燃料的使用。"双碳"目标的宣布加快促进传统车企转型升级,汽车电动化使得单车油耗持续降低,进一步制约了成品油消费。

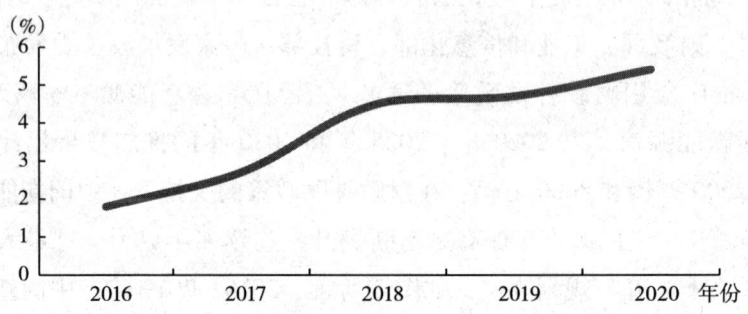

图4　2016—2020年中国新能源汽车的产品市场渗透率
数据来源:中国汽车工业协会,前瞻产业研究院。

2. 替代能源因素——替代能源的出现,直接影响成品油消费

成品油的替代能源主要包括燃料乙醇、生物柴油、氢能源、燃料甲醇等的出现,直接导致成品油需求下降。中国的燃料乙醇主要走生物质路线,政策性全国封闭推广暂缓。燃料乙醇基本满足国内需求,财政和税费支持力度有所减弱。生物质液体燃料符合国家环保政策,因此燃料乙醇在国内市场发展空间较大。目前生物柴油在上海已进入加油站零售终端,近年有望实现封闭试点销售;与此同时,中国生物柴油原料充足、产能充裕,且产品质量达到出口标准要求,可作为生物航空煤油的生产原料或直接销售进入海外市场。氢能源是公认的环保性能最好的车用燃料,中国在发展氢燃料电池汽车方面拥有资源优势,氢燃料电池汽车的产业化进程已逐步展开。截至2020年底,中国已投用氢燃料电池汽车超过7000辆,远超过2020年推广应用5000辆的目标;2025年、2030年规划推广应用分别达到5万辆、100万辆。燃料甲醇也是成品油的替代能源之一,发展燃料甲醇符合中国"富煤贫油"的国情,燃料甲醇的使用经济性比常规汽油、柴油更加明显,甲醇汽车具备较好的发展前景。甲醇汽车已形成一定规模,试点项目相继通过验收,甲醇汽车正式走向市场,并且在甘肃、陕西、山西、贵州4个富煤省份深度推广。"十四五"规划期间,随着燃料乙醇、生物柴油、氢能源、燃料甲醇等替代能源的技术更加成熟,各种替代能源的独特优势得以凸显,其需求量和消费市场将逐步扩大,这将直接影响成品油消费,形成部分替代作用。

四、"十四五"期间成品油需求预测

"十四五"规划期间,经济发展状况仍然是影响成品油消费增长的决定性因素,能源政策、新能源产业和替代能源因素也将在一定程度上制约成品油需求。随着国内疫情得到有效控制,中国GDP增速将保持稳定增长态势,成品油需求也将保持稳步增长趋势。具体表现在:私家车出行数量的增多拉动汽油消费,汽油需求将有所增加;经济秩序陆续恢复、物流运输逐渐恢复正常,柴油需求将得以快速恢复,但中国正从工业化中期向工业化后期转变,铁路货运代替公路货运的趋势越发明显,生产性柴油消费和运输性柴油消费将呈现逐年下降趋势;随着国外疫情逐渐得到有效控制,国际航班将逐渐恢复正常,中国航空业的高速发展使得煤油需求呈稳步上升趋势。在对"十四五"期间成品油消费的影响因素分析下,对成品油需求状况做出如下预测:

(一)成品油总体需求保持稳步增长趋势

经济持续平稳发展,疫情防控有力,以及"十四五"规划对成品油行业的重视,在一定程度上利好成品油行业发展,使成品油总体需求呈现稳步增长趋势。根据相关部门估计,2021—2025年中国的GDP增速将保持在5.0%~6.0%,呈现稳定增长态势。随着国民经济稳步增长,居民生活水平提高带来更多出行和旅游的需求,各行各业对成品油的需求也会进一步提升,成品油总体需求将呈现稳步增长趋势。随着新冠疫苗的研发和普及,国内外疫情在"十四五"规划期间将得到有效控制,各行各业的生产将恢复到疫情发生前水平并不断发展,交通运输及仓储邮政业的快速发展使得汽油的消费需求得以提升;农林牧渔业作为基础性产业,对柴油具有刚性需求,农林牧渔业和工业的发展,是柴油需求的主要来源;国内外航空业将得以恢复,中国航空业的高速发展使得民航客运和货运周转量趋于正常,带来航煤需求的上涨。与此同时,"十四五"规划特别指出要推进能源革命,完善能源产供储销体系,推动成品油行业可持续发展。综上所述,在经济平稳发展和能源政策的保驾护航之下,"十四五"规划期间成品油总体需求将保持稳步增长趋势。

(二)汽油需求仍然保持上升,但增速放缓

"十四五"规划期间,汽油需求将仍然保持上升,但增速放缓。汽油需求的上升动力主要来自汽车保有量。在宏观层面,千人汽车保有量是衡量汽车市场发展阶段的重要指标。2019年,中国汽车保有量微超全球平均水平,达到180辆/千人,

而欧美等发达国家的汽车保有量一般大于500辆/千人,韩国等发达国家的汽车保有量一般也在380辆/千人以上。因此推知,中国汽车保有量的增长空间巨大。在微观层面,中国城镇居民每百户拥有汽车约40辆,乡村居民每百户拥有汽车约20辆。根据相关理论,当平均车价与居民年收入比值低于3.5时,居民便具备了汽车购买力。中国收入排位在40%~80%的城镇居民和收入排位在20%~40%的乡村居民均跨过该门槛,具备使汽车保有量持续增长的购买力。汽车保有量的上升,是汽油需求上升的主要来源。汽油增速放缓的主要原因在于汽车保有量增速放缓、新能源汽车的快速发展以及汽车电动化使得单车油耗持续降低。根据边际效益递减规律,随着汽车保有量的不断增加以及高铁等交通工具的快速发展,人们对汽车的需求将逐渐饱和,汽车保有量增速会逐渐放缓。新能源汽车的市场渗透率逐年攀升,在一定程度上占用了传统能源汽车的市场份额。2021年,中国发布了新能源汽车发展规划,要求到2025年新能源汽车销量占比达20%;随之发布了新能源和节能汽车发展技术路线图,要求到2025年货车油耗下降8%~10%,客车油耗下降10%~15%,传统能源乘用车油耗下降到5.6升/百千米。汽车保有量增速放缓,新能源汽车的快速发展以及汽车的电动化进程,在一定程度上减缓了汽油增速。综上所述,"十四五"期间汽油需求将仍然保持上升,但增速有所放缓。

(三)柴油需求将有所减少,呈现稳步下降趋势

"十四五"规划期间,柴油需求将有所减少,呈现稳步下降趋势。从构成角度来看,柴油需求由生产性柴油消费和运输性柴油消费构成。其中,生产性柴油消费以工农业生产为主,消费强度与工业化进程紧密联系。根据工业化阶段划分理论,"十四五"规划期间,中国正从工业化中期向工业化后期转变,经济中的工业比重已小于40%并将继续下降,导致生产性柴油消费出现不断下降趋势。而运输性柴油消费以公路运输为主,消费强度主要与货运强度有关。据相关部门统计,以往中国公路货运占比为33%~35%。随着高铁的快速发展,为降低总体运输成本,中国从2018年起在战略层面提出旨在降低公路货运比例的"以铁替公"要求。截至2019年底,中国公路货运占比已经小于30%,未来公路货运比例也将持续缩小,运输性柴油需求也将随之下降。从行业角度来看,农林牧渔业和工业的成品油需求以柴油为主。其中,农林牧渔业作为国家基础性产业,在"十四五"规划期间将得到中央和地方政府补贴等政策支持,将呈现大规模、机械化趋势,带来一定的柴油需求;但农林牧渔业容易受季节性因素影响,导致柴油需求呈现阶段性、周期性变化,需求弹性较小。"十四五"规划期间,工业和信息化部印发的《中华人民共和国节约能源法》《工业节能管理办法》政策的进一步落实,将推动工业节能和能效的进一

步提升，促进工业绿色高质量发展，柴油需求也将随之下降。综上所述，"十四五"规划期间柴油需求将呈现稳步下降趋势。

（四）煤油需求仍然保持上升，且增速相对较快

煤油需求的增长动力主要来自中国航空业的高速发展。虽然疫情对航空业产生重大影响，使2020—2021年国际和国内航空需求急速减少，造成煤油需求快速下降且波动较大，但随着新冠疫苗普及和疫情得到控制，国际和国内航空需求将逐渐得到恢复，进而航煤需求也会得以恢复，并在未来呈现增长趋势。"十四五"规划期间，随着国民经济稳步增长，居民可支配收入增加带来生活水平的提高，将会有更多人群选择航空作为办公和旅游的出行方式，利好中国航空业的发展，带来煤油需求的增加。与此同时，三、四线城市将持续推进普及机场工程，预计到2030年可实现覆盖中国80%人口的机场设施目标，使航空出行越发方便快捷，进一步增加煤油需求。综上所述，"十四五"规划期间煤油需求将呈现逐年上升趋势，且增速相对较快。

专题九 中国动力电池行业发展分析

一、动力电池结构组成

一个完整的动力电池由多个电池单体进行串联、并联，加上控制单元、采集系统、冷却系统等构成。以奥迪 A3 Sportback e－tron 动力电池结构为例。①电池单体：组成动力电池的最小单元；②电池模组/电池组：由数个电池单体并联焊接在一起构成；③电池单元：由数个电池单体或电池组串联在一起构成（特斯拉电动汽车动力电池单体是松下提供的 18650 号电池，整个电池由 7000 颗电池单体组成）；④CSC 采集系统：每一个电池组/单元内部都有一个 CSC 信息采集系统，用来监测采集每个电池组/单元的电压、温度等信息；⑤控制单元：电池控制单元（BMU）安装在动力电池内部，用来将电池的电压、电流、温度等信息上报给整车控制器（VCU）并根据 VCU 的指令完成对动力电池的控制；⑥电池高压分配单元：安装在动力电池总成的正负极输出端，由高压正极继电器、高压负极继电器、预充继电器、电流传感器和预充电阻等组成；⑦冷却系统：对动力电池进行散热，使其处于最佳工作状态。

二、动力电池类型及应用特点

动力电池类型有铅酸电池、镍金属电池、锂离子电池、高温钠电池、金属空气电池、超级电容电池、飞轮电池、燃料电池和太阳能电池等。锂离子电池从大规模进入商业化开始，不断侵占电力市场，现在已经稳稳占据电池市场。

锂离子蓄电池是一种二次电池（充电电池），它主要依靠锂离子在正极和负极之间移动来工作。在充放电过程中，$Li+$ 在两个电极之间往返嵌入和脱嵌，充电时，$Li+$ 从正极脱嵌，经过电解质嵌入负极，负极处于富锂状态；放电时相反。

电极材料都是锂离子可以嵌入（插入）/脱嵌（脱插）的。以钴酸锂、锰酸锂、镍钴锰酸锂（三元材料）、磷酸铁锂等为正极材料的动力电池，统归为锂离子动力电池，这些不同的正极材料各有优势，是新一代锂离子动力电池的发展趋势。和所有化学电池一样，锂离子电池由五个部分组成。①正极：活性物质一般为钴酸锂、锰酸锂、镍钴锰酸锂（三元材料）、磷酸铁锂等材料。正极反应：放电时锂离子嵌入，充电时锂离子脱嵌。②隔膜：一种经特殊成形的高分子薄膜，薄膜有微孔结构，可以让锂离子自由通过，而电子不能通过。③负极：活性物质为石墨，或近似石墨结构的碳。④有机电解液：溶解有六氟磷酸锂的碳酸酯类溶剂，聚合物的则使用凝胶状电解液。⑤电池外壳：分为钢壳、铝壳、铝塑膜（软包装）等。

三、锂电池产业发展现状

（一）锂电池性能及特点

锂电池是以锰酸锂、磷酸锂或者钴酸锂等锂的化合物作为正极，用可嵌入锂离子的碳材料作为负极，使用有机电解质的蓄电池。纯电动汽车上使用的电池大部分都是锂离子蓄电池，按形状可分为方形和圆柱形，按正极材料的不同可以分为以下四类：三元锂离子蓄电池、磷酸铁锂离子蓄电池、锰酸锂离子蓄电池和钴酸锂离子蓄电池，见表1。

表1　锂离子电池正极材料性能对比

项目	三元锂	磷酸铁锂	锰酸锂	钴酸锂
真实密度/（克/厘米^2）	2.0~2.3	1.0~1.4	2.2~2.4	2.8~3.0
比表面积/（米^2/克）	0.2~0.4	12~20	0.4~0.8	0.4~0.6
克容量/（毫安·时/克）	140~165	110~140	100~120	135~145
标称电压/伏	3.5	3.2	3.7	3.5
循环次数/次	≥800	≥2000	≥500	≥300
原材料成本	高	低	低	很高
制备工艺	高	较难	较容易	容易
安全性	较好	优秀	良好	差
高温性能	较好	很好	差	差
低温性能	较好	差	较好	好
倍率性能	好	较差	较差	好

（1）三元锂离子蓄电池：能力密度大，功率密度高，循环寿命长，易于加工且安全性较好。

（2）磷酸铁锂离子蓄电池：具有稳定性较高、更加安全可靠、更环保且价格低廉的优点；缺点是电阻率偏大，电极材料的利用率较低。目前，广泛采用碳复合磷酸铁锂做正极。

（3）锰酸锂离子蓄电池：具有资源丰富、价格便宜、安全性高、容易制备等优点；但存在理论容量不高、材料在电解质中会缓慢溶解，即与电解质的相容性不太好、在深度放电的过程中，材料容易发生晶格畸变，造成电池容量迅速衰减等缺点。

（4）钴酸锂离子蓄电池：具有电化学性能优越、易加工、性能稳定、一致性好、比容量高等优点；但存在安全性较差、成本相对较高等缺点。

（二）锂电池产业链概况

中国拥有丰富的锂资源和完善的锂电池产业链，以及较为庞大的基础人才储备，使中国大陆在锂电池及其材料产业发展方面成为全球最具吸引力的地区，并且已经成为全球最大的锂电池材料和电池生产基地。锂电池产业链如图1所示。

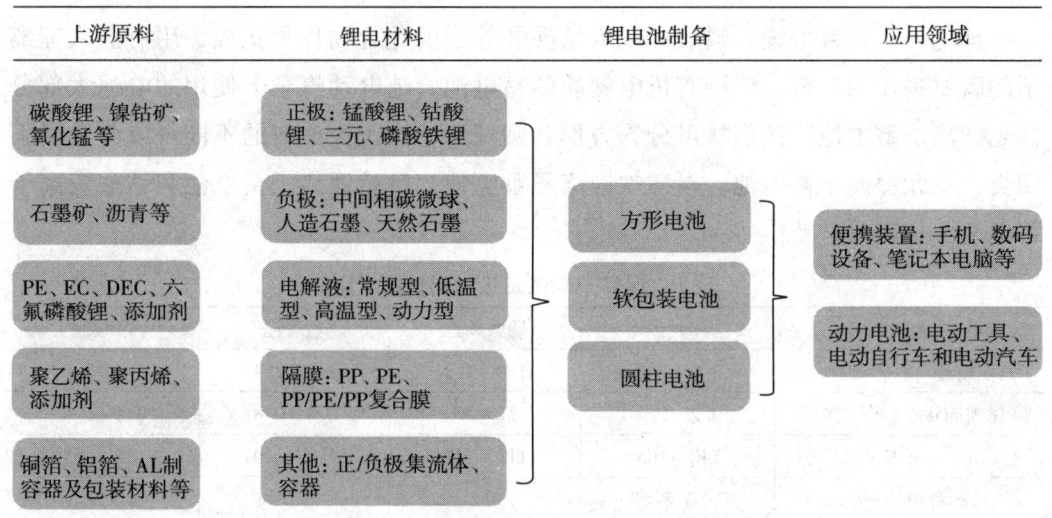

图1 锂电池产业链

锂电池上游为原材料资源的开采、加工，主要有锂资源、钴资源和石墨。全球的锂资源储量丰富，仍有60%的锂资源尚未得到勘探和开发，但是锂矿的分布相对比较集中，主要分布在南美的"锂三角"地区、澳大利亚和中国。全球钴储量约为700万吨，且分布集中，刚果（金）、澳大利亚、古巴三国的储量占到全球储量的70%，特别是刚果的钴储量达到340万吨，占全球的50%以上。

锂电池产业链中游主要涉及各种正极、负极材料，还有隔膜、电解液、极耳以及电芯等。

从中国锂离子电池的下游应用市场来看，动力电池受新能源汽车产业快速发展的带动成为占比最大的细分领域；其次是 3C 数码电池市场，产量约 30GWh，但以柔性电池、高倍率数码电池、高端数码软包等为代表的高端数码电池领域受可穿戴设备、无人机、高端智能手机等细分市场带动，成为 3C 数码电池市场中成长性较高的部分；另外，中国储能锂离子电池约 5GWh。锂电池产业链上的主要企业见表 2。

表 2　锂电池产业链主要企业

序号	产业链环节	代表企业	简介
1	上游	天齐锂业	中国最大的电池级碳酸锂供应商，全球最大的矿石提锂企业
		赣锋锂业	国内锂系列产品品种最齐全、产品加工链最长、工艺技术最全面的生产商
		西藏矿业	锂资源龙头，扎布耶盐湖蕴藏着锂、钾、铯等矿产，是全球为数不多的超百万吨级盐湖之一
		金瑞科技	子公司长远锂科专业生产钴酸锂，是特斯拉电池原料直接供应商
2	中游（正极材料企业）	湖南杉杉能源科技股份有限公司	主要产品为钴酸锂、锰酸锂和三元材料等，生产基地有长沙、宁乡、宁夏石嘴山，现有产能 6 万吨，其中三元材料产能 3.9 万吨，包含高镍 811① 产能 8200 吨。公司总规划产能 18 万吨，预计到 2020 年其总体产将达到 12 万吨。杉杉能源的主要客户包括 CATL、ATL、三星、比亚迪、LG、力神电池等
		容百科技	在北京、湖北、贵州、韩国等均有布局。容百科技 NCM 年产能为 3.5 万吨，其中湖北四期、贵州 1-2 期工程顺利竣工投产，新增 1.5 万吨高镍正极材料产能；NCA 产能为 800 吨/年，三元前驱体产能为 1.8 万吨。公司主要客户包括国外的 LG、SKI，国内的 CATL、比亚迪、力神电池、比克电池、孚能科技等
		厦门钨业	主要产品涵盖钴酸锂、三元材料、锰酸锂等。公司三元材料总产能达 3 万吨，其中三元 2 万吨，2019 年底正极材料形成 5 万吨产能，2020 年达 7 万吨。主要客户包括松下、CATL、三星、LG、中航锂电等大型锂离子电池生产商
		格林美	产品主要包括硫酸镍、硫酸钴、四氧化三钴、三元前驱体、三元正极材料、钴酸锂等。公司现有正极材料产能 2 万吨，其中三元 1.5 万吨，2020 年新增三元产能 3 万吨。格林美前驱体主要客户包括三星、ECOPRO、桑顿新能源、容百科技、振华新材、厦门钨业；正极材料客户主要包括 CATL、三星、捷威动力等

---

① 811 体系指镍钴锰含量的比例，镍 80%，钴 10%，锰 10%。

续表

序号	产业链环节	代表企业	简介
2	中游（正极材料企业）	长远锂科	主要产品包括多元材料前驱体、多元正极材料、钴酸锂等锂电正极材料，拥有麓谷和铜官两个生产基地。长远锂科共拥有正极材料产能3.5万吨，其中新增铜官基地一期投产，预计年底正极材料总产能达到4.5万吨，2022年正极材料总产能达到11.5万吨。主要客户包括比亚迪、CATL、力神电池、欣旺达、亿纬锂能等
3	中游（负极材料企业）	贝特瑞	贝特瑞是全球最大的天然石墨负极厂商，市场份额达到63%，几近垄断，对天然石墨的发展具有举足轻重的影响。不仅是天然石墨领域，在人造石墨领域，贝特瑞2019年市占有率达到11%，增长率位居全国第一。贝特瑞拥有9.3万吨负极产能，其中天然石墨产能8万吨、人造石墨产能1万吨、硅基负极产能3000吨。在下游，贝特瑞采取大客户战略，重视与国内外动力电池龙头企业的合作，覆盖了包括松下、宁德时代、比亚迪、三星SDI、LG化学、SKI及村田等国际主流客户群体，是唯一一个几乎囊括全球动力电池几大龙头的负极供货商
3	中游（负极材料企业）	璞泰来	璞泰来是一家平台化公司，主要从事锂电池关键材料及工艺设备研发、生产和销售，聚焦锂电产业链。2012年设立子公司江西紫宸从事负极材料业务，负极材料营收占据璞泰来业务的63.7%。2019年，璞泰来负极材料出货4.6万吨。璞泰来的客户比较高端，包括宁德时代、三星SDI、LG、亿纬锂能等国内外知名企业
3	中游（负极材料企业）	杉杉股份	杉杉股份在国内负极行业资历是最深的，子公司杉杉负极是国内第一家从事锂离子电池人造石墨负极材料研发的公司。杉杉股份近年来不断扩大负极材料产能，从2016年的2.8万吨提升至2019年底的12万吨，可以迅速应对下游需求的上升，利用率较低，负极销量2019年为4.7万吨，不及贝特瑞和璞泰来
3	中游（负极材料企业）	中科电气	2019年中科电气产能达到2.2万吨，2020年达到4万吨，有效产能在3万吨以上，利用率很高，扩张势头迅猛，远期公司产能有望提升至6万吨。在客户结构上，2019年中科电气已批量向比亚迪、宁德时代、SKI等龙头企业供货，并且随着产能问题的解决，公司体量也在不断壮大，与LG化学等潜在客户的沟通也在加强，有望延伸海外，抓住行业全球性机遇，实现快速增长
3	中游（负极材料企业）	翔丰华	翔丰华主要依靠高度绑定比亚迪，在天然石墨市场占比8%，人造石墨市场占比5%，拥有3000吨石墨化产能，并有1.2万吨石墨化在建产能。比亚迪在负极的自供率为15%~20%，而翔丰华供应了30%~35%的负极材料，是比亚迪最大的负极供货商。2017年开始供货宁德时代，不过量非常少，仅有130多吨，2021年进入了LG化学的供应链，可供应特斯拉的国产Model 3

续表

序号	产业链环节	代表企业	简介
4	中游 (隔膜企业)	沧州明珠	锂电池隔膜总产能将达到3000万米^2/年
		佛塑科技	锂电隔膜湿法龙头,产能将超过1亿米^2/年
		大东南	生产耐高温超薄电容膜、锂电池隔膜和太阳能电池背膜
5	中游 (电解液企业)	天赐材料 (26.3%)	天赐材料成立于1996年,其电解液业务生产基地包括广州、九江、宁德和天津,合计产能超过5万吨,溧阳生产基地在建产能20万吨,六氟磷酸锂合计产能达到1.4万吨,新型锂盐产能300吨,规划新型锂盐产能2000吨。2020年8月,天赐材料发布了关于投资建设捷克年产10万吨锂电池电解液项目(一期)的公告。该项目一期总投资2.8亿元,建设3万吨/年锂电池电解液。天赐材料主要客户有ATL、CATL、比亚迪、索尼、万向集团、哈光宇、国轩高科等
		新宙邦 (17.5%)	至2019年底,新宙邦电解液产能达到6.5万吨,生产基地包括惠州、南通和苏州,在建产能包括荆门、福建三明和波兰基地。在电解液添加剂方面,公司拥有淮安瀚康2000吨、南通1000吨VC和FEC产能,张家港瀚康转为添加剂研发中心和仓储物流中心。新宙邦主要客户包括三星、LG、松下、亿纬锂能、索尼、力神电池、比亚迪、比克电池、哈光宇、CATL等
		国泰华荣 (11.5%)	国泰华荣现有电解液产能3万吨/年、硅烷偶联剂产能5000吨/年,在建产能包括2万吨/年技改项目、福建项目4万吨/年的产能以及波兰电解液项目,江苏国泰还通过超威新材料布局电解质和添加剂。江苏国泰主要电解液客户有ATL、力神电池、LG、松下等
		杉杉股份 (8.86%)	杉杉股份旗下的电解液现在拥有东莞杉杉和衢州杉杉两家公司,其中衢州杉杉为与巨化集团合资的公司。公司现有电解液产能6万吨,六氟磷酸锂产能6000吨。主要客户有比亚迪、比克电池、ATL、创明电池等
		天津金牛 (7.04%)	天津金牛从LiPF6延伸做电解液,是国内较早一批做电解液的企业。公司现有电解液产能1万吨,六氟磷酸锂产能1000吨,主要为自用。在建产能包括4000吨六氟磷酸锂、15000吨电解液及200吨新型锂盐。主要客户有三星、力神电池、无锡村田、比克电池、国轩高科、中航锂电、哈光宇、捷威动力等
6	中游 (锂电池)	宁德时代	2020年12月29日,宁德时代发布公告拟新增390亿元投资,相较此前披露的750亿元增加了50%以上,对应产能约120GWh,当前产能接近90GWh,2023年产能将达到240GWh以上,含合资产能在内的长期产能合计超过400GWh

续表

序号	产业链环节	代表企业	简介
6	中游（锂电池）	LG化学	预计2021年产能较2020年提升20GWh达到130GWh，并计划在之后的2年内就实现产能翻倍达到260GWh，可供应的纯电动汽车约500万辆
		松下	当前产能在55GWh左右，未来计划在挪威新建年产能约38GWh的锂电池工厂，并提高美国内华达工厂产能至54GWh。第二梯队电池厂商大多计划在5年内实现100GWh产能
		比亚迪	按照比亚迪的规划，弗迪电池到2020年底的产能将达到65GWh，2021年和2022年总产能分别达到75GWh和100GWh
7	下游（电控及模组、电容器、整车）	宁德时代、比亚迪、国轩高科、德赛电池、TCL集团、凯恩股份、南都电源	锂电池企业
		德赛电池、欣旺达、动力源、汇川技术	电控及模组企业
		江海股份、法拉电子、南洋科技	电容器企业
		比亚迪、上汽集团、广汽集团、吉利汽车、长安汽车	终端应用市场中，以汽车和两轮车为例，5家达到了千亿级别的整车企业

（三）锂电池"低钴""无钴化"现状

三元体系中，钴元素可以起稳定材料结构的作用，钴含量增加能有效减少阳离子混排，降低材料阻抗值，尤其对于提高材料电子电导率、改善倍率性能、降低电芯内阻等有不可替代的作用。钴在三元材料中短期内无法完全消除替代，但低钴与无钴技术增强了下游动力电池对矿商的议价能力。因此，利用价格低谷期，三星SDI、Umicore、SKI、特斯拉、宝马等全球领军的锂电材料、电池、车企均锁定了各自的钴原料长协。但未来若钴价格出现大幅上涨，依然会导致下游动力领域低钴、无钴进程的加快，材料体系转向无钴。

市面上主流的电池要数特斯拉的三元锂电池和比亚迪的磷酸铁锂电池。两者最大的区别就是前者的正极材料是镍钴铝（或锰），而后者的是磷酸铁锂。因为有钴，三元锂电池的造价普遍要比后者高，但因为能量密度大，其安全性会稍微差一点。

相比三元锂电池，磷酸铁锂电池有一个致命缺点：由于化学性质的差异，三元锂电池的能量密度比磷酸铁锂电池高出70%左右，因此搭载三元锂电池的车型普遍跑得更远、更快。

"无钴"概念最近被炒得火热，"无钴"不管是在技术方面还是在市场方面，突破的难度都很大。但从研发方向看，更多企业正在布局镍钴锰铝（NCMA）四元锂电池。领军的通用汽车在2021年3月公布了自主研发的Ultium动力电池包，这是第一种即将量产的NCMA四元锂电池。而蜂巢能源也有提出过开发NCMA四元锂电池的项目。事实上，退而求其次的NCMA电池也暂时没有哪家企业可以真正量产。截至2021年底，能够量产的、钴用量最少的电池是NCM811/NCA系列。

从国际上来看，LG化学、SKI都已经量产NCM811，松下的NCA电池早就装配给了特斯拉。从国内看，宁德时代NCM811电池也已经量产供货。此外，比亚迪、国轩高科、比克动力、亿纬锂能、力神电池、远景AESC、桑顿、鹏辉能源、万向一二三等电池生产企业，以及杉杉股份、当升科技、长远锂科、宁波金和、天津巴莫、厦门钨业等材料企业，都在积极布局NCM811/NCA高镍少钴电池和材料。

虽然比亚迪、特斯拉、蜂巢能源等企业也有布局"无钴"电池，但因为其技术与市场不稳定，要等最终量产的信息披露后才能判断其在市场中的位置。

电池是一个很复杂的体系，一个新材料的商业化，必须要所有配套材料同步革新，这本身就是一个相对复杂、长周期的开发过程；而产品开发完成后，还有小试、中试、量产，其间不断修正也是一个漫长过程。因此，电池技术革新是一件相对缓慢的事情，未来趋势是"无钴"还是四元，我们需要长期关注。

四、动力电池行业发展现状

（一）动力电池行业发展规模

2020年，动力电池行业装机量受到疫情较大程度的冲击。2020年中国动力电池行业的装机量为63.1GWh。2020年动力电池装机量增速约为1.1%。2020年，中国动力电池产量累计83.4GWh，同比累计下降2.3%。

从细分产品来看，2020年中国三元锂电池产量累计48.5GWh，占总产量的58.14%，同比累计下降12.0%；磷酸铁锂电池产量累计34.6GWh，占总产量的41.43%，同比累计上升24.7%，如图2所示。整体产量数据中包含动力电池企业海外基地生产部分，其中三元锂电池累计产量12.6GWh，磷酸铁锂电池累计产量3.3GWh。

从装机量来看，2020年中国动力电池装机量累计63.6GWh，同比上升2.3%。

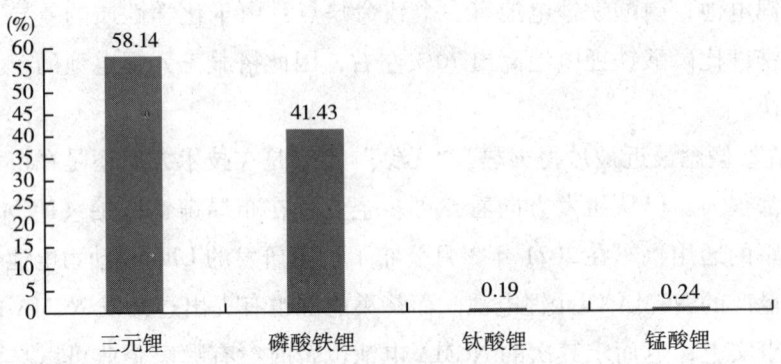

图2　2020年动力电池产量分产品占比情况

其中，三元锂电池装机量累计38.9GWh，占总装机量的61.12%，同比累计下降4.1%；磷酸铁锂电池装机量累计24.4GWh，占总装机量的38.35%，同比累计增长20.6%，是驱动装机量整体同比上升的主要产品，如图3所示。

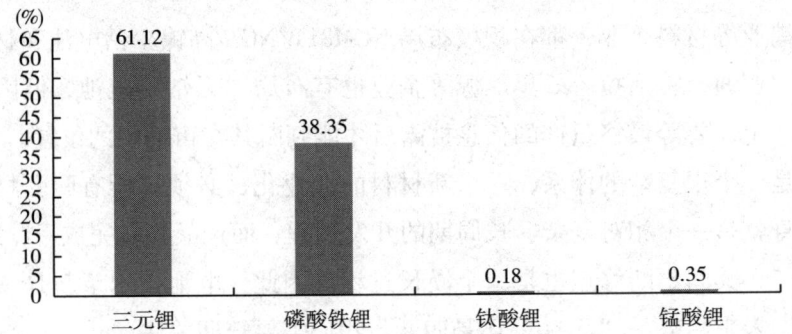

图3　2020年动力电池装机量分产品占比情况

从企业来看，2020年中国动力电池企业装机量前十名依次为宁德时代、比亚迪、LG化学、中航锂电、国轩高科、松下、亿纬锂能、瑞浦能源、力神、孚能科技，如表3所示。

表3　2020年中国动力电池装机量前十名企业

排名	企业	装机量/GWh	占比/%
1	宁德时代	31.8	50
2	比亚迪	9.5	14.9
3	LG化学	4.1	6.5
4	中航锂电	3.6	5.6
5	国轩高科	3.3	5.2
6	松下	2.2	3.5

续表

排名	企业	装机量/GWh	占比/%
7	亿纬锂能	1.2	1.9
8	瑞浦能源	1.0	1.5
9	力神	0.9	1.4
10	孚能科技	0.9	1.3

从外形工艺看，电池包装分为方形、圆柱和软包3类，理论能量密度上限从高到低依次为软包、方形和圆柱。根据目前已公开的2019年数据，方形电池占比进一步提升，圆柱电池市场份额持续收窄。2019年中国方形、软包、圆柱动力电池装机量分别为51.8GWh、6.3GWh、4.1GWh，分别占动力电池总装机量的83.2%、10.1%、6.7%。各类电池装机量前五名企业如表4所示。

表4 2019年方形电池、软包电池、圆柱电池装机量前五名企业

序号	方形电池企业名称	装机量/GWh	软包电池企业名称	装机量/GWh	圆柱电池企业名称	装机量/GWh
1	宁德时代	30.3	孚能科技	1.2	合肥国轩高科	1.2
2	比亚迪	10.8	宁德时代	1.2	力神	0.8
3	合肥国轩高科	2.2	卡耐新能源	0.6	比克	0.7
4	亿纬锂能	1.6	多佛多新能源	0.6	银隆新能源	0.4
5	中航锂电	1.5	捷威动力	0.6	联动天翼	0.3

从市场规模来看，2020年，中国动力锂电池产量累计83.4GWh，其中三元电池和磷酸铁锂电池合计占比达99.5%。2020年中国动力电池出货量为80GWh，同比增长13%，市场规模约为650亿元，同比下降8.5%，市场出现增量不增值现象，如图4所示。

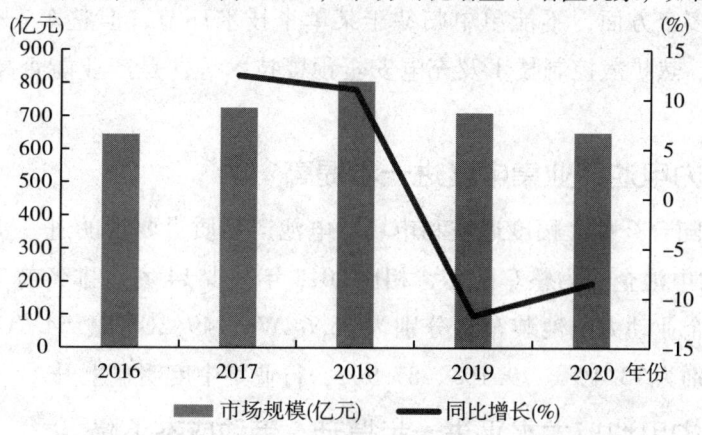

图4 2016—2020年中国动力锂电池市场规模

（二）动力电池梯次及回收利用产业向好

2019 年全球锂离子电池回收市场规模约为 15 亿美元，预计到 2025 年将增至 122 亿美元。而到 2030 年，全球锂离子电池回收市场规模预计将稳定增至 181 亿美元，据 OFweek 锂电网统计，2025—2030 年复合年增长率为 8.2%。

中国最早一批新能源汽车的动力电池步入淘汰周期，越来越多的车企和电池厂、电池材料商开始合作迈进电池回收领域。从顶层建设到底层布局，中国动力电池回收再利用市场日益规范。自国家推进新能源汽车动力蓄电池回收利用政策以来，广东省、江苏省、甘肃省、四川省、湖南省等省份的相关部门携多家车企、电池企业、回收企业成立了动力电池回收利用产业联盟。其中，最大规模的动力电池回收合作要属中国铁塔和比亚迪、长安、银隆新能源等 16 家企业组成的四川动力电池回收利用联盟，该联盟由中国铁塔股份有限公司四川省分公司和四川长虹电子控股集团有限公司牵头筹建。

中国也在大力推进完善动力电池回收体系，2019 年底，工业和信息化部印发的《新能源汽车废旧动力蓄电池综合利用行业规范条件（2019 年本）》和《新能源汽车废旧动力蓄电池综合利用行业规范公告管理暂行办法（2019 年本）》两个行业规范文件，从顶层设计和规划上推动了中国动力电池回收体系的建设和进一步完善。

天眼查数据显示，中国经营范围含"电池回收"的企业数量有 3000 余家。近 5 年来，电池回收相关企业数量增长显著，企业增量逐年上升，2019 年新增企业超过 700 家，而 A 股上市公司共有 5 家。

（三）动力电池安全成为全产业关注的焦点

据不完全统计，2019 年全年起火事故车辆高达 70 余辆，事故比例较高。尽管整车安全涉及多个方面，不能单单归咎于某单个技术环节，但整车安全控制技术、电池安全技术、热扩散控制技术及充电安全预警技术等，是产业能否高质量发展的关键所在。

（四）动力电池产业集中度进一步提高

2019 年，随着补贴大幅度退坡和市场对电池产品质量要求的进一步提高，全年共计 79 家动力电池企业为整车配套，相比 2018 年减少 14 家。排名前三、前五、前十的动力电池企业动力电池装车量分别为 45.6GWh、49.2GWh、54.7GWh，占总装车量的比例分别为 73.4%、79.1%、87.9%，行业集中度明显上升。

（五）动力电池技术水平进一步提升，带动成本下降

根据 2019 年 6 月 26 日开始执行的新补贴标准，160Wh/kg 以上车辆能够获得 1

倍补贴，新能源汽车动力电池能量密度提升将是行业发展的重要方向，补贴政策或许能够帮助推动高能量密度电池占比。由2019年动力电池系统能量密度分布，可进一步证明电池产品的优胜劣汰。2020年160Wh/kg的电池占比会显著提升。

2019年动力电池装机主要集中在140Wh/kg以上区间，其中又以按2018年标准可获得1.1倍补贴系数的140~150Wh/kg的产品装机最多。2019年160Wh/kg以上电池装机量为9.9GWh，主要供应商为宁德时代（6.3GWh）、比亚迪（1.5GWh）、孚能科技（0.4GWh）。2019年，三元电池和磷酸铁锂电池系统能量密度分别达到182Wh/kg和145Wh/kg，带动电池成本进一步下降。以宁德时代、天津力神为代表，300Wh/kg的单体电池产品技术开发已取得显著进展；以中科院物理所、卫蓝等为代表，固态电池技术研发也取得一定程度的进展。

专题十 石油石化行业应对碳边界调整机制策略探究

2019年末,欧盟发表绿色新政,碳边界调节机制(Carbon Border Adjustment Mechanism, CBAM)成为核心内容;2020年3月,欧盟发布初期影响评估报告,向公众征集CBAM设计和影响评估相关的意见和建议。经过一段时间的安排和评估,2021年3月,欧洲议会通过了设立CBAM的决议;2021年7月,欧盟委员会提交了CBAM立法草案。

2020年中国与欧盟商品贸易总额达5860亿欧元,欧盟统计局发布公报显示中国成为欧盟的第一大贸易伙伴;欧盟是中国重要的出口贸易国之一,中国出口欧盟的商品贸易额占中国出口总额的15%左右。2020年中国对欧盟出口额为27084亿元,其中,石油石化产品出口占11.5%左右,包括化学品、橡胶制品、炼化装备、石油制品等。欧盟CBAM一旦实施,对中国国际贸易、产业结构、经济发展等将产生深远影响。石油石化行业作为国民经济支柱产业之一,也将受到直接或间接的重大影响。2021年10月,《中共中央 国务院关于完整准确全面贯彻新发展理念做好碳达峰碳中和工作的意见》《2030年前碳达峰行动方案》两个碳达峰、碳中和顶层部署官方文件发布,两个文件都明确提出要"坚持共同但有区别的责任原则",积极参与国际规则和标准制定,推动建立公平合理、合作共赢的全球气候治理体系。《联合国气候变化框架公约》第26次缔约方会议(COP26)也对碳关税展开了讨论。本专题将从CBAM的内容、CBAM对石油石化行业的影响以及应对策略等方面进行深入分析,为石油石化行业应对碳边界调整机制提出建设性意见。

一、欧盟碳边界调整机制内容与国际发展趋势

欧盟碳边界调整机制从本质上来说就是一种"碳关税",以避免其他经济的碳转移和碳泄漏,但内容设计更为复杂和隐晦,世界范围内不同国家对其也持不同态度。

(一)欧盟碳边界调整机制内容

从形式上,草案中提出的形式为购买排放许可证这一"非税收"类型:一是在

世界贸易组织（WTO）、关税及贸易总协定（GATT）相关法律条文规定下，"非税收"从名义上更缓和，实施阻力会相对较小；二是"购买排放许可证"作为一种碳交易的形式减排效果更稳定高效，原因是市场更能有效配置资源。

从缴费方式上，欧盟的进口商需按照欧盟当时的碳排放权价格购买排放许可证，购买的量为扣除在商品生产国支付的碳价和欧盟本地同类厂商获得的免费排放额度后的核算碳排放量；同时，从2026年后，将以10%的比例逐年减少免费排放额度，直到2035年完全取消。

从实行范围上，包括时间范围、商品范围和经济体范围。第一阶段，2023年到2025年为过渡期，只履行报告义务，申报内容包括商品的进口量、生产国、生产过程中的直接碳排放量和在生产国已支付的碳价，2026年开始正式施行，且到2035年逐年减少免费额度；后续阶段待定。商品范围第一阶段仅包含水泥、钢铁、铝、化肥和电力五种，后续会逐渐包括全部商品范围。适用经济体为欧盟的商品进口国，但豁免已加入欧盟排放交易体系（Emissions Trading System，ETS）的非欧盟国家或者与欧盟ETS挂钩、已经对商品实际征收了碳价的国家。

（二）国际发展趋势

欧盟碳边界调整机制本质上还是"碳关税"。在欧盟的高环保标准下，CBAM的提出旨在推动碳减排，同时对本土商品产生贸易保护效果，对是否违反世界贸易组织协定存疑，不同国家产生了不同观点。德国最知名的两大政治基金会之一的康拉德·阿登纳基金会发布了题为《专家调查：对计划中的欧盟碳边界调整机制在亚太地区的看法》的报告，中国、日本、印度很多受访者都持负面观点。巴西、印度、南非、中国在2021年4月的联合声明中强调，CBAM违反"共同但有区别的责任和各自能力"原则。

俄罗斯、土耳其等国反对态度更为强硬，因俄罗斯出口至欧盟的肥料约占欧盟总进口的36%，钢铁占比约35%；土耳其出口至欧盟的水泥占欧盟总进口的37%，钢铁占比约30%，这些国家主要通过WTO等多边组织来表达担忧。

美国方面，美国总统拜登在其竞选时曾提到过实施"碳边境费用"或排放额限制，对那些未能完成气候和环境义务的国家进口的碳密集商品征税；2021年7月，美国参议院克里斯和众议员斯科特提出以立法的形式建立碳边境税，建议对美国进口的石油、天然气、煤炭和生产的铝、钢等高碳产品征收碳税。美国还没有全国统一的碳定价体系，实行碳边界调整机制的基础薄弱，短期内推出的可能性不大。

综上，碳边界调整机制短期内在全球范围施行的可能性不大。若欧盟正式实行CBAM，短期内，一是具有过渡期，二是免费排放额度逐年减少，能起到一定缓冲作用，三是初始覆盖商品种类较少，影响有限。其象征意义更大，欧盟CBAM的实行必然会对国际社会应对气候变化相关规定的制定形成一定参考，这将进一步提高欧盟在应对气候变化领域的国际话语权。因此，在过渡期和缓冲期，充分研究分析其对中国的影响，提高设计应对方式与措施具有重要意义。

二、CBAM对石油石化行业的影响

根据上述欧盟碳边界调整机制的相关内容，下文从直接和间接两个角度对CBAM或将对石油石化行业产生的影响进行分析。

第一阶段，因商品范围仅包含水泥、钢铁、铝、化肥和电力五种，2020年中国出口到欧盟的这五种商品贸易额仅占对欧盟出口总额的不足1%，相关的交易额占比很小，且仅申报商品生产过程中产生的直接排放，对中国石油石化行业的直接影响和间接影响均较小。

若CBAM逐渐深化运行，商品范围扩大到欧盟碳市场包含的所有行业，则会对石油石化行业的成本、效益与健康运行产生重大影响。联合国统计署根据2015年至2019年中国出口欧盟的商品数据计算，当商品范围扩大到全局时，其中受影响最大的就是石油化工品和钢铁部门，其中，石油化工品受影响的贸易额占受影响贸易总额的近1/3。

直接影响方面，一是成本上升。中国碳交易市场起步较晚，且尚未包含石油化工产品，碳价较低，而欧盟碳交易市场起步较早，欧盟碳价远远高于中国，如图1所示（欧盟碳交易价格按2021年12月9日汇率换算为人民币）。欧盟进口商购买排放许可证时的价格以欧盟当时的碳排放权价格为准。此外，若出口国厂商无法提供准确且有一定认可度的碳排放数据，将按照欧盟同类生产厂商排放强度前10%厂家的数据进行确定。欧盟的高碳价和国内行业核算标准的缺失将使得中国石油石化产品出口成本大幅上升。二是或将丧失部分欧盟市场份额。中国出口至欧盟的部分石油石化产品是通过较低的价格取得竞争优势，从而获得市场份额的。CBAM实行后，这种价格优势可能因高碳排放、支付较高的碳价而失去，在与同行比较中失去竞争优势，最终会失去在欧盟的市场份额。三是商业机密甚至国家机密面临的泄密风险加大。欧盟CBAM要求的披露内容包括商品的进口量、生产国、生产过程中的直接碳排放量（后续会纳入间接排放）和在生产国已支付的碳价，涉及产品生产过程的详细参数。石油石化行业作为国民经济的支柱产业，CBAM的实行不仅可能使其商业机密面临的泄密风险加剧，甚至会使国家机密暴露风险加大。

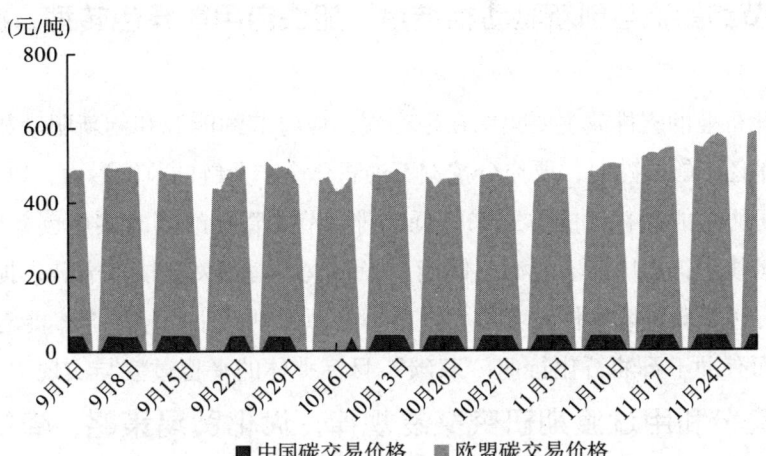

图1　2021年9—11月中国与欧盟碳交易价格情况

数据来源：全国碳交易公众号、洲际期货交易所（ICE）网站。

间接影响方面，一是提高国内生产成本。欧盟的高碳价会传导到国内碳交易市场，使得国内碳交易价格上升，继而使得石油石化行业生产成本提高。二是影响石油石化行业的正常运行。高耗能产业在此境况下面临急速转型的被动局面，而石油石化工业与国民经济的发展和人民生活水平的提高密切相关，其他产业的绿色低碳转型，无论是上游钢铁供应影响生产装备还是下游能源需求转变都将影响石油石化行业的正常运营，加速石油石化的产品结构调整与经营结构的低碳转型，企业将面临更加复杂多边的经营环境。

三、石油石化行业应对CBAM策略建议

欧盟碳边界调整机制的实施，第一阶段包括的商品范围种类较少，对石油石化行业影响有限，若在一段时间后扩大商品范围，将对中国石油石化行业的国内经营和国际贸易产生重大影响。根据上述CBAM对石油石化行业的影响分析，提出相应的应对策略建议：要充分发挥企业主体、行业协会和国家的三方合力。企业自身要将节约能源和创新驱动相结合，加快自用能绿色转型，提高碳减排效率，充分利用过渡期和缓冲期降低产品的全生命周期碳排放，同时，在过渡期和缓冲期要积极关注CBAM机制实行和交易规律，充分总结和研究，优化贸易策略从而降低碳交易成本；行业协会可设有关机构，研究和建立行业碳排放核算标准，同时取得国际认证资格，为石油石化行业出口欧洲提供便利，从而降低商业机密的泄密风险；国家要积极进行国际多边谈判，提出公平合理的主张，确保中国厂商的合理权益。

（一）节约能源与创新驱动相结合，加快自用能绿色转型，提高减排效率

石油石化行业的碳排放主要集中在生产端，应将节约能源和创新驱动相结合，在创新低碳技术还不够成熟时，要充分挖掘石油石化全产业链的节能潜力，以节能降耗、加快自用能可再生能源替代的方式来降低碳排；节能降耗的同时实施创新驱动战略，大力发展低碳技术，加快清洁能源、储能、碳回收利用等关键技术突破，提高企业和行业未来在绿色低碳领域的核心竞争力。节约能源与创新驱动相结合，能有效提高减排效率，从而有助于石油石化行业"双碳"目标整体的平稳过渡与实现。

（二）充分利用过渡期研究交易规律，优化贸易策略，降低碳交易成本

欧洲 CBAM 第一阶段实行后，石油石化行业内各企业主体可利用过渡期和缓冲期进行机制的深入研究和交易规律的总结分析，提前制定应对策略。当 CBAM 商品范围扩大到石油石化相关产品后，企业可以更为从容地应对。在第二年碳排放许可证清缴期前，企业可根据碳市场价格的波动规律和排放许可证的交易规律，选择合适的交易时间点和交易数量，灵活运用碳交易的多种金融衍生工具，优化贸易策略，降低出口欧盟的碳交易成本，最终降低出口成本。

（三）发挥行业协会作用，为出口企业提供便利

石油石化行业应对欧盟碳边界调整机制，应积极发挥行业协会作用。一是与科研机构加强合作，尽快研究和尽快建立公正合理、国际社会认可度高的行业碳排放核算标准，作为对外贸易的碳排放数据核算依据；二是总结世界范围和国内石油石化行业绿色低碳转型先进经验，为国内行业企业转型发展提供指导和技术支持；三是在建立公正合理、国际社会认可度高的行业碳排放核算标准的基础上，尽可能取得国际认证的资格，为石油石化行业出口欧洲提供便利，从而降低商业机密的泄密风险。

（四）国家积极进行国际多边谈判，提出公平合理的主张，确保中国厂商的合理权益

国家应积极进行国际多边谈判，立足中国实际，充分考虑历史责任和人均原则，强调不同水平国家承担不同的减排责任，提出公平合理的主张；同时积极探索适合中国的碳减排政策，推动多边国际碳减排机制的建立，提升中国在世界范围内应对气候变化领域的话语权，确保中国厂商的合理权益。

专题十一　中国碳排放权交易市场运行现状及对策建议

2011年10月，中国在北京、天津、上海、重庆、广东、湖北、深圳七省市启动了碳排放权交易地方试点工作（以下简称碳交易市场），伴随着这一市场的启动，全球规模最大的碳市场就此成立。2013年6月，深圳、上海、北京、广东和天津碳交易市场交易陆续开启，有效促进了试点省市企业温室气体减排。2014年，重庆和湖北碳交易市场启动交易。在首批碳交易市场顺利运转后，2016年，福建和四川碳交易市场启动交易。2017年末，《全国碳排放权交易市场建设方案》印发实施，目的是建设全国统一的碳交易市场，中国碳交易市场将成为全球覆盖温室气体排放量规模最大的碳交易市场。

截至2020年底，中国7个碳交易市场顺利完成7期履约。中国正在建立"制度完善、市场规范、交易活跃、监管严格"的区域性碳交易市场，截至2021年6月，电力、钢铁等20多个行业被试点碳市场覆盖，近3000家重点排放企业，试点省市碳交易市场累计配额成交量4.8亿吨CO_2当量，成交额约114亿元，在推动碳达峰、碳中和方面起到了重要的作用。2021年7月16日上午9时30分，全国碳交易市场正式启动上线交易，在交易首日，全国碳排放权交易市场成交了410.4万吨碳排放权配额，成交金额2.1亿元。开市首日成交活跃，随后的成交热度有所下降，9月中上旬的日均成交量降至1万吨以下。截至2021年12月31日，全国碳市场累计成交碳排放权配额1.79亿吨，累计成交金额突破76亿元，碳交易市场正式启动交易说明已有的区域市场已经和全国市场并存。中国尚未成立专门的全国碳交易机构，全国碳交易市场交易中心落户上海，碳配额登记系统则设立在武汉，两者共同支撑了全国碳交易体系。北京提出承建全国温室气体自愿减排管理和交易中心对全国碳市场起到了重要补充作用。碳交易市场旨在降低减排成本的同时，实现碳排放总量控制。本专题主要介绍中国碳交易市场运行现状，根据各碳交易市场的试点时间、范围、交易规模、履约率和市场波动情况进行总结，从而发现市场运行过程中存在的问题，并加以应对。

一、中国碳交易市场运行现状

(一) 覆盖排放源较为广泛,行业纳入种类丰富

中国碳交易机制的覆盖范围较为广泛,各试点地区碳交易市场根据区位条件和相关政策,针对行业特征设置覆盖排放源。《联合国气候变化框架公约的京都议定书》对应控制的 6 种温室气体排放总量进行了规定说明。除重庆外,其他试点碳交易市场的排放源均是 CO_2,重庆碳交易市场将 6 种温室气体(CO_2、CH_4、N_2O、HF、CF_4、SF_6)全部纳入。由此可见,重庆碳交易市场覆盖的排放源更广泛,减排要求更为严格,但广泛的覆盖排放源增加了对重庆碳交易市场的监管难度。根据碳排放源的性质,可将其分为直接排放源和间接排放源,通过编制温室气体清单以准确掌握排放源类别,从而把握碳交易市场控排企业的减排目标。北京和深圳碳交易市场设置了移动排放源,如部分交通行业的排放源,而其他碳交易市场仅纳入固定排放源。从碳交易市场设置的配额总量看,广东碳交易市场设置的配额总量最为宽松,2019 年为 465 万吨。从整体看,北京和深圳碳交易市场设置的配额总量较为紧张,其他碳交易市场设置的配额总量较为宽松,以鼓励企业参与碳交易市场,如表 1 所示。

各地碳交易市场准入的行业,以工业和制造业为主,尤其将耗能企业,如电力、钢铁等行业的重点企业纳入碳排放权管控范围。其中,广东碳交易市场与其他市场相比行业碳排放总量较高,约占区域碳排放总量的 70%。北京、上海和深圳碳交易市场则将服务业纳入,且占一定比重。深圳和北京碳交易市场纳入的行业还覆盖交通行业,如表 1 所示,原因可能在于产业结构的不断优化升级,增加了第三产业比重,并被逐渐引入碳交易市场。纳入行业种类的丰富能够对增强碳交易市场的流动性,激发市场的活力发挥重要作用。

表 1 各试点碳市场行业覆盖范围、配额分配方式及配额总量

试点地区	启动时间	覆盖气体类型及比例	覆盖行业	配额分配方式
深圳	2013年6月	CO_2（40%）	工业：电力、天然气、供水、制造；非工业：建筑、交通、民航、服务	免费分配+标杆法（供水、电力及天然气）；免费分配+历史排放法（其他行业）；拍卖（比例至少为3%，不针对具体行业）
上海	2013年11月	CO_2（57%）	工业：电力、钢铁、石化、化工、有色金属、建材、纺织、造纸、橡胶、化纤；非工业：民航、机场、港口、铁路、酒店、零售、金融	免费分配+标杆法（热电力生产）；免费分配+历史排放法（机场、商业部分工业）；免费分配工业（部分行业）；免费分配+历史配额（小部分对具体行业）应商；拍卖（小部分碳配额，不针对具体行业）
北京	2013年11月	CO_2（40%）	工业：热力、电力、水泥、石化、建筑；非工业单位、事业单位、交通运输	免费分配+标杆法（电力行业、新进入者、热力、水泥）；免费分配+历史强度法（其他行业）；拍卖（小部分碳配额，不针对具体行业）
广东	2013年12月	CO_2（70%）	电力、水泥、钢铁、石化、陶瓷、服务业、有色金属、纺织、塑料、造纸	免费分配+标杆法+历史排放法/历史强度法（不同方法用于覆盖不同行业）；历史排放法/历史强度法；电力免费比例为95%，航空为100%，其他为97%
天津	2013年12月	CO_2（50%~60%）	建筑、交通、钢铁、化工、电力和热力、石化、油气开采	免费分配+历史强度法（热力、电力、造纸和建筑）；免费分配+历史排放法（其他行业）；不定期拍卖（小部分碳配额，不针对具体行业）
湖北	2014年2月	CO_2（42%）	电力、热力、有色金属、钢铁、化工、水泥、石化、汽车制造、玻璃、化纤、造纸、医药、民航	免费分配+标杆法（电力、水泥等）；免费分配+历史排放法（其他行业）
重庆	2014年6月	6种温室气体（62%）	电力、电解铝、铝合金、水泥、钢铁、有色金属、电石、烧碱	免费分配+历史排放法
福建	2016年9月	CO_2（60%）	电力、石化、化工、建材、钢铁、有色金属、造纸、航空、陶瓷	免费分配+标杆法（电力、水泥等）；免费分配+历史排放法（其他行业）；拍卖（仅拍卖过一次，用于市场价格调控）

数据来源：根据公开资料整理。

2020年，中国碳交易市场纳入的企业共3000家，具有较大的市场规模和较高的流动性，但相比2019年数量有所减少，如表2所示。其中，北京、上海和广东碳交易市场纳入的企业数量相比2019年有所增加，北京碳交易市场纳入的企业数量增加最多；深圳、天津、湖北和重庆碳交易市场纳入的企业数量相比2019年有所减少；而福建碳交易市场纳入的企业数量保持不变。碳交易市场将进一步纳入更多的小型排放企业，以不断扩大市场的覆盖范围。湖北控排企业碳排放量门槛较高，这与湖北经济发展特性与碳排放量较高的大型企业数量较多有关。上海、广东、天津和重庆碳交易市场控排企业的碳排放量较为接近，以设置2万吨碳排放总量为门槛。深圳和北京碳交易市场设置的配额标准最为严格，在该标准下纳入的控排企业数量较多。

表2 2020年碳交易市场纳入控排企业的碳排放门槛

地区	纳入企业的碳排放门槛	2019年纳入企业/家	2020年纳入企业/家
深圳	2019年碳排放总量3000吨及以上企业	721	690
北京	2017—2019年年均碳排放总量1万吨及以上企业	843	859
上海	2019年碳排放总量2万吨及以上企业	313	314
广东	2019年全省（深圳市除外）碳排放总量2万吨（或2万吨标准煤）及以上企业	242	245
天津	2019年碳排放总量2万吨及以上企业	113	104
湖北	2018年或2019年能耗6万吨及以上标准煤（或碳排放总量12万吨及以上）企业	373	332
重庆	2017—2019年碳排放总量2万吨及以上企业	197	187
福建	2016—2019年能耗1万吨及以上标准煤企业	269	269

数据来源：根据公开资料整理。

（二）成交量和成交额呈上升趋势，湖北碳交易市场成交量最大

从碳交易市场整体看，碳排放权交易市场累计成交量呈上升趋势，2020年中国碳交易市场完成成交量4340.1万吨，同比增长40.9%。从增长率看，在市场成立初期，成交增长率快速提升，随着成交量不断增加，增长率有所降低。从成交额看，中国碳交易市场成交额在2014—2020年整体呈现增长趋势，在2017年和2018年两年间有小幅度减小，2020年中国碳交易市场成交额创下新高，成交额达到了126683.6万元，同比增长33.5%，如图1所示。

从单个碳交易市场看，广东、湖北、深圳和天津碳交易市场的交易量总体呈现逐步增长的趋势；北京、上海和重庆碳交易市场呈现显著的交易周期性，如图2所

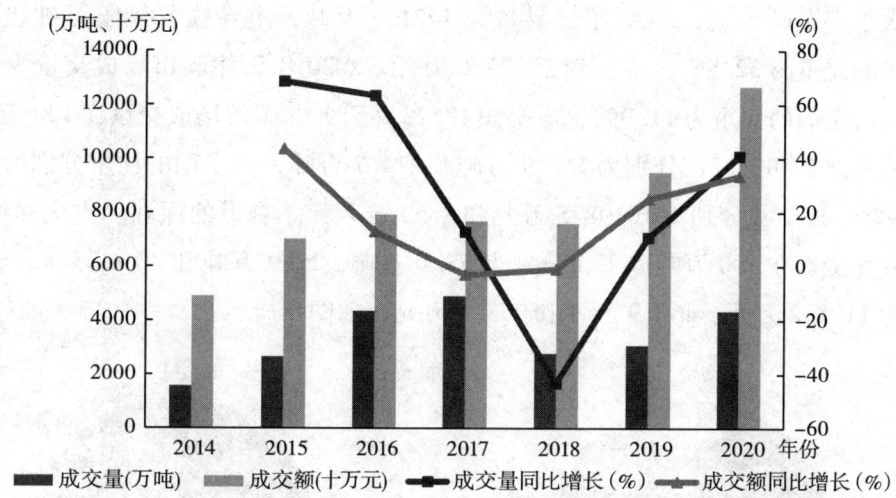

图1　2014—2020年中国碳交易市场成交量和成交额

数据来源：根据公开资料整理。

示。深圳碳交易市场的活跃度在各试点中呈现较明显下降趋势，深圳市场的成交量在2016年之后就逐年下降，2020年仅为55.1万吨。在建设全国碳交易市场过程中，各地碳交易市场的成交量呈现一定幅度的变化。福建碳交易市场成立相对较晚，但发展速度较快。中国碳交易市场成交量逐步增加，碳减排的成果初步显现。

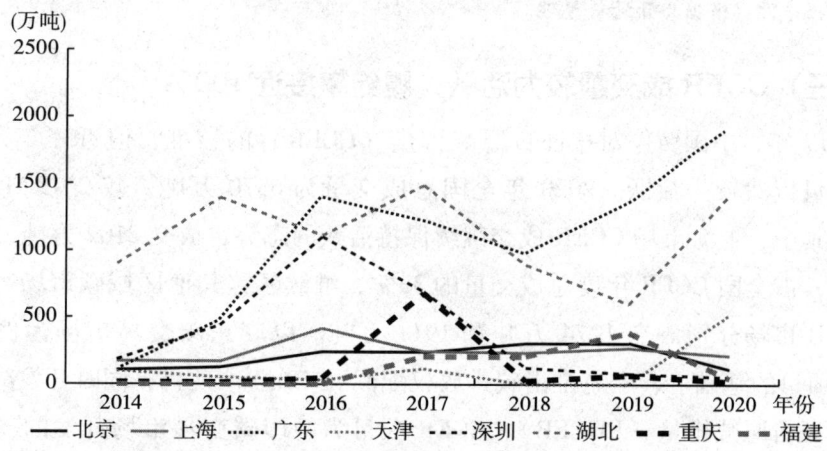

图2　2014—2020年中国碳交易市场各试点交易总量

数据来源：根据公开资料整理。

从成交总量看，2020年广东碳市场成交量以全年成交量约1948.86万吨碳配额居试点碳市场首位，成长性最高。广东碳市场更是试点市场中唯一交易量破1500万吨的碳市场，交易额53638.2万元，其交易总量占全国的44.9%。湖北省碳交易市场仅次于广东碳市场,2020年交易量为1421.6万吨,重新恢复到千万吨级水平,占全国的比重为32.8%,成交额39377.6万元。2020年天津碳市场成交量为520.3万吨,占全国的比重为11.9%,成交额13578.2万元。碳市场成交量在100万~500万吨的是北京和上海,分别为113.9万吨和214.7万吨,占全国的比重分别为2.6%和4.9%,成交额分别为10198.5万元和8559.5万元。剩下的深圳、重庆和福建碳市场成交量都在100万吨以下,分别为55.1万吨、21.9万吨和43.6万吨,成交额分别为1105.2万元、462.9万元和763.5万元,如图3所示。

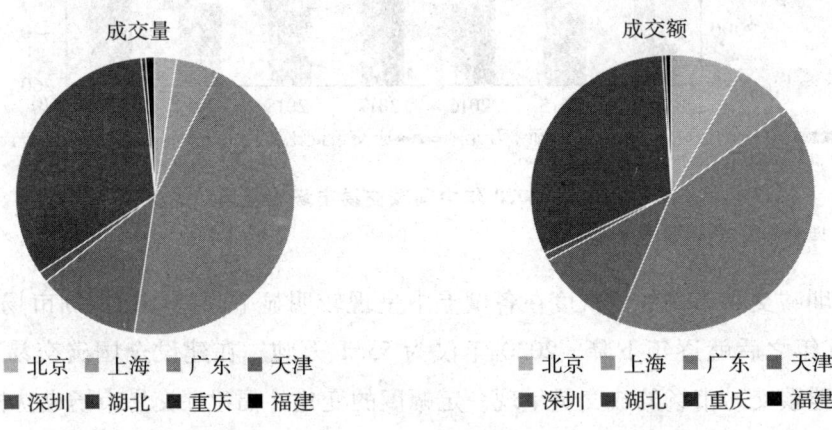

图3　2020年中国碳交易市场各试点成交量及成交额占比
数据来源：根据公开资料整理。

（三）CCER成交量较为活跃,履约率接近100%

2017年,中国暂停对核证自愿减排量(CCER)的核准,但近三年存量CCER的成交量依然较为活跃。2020年全国总成交量为6370万吨,较2019年大幅增长47%。其中,上海市场CCER成交继续保持活跃的态势,成交2102万吨,同比增长38.9%,占全国CCER年度总成交量的33%,继续领跑其他区域碳市场。广东和天津CCER市场分别成交1274万吨和1911万吨。以广东碳交易市场为例,在核准CCER项目的基础上,广东推出碳排放权配额(GDEA)项目,同时开发减排产品碳普惠核证自愿减排量(PHCER)。CCER项目为中国碳交易市场开发的产品提供补充,能够与碳交易产生协同作用,实现中国减排目标。福建碳交易市场虽然发展较晚,但CCER成交量与其他碳交易市场相比毫不逊色,2020年实现CCER成交量151.7万吨,交易总额达2547.5万元,其中福建林业碳汇(FFCER)是其优势项目,成交量高达141.2万吨,累计成交额2074.4万元。由此可见,在碳交易市场的带动下,中国CCER项目发展迅速,产生较好的减排效果,为碳减排目标做出巨大贡献,如表3所示。

表 3 CCER 项目数量及实现减排量

类别	项目/个	年减排量/吨	2017—2020 年累计减排量/吨
一类备案	146	2561383.2	73368827.6
二类备案	28	3265430.0	17998637.2
三类备案	164	32429824.9	0
四类备案	0	0	0
造林备案	1	247373.5	1293409.9
总 计	339	38504011.6	92660874.7

数据来源：中国自愿减排交易信息平台。

履约机制是中国碳交易机制的关键环节，是控排企业在配额总量要求下履行减排责任的重要体现。控排企业应按照碳交易市场的履约规定上报排放总量及配额，用于抵消上年度的碳排放量，并在注册登记系统中进行碳排放的清算。在履约过程中，涉及企业碳排放报告报送、第三方核查和配额上缴 3 个环节。中国各碳交易市场大多选择集中履约，以便地方或国家主管部门对控排企业进行配额管理，从而简化配额分配过程，并能及时进行监管。2020 年，中国碳交易市场履约率接近 100%，履约率的快速提高得益于交易市场的不断完善，也受益于相关监管政策实施到位，如表 4 所示。

表 4 2020 年各碳交易市场履约情况

碳交易市场	规定履约时间/个月	实际履约时间/个月	控排企业/家	完成履约企业/家	履约率/%
上海	6.1~6.3	6.3	1031	1031	100
广东	6.2	7.8	245	245	100
深圳	6.2	6.2	687	687	100
天津	5.3	7.1	104	104	100
北京	6.2	6.3	1543	1543	100
湖北	5.3	7.2	838	838	100
重庆	6.2	7.2	537	>466	>70

数据来源：根据公开资料整理。

由于有履约期限制，各碳交易市场均在一定程度上存在交易过度集中的情况。在履约期截止前的 1~2 个月，控排企业在碳交易市场集中进行交易，即通常在每年 6 月或 7 月出现交易峰值。2016—2019 年碳交易市场成交量显示，在该时间段实现的碳交易量分别占当年碳交易总量的 46.4%、47.8%、50.2%、54.6%。数据显示，中国碳交易市场履约率保持在较高水平，履约期间内出现碳交易量价齐升的现象。因此，监管部门应密切关注控排企业在履约期间减排成本的传递。根据《中国碳排放权交易报告》，2016—2019 年 7 个碳交易市场履约情况如表 5 所示。

表5　2016—2019年中国7个碳交易市场履约情况

碳交易市场	2016年		2017年		2018年		2019年	
	履约企业/家	履约率/%	履约企业/家	履约率/%	履约企业/家	履约率/%	履约企业/家	履约率/%
深圳	943	99.0	787	95.5	859	99.8	928	99.3
上海	316	100	326	100	361	100	389	100
北京	556	100	未公布	未公布	543	100	748	100
广东	844	100	246	100	186	100	1068	100
天津	109	100	135	100	109	100	215	99.0
湖北	236	100	392	100	468	100	634	100
重庆	未公布	未公布	未公布	未公布	未公布	未公布	458	98.5

数据来源：《中国碳排放权交易报告》。

从碳交易市场履约情况看，上海、广东、北京和湖北碳交易市场近4年的履约率均为100%。除重庆碳交易市场未公布2016—2018年的履约率外，其他各碳交易市场的履约率均稳定在95%以上且呈现不断提升的趋势。深圳碳交易市场参加交易的控排企业数量较多，这在一定程度上使得履约率没有达到100%。

虽然中国碳交易市场的整体履约率非常高，但在市场成立初期，部分控排企业不清楚碳交易流程和规定，因而未能按期履约。部分碳交易市场在履约的第一年，主动采取延期策略给企业更多时间。例如，重庆碳交易市场让控排企业将首年与第二年进行合并履约，故未公布履约率。北京、天津、广东和深圳碳交易市场的履约时间推迟0.5~1.5个月。因此，在碳交易市场发展过程中，建立滚动履约的市场机制，能够增加碳交易市场的活跃度，促进交易主体进行产品创新。滚动履约机制可为全国碳交易机制设计提供借鉴。

惩罚机制的执行对控排企业按时履约起到非常重要的监督作用。对于未履约的控排企业，各碳交易市场均按照监测、报告、核查（Monitoring、Reporting、Verification，MRV）机制的相关规定进行严格处罚。由于惩罚机制的存在，控排企业参与碳交易市场的积极性和参与度都有所提高，使市场流动性提高，履约情况逐年改善。

（四）配额价格差异较大，市场波动性较大

碳交易市场的波动性主要表现为碳价的不稳定性，从而对交易量与成交率产生影响。由于各碳交易市场的碳价存在一定差异，使得跨区域交易存在困难。在碳交易市场成立的早期阶段，鉴于市场尚未成熟，相关交易机制尚不完善，使得市场的交易价格非常不稳定，碳排放权的价格和交易量波动较大，同时各碳交易市场价格差别较大。从现阶段碳交易试点的配额价格情况看，碳价格差异较大的原因是各交

易市场采取不同的总量确定方法和配额分配方案。从图4中可以看出北京碳交易市场的配额均价在2020年为89.5元/吨,是所有试点中最高的。其余市场的2020年配额均价都低于40元/吨,并且深圳市场、福建市场的单价仍有明显的下降趋势。

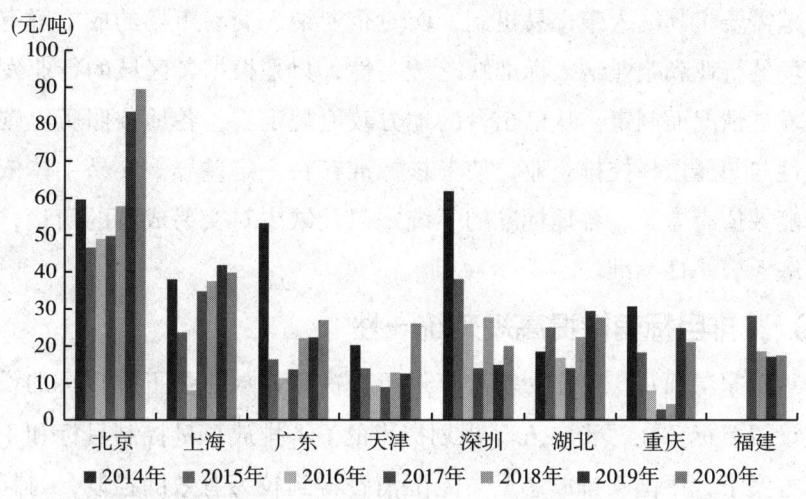

图4 2014—2020年中国碳交易市场各试点配额均价变化
数据来源:根据公开资料整理。

二、中国碳交易市场运行存在的不足

(一)存在市场分割

从中国碳交易市场的运行现状看,各碳交易市场的运行情况存在一定差异。导致碳交易市场区域差异的原因之一是存在市场分割。市场分割妨碍地区间要素、技术和产品依据价格信号进行自由流动,在一定程度上造成资源配置效率的损失,不利于创新成果的应用和区域间的创新合作与技术扩散,并抑制区域技术创新能力的提高和产业转型升级。因此,在完善全国碳交易市场体系建设时,应从国家层面高度重视市场分割问题,在实现技术和产品依据价格信号进行自由流动的同时,提高资源配置效率。全国碳交易市场的建设以及CCER交易规模的扩大将在很大程度上打破市场分割的壁垒。

(二)纳入行业的选择有待提高公平性标准

控排行业与企业的纳入关系到碳交易市场是否公平。若碳排放总量很高、减排成本很低的行业或企业没有被纳入碳交易市场的交易体系中,则对体系内的其他控排企业不公平。在该情形下,减排体系可进行行业扩展,将具有减排潜力的企业纳入体系中。在碳交易市场实际运行过程中，行业的碳排放总量大小、覆盖企业数量的多少以及产生的经济效益状况很大程度上会影响交易成本与环境收益。通常来说，若行业碳排放总量越大，行业内企业数量越少，产生的碳强度越高，产生的交易费用越低，越需要将其纳入碳交易机制，而对企业纳入交易市场的成本鲜有测定。各碳交易市场的行业和企业纳入标准缺乏统一性，只是根据各区域的行业发展目标与实际经济发展情况而制定。从已出台的地方政府规定看，各地按照历史碳排放数量和行业特性与归属选择控排企业，使考核标准存在一定差异。交易主体依据的排放量标准和能效值有差异，各地标准的不统一以及缺少对交易成本的衡量，使纳入行业的选择缺乏公平性标准。

（三）减排目标有待提高规范统一性

中国从国家层面每 5 年作为基准年进行一次碳排放总量下降目标的设置，并对部分行业设置目标。在"十三五"规划提出的 CO_2 排放总量控制目标和不同地区的分解目标方案下，中国碳排放总量与能源消费得到较为有效的控制，对耗能较高的产业和产能过剩的行业实行能源消费的强力约束。由于工业能耗占所有能耗的绝大部分，该方案对工业领域的碳排放提出了控制目标，使钢铁、建筑等行业的碳排放总量得到有效控制。碳交易市场设置的配额总量以实际排放总量为依据，但市场纳入行业与企业具有一定差别，在碳交易市场间进行配额总量对比具有一定难度，不利于宏观减排政策效果的分析。

（四）对高排放企业的减排约束较弱

中国碳交易市场配额分配采用历史排放量法和历史强度下降法等方法。在历史排放量法下，企业的历史排放总量越多，获得的排放配额越高。如果企业已开展减排行动，反而会因减排而导致获得的绝对排放配额减少，这间接打击了企业自主减排的积极性，同时带来碳排放配额发放过多的问题。上文已对中国碳交易市场的配额松紧度进行了评估，其中 4 个碳交易市场的碳交易总量设置较为宽松。配额总量偏松可能带来碳交易市场交易量下降和配额价格过低等问题，使企业缺乏减排动力，甚至部分企业在不采用减排措施的情况下就能完成碳排放控制目标。

历史强度下降法的缺陷在于没有体现行业的排放特性，没有考虑各类企业的减排潜力。部分碳交易市场根据企业的减排进程，采用滚动履约方法对行业设置一定的调整系数，对配额进行调整。这种调整能使配额分配更加符合实际。但进行配额调整的市场仍属少数，调整过程需要碳交易市场对企业进行跟踪，对影响碳排放的因素进行分析，因而有可能对配额调整方案的设计不够周密，导致对基准年前后的行业变化无法适应。因此，对控排企业的配额分配方法有待进一步完善，以更好地激励企业实现减排目标。

（五）缺乏碳金融支持

尽管国内外金融机构数量多且资本充足，但是国内金融业与碳交易相关的碳期货、碳远期等金融衍生品却没有踪影。碳交易涉及较少、相关法律法规不健全、缺乏财务会计处理机制等种种外部原因，致使国内碳试点的市场低迷。

（六）缺乏相关方面人才

人才的缺乏是碳交易市场表现欠缺的主要原因。碳交易属于朝阳产业，能将碳交易相关理论和中国碳交易市场的实际情况相结合的政府、企业管理人员较少；能设计减排标准的技术性人才欠缺；碳交易市场风险监管、风险衡量和规避的相关的金融人才缺乏等人力资源问题，阻碍着国内碳交易市场的步伐。只有加快培养和引进相关人才才能使中国碳交易市场尽快突破"瓶颈"。

三、进一步完善碳交易市场的对策建议

（一）加强对碳交易市场的监管

监管是保障碳交易市场顺利运转的有效方式。监督追踪体系对碳交易机制进行持续监管，并对配额富裕或不足的控排企业在完成市场交易行为后进行监督与核定。对不能严格完成减排目标与不符合碳交易机制的企业主体进行惩罚。建立信息交互平台，政府依法对企业排放情况进行有力的把控与监督，促进能源体系、产业体系和消费领域等向低碳化转型。维护碳交易市场秩序，防止控排企业在交易中出现内幕交易、发布虚假信息和违约等行为，保证在配额总量设置及分配后碳交易市场的交易能够有效进行。在交易规则、参与主体和交易产品等方面，创造和培育成熟有利的市场环境和条件，加强温室气体排放统计与核算。

需要完善交易规则、明确参与主体、精准统计与核算温室气体排放量，为碳交易市场创造和培育成熟、友好的交易环境。

（二）完善监管立法

中国应制定相应的法律法规来保证碳交易机制的公平性、合理性及有效性，严格的统计复核是碳交易体系正常运行的制度保障。国家相关部门和机构应对碳交易体系进行有效监管与调控，以保障碳交易市场运行的稳定性和有效性。碳交易市场的参与主体应遵守碳交易规则和核查规范，承担信息披露责任。

(三)强化目标责任考核

在对碳交易机制进行监管立法以及设立监督追踪体系后,应针对监管目标进一步完善各地政府的监管责任追究制度。随着碳减排工作的深入,中国可对碳排放的控制目标进行预测,建立预警机制,以此推动各区域及各主管部门切实落实低碳发展的目标。

(四)严格执行惩罚机制

发达国家对碳交易配额执行情况进行监管时,基本采取"低监管频率、高处罚力度"的手段,碳减排效果比较显著。但现阶段,中国碳交易市场对超配额排放企业的处罚标准及罚款率较低,使配额设置对企业的约束力较小。由于中国经济发展对能源依赖较重,若对未完成配额目标的企业设置较高的罚款率,会使很多企业的运行成本大幅增加,甚至使正常的生产活动难以维系。对配额外的碳排放收费,仅为正常生产运行中排放设施运行成本的50%左右,对有些企业甚至更低。如果碳交易价格高于罚款,企业在不考虑企业名誉的情况下,仅从自身成本最小化的角度出发,既不会积极参与碳交易,也不会投入资金完成技术创新,而是宁愿承担排污罚款。从政策执行角度看,低罚款率意味着企业在超额排放低成本情况下,对碳交易机制政策的低服从率。从中国碳交易市场运行情况看,尤其是广东碳交易市场,碳交易机制执行的力度较弱,惩罚机制设置相对宽松,这不利于碳交易机制的公信力,也将阻碍全国碳交易市场建设。因此,应进一步完善碳交易机制的相关法律及惩罚制度,对未履约的企业加大监管与惩罚力度。

(五)扶持碳金融发展

推动碳交易市场的快速发展,就需要对碳交易市场加大投资金额,调动金融机构的积极性,同时推行相关的优惠政策。例如利用税收政策对有相关业务的企业进行免税或者降低其税率,从而带动整个社会对碳交易市场的资金投入。银行在碳金融方面的参与也十分重要。银行不仅拥有雄厚的金融资本,同时可以起到领头的作用。与其他金融同业合作,设计符合国情的碳期货、碳远期等金融衍生产品也会为碳交易市场增加活力。

(六)培养相关人才

可以通过借鉴国外、引进人才等方式,为国内碳汇市场提供合理的建议和新的方向。与此同时,需要注重国内相关人才培养,普及碳汇市场相关理念,使碳汇市场受到全社会的关注。对于现在碳汇市场的相关人员,也需要进行定期的培训和审核,为中国的碳汇事业培养优秀的人才。

专题十二　石油流通企业转型升级的战略思考

一、前言

国际可再生能源署（IRENA）在 2021 年发布的《世界能源转型展望》中描绘了按照《巴黎协定》目标进行全球能源格局转型的细致愿景。2021 年 3 月，中国将减缓气候变化的行动纳入"十四五"规划，制定了 2030 年碳达峰行动计划，并积极采取行动实现 2060 年碳中和的目标。

中国气候行动将完善能源消费总量和强度的双控制度，重点控制化石能源消费，实施以碳强度控制为主、碳排放总量控制为辅的制度，支持有条件的地方和重点行业、重点企业率先达到碳排放峰值，深入推动能源清洁低碳安全高效利用转型。

在此背景下，石油流通企业面临着产业链、供应链、生态链、价值链重构的艰巨任务。传统石油流通企业直面变革进而受到来自价格风险、资金风险、供应链风险和市场风险等叠加影响下带来的经营生产压力和发展困扰。

本专题从创新变革的发展理念入手，深入现实问题，结合石油流通行业的经营特点，构建严谨与开放性并重，稳中求变，颇具特色的新商业模式——"六大思维"，即金融思维、供应链思维、产业链思维、国际化思维、预见性思维和数字化思维。依托"六大思维"理念引领发展，顺势而为，创新变革，以多层次、多角度、全方位的模式赋能为导向，适时而动，提前布局，融合企业战略和经营理念，在商业模式赋能上，叠加形成自身强大的核心竞争力。

二、背景态势

（一）政策端：政策趋于细化开放，结构调整

2020 年 7 月，国务院对石油成品油流通管理进行"放管服"改革工作，决定废止《成品油市场管理办法》以及《原油市场管理办法》。自贸区与保税区试点开放，

船用燃料油混兑；2021年5月，对混合芳烃、稀释沥青、轻循环油征消费税，金税升级管理细化。

（二）生产端：产能趋于集中高效

石油炼化行业逐步向炼化一体化方向发展，环保要求升级，落后产能逐步淘汰，双控双限，倒逼能耗减排能源结构调整。

（三）流通端：市场趋于竞争开放

市场开放力度逐步加大，非国营贸易原油进口配额增加及尝试向贸易端放开，成品油出口资质尝试向非国有炼厂放开；石油石化行业部分产品产能过剩，导致石油石化行业产销有去中间化趋势，逐步往精细化工方向倾斜。同时新能源、再生能源的影响和冲击也在逐渐增强。

（四）市场端：全球经济合作与竞争并存

对外资源依存度不断提升，对内供给侧发展仍不均衡，国家间博弈更趋激烈。边缘政治和零和博弈，发展冲突和经济复苏后劲不足，导致市场的不确定性增加，市场波动震荡明显。如2020年疫情期间的负油价、2021年大宗商品价格的大幅上扬，对市场造成前所未有的巨大冲击。

三、应对措施：商业模式的创新变革

在发展变革的时代，石油流通行业在生产端、流通端、政策端都发生了根本性的改变，反复冲击的疫情对商业模式更是巨大的考验和挑战。

面对市场格局巨变，在竞争日趋激烈的未来，石油流通行业迎接挑战的同时还要抓住机遇，面对能源结构调整的巨变。面对市场要保持敬畏之心，稳步前进，主动拥抱变化，以变应变。在不确定的市场中，坚持以"六大思维"发展理念叠加"创新变革整合共享"的经营理念，形成自身核心竞争力，寻找确定性的盈利机会和发展空间。

（一）创新层面："六大思维"引领发展

1. "六大思维"之金融思维

传统的大宗商品以供需结合和流动性作为其主要依据，兼具商品属性和金融属性，涉及规模体量巨大，是实货贸易做大做强做优的保障。

本专题认为坚持聚焦主业，嫁接金融，赋能创新，充分运用好期权期货是对石油流通行业的有益补充，如当国际原油期货合约趋势下行或强不确定性时，对现有库存品种进行套期保值，可降低风险，提高盈利性。企业也可在已有的期货中寻找品种间的强相关联性，进行风险对冲。此外，金融思维还可以广泛运用于炼厂成本管理、价格管理、利润管理等，从而对冲风险、锁定利润，实现金融赋能。

不少石化企业期盼着国内成品油期货的推出，这将给多数贸易型企业的良性发展带来更积极、更全面的发展契机。目前国内陆续推出的原油、燃料油、石油沥青等期货，都是可以紧紧把握的极佳商业机会。

2. "六大思维"之产业链思维

传统贸易发展到今天，面对产销对接越来越直接、价格越来越透明的情况，单一产品获取利润的机会越来越少，打通全产业链以赋能产业，激发企业创新活力的机会迫在眉睫。我们可以采取委托加工、代加工等方式往加工方向延伸，结合金融工具，最终实现稳定盈利。通过产品＋期货＋保险的模式，实现市场风险的转移和对冲，形成风险分散、各方受益的闭环。这也更需要石油流通企业以产业为节点，注重产业间的关联协同，侧重产业联系、企业布局、分工协作关系，尤其还要充分了解其生产过程、成本构成、原料成本的期货关联性及关联度，使得产业链和金融融会贯通，实现炼厂的产品预销售，以达成最优对冲策略。

只有从原料端到成品端进行流程贯通，才能在激烈的市场竞争中脱颖而出。只有深耕产业链，着眼于产业化科学布局，通过强化模式竞争力和资本市场运作水平，才能创造产业链上下游价值最大化。

3. "六大思维"之供应链思维

综观石油流通行业整体，要理解流程之间的边界，明白各业务板块的关联性，平衡库存成本和客户服务水平，探寻到可以降低的成本和提高效率的空间，寻找到真正有质量的客户和有质量的业务，给客户提供其难点、痛点的综合解决方案。

供应链思维的魅力和实施效果之一，在于以企业为节点，注重企业间的连接，侧重企业之间的资源转换、传递等供应链关系。挖掘客户内在需求，客户至上，从而以点连线，以线带面，迅速扩大业务辐射范围，叠加服务创造共赢。对于炼厂和贸易商而言，属于合作共赢发展：炼厂通过预售缓解近端的销售压力，锁定远期较高的加工利润，有利于合理规划生产计划；贸易商可以锁定远期现货进行交易，在基差贸易中获取收益。

4. "六大思维"之国际化思维

在全球一体化大背景下，国内外市场互补性明显，不同原油期货之间的价差在疫情的冲击下波动很大，可以通过购买中东的原油现货，结合期货SC，进行期现结合，最终既可以选择制成仓单，也可以选择在国内卖原油现货的方式进行平仓。全球各国发展定位与发展阶段的不同，导致国内外市场产生了品种差异、渠道差异、信息差异和结算差异等现象。鉴于以上，只要及时布局国际市场，保证高质量、高效率的沟通，就能在差异中找到新机遇，发挥大宗商品的纽带作用，构建国内国际双循环相互促进的新发展格局。

5. "六大思维"之预见性思维

预见性思维是指对后市的研判，对政策的深入解读，我们需要对行业进行现实性、深入性、展望性研究以求寻找新的盈利机会和发展机遇。预见性可以分为长期、中期、短期：

长期——政策、趋势分析与研究。如某央企已完成区块链模式下原油进口和成品油出口的交易。如"做好碳达峰、碳中和工作"被中国列为近年的重点任务之一，CO_2排放力争2030年前达到峰值，力争2060年前实现碳中和的政策目标也被再次强调。如生物柴油是典型的"绿色能源"，未来在中国能源环保、节能减排等政策辅助下，市场规模也将持续性增大。

中期——产业、产品周期分析与研究。如PTA等新装置的上马运行；橡胶、合成橡胶的周期性。

短期——市场行情判断与分析。如疫情发酵导致2020年4月20日国际油价负值，国内保底性的抗跌等。

以上种种，都要求企业把握趋势，及时运用良好的策略来匹配市场的多变性。

6. "六大思维"之数字化思维

互联网不断渗透于经济领域，并逐步带来更为深远的变化。当下，经济竞争的主场已经慢慢转化为数字化企业之间的竞争。

数字化转型已成当下热点，是实现能源转型的重要途径和降本增效的重要抓手。作为能源零售重要环节的加油站及仓储物流企业，在面向信息化、数据化、智能化的转型之路上也按下了加速键，进一步向实现场景数据化、数据网络化、网络智能化的创新融合目标迈进，打破传统运营模式，提升企业的运营、管理水平。

传统贸易企业通过互联网实现转型升级已成为一种趋势，依托数字化建设可在物流、渠道、成本、管理中优化企业的核心竞争力。在信息化、智能化、数字化的加持下，积极拥抱互联网，发掘市场潜力，寻求市场新增量，把握数字化转型机遇，成为石油化工行业的未来发展大趋势。

（二）变革层面：顺势而为，聚焦变革

新时代的极速发展，充分证明传统贸易模式已不适合现今市场格局，在经营中要深度思考自身的发展问题：到底什么样的商业模式才能让传统石油流通企业走出困境。为此，石油流通行业要强调"顺势而为、应时而变"，企业要在不同的阶段适时调整策略，在保持稳健成长的同时多维度、全方位地思考探索和实践，通过"变得早、变得快、变得准、变得稳"的理念，应势而谋，顺势而动，以变应变，最终实现自身变革。

1. 变得早（时间）

探求新的业务板块、业务模式。近年来，中国对外依存度日益扩大，从单一的国内贸易向国内、国际贸易相结合进行布局延伸。

2. 变得快（速度）

大型炼化一体化后，成品油开始供过于求，市场逐步往精细化工方向倾斜。品种多元化，打造核心品种也将助推企业良性发展。

3. 变得准（方向）

在新能源、再生能源、节能环保的领域中聚焦"双碳"——资源再生、节能增效、能源替代。节能环保市场潜力巨大，2016年起，欧盟全面推广生物质能源，可在生物质能源贸易中深耕，进一步转变为代加工、国内外贸易一体化，要发挥技术创新的支撑作用，顺势全面打造企业技术核心竞争力。

4. 变得稳（过程）

强化风控机制、现货—现期相结合（上市公司开始较大规模地从纯现货贸易转变为现期结合，2019年疫情后增量明显）、搭建人工—数字化平台。

四、创新变革、顺势而为，助推石油流通企业转型升级

围绕着"创新变革"和"六大思维"联动指导，坚持做国有企业的有益补充，坚持服务于优质的生产企业和贸易企业，对接国内外社会资本市场，拓宽现有及潜在的资源路径、提升自身能力。新发展格局下，只有新模式、新思维的赋能，企业才能打造出强大的核心竞争力。

专题十三　探索行业协会的发展及建议

近年来，中国石油流通行业在社会进步、行业发展、科技应用和市场监管等方面都发生了明显变化，尤其是近几年变化更多，如国家"放管服"政策落地、"双碳"目标清晰明确和新能源电动车快速发展等。2021年，国家对进口用于调和汽柴油的混合芳烃、稀释沥青和轻循环油征收消费税，加强对炼油企业进口原油和出厂产品管理，电商服务平台和支付技术应用到流通领域，依托便利店的非油品销售日趋成熟等，都对行业产生长期深远影响。

石油流通行业协会作为国家为协助政府明确制度标准规范、理顺石油流通市场秩序、协调经营主体合作、引领行业健康发展的国家级行业组织，有义务集合所属会员单位、行业委员会、专家委员会和研究院的力量，对已经发生的重大情况进行分析，对可能发生的事件进行预测研判。根据行业现状和发展趋势，通过建立经营管理主体或平台，实现石油流通行业顺应时代潮流的大发展。

一、行业协会的特征

（一）行业协会具有共益性

共益性也可以称为互益性。行业协会是某一特定行业如油气、食品、药品或一般商品的生产者、经营者等为了共同的利益进行联合，以谋求会员共同利益最大化的组织。共益性不一定带来全部会员个体利益的最大化，但其追求全体会员共同利益的最大化，这是共益性的基本内容。有观点认为，行业协会具有公益性，这种观点存在不妥之处。行业协会通过行业规范的倡导、行业规则的制定、行业规则违反的惩戒为该特定行业内的全体会员提供一个竞争有序的市场环境，而特定行业组织并不考量行业协会外部成员的利益。因此，某种程度上行业协会的共益性有可能和公共利益构成某种程度的紧张关系，这需要行业协会在自治的基础上一定程度地承担社会责任，同时也需要政府在必要时加以干预。

（二）行业协会具有自律性

行业协会的自律性是指行业协会基于全体会员让渡出来的权力进行的行业章程制定、行业规则制定和对违规行为惩戒，行业协会通过行业自律的方式维护行业秩序和促进公平竞争。在中国，从类型上讲，行业协会有法定的行业协会和自发的行业协会、自上而下的行业协会与自下而上的行业协会、水平式行业协会和垂直式行业协会的分类，无论行业协会属于哪种类型，其自律性是相通的，自律职能是行业协会的基本职能。这种自律区别于他律，即政府监管，政府监管的方式往往是通过行政许可、行政处罚、行政强制等行政行为来实现的，行业协会自律相较于政府监管在执法成本方面有明显优势，但是行业协会自律对会员的执法强度和威慑力有限。

（三）行业协会具有自治性

各国的立法都强调行业协会的自治性，自治性对外体现在其不属于政府行政组织的体系，对内体现在对自身事务的管理权，包括人员和机构设置、财务管理等具体事项。会员亲自参与行业协会事务的管理，既不受制于人，也不依赖外部管理团队，这在一定程度上可以克服委托代理难题（Agent – Principle Problem）。行业协会的会员有足够的正向激励投身行业协会的各项事务，这是行业协会进行自治管理的一大优势。在美国的法律中，政府、市场、行业协会可以理解为是三个既相互独立又可以相互影响的层次，行业协会又被称为"社会第三部门"，作为政府与市场之间独立的社会中间层。因此，行业协会自治权实质上是介于公权力与私权力之间的一种社会权力。然而，行业协会的自治性并不意味着行业协会与政府之间的关系是一种紧张关系，恰恰相反，当代社会要求行业协会与政府部门的合作化治理。

二、石油流通行业发生深刻变化

石油流通行业是石油产业链和价值链的重要环节，与人民生产生活息息相关，关系国民经济运行质量与经济安全。近两年，发生一系列事件，对中国石油流通行业产生较大影响，具体分析如下：

（一）"双碳"规划目标更加明确

在全世界涉及减少碳排放的碳达峰、碳中和都是大事，中国也明确提出了在2030年实现碳达峰和2060年实现碳中和的长远规划目标，几十亿年形成的煤炭和石油等化石原料将更多地应用到化工领域，水电、光电、氢气和生物等新型能源将依托技术进步对汽车、船舶和航空等燃油需求进行替代。欧洲大部分国家已出台大致在 2035 年限制销售燃油轿车规划，中国近年也可能会出台相关政策和法规。

（二）新能源加快进入石油行业

近几年，以水、光、风等来源为主的电能将以充换电方式进入石油流通领域。截至 2021 年底，国内新能源汽车保有量 784 万辆，占汽车总量的 2.6%，其中纯电动汽车 640 万辆，占新能源汽车的 81.6%。2021 年新登记新能源汽车 295 万辆，同比增长 151.6%。面对可再生能源在碳减排行动中的优势地位，以及能源绿色发展的挑战和机遇，中国石油流通行业将瞄准转型升级、高质量发展。在炼化产业，一是将加快炼油结构调整，以先进产能淘汰落后产能。二是提升炼化一体化、合并减油增化，利用多产低碳烯烃和化工原料；在成品油终端，与新能源汽车产业融合发展，将加油站转变为"油气电氢"综合能源补给站。同时，石油流通企业将积极开发数据资产价值，发展能源数字经济新业态，打造能源高质量发展的新引擎。新能源汽车保有量高速增长，对燃油车市场的替代逐年加强，据初步测算，2020 年新能源汽车对汽油替代量达 450 万吨，占汽油消费量的 3.2%。

（三）涉油电商平台快速发展

近两年，疫情对旅游餐饮等行业有明显的负面影响，但极大地促进了电商配送行业快速发展。涉及石油流通领域依托便利店的非油品（已经在销售润滑油）经营日趋成熟。如果这些会员单位的数万个便利店与各大平台单位深入合作，发展起来后再与京东物流、阿里云和顺丰快递等大型配送服务单位合作，提供信息、交易、配送、金融、支付和开票等全流程服务，发展空间将超乎人们的想象。日常生活中，电商平台可以为便利店非油以及润滑油、柴油、沥青等产品提供配送服务；会员单位对电商企业提供车辆补给、货物中转场地等，对双方业务的拓展起到促进作用，后期将存在非常大的潜在商业机会。

（四）终端用油将维持较长时间

随着全社会碳中和趋势和电动车的发展，轿车用油已经呈现出增幅逐年下降的趋势，这种下降趋势后期还将继续发展并越来越明显。但工程建设单位如中国中铁、中国铁建、中国交建、中国建筑、中国电建，以及水电、中煤、中冶、能建、三峡、葛洲坝等大型企业，还有基建、工厂、物流和公交等行业的中小油品需求将维持相对较长时间。这些单位的需求主要是柴油、燃料油、润滑油和沥青以及大量与生活有关的非油品。

（五）政府加强石油行业管理

2021 年，国家对进口可用于调和汽油的混芳烃和用于调和柴油的轻循环油及稀释沥青征收消费税，堵住以化工品名义进口逃避消费税的源头。同时也加强对一些炼油企业转让进口原油指标和以化工品名义出厂避税的管理，使市场上无票油和变票油明显减少。近年来，政府布局在江苏等省通过大数据、物联网和终端税控等措施加强对物流、商流和票据流的综合管理堵住偷漏税渠道，市场秩序明显好转。但从后续来看，若成品油终端流通环节的政策监管法规依然缺失，那么不能阻止民营炼油企业以无票油的形式继续向加油站等终端用油环节供应油品，对需要发票的企业仍然可采取变换其他不缴纳燃油税的化学化工品名称进行销售。更不能阻止资本化的经营企业采取油票分离的形式向加油站等终端客户进行销售，成品油市场依然是一个不规范的竞争市场，劣币驱除良币现象依然大量存在。

总之，分析石油流通行业现状并展望前景，简单总结就是四个方向：一是随着行业转型，加油站零售向"油气氢电服"综合能源站发展；二是随着国家整顿市场秩序，批发向终端供油服务发展；三是依托便利店和电商平台物流的非油品行业前景广阔；四是环境保护和碳中和背景下节能减排和碳交易有很大发展空间。

三、行业协会面临的问题

中国行业协会在市场监管体系中的核心问题是如何理顺政府与市场的关系，如何理顺市场自治、行业自律、行政监管与司法诉讼的关系，如何使行业协会在市场监管体系中切实发挥作用。

（一）中国有关行业协会自律的法律规范有待全面和完善

从国外的行业协会立法情况来看，自法国于1601年创设世界上第一家商会开始，各国对行业协会不仅颁布了多部行业协会法进行调控，如法国《商会法》、日本《商工会议所法》、德国《工商会法》、俄罗斯《工商会法》等，而且辅之以竞争法方面的法律规制，如德国《反限制竞争法》、美国《谢尔曼反托拉斯法》、日本《不正当竞争防止法》等，形成了较为完善的行业协会规制法律体系，从而有效规范了行业协会的设立和运作活动，并充分发挥了行业协会在维护企业集团利益，监控企业活动，促进行业整体发展，增进企业与国家、个人之间的利益均衡等方面的积极作用。中国关于行业自治的法律规范散见于各专门法中，如《证券法》《保险法》《律师法》《执业医师法》《注册会计师法》等，国务院行政法规《社会团体登记管理条例》中行业协会也仅作为经济性社会团体进行了程序性规定，并无对行业协会性质、职能、组织等的实体性规定，行业协会有关法律规范的位阶和层级相对较低，缺乏对于行业协会有关事项的顶层设计。

（二）行业协会管理体制有待理顺

根据2016年最新修订的《社会团体登记管理条例》第六条，行业协会等社会团体接受民政部门和业务主管部门双重管理。事实上，业务主管机关除了监督管理行业协会之外，有很大的自由裁量权，具体表现在对行业领导人任用、经费收入及使用、职能转交等诸多问题上，也就是说各行业协会的日常管理仍然会在很大程度上受到业务主管单位的影响和控制。因此，业务主管部门与行业协会的关系可能会导致行业协会对业务主管部门的依附性，而削弱了行业协会在处理自身事务上的相对独立性，在简政放权和多元化治理的背景下，这并不利于行业协会切实发挥市场管理职能，也不利于政府与市场关系的协调。

（三）行业协会的内部治理机制有待完善

一方面，行业协会欠缺自律机制，如在实施会务和财务公开，接受公众和会员的监督，依据民主程序运作等自身约束方面，存在较大提升空间，行业协会对会员的监督制约、惩处的力度不够。另一方面，行业协会内部权力过于集中，行业协会在实际运行过程中治理虚化现象比较突出，弱型治理、大企业控制协会及能人现象均有存在，特别是在民间行业协会中权力过于集中的问题更为突出，中小规模企业代表当选协会的会长与副会长的概率较小，加之会议召开机制不完善，内部制衡机制缺失，民间行业协会在内部治理上问题更为突出。

（四）行业协会对于特定行业和特定市场的影响力有限

这是目前中国行业协会存在的一个较为严重的问题，特别是对于非法定的行业协会而言，其对特定行业发展的导向性较弱，在行业规范、行业标准、行业伦理道德、行业惩戒等方面发挥的作用有待进一步提高，在与政府沟通上不能有效反映行业诉求、争取政策支持，行业协会的公众认知度、认可度不够高。

四、行业协会的职能和作用

行业协会利用相关政府部门和研究机构，尤其是集中行业内各种大中小单位力量办大事。协会将发挥会员单位和专家作用协助政府制定完善与石油流通相关的政策、制度、标准和规范等，在政府指导下理顺行业秩序、规范经营行为、开展检查抽查等。因会员单位涉及范围很广，在行业内有各自优势，通过各种方式进行深入合作的空间非常大。

（一）统筹行业资源，提供精准服务

行业协会强化责任担当，认真履职尽责，竭力为政府、行业、会员企业提供优质服务。一是主动发挥参谋助手作用，服务于政府取得新成效；二是积极发挥桥梁纽带作用，服务于行业迈出新步伐；三是有效发挥责任导向作用，服务于企业取得新进展。

（二）制定发展规划，完善体系建设

一是围绕国家"十四五"规划和发展目标，深入研究行业发展趋势，完善行业协会第二个五年发展规划，明确未来五年建设发展的目标任务；二是在调研基础上，提出建设的基本框架，研究建立行业服务规范和技术标准体系、行业发展研究体系、行业评价发布体系、行业安全培训体系；三是协助政策清理整顿石油流通市场秩序，让参与单位合理合法经营，市场风清气正。

（三）创新服务内容，提升服务质量

根据行业协会成立以来的经验，按政府要求做好理顺行业秩序和为会员服务的工作。要坚持创新驱动，进一步扩展服务内容，提升服务质量。一是创新研究内容，加强碳中和、新能源以及数字化、智慧化转型对石油流通行业未来影响的研究；二是加强政策服务，针对石油流通领域"放管服"改革过程中出现的新情况、新问题，及时提出解决建议并配合政府实施；三是提升信息质量，搭建特色化的网络宣传平台，提供有分量的研究报告；四是开展安全检查抽查，提供培训资料或找专业培训公司直接开展培训等。

（四）规范会员管理，加强内部建设

把加强组织建设作为提高协会服务能力和影响力的重点工作，根据行业发展新变革、新趋势，不断拓展服务领域。一是在开展会员服务的同时，加强会员队伍建设，增强凝聚力；二是加强分支机构管理，根据行业发展需要设立分支机构；三是积极推进自身改革，明确职能定位，履行好引导、管理、服务的职能，建立市场化和专业化的办会机制；四是通过内部改革加快转型创新，转型是"双碳"背景下的能源转型，以及石油流通行业数字化转型和协会本身工作转型，创新是革新组织机构、创新服务方式和更新会员单位。

五、行业协会发展的建议

随着社会节省化石能源规划，减少碳排放的目标提出和信息化物联网技术进步应用，新能源全方位发展应用到车辆和终端设施，仓储配送加油撬装等终端供应服务全面展开，政府利用大数据云平台加强管理等逐步加强，整个石油流通行业将会发生深刻变化。行业协会将在引领行业健康发展方面做出自己的贡献。

（一）组建新型分支机构

行业协会秉承"服务政府、服务行业、服务会员"的理念，会员单位经营范围可涉及柴油、汽油、煤油、润滑油、燃料油、沥青甚至非油品的生产、批发、零售、仓储、运输单位以及新能源和石油类电商平台等。协会在不断壮大更新会员单位的情况下，成立加油站发展、碳中和等研究院和船用燃料、仓储物流、石油焦、高速公路加油站、加油（气）站、充换电、生物新能源等行业委员会，充分利用这些分支机构更快更好地推动石油流通行业向更新的方向前进。

（二）搭建综合管理服务平台

通过非油行业委员会协调发挥各方优势，以便利店非油品为基础开展深层次合作。第一，中国石化易捷有3万个、中国石油昆仑好客有2万个会员单位，另有其他会员单位1万余个便利店，这些单位已有知名品牌、采购渠道和销售体系；第二，能链团油、智慧油客等电商平台拥有成熟的经验、覆盖全国的员工队伍、物流仓储和配送体系；第三，如果结合会员单位的专业公司，后期逐渐将润滑油、柴油、沥青甚至化工产品纳入平台，运作好后发展空间将超乎想象。这样的服务平台建立起来，将是全国甚至世界瞩目的供应服务体系。

（三）建立全国供油服务体系

当前，国内已有较好的供应、管理和服务平台，如能链、E能网、喂车车以及智慧油客等，行业协会要做的是协调相关单位建立综合性交易服务平台。该平台具有以下特点：一是协调重要单位建立合资公司，按实际需要委派或招聘有经验和能力的员工组建团队；二是与合作单位如供应商、服务商签订合作协议或建立战略同盟；三是业务可涉及汽油、柴油、煤油、润滑油、燃料油、沥青等的市场信息、批发零售、仓储物流、加油服务、计量验收、金融支付、结算开票等；四是进入平台的单位可涉及油品供应、服务和需求；五是使用平台的单位采取会员制，包括生产、批发和零售等单位，仓储、运输、加油、金融和支付等服务单位，物流、基建、厂矿等用油实体。平台的主要内容是建立体系、促进交易、提供服务和解决纠纷等。通过线上交易和线下服务，可以规范经营行为，明确市场价格信息，同时给用油单位提供采购信息和价格、服务参考，使市场价格更加规范有序。

（四）推进新能源普及应用

随着政策改变、行业发展和技术进步，加油站发展方向为综合能源补给站，经营方向为"油气氢电服"全面发展。当前新能源应用最主要的方向是电动车，主要原因如下：一是符合社会"双碳"目标和方向，有利于碳减排；二是相对来说充换电网点布局更容易，充换电过程比加油更方便；三是大幅度降低造车成本，利用核能、水能、光能发电等新能源降低运行成本；四是有利于轿车向"无人驾驶"方向发展。当然，天然气和氢气用于特殊车辆也需要研究，长远看也不能忽视。考虑到天然气作为未来唯一继续保持增长的化石能源，目前其技术、网络、资源等都较为成熟，应该大力发展液化天然气业务。

（五）强化国家"双碳"相关工作

为深入研究"双碳"目标对行业的深远影响，行业协会要顺应变化，成立相关碳中和研究院，利用专家委员会和会员单位专家承担相关课题，研究政策制定、行业转型、碳交易、碳税等内容。初期工作主要有两种方式：一是行业协会定期召开研讨会，确定分配任务并审核研究成果；二是由专家带队对政府和企业面临的问题进行调研，以形成专题成果。有了阶段性成果后，一是上报政府部门为制定相关行业政策提供参考依据；二是发布有行业指导性和引领性的研究成果；三是将成果在各行业委员会、加油站发展研究院、各省市协会商会联谊会及会员企业等进行应用；四是针对政府和企业提出的个性化需求开展咨询研究服务。

（六）协调行业主体间合作

行业协会协调企业之间加强合作将极大地促进行业健康稳定发展。中国石油市场是以大型国企为主，民营和外资为辅的有计划的市场经济体系。大企业往往有自己的资源品牌、信息、商流、物流、资金、信息、安全、培训等管理系统，但横跨整个企业的管理系统很少。很多中小企业因总体实力和发展阶段等原因，没有自己的管理系统。行业协会应有"集中力量办大事"的责任担当，协调行业主体间在以下方面开展合作：一是协调相关单位建立涉及全行业的平台或系统，让大中小相关企业加强深度合作；二是找到行业领先单位，通过召开专题会议或论坛等方式，在专业化领域建立深入合作集团；三是组织行业委员会或专家团队系统性研究代表行业发展方向的新问题；四是帮助中小专业化公司在整个行业宣传推广；五是组织系统性安全、营销、管理等培训，提高管理水平。

（七）协助理顺市场秩序

商务部、发展改革委、能源局、税务总局、市场监管总局和应急管理部等很多政府主管部门在国家级和省市级协会以及经营主体协助下，确保石油流通领域健康平稳发展是保证国民经济正常运行的重要工作。协会在这方面的主要工作包括：一是协调经营主体保证石油天然气等市场稳定供应，确保价格和供求平稳；二是汽、柴油税负占油品价格的45%左右，只要国家没有明确的政策措施加强终端环节监管，就不能阻止无票油的继续泛滥破坏市场稳定，因此还需要协会继续深入了解市场整治的相关情况，为行业健康发展发声；三是引导整个行业向国家和社会前进方向平稳发展，如把碳中和、新能源、大数据和物联网等政策和技术落实到企业经营管理中。

（八）推动行业转型发展

近年来，互联网、大数据、云计算、人工智能、区块链等领域加速创新，日益融入经济社会发展全过程，数字经济发展速度之快、辐射范围之广、影响程度之深前所未有，正在成为重组全球要素资源、重塑全球经济结构、改变全球竞争格局的关键力量。

加快推进数字化转型、智能化发展是建设世界级行业发展的迫切需求，是构建创新驱动发展格局的有力抓手，是实现行业高质量发展的重要引擎。当今，世界一流企业通过持续不断的转型升级保持长久活力和竞争力，国际石油公司纷纷将数字化转型作为适应能源转型的重要手段，将其融入企业的核心战略。开展智慧企业建设是党中央实施科技强国、网络强国、建设"数字中国"的战略要求，要充分发挥会员单位数万座库站运营产生的海量数据和丰富的应用场景优势，促进数字技术与行业生产经营深度融合，赋能传统库站经营转型升级、催生营销运营新业态新模式，不断做强做优做大行业数字经济，形成适应新时期数字经济发展需要的核心竞争力，持续增强会员企业发展内生动力，推动高效供给、质量变革、效率变革和动力变革，为企业转型升级和高质量发展提供强大支撑。

专题十四　WTI 原油期货价格与欧洲碳期货价格关联性研究

近年来，CO_2 浓度的快速上升使全球气候变暖日益严重，进而造成了海平面上升，沿海低地被淹没、冰川融化、极端天气多发、物种灭绝等环境问题。欧盟温室气体排放贸易机制（EU – ETSA）为世界上最大的 CO_2 排放权（碳排放权）交易市场，至 2019 年欧盟碳排放权市场的配额已经达到 18.6 亿吨，它影响着全球的碳排放市场的发展。原油作为全球主要的化石能源之一，其价格波动势必影响碳排放权价格。因此本专题希望通过研究原油期货价格与碳排放权期货价格变化情况，揭示 WTI 原油期货价格与欧洲碳期货（CER）价格之间的相关关系。本专题选取了 2018 年 1 月 8 日至 2020 年 11 月 27 日的 WTI 原油期货价格及现货价格与欧洲 CO_2 排放权期货（碳期货）价格连续数据，建立平滑转换回归模型（STR），从顺向和逆向两个方向实证分析原油期货与碳期货价格关系。结果表明，原油期货价格与碳期货价格具有互相影响的双向推动作用，二者价格不仅存在线性关系还存着在非线性关系。基于此研究结果，从政府制定相关政策、油气行业发展等方面给出了相关建议。

关键词：碳中和；WTI 原油期货；欧洲碳期货；STR 模型；非线性关系

引　言

第一次工业革命爆发后，全球经济快速发展，人类对能源大量消耗，其中包括以煤、石油、天然气为主的化石能源，而化石能源的燃烧产生了大量的 CO_2，CO_2 排放量的迅速增长对全球环境造成了巨大影响，比如 CO_2 浓度的快速上升使全球气候变暖日益严重，进而造成了海平面上升，沿海低地被淹没、冰川融化、极端天气多发、物种灭绝等环境问题。因此实行碳减排应对气候变化已成为世界共识。中国政府于 2020 年在联合国大会提出力争在 2030 年碳达峰，2060 年实现碳中和。首先，中国作为能源结构以高碳化石能源为主的国家，宣布从完成碳达峰到碳中和的时间要远远短于发达国家，这种具有决心和执行力的政策宣示是一种承担大国责任的体现，对世界其他国家减少碳排放、发展绿色低碳经济起到引领作用。其次，中国作为世界碳排放量大国,中国的碳减排行动能够帮助全球提早实现碳中和目标,最大程度改善全球日益严重的气候问题。

欧盟温室气体排放贸易机制(EU-ETSA)是世界上最大的碳排放权交易市场,至2019年欧盟碳排放权市场(碳市场)的配额已经达到18.6亿吨,它影响着全球的排放碳市场的发展。原油的消费会引起碳排放量的增长,原油期货价格影响碳期货价格,碳期货价格变动进而影响碳现货价格。原油作为能源市场最为重要的能源产品,在欧盟碳市场下,对碳价格的影响路径是:原油价格影响天然气价格进而影响电价,最后电价推动碳排放权价格(碳价)的变化,学术界已有相关文献证明原油期货价与碳价有必然相关性,本专题将针对原油期货价格与碳期货价格之间具体的联动关系研究较少的现状,使用STR模型对二者价格关系进行深入研究,得出的结论有利于为中国碳交易市场提供可参考经验,帮助解决信息不对称问题、完善中国碳交易市场、按时完成既定的"双碳"目标,有着重要的现实意义。同时,中国碳市场的发展也将会加速全球实现碳中和的目标,因此研究二者价格关系不仅仅对帮助中国碳市场的发展有参考价值,更对助力全球实现碳中和有着重要意义。

一、文献综述与相关理论

(一)原油期货及碳期货价格相关理论研究概述

1. 原油期货价格影响因素

原油期货作为全球交易量最大的商品期货,其价格的波动对国际金融市场有着举足轻重的作用。李海建立MSVAR模型分析出原油期货价格直接受到商品指数投资者的头寸影响,投资者头寸对原油期货收益率冲击作用显著;原油期货价格作为金融衍生品受金融市场上的行为影响;商品指数投资者的投资策略以主导原油期货市场走向来影响原油价的波动方向。郭健得出原油期货价格受供需关系、汇率、政治关系、国际资金等因素的影响的结论。高美玲分析认为原油供需、金融、政治与突发事件是影响价格的最主要因素。郭琦采用灰色关联度模型分析出OPEC(原油产量)对油价主要为负向影响力,世界经济增长率对油价主要呈正向影响力,原油期货价与现货价之前存在长期动态均衡的关系。

2. 碳期货价格的变化规律及影响因素

随着碳金融衍生品的丰富,碳交易存在的价格波动风险不断加大,研究碳期货价格的变化规律及影响因素有利于预测价格走势，规避碳市场波动风险。学术界对EUA（欧盟碳配额）和国际CER期货市场价格关系研究较多，Chevallier通过计量方法、VAR模型、格兰因果关系以及DCCMGARCH模型检验发现EUA与CER期货价格之间相互影响的作用，且关系有较强的时变相关性。Kanamura采用反Box-Cox函数MAX曲线，得出EUA与CER期货价的关系与二者互换交易以及能源价格有关。邬鹏进行GARCH族模型波动性拟合、VAR计算发现CER与EUA期货价格在短期内存在较为显著的互为引导的双向关系，且EUA对CER期货价格拉动性更强。许悦通过总结大量文献，理论分析得出当CER与EUA价格差异较大时，企业会选择性购买价格更低的产品，导致低价产品需求上升从而价格上涨，最终使EUA和CER价格趋近一致。总结出EUA市场对CER有一定的引领作用，并且联动性较强的结论。黄杰利用EUA与CER期货结算价连续数据建立GARCH模型对二者价格关联性进行实证研究，分析得到EUA价格对CER有负向影响的情况。

3. 中国CER价格与国际CER价格的关系

相比于欧洲碳交易市场形成的成熟体系，中国碳市场在国际碳交易的发展上尚处于起步阶段。向为民建立VAR模型实证分析得出中国碳市场价格受自身价格及欧元汇率影响最大，CER价格对中国碳市场价格影响比EUA价格大。赵圣玉通过ARCH检验与GARCH-M-T模型对中国深圳碳排放权价格进行实证分析，得出中国CER现货收益率波动较国际CER市场更加平稳，信息杠杆效应不明显。魏雪采用主成分分析法及中介效应模型的逐步回归法进行检验，国际CER价格与中国碳期货价格存在正相关的关系。且中国碳交易价格与国际CER价格受传统能源价格的影响呈反向波动。

4. 原油期货价与碳期货价的关系

原油期货价格与影响金融市场的碳价在学术界分别有较多相关研究，但对原油期货价与碳期货价之间具体联动关系的研究较少，部分学者已表明二者期货价格之间确实存在一定相关性，Manganese Bataller利用多元回归模型证明原油价与碳价必然有相关关系，陈庆华实证分析出原油期货市场和碳期货市场之间存在长期均衡关系和溢出效应，Kanen研究得出原油期货价对碳价的影响路径为油价首先影响天然气价格，天然气价格进而影响电价，最终电价影响碳价。王雪使用DCC-MGARCH模型研究得出天然气、原油期货、焦煤期货三个市场之间存在着显著的双向波动溢出效应。赵静雯使用协整理论和Granger因果检验得出能源期货和碳期货价格之间存在协整关系，天然气价格、电价与碳期货价格之间存在因果关系。

5. 碳期货价格与碳现货价格的关系

李亚楠采用 Engle – Granger 协整检验实证得出碳期货价格与碳现货价格存在长期均衡关系与短期动态关系，且可以通过期货价格市场变动来预测碳现货价格。Don Bredin 和 John Parsons 得出 2008 年后，碳现货补贴相对于期货变得便宜，碳期货价格高于以利率增长的现货价格所定义的套息价格。Alexander C. M. Zeitlbergen 通过建立 GARCH 模型对碳现货和期货建模，最后通过因果检验得出滞后的碳期货收益会影响后续的现货收益，即碳期货市场引领现货市场，为现货收益提供了有价值的信息，这一结论得到了碳期货交易量远大于现货市场事实的支持。

基于先前学者们对原油价格与碳价格相关性、原油和碳期货市场相关性的理论基础，本文将以原油—化石能源（天然气、煤炭）—电—碳作为模拟产业链，对原油期货与碳期货的联动性关系进行更为具体深入的研究，选取 WTI 原油价与欧洲碳期货为研究对象，将 WTI 期货结算价、WTI 现货结算价（利用塔皮斯现货结算价数据替代）、欧洲碳期货结算价三个变量代入平滑转换回归模型（STR），实证分析 WTI 原油期货与欧洲碳期货之间价格的联动性关系。

（二）WTI 原油期货和碳期货价格关联性的理论分析

油价是能源市场最为重要的指标，几乎能够影响其余所有的能源产品价格，其中包括两大化石能源——天然气和煤炭。天然气是清洁发电能源，煤炭是廉价且有极高排碳量的发电能源，已有研究表明天然气市场和碳市场、煤炭市场和碳市场是具有显著相关性的，天然气、煤炭价格通过作用于电价最终影响碳价。在这些理论基础上，可知原油期货价格是通过影响天然气或煤炭价格导致电价变化最终间接作用于碳期货价格。

基于此理论，可以将以上关系视作一个产业链，建立产业链关系，见图 1。

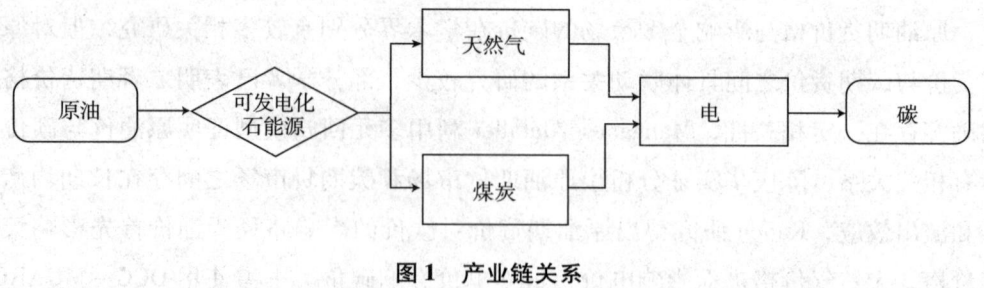

图 1 产业链关系

1. 原油价格对于碳价格的顺向联动

原油和天然气这两种能源商品在经济学角度上可以被定义成互为替代品，当油价下跌时，就会削弱天然气的价格优势，导致天然气需求量减少、价格下跌。原油与天然气价格为双向影响、变动一致的关系。天然气作为一种发电原料，它的价格可以影响电价，最终导致碳交易价格的变化；原油与煤炭均为一次性化石能源，也为相互代替品，当油价下跌时，原油需求量上升，煤炭需求量减少，最终导致煤炭价格下降。另一层面上，油价的高低决定煤化工行业生产成本的多少，进而影响煤炭价格。因此可以将油—天然气（煤炭）—电—碳的顺向联动关系视作一个产业链，且已知原油期货与碳期货价格均是以它们的现货价格为基础的，设定以下理论关系：

$$PCER = \alpha_0 + \alpha_1 Pyy + \varepsilon_1$$

其中，$PCER$ 指欧洲碳期货价格，Pyy 指 WTI 原油期货价格，α_0、α_1 是变量系数，ε_1 是误差项。

2. 碳价格对于原油价格的逆向联动

理论上，基于油—天然气（煤炭）—电—碳的顺向联动建立的模拟产业链关系，可以推论碳作为产业链下游产品可以通过电价影响天然气（煤炭）价格，最终推动上游产品原油价格改变，即产业链下游产品碳的价格可以反作用于上游产品原油的价格。根据此推论，假设有以下关系（WTI 现货价格数据使用同为轻质原油的塔皮斯现货价格替代）：

$$Pyy = \alpha_0 + \alpha_1 PCER + \alpha_2 x Pxyy + \varepsilon_2$$

其中，Pyy 指 WTI 原油期货价格，$PCER$ 指欧洲碳期货价格，$Pxyy$ 指原油现货价格，α_0、α_1、α_2 是变量系数，ε_2 是误差项。

基于以上模拟产业链的假设及理论模型，本研究运用 STR（平滑转换模型）分析 WTI 原油期货价格和欧洲碳期货价格之间的关联性。

二、模型构建

本研究选取的原油期货、现货价格和碳期货价格是以时间为轴的连续数据，且主要研究二者之间的非线性关系，因此问题分析建模采用一种典型的非线性时间序列模型——平滑转换回归模型（STR）。模型如下：

$$y_t = \varphi' z_t + (\theta' z_t) G(s_t, \gamma, c) + \varepsilon_t$$

其中，y_t 为被解释变量；z_t 为解释变量；φ' 为系数参数矩阵；$G(s_t, \gamma, c)$ 为转换函数或开关函数，s_t 为转换变量或开关变量（引起非线性关系的变量），γ 是斜率参数或调整参数（非线性关系的转换程度），c 为位置参数（非线性关系产生的时机）；ε_t 为白噪声。

三、WTI 原油期货和碳期货价格关联性的实证检验

（一）数据平稳性检验

采用 ADF 检验法对各指标序列的平稳性进行单位根检验，原假设存在单位根，若拒绝原假设则为平稳性序列。将三个变量分别取对数后，在滞后阶数（一至四）的选取中，由于三阶时 AIC 和 SC 值最小，因此选择 ADF 滞后三阶进行 ADF 检验。检验结果如表1所示，原价格序列为非平稳序列，一阶差分价格序列为平稳序列。

表1 平稳性检验结果

变量	start	估计值	t 值	p – value
线性部分				
CONST	-0.80445	-0.85443	-11.0805	0.0000
$\ln PCER\ (t-1)$	0.3358	0.30616	5.0075	0.0000
$\ln P_{yy}\ (t-1)$	0.02304	0.02879	1.9316	0.0538
非线性部分				
CONST	-0.94419	-0.79814	-3.4132	0.0007
$\ln PCER\ (t-1)$	0.57965	0.61439	9.3787	0.0000
$\ln P_{yy}\ (t)$	0.2582	0.23918	3.9685	0.0001
$\ln P_{yy}\ (t-1)$	0.10864	0.10045	3.156	0.0017
Gamma	3.94668	3.70655	8.4678	0.0000
C	3.91559	3.90187	283.9891	0.0000

（二）产品顺向联动实证分析

利用 JMulTi 软件进行非线性检验，检验结果中显示转换变量为 $\ln P_{yy}\ (t)$ 时四个 F 统计量 p 值相对最小，因此软件建议的最优转换变量为原油期货的原阶（$\ln P_{yy}\ (t)$），最优转换函数模型为 LSTR1。

选定最优转换变量和模型后，对 STR 模型进行参数估计。表2显示平滑参数（Gamma）为 3.70655，p – value 为 0 时结果非常显著，转换体制更为明显。删除 p – value 为 0.65519 没有显著线性关系的变量 $\ln P_{yy}\ (t-1)$ 后，得到表中的剩下三个变量均有明显显著性关系。

表 2　参数估计结果

项目	变量	ADF 值	1%临界值	5%临界值	10%临界值	Prob
原序列	$\ln Pyy$	0.697889	-3.436062	-2.863950	-2.568104	0.9921
	$\ln Pxyy$	-0.057216	-3.966351	-3.413873	-3.129017	0.9955
	$\ln PCER$	-1.169332	-3.436035	-2.863939	-2.568098	0.6895
一阶差分序列	$\ln Pyy$	-13.98994	-3.436736	-2.864248	-2.568264	0.0000
	$\ln Pxyy$	-12.32469	-3.967289	-3.414332	-3.129289	0.0000
	$\ln PCER$	-13.41113	-3.436696	-2.864230	-2.568255	0.0000

根据表 2 所示结果，得到 LSTR1 的具体形式如下：

$$\ln Yt = -0.85443 + 0.30616\ln PCER(t-1) + 0.0287\ln Pyy(t-1) -$$

$$(0.79814 - 0.61439\ln PCER(t-1) - 0.23918\ln Pyyt - 0.10045\ln Pyy(t-1))G(st,\gamma,c))G(st,\gamma,c)$$

$$= [1 + \exp(-3.70655\ln PCER(t-1) - 3.90187)]^{-1}$$

选定转换变量为 $\ln Pyy(t)$ 时，可以确定位置参数 c 为 3.90187，当转换变量大于位置参数时，原油期货价格对碳期货价格有正向线性影响；反之，正向关系减弱，非线性部分作用更强。

（三）产品逆向联动实证分析

利用 JMulTi 软件进行检验，当转换变量为 $\ln Pyy(t-1)$、$\ln PCER(t)$、$\ln Pxyy(t-1)$、$\ln PCER(t-1)$、$\ln Pxyy(t-2)$、$\ln PCER(t-2)$ 时，由于 F 检验的 p 值不显著，结果均为线性模型，不存在非线性效应。因此只有 $\ln Pxyy(t)$ 能作为转换变量，最优函数模型为 LSTR1。

选定 LSTR1 模型后，继续使用 JMulTi 对模型进行参数估计。结果，整理模型的具体形式如下：

$$4.21205 - 0.59844\ln Ppy(t-1) + 1.72708\ln Pxyy(t) + 5.41740\ln PCER(t) +$$
$$1.66981\ln Pxyy(t-1) + 3.83871\ln PCER(t-1) + 0.14718\ln Pxyy(t-2) - (4.17616$$
$$-1.47139\ln Pyy(t-1) + 0.77608\ln Pxyy(t) + 5.36097\ln PCER(t-2))G(st,\gamma,c)$$

如表 3 所示，平滑参数（Gamma）为 232.00853 时，说明转换函数斜率大，即模型不同区制间转换速度很快。选定转换变量为 $\ln Pxyy(t)$ 后，可确定未知参数 c 为 3.14106。在 1% 显著水平下，碳期货价格对原油期货价格有负向线性影响；当转换变量的值小于位置参数时，非线性关系增强。碳期货价对原油期货价的负向线性影响减弱。

表3　参数估计结果

变量	start	估计值	t值	p-value
线性部分				
CONST	3.86024	4.21205	8.8008	0.0000
$\ln Pyy(t-1)$	-0.71042	-0.59844	-12.7067	0.0000
$\ln Pxyy(t)$	0.74563	1.72708	10.6734	0.0000
$\ln PCER(t)$	2.97395	5.4174	15.3781	0.0000
$\ln Pxyy(t-1)$	1.5605	1.66981	19.9986	0.0000
$\ln PCER(t-1)$	3.22462	3.83871	13.6959	0.0000
$\ln Pxyy(t-2)$	0.3039	0.14718	2.8309	0.0048
非线性部分				
CONST	-3.87661	-4.17616	-8.7176	0.0000
$\ln Pyy(t-1)$	1.61629	1.47139	28.7127	0.0000
$\ln Pxyy(t)$	0.2203	-0.77608	-4.7784	0.0000
$\ln PCER(t)$	-2.91875	-5.36097	-15.1715	0.0000
$\ln Pxyy(t-1)$	-2.3817	-2.4656	-28.246	0.0000
$\ln PCER(t-1)$	-3.27455	-3.88247	-13.7669	0.0000
$\ln Pxyy(t-2)$	-0.352	-0.18608	-3.4457	0.0006
$\ln PCER(t-2)$	0.00086	-0.00541	-0.1971	0.8438
Gamma	5.96602	232.00853	0.0507	0.9596
C1	3.20752	3.14106	51.4996	0.0000

四、结论与建议

（一）结论

第一，在原油期货到碳期货的顺向关系中，已知原油期货对碳期货有正向线性影响的同时也存在非线性影响，且非线性影响会减弱线性关系的正向作用，即它的线性和非线性作用具有累加效应。假设原油价格影响碳价的模拟产业链原油—天然气（煤炭）—电—碳的理论成立。

第二，在逆向联动关系中，原油期货价格对碳期货价格有负向线性影响且二者也存在非线性关系，假设产业链下游产品碳会逆向影响上游产品原油的理论成立。

第三，原油期货价格与碳期货价格之间的联动性是一种可逆的双向影响关系，且经检验得出二者价格关系非常显著。原油期货市场与碳期货市场之间同样具有长期线性与非线性的双向关系。

(二) 建议

1. 政府合理调节碳定价,完善碳市场机制

全球 CO_2 的大量排放带来的气候问题日益严重,碳减排已成为世界关注的焦点,碳中和将是世界各国发展的目标。碳交易将形成一个全新的碳金融市场,碳排放权交易是一个极大的挑战与机遇。中国碳交易市场正在逐步发展,深入研究世界碳市场的价格信息有利于改善中国碳市场目前因信息不对称造成的劣势,完善碳市场机制与碳定价方面的不足。

2. 推行新能源发电方式,减少碳排放量

在原油期货到碳期货的顺向关系中,已知原油期货对碳期货有正向线性影响的同时也存在非线性影响,且非线性影响会减弱线性关系的正向作用,即它的线性和非线性作用具有累加效应。

研究表明,煤炭可以通过影响电价最终作用于碳价。中国现在以火力发电(煤炭发电)的方式为主,这造成了大量的碳排放,中国未来实现碳中和必须使煤炭消耗量减少,因此新能源的开发和利用在未来碳中和的实现中起着至关重要的作用,可以通过逐步推行光伏、风电、核电等新能源发电方式来减少发电产生的碳排放量。

3. 产业链下游产品碳会逆向影响上游产品原油

逆向联动关系中,原油期货价格对碳期货价格有负向线性影响且二者也存在非线性关系,碳排放大部分是由能源活动造成的,包括对原油、煤炭的利用等,上文已实证得出原油价格对碳价格具有显著影响,因此政府在调节碳定价、制定碳市场相关调控政策时可以参考原油价格的变动趋势和原油市场与碳市场的相关关系,通过对价格变化范围的预测规避碳价格波动中的风险。原油期货价格与碳期货价格之间的联动性是一种可逆的双向影响关系,且经检验得出二者价格关系非常显著。原油期货市场与碳期货市场之间同样具有长期线性与非线性的双向关系。

4. 加大碳市场资金的投入,刺激碳交易活跃度

中国已向世界承诺于 2060 年实现碳中和的目标,这是面临着完成巨大的碳减排任务的大国誓言,不仅将对世界各国起到巨大的引领作用,作为碳排放大国,中国碳减排目标的达成也将大力推动世界碳中和目标的实现。中国早在 2011 年就开始在深圳、上海、北京、广州等多个省市开展碳交易试点,中国碳交易市场与欧洲相比仍不够活跃,碳交易价格低于欧盟碳价。未来应继续完善碳交易市场体系,合理定价碳配额。在碳市场加大资金的投入,大力发展碳期货等金融衍生产品,刺激碳交易活跃度。

专题十五　大型工程建设企业推广智能撬装设备的可行性

因自然条件和设备用油等特殊情况，传统加油站以往经常发生渗漏或泄漏事故，对交通建设等大型工程建设项目供油一直是难题。撬装加油站配备双层油罐，能抑制油品渗漏或泄漏问题。同时，撬装式加油站装置成本低、占地小、安装简便，普遍认为推广智能化撬装设备是非常好的方式。本专题从政策和经验角度探索在大型工程建设项目供油中推广智能撬装设备的思路和经验。

一、撬装设备运用的国家政策

撬装式加油装置属于地上油罐，不但解决了油品渗（泄）漏问题，还降低了撬装站的企业用油成本，实现经济效益最大化，但考虑成品油市场秩序，目前仅限于企业自用，以及抢险救灾临时加油、城市建成区以外专项工程施工等临时或特定场所。

国家和地方相继出台管理办法对撬装设备应用提供政策支撑。政策层面由"模棱两可"逐步向精准管理过渡并逐渐明朗。从国家颁布的法律法规和标准来看，撬装加油站是完全合法的。现行有关撬装式加油装置的标准法规有：

2003年4月，科技部将HAN阻隔防爆技术列入2003年国家重点科技推广项目。2004年12月，国家安全生产监督管理局将HAN阻隔防爆技术列为2005年安全生产重点科技推广项目。2005年4月，国家安全生产监督管理总局制定和颁布了安全生产行业标准，即《汽车加油（气）站、轻质燃油和液化石油气汽车罐车用阻隔防爆储罐技术要求》（AQ3001-2005）、《阻隔防爆撬装式汽车加油（气）装置技术要求》（AQ3002-2005），为HAN阻隔防爆技术的推广应用奠定了基础。

在2014年实行的《汽车加油加气站涉及与施工规范》（GB50156-2012）（2014年版）中，明确提到"撬装式加油装置可用于政府有关部门许可的企业自用、临时或特定场所。采用撬装式加油装置的加油站，其设计与安装应符合先行行业标准《采用撬装式加油装置的加油站技术规范》（SH/T3134）和本规范第6.4节有关规定"。

2020年9月，上海市相关部门联合发布《关于在部分行业试点推广内部撬装加油装置的通知》，在部分行业试点推广内部撬装加油装置。12月上海市宝山区印发《宝山区企业内部加油点撬装加油装置管理办法（试行）》。

2021年6月，山东省烟台市印发《烟台市企业自备油罐及装置（设施）监督管理办法（试行）》。7月，山东省淄博市印发《淄博市物流企业内部撬装加油（柴油）装置试点实施办法》。

根据上述政策，对撬装式加油装置的具体要求如下：一是使用撬装式加油装置的企业必须经市场监管部门登记注册《营业执照》；二是撬装式加油装置作为企业内部使用，不得对外销售成品油和变相销售成品油；三是撬装式加油装置作为整体产品，使用单位应严格筛选产品供货商，要求其提供油罐的防火防爆检验合格证和油罐清洗方法、日常维护的使用说明书；四是撬装式加油装置不得设在室内或其他封闭空间内，与外部周边的建构筑物的安全防火距离应符合SH/T 3134—2002《采用撬装式加油装置的汽车加油站技术规范》要求；五是撬装式加油装置的油罐内四周应设防护围堰或漏油收集池，汽油设备应采用卸油和加油油气回收系统；六是撬装式加油装置的灭火器设置应符合SH/T 3134—2002《采用撬装式加油装置的汽车加油站技术规范》第4.13条的规定；七是撬装式加油装置的防雷、防静电设施应经检测单位安全检测合格；八是对于储存危险化学品（汽油和闪点小于60℃的柴油）的企业内部撬装式加油装置，要按照《危险化学品安全管理条例》规定，对加油装置的安全生产设施每3年进行1次安全评价。

二、工程建设用油特点

（一）工程用油多且与土石挂钩

工程建设项目类型决定用油量大小。一是大部分铁路施工在偏远地区，前期发电和土石方等分项用油量都很大；二是公路和园区项目与铁路类似，土石方在投资中占比较大，用油量也很大；三是地铁和市政项目多在市区，所需机械不多或偏向电气化，用油量不大但对安全环保要求很高。整体看，工程建设领域项目用油量很大，整体估算占投资额三成左右。

（二）主体倾向于施工单位自采

工程项目主体一般为投资方、总包方和分包方三级管理，甲方、项目部和施工等相关方起重要作用。对于油品采购，第一种是甲方作为甲供物资或甲控物资统一采购，最终逐层转嫁；第二种是项目部采购，在分包价款中单独列出，由项目部提供施工单位使用或者在计价款中扣除。当两个层级均不提出意见时，才由施工单位采购，但是也涉及自有或外包机械。采购主体取决于两个因素：一是用油数量和金额大小，二是用油量较大项目取决于权益相关方博弈。

（三）主体数量倾向于二八比例

供应主体方面较少是国有大型能源企业直接供应或者说是油品生产单位直供，大多数是战略合作，此类在工程建设领域不超过20%。较多是油品供应服务商供应，它们掌握关键客户资源，主要把油品供应给施工单位，甚至于在大型石油企业战略合作中也发挥重要作用，此类在工程建设领域超过80%。

（四）贸易商供应获利多种来源

贸易商作为供应主体通常有价格差、渠道差、数量差、质量差等几种获利方式。相比大型企业直供，贸易商更多地侧重于通过后面三种方式获利。随着市场清理整顿和用油单位严格管理，后面三种方式的获利难度在增加。

（五）客户关系管理起关键作用

油品供应中客户关系以及层级，根本上决定了供应合同关系的建立，以及供应过程的顺畅与否。无论是自上而下还是自下而上，客户关系开发和维护都是油品供应中的重中之重。

（六）占用资金量大、回款特别难

工程项目占用资金多是常态，项目单位会优先保障钢材、水泥等主体材料供应和资金。油品作为消耗材料，供应商垫付周期基本要超过三个月，有的甚至在一年以上甚至更长，工程结束后收尾款打折也是常态。

三、撬装加油设备市场概况

随着社会数字化和智能化发展，工程建设市场油品供应生态受到明显影响。通过智能化撬装等措施，引导建筑市场油品供应持续健康发展。

（一）智能撬装设备优势

撬装是集地面防火储油罐、加油机和自动灭火器、视频监控于一体，可以整体迁移的新型加油设备。将阻隔防爆材料填充在储油罐中，即使遇到明火、静电、撞击、雷击、枪击、焊接和猛烈撞击等情况也不会发生爆炸。具有如下特点：一是成本低、容易建，其占地面积在 20~50 平方米，建设仅 2~5 天时间，成本约 20 万~50 万元；二是可以循环使用且方便搬迁；三是安全性超高，撬装设备经过阻隔防爆技术改造后安全性高，即便遇到明火和雷击也不会发生爆炸，制造厂在装满汽油的撬装设备被人为点火后，直到着火自然熄灭，其间都未发生爆炸；四是可油气回收，撬装设备抑制和减少油品挥发，比老式加油站控制标准要高，降低对环境的污染；五是可自动报警，有异常情况时撬装设备的报警控制系统会及时告知自动处理；六是可显示结果，设备的自动收发计量装置实时收发结算，能够智能计量校正并显示多种信息，通过后台授予手机终端相应权限，方便、准确、快捷；七是自带储油加油功能，可根据用户需求配备不同规格储油罐装配加油机，使用特别方便。

（二）撬装设备应用情况

撬装设备最初在美国应用，亚特兰大奥运会时已经推广。2006 年 1 月，为了迎接北京奥运会，北京市安监局等四部门发文要求在全市范围内推广、使用 HAN 阻隔防爆技术。

自 2007 年 9 月 26 日，中国第一座 HAN 阻隔防爆集装箱式撬装设施在北京中油公交石油销售有限公司投产使用以来，北京已经营撬装站 110 座，经受了 2008 年奥运和 2009 年新中国成立六十周年大庆的考验，北京市主要领导多次视察撬装式加油站，给予了大力支持和充分肯定。上海首台临时撬装式加油装置设置在世博园区，为园区 500 余辆行政、物流车辆提供加油服务。在河南三夏开镰仪式上，中国石油在现场放两台撬装设备供应柴油，时任农业农村部部长韩长赋参观后给予很高评价。

（三）智能撬装设备供给端主要形式

智能撬装设备生产组织形式有三类：第一类是大型能源终端服务集团，智能撬装是其众多产品中的一种，从软件到硬件都是自己制造；第二类是信息科技公司，面对撬装未来智能化大市场，侧重自主研发系统并在此基础上集成软硬件，与普通撬装厂家广泛合作，出厂前预装研发系统并提供整套解决方案；第三类是传统做钢构、罐体等转向生产普通撬装设备厂家，侧重于硬件研发，随着信息化发展逐步赋予撬装信息化功能。这三种形式并不是割裂存在的，参与各方优势互补、互相融合是发展趋势，未来供给形式也会越来越多样。

四、工程建设推广撬装设备可行性分析

在油品供应过程中为客户提供智能撬装设备，具体使用全程自动化，撬装管理

人员到岗、发出油管库存告急指令、油品权属单位采购、油库发油、整车运输到撬装、计量验收、加油枪发油、电子平台发货交接确认、实时统计数据至后台、项目管理人员分析监督、定期自动与销售单位结算，并配备视频在线智能监测技术，发生异常情况及时报警；撬装设备无人值守、自动接卸。真正实现远程可视化操作、智能化监测、自动化管理。

现场撬装设施可带有供应单位标志的标识或标牌，提升现场服务的水平和形象。撬装实时展现当天零售价格和实际结算价格，本期罐存油品主要来源渠道等。这些个性化元素，可以由客户单位定制。

（一）外部机会

国家开展"放管服"改革，"法不禁止即自由"慢慢成为营商环境主导原则。工程项目特别是重大项目管理越来越向智能化和规范化发展。国家政策环境逐渐明朗，综合来看，对待撬装应用态度逐渐明朗，地方政府认同度也逐步上升，部分地方政府出台政策会起到示范作用，预期撬装政策会大面积进入论证和实施阶段。

（二）外部威胁

这种模式一定程度上打破了原有生态，无形当中可能会面临原有利益链的整体绞杀和围堵。撬装设备已经出现了几十年，在国内也有十几年的运营经验，但是没有得到普遍推广应用。

（三）供应商议价

目前市场上稍具规模的撬装设备生产厂家和生产能力逐年上升，据了解，很多信息科技公司也开始借助信息技术上的优势切入撬装应用，市场部分资本也悄然进入此行业，综合来看，撬装设备的整体成本相对可控。

（四）被替代单位威胁

现在提供的产品和服务，可替代目前大量使用的地埋罐或车罐。替代成功后被替代单位不会主动让出这块阵地，甚至会引进新的替代品。这个风险需要在开展业务时深入了解，可以进行合理防范。

（五）同行业竞争

竞争主要来自两个方面：一是现有的同行的生产厂家，目前都有相应的营销队伍；二是原先供应商，这是最大的竞争对手，容易引起以撬装占领终端市场的误判，但是一旦消除误判，竞争对手可能成为合作伙伴。

附 录

一、2021年中国石油流通行业大事记

1月

1月5日，生态环境部正式发布《碳排放权交易管理办法（试行）》，对全国碳排放权交易及相关活动进行了规定，具体包括碳排放配额分配和清缴，碳排放权登记、交易、结算，温室气体排放报告和核查等，全国碳市场加速推进。

1月6日，商务部下发2021年第一批成品油出口配额，总数2950万吨，同比增长150万吨，增长率为5.4%。按贸易方式分，一般贸易配额总计2617万吨，加工贸易配额333万吨。按获得主体分，中国石化获得配额总计1207万吨，同比下降9.66%；中国石油获得配额总计981万吨，同比增长6.63%；中国海油获得配额284万吨，同比增长9.65%；中化、中航油分别获得配额260万吨、3万吨，同比分别降低6.81%、50%。

1月18日，国家能源局印发《2021年能源监管工作要点》的通知，2021年将围绕电煤稳定供应、新能源并网消纳等重大发展任务，强化国家能源规划、政策执行情况监督检查，不断提高能源行业发展的质量和效率。

1月19—21日，上海国际能源交易中心低硫燃料油期货首次跨境交收成功实施，首批2500吨低硫燃料油货物通过集团境外交收库——中国石油国际事业（新加坡）有限公司完成提货，标志着该项全球首创的制度设计走向业务实践，中国期货市场境外设库探索有了重大突破，实现了由交易端"引进来"到交割端"走出去"的跨越。

1月28日，国家能源局制发关于印发《2021年能源监管重点任务清单》的通知。该清单包括2项综合监管、10项专项监管以及5项重点监管项目，内容涉及电力、油气、清洁取暖等领域，旨在切实加强能源市场监管和行业监管，维护公平公正的能源市场秩序，保障国家能源战略、规划、政策、项目有效落地，推动构建清洁低碳、安全高效的现代能源体系。

2月

2月7日，中国石油合资建设的太子城服务区加氢站正式投入使用，为冬奥崇礼赛区50辆氢能源大巴供应氢燃料，这也是中国石油首座加氢站投用。

2月9日，中化集团旗下的中化能源股份有限公司（以下简称中化能源）递交招股书。中化能源计划在上海证券交易所主板上市，并向公众发行不超过约62.9亿股的公司股份，占其总股本的25%。通过此次首次公开募股（IPO），中化能源计划募集资金110亿元。

3月

3月17日，国内成品油零售限价九连涨正式落地，此次零售限价上调是2021年的"五连涨"，也是自2020年11月19日来的"九连涨"。

3月30日，位于辽宁自贸试验区大连片区的大连石油交易所于近日完成全国首单原油线上竞价交易，成功竞价交易中国石油辽河油田分公司超稠油5000吨、重质油1万吨。此次原油线上竞价交易，标志着中国石油和辽河油田分公司原油销售改革正式启动，各交易商可通过卖方挂牌、买方挂牌、在线竞买、在线竞卖等方式线上进行石油现货交易。

3月31日，经国务院批准，中国中化集团有限公司与中国化工集团有限公司实施联合重组，新设由国务院国有资产监督管理委员会代表国务院履行出资人职责的新公司，中化集团和中国化工整体划入新公司。

3月31日，全球最主要的燃料油供应商之一复瑞渤集团的全资子公司复瑞渤商贸新加坡有限公司与中燃国际石油（新加坡）有限公司、招商局能源贸易（新加坡）有限公司以及中粮国际船运股份有限公司于近日签订了以上海国际能源交易中心低硫燃料油期货合约作为计价基准的船用燃料油供应合同。区别于以往中国期货品种定价应用于国际贸易合同的案例，此次签订合同的买卖双方均为外资机构，是中国燃料油期货价格首度成为境外贸易的定价基准，这些贸易合同的达成充分证明了中国低硫燃料油期货在亚太及全球船用燃料油行业的价格影响力不断提升。

4月

4月7日，国新办就贯彻落实"十四五"规划纲要，加快建立现代财税体制有关情况举行发布会，明确提出后移消费税征收环节并稳步下划地方。

4月8日，中国石化中海船舶燃料供应有限公司在洋浦国际集装箱码头顺利为中远海运集运旗下的上海泛亚航运"飞云河"轮加注保税燃油。这是自国家五部委联合下发《关于海南自由贸易港内外贸同船运输境内船舶加注保税油和本地生产燃料油政策的通知》后实施的首船加注业务，开启了海南自贸港保税燃油加注业务新篇章。

4月12日，发展改革委于日前最新发文并成立专项工作组，对涉及八省、55家独立炼厂开展是否真关停、真淘汰落后产能，经营是否合法等专项核查，核查涉及时间3~5天，核查完毕后发展改革委以专题形式上报国家相关部门及领导，体现了国家对淘汰炼油行业落后产能的决心与力度。

4月26日，生态环境部、工业和信息化部、海关总署联合发布《关于实施重型柴油车国六排放标准有关事宜的公告》。为落实《重型柴油车污染物排放限值及测量方法（中国第六阶段）》（GB 17691—2018）相关要求，依据《中华人民共和国大气污染防治法》有关规定，自2021年7月1日起，全国范围全面实施重型柴油车国六排放标准，禁止生产、销售不符合国六排放标准的重型柴油车（生产日期以机动车合格证上传日期为准，销售日期以机动车销售发票日期为准），进口重型柴油车应符合国六排放标准（进口日期以货物进口证明书签注运抵日期为准）。

4月29日，国家发展改革委、工业和信息化部、财政部、人民银行联合发布《关于做好2021年降成本重点工作的通知》，提出了持续合理降低税费负担、深化金融让利有效支持实体经济、着力降低制度性交易成本、合理降低企业人工成本、降低企业用能用地成本、推进物流降本增效、提高企业资金周转效率、激励企业内部挖潜等。

5月

5月14日，财政部、海关总署、税务总局联合发布《关于对部分成品油征收进口环节消费税的公告》，自2021年6月12日起，将对混合芳烃、轻循环油及稀释沥青征收1.2~1.52元/升不等的进口环节消费税。对相关产品征税，会对华南、华东一带非正规业务造成沉重打压。短期内，部分贸易商提前备货，供应不会出现影响，但从中长期来看，混合芳烃、轻循环油、稀释沥青进口量将出现大幅下降，贸易空间大幅萎缩。

5月20日，海南国际能源交易中心完成首单成品油供应链金融业务交收，该笔业务为能链集团提供供应链金融采购订单融资，首单业务金额合计2200万元，成功为能链集团向上游资源方采购成品油，并实现首笔预付款模式订单融资。该笔业务由海南国际能源交易中心运营总部公司对货权进行整体管控，通过资金结算的线上化、库存仓单的可视化，实现交易中心在油气供应链金融创新业务上的突破。

5月24日，国家发展改革委出台《关于"十四五"时期深化价格机制改革行动方案的通知》。该行动方案以满足人民日益增长的美好生活需要为根本目的，统筹发展和安全，坚持市场化方向，坚持系统观念，重点围绕助力"碳达峰、碳中和"

目标实现，促进资源节约和环境保护，提升公共服务供给质量，更好保障和改善民生，深入推进价格改革，完善价格调控机制，提升价格治理能力，确保价格总水平在合理区间运行。其中提出，能源领域价改，首要目的是助力双碳目标。

5月31日，生态环境部《关于加强高耗能、高排放建设项目生态环境源头防控的指导意见》，要求严格高耗能、高排放项目环评审批。石化项目应纳入国家产业规划，新建、扩建石化、化工、焦化等项目应布设在依法合规设立并经规划环评的产业园区。

6月

6月3日，国务院印发《关于深化"证照分离"改革进一步激发市场主体发展活力的通知》，旨在深化"放管服"改革，统筹推进行政审批制度改革和商事制度改革，在更大范围和更多行业推动照后减证和简化审批，创新和加强事中事后监管，进一步优化营商环境、激发市场主体发展活力，目标自2021年7月1日起，在全国范围内实施涉企经营许可事项全覆盖清单管理，按照直接取消审批、审批改为备案、实行告知承诺、优化审批服务等四种方式分类推进审批制度改革，同时在自由贸易试验区进一步加大改革试点力度，力争2022年底前建立简约高效、公正透明、宽进严管的行业准营规则，大幅提高市场主体办事的便利度和可预期性。

6月23日，商务部下发2021年第二批原油非国营贸易进口允许量，此次共计下放3524万吨，与2020年第二批原油非国营进口配额5388万吨相比减少34.6%，进口原油使用管理机制加强与完善的趋势明显。

7月

7月1日起，根据GB 17691—2018《重型柴油车污染物排放限值及测量方法（中国第六阶段）》要求，停止生产、销售不符合国六标准要求的重型柴油车产品。

7月5日，中国石化宣布将开启中国首个百万吨级CCUS项目建设——齐鲁石化—胜利油田CCUS项目，项目涵盖碳捕集、利用和封存3个环节，建成后将成为国内最大CCUS全产业链示范基地，为国家推进CCUS规模化发展提供应用案例。这标志着中国CCUS项目建设取得重大进展，对该产业发展具有巨大示范效应，对有效提升中国碳减排能力、搭建"人工碳循环"模式具有重要意义，将有力推动国家2030年"碳达峰"、2060年"碳中和"目标实现。

7月10日开始，税务局将增值税发票综合服务平台（税务局版）的航空煤油类目中新增"经销企业库存勾选控制"功能，以此来达到管控航煤销售途径，加强贸易端税收监管的目的。

7月12日，为贯彻落实《国务院关于深化"证照分离"改革进一步激发市场主体发展活力的通知》（国发〔2021〕7号）有关精神，推进商务部有关涉企经营许可事项在全国范围内推行"证照分离"改革全覆盖，并在自由贸易试验区加大改革试点力度，商务部制定了深化"证照分离"改革进一步激发市场主体发展活力工作实施方案。

7月16日，全国碳排放权交易市场启动线上交易，发电行业成为首个纳入全国碳市场的行业，纳入重点排放单位超过2000家。中国碳市场将成为全球覆盖温室气体排放量规模最大的市场。

7月，中国上半年原油进口量八年来首次同比下降，引发市场担忧，即未来几个月全球最大石油进口国的石油量不会支撑油价。与此同时，由于精炼油产品过剩，炼油厂开工率创下历史新高，中国燃料出口过去半年一直在增长。

8月

8月15日，福田汽车与中国石油合作建设的首座加氢站投运仪式在北京昌平举行。这座加氢站将为即将到来的冬奥会进行燃料供应，保障福田汽车氢燃料产品高效运营，为"绿色冬奥"赋能。

8月18日，2021年第三批原油非国营贸易进口允许量公布，总量共计442万吨，其中浙石化获批300万吨，东方华龙获批75万吨，东营联合石化获批42万吨，华联石化获批25万吨。处于第三批名单中的4家独立炼厂在2021年均已经足额获批。

8月31日，国家能源局发布贯彻落实中央生态环境保护督察报告反馈问题整改方案，其中提出深入研究细化能源领域的落实举措，研究出台《能源碳达峰实施方案》以及完善能源绿色低碳转型、推动新时代新能源高质量发展、新型储能高质量发展、构建以新能源为主体的新型电力系统等政策措施。

9月

9月9日，江苏东方盛虹股份有限公司公布《关于收到盛虹炼化（连云港）有限公司炼化一体化项目使用进口原油批复的公告》。盛虹炼化（连云港）有限公司炼化一体化项目符合《石化产业规划布局方案（修订版）》等政策要求，为保障项目顺利生产经营，原则同意项目业主使用进口原油1600万吨/年，其中2021年使用进口原油200万吨，2022年使用进口原油1589万吨，2023年起使用进口原油1600万吨。

9月14日，根据国家储备原油销售工作安排，国家石油储备中心将在国家储备石油交易系统进行2021年第一批国家储备原油竞价交易，并公告了2021年第一批国家储备原油竞价交易的时间、货物情况、交易模式、交易资格、交易安排及其他要求。

9月16日，国家发展改革委下达关于印发《完善能源消费强度和总量双控制度方案》的通知。这一方案是贯彻落实习近平总书记2019年"关于推动形成优势互补高质量发展的区域经济布局"重要讲话中"完善能源消费双控制度"精神的重要举措，是加快节能提效、推动碳达峰碳中和工作、强化生态文明建设的重要制度安排。它的发布，对中国优化能源资源配置、提高能效水平、优化能源结构具有重要意义。

9月17日，财政部发布关于印发《企业产品成本核算制度——油气管网行业》的通知。《企业产品成本核算制度——油气管网行业》根据《中华人民共和国会计法》、企业会计准则、《企业产品成本核算制度（试行）》等有关规定制定，旨在规范油气管网行业产品成本核算，促进油气管网设施运营企业加强成本管理。

9月21日，国家主席习近平在北京以视频方式出席第七十六届联合国大会一般性辩论并发表题为《坚定信心 共克时艰 共建更加美好的世界》的重要讲话，再次强调"中国将力争2030年前实现碳达峰、2060年前实现碳中和，这需要付出艰苦努力，但我们会全力以赴。中国将大力支持发展中国家能源绿色低碳发展，不再新建境外煤电项目"。

9月22日，中国首船全生命周期碳中和石油诞生，中国石油化工集团有限公司、中国远洋海运集团、中国东航在上海联合举办中国首船全生命周期碳中和石油认证仪式。上海环境能源交易所分别向三家企业颁发了中国首张碳中和石油认证书。该碳中和石油项目的原油产自中国石化国勘公司在安哥拉的份额油，由中国石化联合石化公司负责进口，中远海运作为承运方，行程9300余海里，运抵中国舟山港，将在中国石化高桥石化进行炼制。

9月23日，工业和信息化部公布《限期淘汰产生严重污染环境的工业固体废物的落后生产工艺设备名录》，名录中涉及石油化工行业包括废旧橡胶和塑料土法炼油工艺等6项落后生产工艺，自2022年1月1日起施行。

9月24日，首批国家储备原油竞价销售完成，最终购买企业为中国石油大连石化和恒力石化。

10月

10月11日，中国石油流通协会石油焦行业委员会与北部湾港股份有限公司在南宁举行中国石油焦流通标准库北部湾示范库签约暨授牌仪式，全国首家中国石油焦流通标准库落户北部湾港。中国石油焦流通标准库北部湾示范库的建立将助力石油焦产业尽快形成中国标准、行业管理标准、石油焦价格指数，实现标准示范库管理服务智能化、石油焦商品标准化、交易模式数字化，更好地服务于实体经济。

10月15日，商务部于近日下发2021年度第四批原油非国营贸易进口允许量，总计1489万吨。至此，2021年累计下发17714万吨，较2020年的18455万吨同比下降4.02%。

10月21日，国家发展改革委、工业和信息化部、生态环境部、市场监管总局、国家能源局联合发布《关于严格能效约束推动重点领域节能降碳的若干意见》，要求到2025年，通过实施节能降碳行动，钢铁、电解铝、水泥、平板玻璃、炼油、乙烯、合成氨、电石等重点行业和数据中心达到标杆水平的产能比例超过30%，行业整体能效水平明显提升，碳排放强度明显下降，绿色低碳发展能力显著增强。

10月21日，国家发展改革委、工业和信息化部、生态环境部、市场监管总局、国家能源局联合发布《关于严格能效约束推动重点领域节能降碳的若干意见》的同时，以附件形式发布了《石化化工重点行业严格能效约束推动节能降碳行动方案（2021—2025年）》，旨在推动炼油、乙烯、合成氨、电石等重点行业绿色低碳转型。

10月24日，《中共中央 国务院关于完整准确全面贯彻新发展理念做好碳达峰碳中和工作的意见》发布。该意见明确实现"双碳"目标，要坚持"全国统筹、节约优先、双轮驱动、内外畅通、防范风险"的工作原则；提出了构建绿色低碳循环发展经济体系、提高能源利用效率、提高非化石能源消费比重、降低CO_2排放水平、提升生态系统碳汇能力等五方面主要目标，确保如期实现"双碳"目标。

10月25日，荣盛石化发布公告，公司于2021年10月25日收到《商务部关于下达浙江石油化工有限公司炼化二期2021年原油非国营贸易进口允许量的通知》，"经研究，同意安排浙江石油化工有限公司炼化二期项目2021年原油非国营贸易进口允许量1200万吨"。叠加前期四批额度，2021年全年原油非国营贸易进口允许量增至18914万吨，比2020年总量18455万吨增长2.5%。

10月26日，国务院发布《关于印发2030年前碳达峰行动方案的通知》，要求"合理调控油气消费。保持石油消费处于合理区间，逐步调整汽油消费规模，大力推进先进生物液体燃料、可持续航空燃料等替代传统燃油，提升终端燃油产品能效；加快推进页岩气、煤层气、致密油（气）等非常规油气资源规模化开发。有序引导天然气消费，优化利用结构，优先保障民生用气，大力推动天然气与多种能源融合发展，因地制宜建设天然气调峰电站，合理引导工业用气和化工原料用气；支持车船使用液化天然气作为燃料"。

10月28日，生态环境部公布《关于在产业园区规划环评中开展碳排放评价试点的通知》，要求试点工作应以产业园区导则和相关环评技术要求为基础，以探索产业园区层面减污降碳、协同增效的技术方法和工作路径为主要目标。

10月29日，国家发展改革委、生态环境部等十部门发布《"十四五"全国清洁生产推行方案》，在工业清洁生产、农业清洁生产、其他领域清洁生产、清洁生产科技创新和产业培育、清洁生产模式创新5个方面共提出15条细则。

10月31日，第26届联合国气候变化大会（26th UN Climate Change Conference of the Parties，COP26）开幕，11月3日，近200个国家达成《格拉斯哥气候公约》。缔约方也批准了建立全球碳市场框架的规则；同时，450多家金融公司承诺，将其管理下的130万亿美元资产用于实现《巴黎协定》气候变化目标。

11月

11月1日，商务部外贸司对外公布了《2022年原油非国营贸易进口允许量总量、申请条件和申请程序》。2022年原油非国营贸易进口允许量为24300万吨，仍采取分批下达的方式，2022年第一批允许量将于2021年12月31日前下达给符合条件的企业，其后将视情分批下达剩余允许量。

11月3日，商务部发布消息称，《区域全面经济伙伴关系协定》（RCEP）保管机构东盟秘书处宣布，文莱、柬埔寨、老挝、新加坡、泰国、越南等6个东盟成员国和中国、日本、新西兰、澳大利亚等4个非东盟成员国已向东盟秘书长正式提交核准书，达到RCEP生效门槛，RCEP将于2022年1月1日起对上述十国生效。

11月10日，商务部于近日下发第三批出口配额，品类涵盖第六燃料油及成本油，其中低硫船燃新增100万吨，成品油一般贸易方式出口配额为157.9万吨，成品油加工贸易出口配额扣减96.9万吨。本次获得成品油出口配额的企业为中国石油、中国石化、中化集团以及浙江石化，且本次配额多数为前两批出口方式的置换调整。2021年国内成品油出口配额总量3760.55吨，较2020年减少36.28%，成品油出口减少趋势明显。

11月18日，国家石油天然气基础设施重点工程日照—濮阳—洛阳原油管道（日濮洛管道）18日全线建成投产。这是"十四五"期间首条投产的千万吨级输油管道，对完善中国中东部地区特别是河南省的供能结构具有重要意义。

11月23日，美国政府宣布，将联合多个主要石油消费国释放石油储备，以便为油价降温；美国能源部将从战略石油储备中释放5000万桶原油，以缓解经济从疫情中复苏时出现的石油供需不匹配问题并降低油价。

11月24日，日本政府宣布，将配合美国为平抑油价而释放战略石油储备的行动，在不违反石油储备法的前提下释放国家过剩石油储备。

11月24日，外交部发言人赵立坚在例行记者会上表示中方会根据自身实际和需要安排投放国家储备原油，以及采取其他维护市场稳定的必要措施，并及时公布相关信息。

12月

12月19日，中国海油广东大鹏LNG迎来满载6.5万吨碳中和液化天然气（LNG）的"木兰花"轮，该船LNG接卸后将通过管道输往香港。这是首次向香港特别行政区供应碳中和LNG，将为香港探索实现"净零发电"提供新的尝试，并将积极助力推动粤港澳大湾区碳信用标准的出台。

12月23日，商务部公布了2022年成品油（燃料油）非国营贸易进口允许量申领条件、分配原则和相关程序。其中，2022年燃料油非国营贸易进口允许量为1620万吨，与2021年持平。

12月31日，全国碳排放交易市场第一个履约周期结束，共纳入发电行业重点排放单位2162家，年覆盖温室气体排放量约45亿吨CO_2，碳排放配额累计成交量1.79亿吨，累计成交额76.61亿元。

二、2021 年国内外石油流通相关统计资料

附表 1　2010—2020 年全球主要国家、组织或共同体炼油能力

单位：千桶/日

国家、组织或共同体	2010 年	2011 年	2012 年	2013 年	2014 年	2015 年	2016 年	2017 年	2018 年	2019 年	2020 年
美国	17736	17367	17823	17925	17967	18317	18617	18567	18762	18974	18143
中国	12323	13015	13643	14503	15253	15024	14855	15231	15655	16199	16691
俄罗斯	5563	5721	5816	6729	6417	6523	6594	6596	6596	6721	6736
巴西	1992	2014	2004	2097	2238	2281	2289	2285	2285	2290	2290
德国	2091	2077	2097	2061	2077	2049	2051	2069	2085	2085	2085
意大利	2396	2276	2098	1861	1900	1900	1900	1900	1900	1900	1900
沙特阿拉伯	2109	2107	2107	2507	2899	2899	2901	2826	2835	2835	2905
印度	3703	3795	4279	4319	4319	4307	4620	4699	4972	5008	5018
日本	4291	4274	4254	4123	3749	3721	3600	3343	3343	3343	3285
韩国	2774	2864	2878	2878	3123	3128	3259	3298	3346	3393	3572
经济合作组织(OECD)	45089	44983	44806	44311	43919	44120	44202	44002	44553	45138	44804
非经济合作组织(NON-OECD)	48156	49279	49964	51754	53295	53530	53927	54618	55496	56202	57143
欧洲联盟	15301	15219	14664	14270	14156	14204	13983	13979	14017	14053	12663
全球总计	93245	94262	94769	96065	97214	97650	98129	98621	100049	101340	101947

数据来源：2021 年《BP 能源统计年鉴》。

附表2 2021年中国石油石化主要产品产量

产品名称	1—2月	3月	4月	5月	6月	7月	8月	9月	10月	11月	12月	合计	同比增长/%
原油/万吨	3208.2	1709.8	1644.7	1702.8	1666.7	1688.5	1701.4	1662.1	1634.6	1629.2	1649.6	19897.6	2.4
天然气/亿立方米	348.3	184.7	168.7	170.1	172.8	157.3	158.6	157.8	130.0	220.7	183.6	2052.6	8.2
成品油/万吨	5544.6	2918.7	2828.0	2972.9	3055.5	3038.5	2965.3	2888.7	3074.2	3222.8	3229.0	35738.2	7.9
汽油/万吨	2403.8	1238.0	1182.8	1268.6	1318.5	1374.1	1360.4	1293.6	1313.0	1351.0	1353.5	15457.3	17.3
煤油/万吨	681.8	363.9	393.9	431.9	411.9	349.2	280.0	306.9	308.7	226.4	189.3	3943.9	-2.6
柴油/万吨	2459.0	1316.2	1252.4	1272.4	1325.1	1315.2	1324.9	1288.2	1452.0	1645.4	1686.2	16337.0	2.7
燃料油/万吨	570.2	343.6	288.9	324.3	349.0	378.7	423.5	448.6	351.5	429.4	442.5	4350.2	22.1
石脑油/万吨	785.7	420.2	351.0	396.3	365.3	382.9	403.3	422.2	452.8	481.7	490.3	4951.7	12.6
液化石油气/万吨	689.9	500.1	383.0	394.9	415.4	418.4	404.0	401.3	393.9	386.9	369.2	4757.0	5.9
石油焦/万吨	476.8	259.9	248.3	246.2	253.0	260.7	239.0	259.8	262.7	262.0	261.1	3029.5	3.1
石油沥青/万吨	899.5	491.1	563.7	504.5	481.4	434.8	514.8	441.8	482.2	433.5	304.4	5551.7	-11.5

数据来源：中国石油与化学工业联合会。

附表3　2021年国内主要汽柴油月平均价格

月份	89号无铅汽油/(元/吨)	92号无铅汽油/(元/吨)	95号无铅汽油/(元/吨)	98号无铅汽油/(元/吨)	0号柴油/(元/吨)	-10号柴油/(元/吨)	燃料油/(元/吨)	液化石油气/(元/吨)
1月	7516	7729	8079	8784	6569	6775	4010	3910
2月	7821	8038	8403	9130	6862	7075	4180	3670
3月	8336	8558	8946	9687	7359	7583	4730	3840
4月	8229	8461	8844	9593	7254	7487	4490	4160
5月	8379	8613	9003	9741	7399	7634	4590	4230
6月	8604	8841	9243	9988	7619	7860	4700	4160
7月	8849	9089	9501	10252	7852	8100	4790	4480
8月	8549	8785	9182	9935	7559	7799	4660	4700
9月	8734	8973	9379	10139	7742	7987	4770	5030
10月	9274	9517	9948	10728	8259	8509	5610	6140
11月	9329	9582	10014	10773	8314	8577	5270	5410
12月	8834	9083	9495	10281	7837	8093	5090	5140
2021年均价	8538	8772	9170	9919	7552	7790	4741	4573
比上年增长/%	19.4	18.8	18.7	18.0	21.7	20.2	21.0	41.2

数据来源：中国石油与化学工业联合会。

附表4　2021年国际原油现货市场月平均价格（普氏现货报价）

月份	西得克萨斯中质油（WTI）/(美元/桶)	布伦特/(美元/桶)	迪拜/(美元/桶)	辛塔/(美元/桶)	大庆/(美元/桶)	胜利/(美元/桶)
1月	51.93	55.11	54.77	52.48	50.22	56.33
2月	58.92	61.91	60.86	57.97	57.47	63.40
3月	62.53	64.94	64.41	59.20	61.14	67.35
4月	61.38	65.62	62.89	58.19	59.50	65.24
5月	65.12	68.15	66.31	61.07	63.22	68.19
6月	71.32	73.10	71.58	66.89	68.02	72.31
7月	72.49	75.17	72.87	68.54	68.96	73.60
8月	67.73	70.75	69.49	62.73	63.74	69.43
9月	71.65	74.49	72.61	68.13	67.97	74.05
10月	81.48	83.54	81.59	76.19	77.56	82.82
11月	79.15	81.05	80.28	74.79	75.88	80.76
12月	71.53	73.94	73.19	67.46	70.61	74.38
2021年均价	67.94	70.65	69.24	64.47	65.36	70.65
比上年增长/%	52.13	48.88	46.90	42.08	56.36	45.48

数据来源：中国石油与化学工业联合会。

附表5　2021年国际市场主要油品平均现价价格（普氏现货报价）

月份	95号无铅汽油/（美元/桶）	柴油/（美元/桶）	航空煤油/（美元/桶）	石脑油/（美元/桶）	燃料油（180）/（美元/吨）	燃料油（380）/（美元/吨）
1月	60.05	58.59	58.02	55.58	326.61	324.91
2月	68.06	66.46	65.16	61.60	364.61	341.13
3月	73.39	69.67	66.76	64.76	385.40	380.41
4月	74.00	68.85	66.73	62.15	374.46	368.60
5月	76.20	109.86	71.72	65.63	378.70	371.83
6月	79.05	78.32	75.45	70.49	410.64	403.92
7月	85.19	79.79	77.12	75.46	420.22	409.76
8月	80.92	76.54	74.02	70.71	413.73	403.58
9月	83.78	82.60	79.51	74.99	466.39	446.48
10月	100.43	96.39	92.73	84.23	493.54	484.64
11月	94.57	91.49	89.07	84.00	451.40	443.55
12月	87.67	85.62	83.30	77.60	417.50	410.83
2021年均价	80.31	80.35	74.97	70.60	408.60	399.14
比上年增长/%	64.53	57.72	54.64	63.06	38.84	38.27

数据来源：中国石油与化学工业联合会。

附表6　2012—2021年中国新能源汽车产销量

类别	2012年	2013年	2014年	2015年	2016年	2017年	2018年	2019年	2020年	2021年
产量/万辆	1.26	1.75	7.85	34.05	51.70	79.40	127.00	124.20	136.60	354.50
销量/万辆	1.28	1.76	7.48	33.11	50.70	77.70	125.60	120.60	136.70	352.10

数据来源：中国汽车工业协会。

附表7　2012—2021年中国可再生能源装机容量

类别	2012年	2013年	2014年	2015年	2016年	2017年	2018年	2019年	2020年	2021年
光电/万千瓦	341	1589	2486	4318	7742	13025	17446	20430	25300	30600
风电/万千瓦	6142	7652	9657	13075	14747	16400	18427	21005	28172	32800
水电/万千瓦	24947	28000	30050	31937	33211	34119	35226	35640	37000	39100
生物质/万千瓦	581	850	940	1034	1214	1476	1781	2254	2952	3798

数据来源：国家能源局。

附表8　2012—2021年中国可再生能源发电量

类别	2012年	2013年	2014年	2015年	2016年	2017年	2018年	2019年	2020年	2021年
光电/亿千瓦·时	36	84	235	385	662	967	1778	2243	2605	3259
风电/亿千瓦·时	960	1412	1561	1858	2371	2950	3660	4057	4665	6526
水电/亿千瓦·时	8721	9203	10729	11303	11840	11979	12342	13044	13552	13401
生物质/亿千瓦·时	296	370	425	527	650	795	906	1111	1326	1637

数据来源：国家能源局。

附表9 2010—2020年全球主要国家、组织或共同体石油探明储量

单位：十亿桶

国家、组织或共同体	2010年	2011年	2012年	2013年	2014年	2015年	2016年	2017年	2018年	2019年	2020年
委内瑞拉	296.5	296.5	297.6	298.3	298.3	300.9	300.9	301.8	303.3	303.8	303.8
沙特阿拉伯	264.5	265.4	265.9	265.9	267.0	266.6	266.5	266.2	297.7	297.6	297.5
伊朗	151.2	151.2	157.0	157.0	157.8	157.8	158.4	157.2	155.6	155.6	157.8
伊拉克	115.0	143.1	1500	150.0	150.0	143.1	153.0	148.8	147.2	145.0	145.0
俄罗斯	105.8	105.7	105.5	105.0	103.2	102.38	109.5	106.2	106.2	107.2	107.8
科威特	101.5	101.5	101.5	101.5	101.5	101.5	101.5	101.5	101.5	101.5	101.5
阿拉伯联合酋长国	97.8	97.8	97.8	97.8	97.8	97.8	97.8	97.8	97.8	97.8	97.8
利比亚	47.1	47.1	48.0	48.5	48.4	48.4	48.4	48.4	48.4	48.4	48.4
尼日利亚	37.2	37.2	37.2	37.1	37.1	37.1	37.1	37.5	37.5	37.0	37.0
哈萨克斯坦	30.0	30.0	30.0	30.0	30.0	30.0	30.0	30.0	30.0	30.0	30.0
中国	14.8	14.7	17.3	18.1	18.5	18.5	25.7	25.7	25.9	26.2	26.0
经济合作组织（OECD）	235.0	234.7	238.3	248.8	248.6	255.3	244.0	244.0	254.0	260.1	260.0
石油输出国组织（OPEC）	1167.3	1196.3	1169.9	1214.2	1216.5	1221.6	1220.5	1217.4	1242.2	1214.7	1214.7
欧盟	6.8	6.7	6.8	6.8	5.8	5.6	5.1	4.8	4.8	5.0	5.0
全球总计	1622.1	1652.6	1668.9	1687.9	1700.1	1697.6	1706.7	1697.1	1729.7	1733.9	1732.4

数据来源：2021年《BP能源统计年鉴》。

附表 10　2010—2020 年全球主要国家、组织或共同体石油产量

单位：百万吨/年

国家、组织或共同体	2010 年	2011 年	2012 年	2013 年	2014 年	2015 年	2016 年	2017 年	2018 年	2019 年	2020 年
加拿大	160.3	169.8	182.6	195.1	209.4	215.6	218.0	235.4	255.5	274.9	252.2
墨西哥	145.6	144.5	143.9	141.8	137.1	127.5	121.4	109.5	102.3	94.9	95.1
美国	332.8	345.4	394.2	447.2	523.0	566.6	541.9	573.9	669.4	746.7	712.7
委内瑞拉	145.8	141.5	139.3	137.8	138.5	135.4	121.0	107.6	77.3	46.6	27.4
俄罗斯	512.3	519.5	526.7	532.2	535.1	541.8	555.9	554.3	563.3	568.1	524.4
伊朗	212.0	212.5	180.5	169.7	174.0	180.2	216.3	235.6	220.4	160.8	142.7
伊拉克	120.8	135.8	151.3	152.0	158.8	195.6	217.6	222.2	226.1	234.2	202.0
科威特	123.2	140.7	153.8	151.2	150.0	148.1	152.5	144.8	146.8	144.0	130.1
沙特阿拉伯	463.3	522.7	549.2	538.4	543.8	568.0	586.7	559.3	578.3	556.6	519.6
阿拉伯联合酋长国	135.2	150.6	156.9	163.3	163.4	176.1	182.4	176.2	177.7	180.2	165.6
中国	203.0	202.9	207.5	210.0	211.4	214.6	199.7	191.5	189.1	191.0	194.8
经济合作组织（OECD）	856.5	856.6	902.3	953.2	1041.2	1086.4	1058.1	10920	1198.6	1288.3	1281.4
石油输出国组织（OPEC）	1709.0	1746.2	1822.4	1769.8	1764.4	1830.1	1885.8	1873.7	1854.3	1680.0	1448.4
非石油输出国组织（NON-OPEC）	2267.9	2261.9	2297.9	2358.7	2458.8	2524.8	2482.2	2506.2	2620.1	2804.5	2716.7
欧盟	93.6	81.3	72.7	68.1	67.0	71.6	70.6	69.3	72.7	72.0	72.0
全球总计	3976.9	4008.0	4120.3	4128.5	4223.2	4354.8	4368.0	4379.9	4474.3	4484.5	4165.1

数据来源：2021 年《BP 能源统计年鉴》。

附表11　2010—2020年全球主要国家、组织或共同体石油消费量

单位：百万吨/年

国家、组织或共同体	2010年	2011年	2012年	2013年	2014年	2015年	2016年	2017年	2018年	2019年	2020年
美国	877.5	862.2	843.8	859.8	866.1	884.5	893.3	902.0	919.7	902.3	858.9
中国	455.5	472.4	495.3	517.3	539.3	573.3	587.0	610.7	641.2	635.7	669.2
日本	210.5	211.0	224.9	214.7	204.0	196.5	191.0	187.8	182.4	177.3	163.4
加拿大	107.1	110.4	107.5	107.8	109.6	107.0	108.7	108.8	110.0	111.6	114.1
巴西	122.8	128.4	131.3	140.3	145.7	140.6	132.7	136.1	135.9	111.5	116.15
德国	119.5	115.8	115.3	117.5	114.5	114.2	116.5	119.0	113.2	106.9	102.25
俄罗斯	137.9	147.0	149.6	149.5	157.4	149.4	153.1	151.5	152.3	154.2	151.9
沙特阿拉伯	141.3	144.4	151.8	152.2	167.0	173.5	171.5	168.8	162.6	159.1	157.2
印度	160.6	168.3	178.3	179.5	184.7	199.8	219.5	227.1	239.1	242.0	233.45
韩国	110.5	111.4	114.7	114.3	114.1	120.2	129.3	130.0	128.9	128.3	128.0
经济合作组织（OECD）	2198.5	2172.9	2151.9	2139.3	2120.1	2147.8	2180.5	2196.5	2204.8	2131.2	2014.1
非经济合作组织（NON-OECD）	2003.4	2072.8	2145.8	2211.0	2265.3	2317.9	2367.7	2410.5	2457.3	2439.5	2409.75
欧盟	687.5	667.2	643.1	626.4	616.3	625.7	639.0	649.5	646.8	625.6	588.7
全球总计	4201.9	4245.7	4297.8	4350.3	4385.3	4465.8	4548.3	4607.0	4662.1	4570.9	4422.7

数据来源：2021年《BP能源统计年鉴》。

参考文献

[1] 郦白珂,孙仁金,苟永平.从市场化趋势看地方炼油企业发展[J].现代化工,2015,35(6):1-6.

[2] 刘玮,万燕鸣,熊亚林,刘坚."双碳"目标下我国低碳清洁氢能进展与展望[J/OL].储能科学与技术:1-8[2021-11-17].https://doi.org/10.19799/j.cnki.2095-4239.2021.0385.

[3] 刘凡,朱宏康.氢能创新性研究及其国际产业发展战略[J].中国材料进展,2021,40(8):639-644.

[4] 郭敏.成品油消费税征收环节改革及改革建议[J].今日财富,2021(10):103-105.

[5] 陈锡富.中国成品油消费税监管现状及相关建议[J].国际石油经济,2021,29(9):45-52.

[6] 程肖君,付金存.中国油气监管体制深化改革的现实障碍与政策建议[J].理论学刊,2021(5):77-88.

[7] 邵悦.第三方支付模式对成品油销售企业财务管理的影响[J].当代经理人,2021(3):51-54.

[8] 洪祎.成品油销售企业会计精细化管理探究[J].商讯,2021(12):23-24.

[9] 尹红,李尚鑫.关于中国成品油价格市场化改革的几点思考[J].中国价格监管与反垄断,2021(4):55-58.

[10] 王金生.成品油消费税改革对行业影响的探讨[J].财会学习,2018(31):174.

[11] 陈鑫林.成品油销售企业的财务控制分析[J].中国市场,2018(33):155-156.

[12] 黄振源.成品油销售管理机制的优化建议[J].经贸实践,2018(19):198-199.

[13] 朱玺.浅谈现代化成品油物流体系发展思路[J].物流工程与管理,2018,40(7):66-67.

[14] Research and Markets. Oil Refining Industry in Vietnam 2018—Research and Markets.com[J]. Energy Weekly News, 2018.

[15] Kunihiro Hanabusa. Effects of Foreign Disasters on the Petroleum Industry in Japan: A Financial Market Perspective[J]. Energy, 2010, 35(12).

[16] Energy Weekly News. Research and Markets; Japan Oil and Gas Industry Outlook to 2020 - Supply, Demand, Investment, Infrastructure Fields, Blocks, Pipelines, LNG, Refinery, Storage Assets and Companies[R]. Atlanta [Atlanta] 12 Apr 2013: 82.

[17] Oxford Institute for Energy Studies. A Review of the Evolution of the Japanese Oil Industry, Oil Policy and its Relationship with the Middle East[R]. 2018.

[18] Petroleum Association of Japan. Petroleum industry in Japan[R]. 2013.

[19] David Shulman. What Government Can Actually do About Gas Prices[J]. Gas Prices and Energy Policy: A Reality Check, 2012(19).

[20] 中国石油天然气股份有限公司年度报告(2017-2020)[R].

[21] 中国石油化工股份有限公司年度报告(2017-2020)[R].

[22] 中国石油天然气股份有限公司季度报告(2017-2020)[R].

[23] 中国石油化工股份有限公司季度报告(2017-2020)[R].

[24] 中国石油化工经济分析月度报告2021,1-10[R].

[25] 中华人民共和国商务部. 商务部关于印发《深化"证照分离"改革进一步激发市场主体发展活力工作实施方案》的通知[EB/OL](2021-07-12).

[26] 新浪财经. 我国将对部分成品油征收进口环节消费税对市场影响有多大?[EB/OL](2021-05-16).

[27] 金融界. 消费税征收环节稳步后移 成品油拉开税改大幕?[EB/OL](2021-04-08).

[28] 中国石油和化工经济分析月度报告(2020-2021)[R].

[29] 刘朝全,姜学峰. 2020年国内外油气行业发展报告[R].

[30] 新版加油站行业未来发展主要方向与展望报告[R]. 2018.

[31] 罗宾,蔡斯. 共享经济重构未来商业新模式[M]. 杭州:浙江人民出版社,2015:106-140.

[32] 吴正峰. 跨界营销[M]. 广州:广东经济出版社,2018:118-195.

[33] 中国国际石油化工联合有限责任公司. 中国社会科学院数量经济与技术经济研究所[M]. 北京:社会科学文献出版社,2019:118-195.

[34] 刘红德,冯晓丽,单建明,等. 构建智慧加油站商业生态系统的策略与建

议[J]. 中国石油企业, 2020(4).

[35] 宫雨, 秦曼曼, 姜洪殿. "互联网+"情境下提高加油站销售绩效的对策分析[J]. 当代石油石化, 2017(11).

[36] 万波. 大数据整合提高成品油销售企业绩效研究[J]. 北京石油管理干部学院学报, 2020, 27(5): 28-38.

[37] 爱武, 王辉, 丁猛. "千人千面"的大数据营销时代对石油零售业的影响[J]. 技术与信息, 2021.

[38] 吴小聪. 多元化竞争格局下成品油销售企业经营策略探讨[J]. 当代化工, 2019(6).

[39] 李司宇, 张琬. 关于国际石油公司能源转型和碳资产管理的思考[J]. 天然气与石油, 2021, 39(5): 115-119.

[40] 吴小聪. 多元化竞争格局下成品油销售企业经营策略探讨[J]. 当代化工, 2019, 48(6): 1277-1281+1293.

[41] 贾京坤, 朱英, 林毅, 鄢梓遥. 内忧外患促使BP公司加速能源转型[J]. 当代石油石化, 2020, 28(12): 4-9+20.

[42] 王利宁, 彭天铎, 向征艰, 戴家权, 黄伟隆. 碳中和目标下中国能源转型路径分析[J]. 国际石油经济, 2021, 29(1): 2-8.

[43] 朱明刚, 梁宾, 许达晟. 成品油销售企业数字化转型的探索[J]. 石油知识, 2021(1): 50-51.

[44] 张静一, 姬雪. 全球汽车发展面临的新形势与我国汽车发展呈现的新变化[J]. 未来与发展, 2021, 45(1): 25-28.

[45] 张露小荷. 从交流沟通模式分析"双碳"目标下石油企业的生存策略[J]. 领导科学论坛, 2021(6): 157-160.

[46] 中华人民共和国中央人民政府. 中共中央关于制定国民经济和社会发展第十四个五年规划和二〇三五年远景目标的建议[EB/OL]. http://www.gov.cn/zhengce/2020-11/03/content_5556991.htm. (2020-11-03).

[47] 国务院办公厅. 关于加快发展流通促进商业消费的意见[EB/OL]. http://www.gov.cn/xinwen/2019-08/27/content_5425015.htm. (2019-08-27).

[48] 国家能源局. 2020年能源工作指导意见[EB/OL]. http://www.nea.gov.cn/2020-06/22/c_139158412.htm. (2020-06-05).

[49] 中华人民共和国国家发展和改革委员会. 关于做好2020年能源安全保障工作的指导意见(发改运行[2020]900号)[EB/OL]. https://www.ndrc.gov.cn/xxgk/

zcfb/tz/202006/t20200618_1231501.html?code=&state=123.(2020-06-12).

[50] 中华人民共和国商务部. 商务部关于废止部分规章的决定[EB/OL]. http://www.mofcom.gov.cn/article/b/g/202007/20200702986586.shtml.（2020-07-01）.

[51] 中华人民共和国商务部. 石油成品油流通行业管理工作指引[EB/OL]. http://scyxs.mofcom.gov.cn/article/h/202102/20210203038029.shtml.（2020-12-31）.

[52] 中华人民共和国财政部. 关于完善新能源汽车推广应用财政补贴政策的通知（财建〔2020〕86号）[EB/OL]. http://jjs.mof.gov.cn/zhengcefagui/202004/t20200423_3502975.htm.（2020-04-23）.

[53] 央广网. 我国汽车消费潜力尚未达到"天花板" 千人汽车保有量还有较大增长空间[EB/OL]. http://m.cnr.cn/news/djnews/20200409/t20200409_525048171.html.（2020-04-09）.

[54] 罗艳托, 仇玄. 各种车用替代燃料影响下的国内成品油市场[J]. 石油商技, 2019, 37(1):48-55.

[55] 国务院办公厅. 国务院办公厅关于印发新能源汽车产业发展规划(2021-2035年)的通知[EB/OL]. http://www.gov.cn/zhengce/content/2020-11/02/content_5556716.htm.（2020-11-02）.

[56] 孔劲媛, 仇玄, 丁少恒. 新冠肺炎疫情对国内外石油市场的影响[J]. 石油规划设计, 2020, 31(3):4-9.

[57] 孔劲媛, 齐超, 罗艳托, 等. 2021年国内成品油市场分析预测[J]. 石油规划设计, 2021, 32(1): 13-19+24.

[58] 刘金全, 伍梦. 健全宏观经济治理体系的必要性、科学性和创新性研究[J]. 社会科学战线, 2021(11): 71-77.

[59] 刘亚旭, 佘伟军, 秦长毅, 杜伟, 许晓锋. 关于进一步完善我国石油工业标准与认证体系建设的思考及建议[J]. 石油科技论坛, 2021, 40(5): 17-21.

[60] 李然, 石洪宇, 吴珉颉, 姜学峰, 白桦. 近期中国油气市场形势与风险应对[J]. 国际石油经济, 2021, 29(8): 71-76.

[61] 周淑慧. 国家管网集团全面接管油气管网资产 中国油气管网运行机制开启新时代[J]. 国际石油经济, 2021, 29(1): 53-55.

[62] Energy Aspects. Crude Oil & Oil Products Fundamentals[R]. 2021.

[63] IEA. Oil Market Report[R]. 2021.

[64] 孙思齐. 石油化工行业工业互联网发展现状分析及展望[J]. 物联网学报, 2021, 5(3): 126-132.

[65] 隋晓影."双碳"背景下中国石油行业面临重大变革[J].中国石化,2021(9):40-42.

[66] 朱昌海,樊玲玲,李文翎.石油石化行业迎来全国碳市场启动大考[J].中国石油企业,2021(8):63-65.

[67] 王越,娄钰,王陆新,郭威.新形势下稳定我国石油行业发展思考与建议[J].石油科技论坛,2020,39(4):16-25+54.

[68] 梁生朗.浅谈低碳经济与石油石化行业的发展[J].现代商业,2020(13):50-51.

[69] 侯明扬.国际油价暴跌冲击石油行业[J].中国石化,2020(4):17-21.

[70] 曹宇辰.我国石油税费制度改革研究[J].现代经济信息,2019(1):195-196.

[71] 胡文瑞,鲍敬伟.石油行业发展趋势及中国对策研究[J].中国石油大学学报(自然科学版),2018,42(4):1-10.

[72] 朱天白,王忠禹."双碳"形势下石油石化行业发展的思考[J].当代化工,2021,50(11):2644-2647.

[73] 林名桢,代晓东,李洪言,等."双碳"背景下石油化工城市的发展路径——以山东省东营市为例[J].天然气与石油,1-13.

[74] 隋晓影."双碳"背景下中国石油行业面临重大变革[J].中国石化,2021(9):40-42.

[75] 王海滨.双碳时代石油石化企业应积极创新应对压力[J].中国石化,2021(6):42-44.

[76] 刘倩,张子俊,石磊."双碳"目标同石化等行业发展不矛盾[N].南方日报,2021-11-26(A09).

[77] 张景瑜."双碳"目标将促进石化行业转型升级[N].中国石油报,2021-10-12(006).

[78] 王红秋,雪晶,宋倩倩,等.我国石化行业低碳发展面临的形势[N].中国石油报,2021-07-20(6).

[79] 何盛宝.石化行业应如何践行"双碳"承诺[N].中国石油报,2021-03-23(6).

[80] 郭敏.成品油消费税征收环节改革及改革建议[J].今日财富(中国知识产权),2021(10):103-105.

[81] 王培庆.成品油储运物流的信息化建设思考[J].中国石油和化工标准与质量,2021,41(14):78-79.

[82] 郭翠芳. "互联网+"背景下我国成品油新零售模式的构建[J]. 中国集体经济, 2021(20): 62-63.

[83] 郑斌. 大数据技术在成品油质量管理中的探索与应用[J]. 当代石油石化, 2021, 29(6): 39-44.

[84] 洪宇. 沿海海上成品油市场现状分析及对策[J]. 中国市场, 2021(13): 143-144+151.

[85] 王雁. 中石化石油销售企业成品油营销策略[J]. 商讯, 2021(13): 115-116.

[86] 林延立. 广业油气公司成品油业务竞争战略研究[D]. 兰州大学, 2021.

[87] 和冬梅, 易万里. 成品油智慧物流发展趋势探索和研究[J]. 油气与新能源, 2021, 33(2): 72-75.

[88] 王松. 浅议成品油质量监督抽查可靠性的影响因素及对策[J]. 质量探索, 2021, 18(1): 95-98.

[89] 张珣, 余乐安, 黎建强, 汪寿阳. 重大突发事件对原油价格的影响[J]. 系统工程理论与实践, 2009, 29(3): 10-15.

[90] 赵晓飞. 中国石化子公司期货市场"黑天鹅"事件反思——石化企业如何用好避险金融工具"双刃剑"[J]. 中国石油和化工, 2019(2): 28-31.

[91] 谭小芬, 张峻晓, 李玥佳. 国际原油价格驱动因素的广义视角分析:2000-2015——基于TVP-FAVAR模型的实证分析[J]. 中国软科学, 2015(10): 47-59.

[92] 谢威, 安明胜, 钟世才, 赵嵩正. 突发事件对油价的效应分析模型——基于PSR的概念框架[J]. 软科学, 2012, 26(8): 37-39+43.

[93] 闫勇, 张雪峰, 宋鸽, 付杨. 新冠肺炎疫情下国际原油价格驱动因素研究——基于断点最小二乘法与邹突变点检验[J]. 国际石油经济, 2020, 28(12): 72-78.

[94] 李玲. "十四五"我国炼油结构将进一步优化[N]. 中国能源报, 2021-10-25(014).

[95] 任秀芳. 浅论石油炼化企业碳达峰与碳中和路径[J]. 资源节约与环保, 2021(10): 115-117.

[96] 聂红. 认清和把握机遇 推动炼油转型升级[N]. 中国石化报, 2021-07-15(003).

[97] 隋晓影. "双碳"背景下中国石油行业面临重大变革[J]. 中国石化, 2021(9): 40-42.

[98] 佚名. 镇海炼化一体化基地全面建成[J]. 水泵技术, 2021(4): 57.

[99] 佚名. 盛虹炼化一体化项目首批核心装置顺利中交[J]. 化工时刊, 2021, 35(6): 4.

[100] 张一峰, 杨朋. "扩能潮"下, 炼化业如何转型升级[J]. 中国石油和化工, 2021(1): 35-38.

[101] 李玲. "十四五"我国炼油结构将进一步优化[N]. 中国能源报, 2021-10-25(014).

[102] 隋晓影. "双碳"背景下中国石油行业面临重大变革[J]. 中国石化, 2021(9): 40-42.

[103] 王永邦, 罗望群, 姚思涵. 我国石油焦产品品质与应用分析[J]. 石油化工技术与经济, 2021, 37(3): 17-20.

[104] 张浩勇, 李云峰, 吴世慧, 王玉瑛. 石油焦生产及市场分析[J]. 化学工业, 2021, 39(2): 61-65.

[105] 雪晶, 王红秋. 石化行业如何未雨绸缪[N]. 中国石油报, 2021-08-10(006).

[106] 戴慧. COP26后看碳边境税[N]. 中国财经报, 2021-11-16(008).

[107] 姜晶晶, 陈光耀. 欧盟碳边境调节机制分析[J]. 中国金融, 2021(20): 83-84.

[108] 王优酉, 张晓通, 邹磊, 吴志峰. 欧盟碳税新政: 内容、影响及应对[J]. 国际经济合作, 2021(5): 13-24.

[109] 戴轶尘. 欧盟碳边界调节机制: 落地仍面临重重考验[J]. 世界知识, 2021(16): 64-65.

[110] 王雅丽, 王利. 欧盟"碳边境调节机制"启示[J]. 中国海关, 2021(11): 92-93.

[111] 姜婷婷, 徐海燕. 欧盟碳边境调节机制的性质、影响及我国的应对举措[J]. 国际贸易, 2021(9): 38-44.

[112] 卢明霞, 陈蕊, 相超. 欧盟碳边境调节机制对中国的影响及应对建议[J]. 国际石油经济, 2021, 29(10): 19-24.

[113] 张修凡. 我国碳排放权交易市场运行现状及交易机制分析[J]. 科学发展, 2021(9): 82-91.

[114] 董珊珊. 中国碳排放权交易市场的发展现状、国际经验及对策分析[J]. 中国高新区, 2017(4): 53+55.

[115] 李志学, 张肖杰, 董英宇. 中国碳排放权交易市场运行状况、问题和对策

研究[J]. 生态环境学报,2014,23(11):1876-1882.

[116] 中华人民共和国中央人民政府. 碳排放权交易,中国大步踏出自己的路[EB/OL]. http://www.gov.cn/xinwen/2021-08/03/content_5629115.htm. 2021-10-06.

[117] 李玲."十四五"我国炼油结构将进一步优化[N]. 中国能源报,2021-10-25(014).

[118] 隋晓影."双碳"背景下中国石油行业面临重大变革[J]. 中国石化,2021(9):40-42.

[119] 孔祥云. 我国碳排放权交易定价机制研究[D]. 天津商业大学,2019.

[120] 温琪. 碳排放权交易制度研究[D]. 江西财经大学,2018.

[121] 夏欢. 全国性碳交易市场构建研究[D]. 武汉工程大学,2016.

[122] 杜佳杉. 碳排放权交易问题研究[D]. 华北电力大学(北京),2016.

[123] 潘娅慧. 论中国碳排放权交易政府监管制度的完善[D]. 湘潭大学,2015.

[124] 李志学,张肖杰,董英宇. 中国碳排放权交易市场运行状况、问题和对策研究[J]. 生态环境学报,2014,23(11):1876-1882.

[125] 冯倩. 国际碳排放权交易法律制度研究[D]. 天津财经大学,2013.

[126] 曾维翰."双碳"背景下完善中国碳排放权交易体系研究[J]. 福建金融,2021(11):60-70.

[127] 郑一格. 碳排放权的法理基础与我国碳排放权交易市场的完善进路[J]. 黑龙江生态工程职业学院学报,2021,34(6):14-17.

[128] 郭乾. 碳排放权交易体系建设的国际经验及启示[J]. 河北金融,2021(11):25-28.

[129] 李代,胡岸. 浅谈CCER市场未来变化趋势[N]. 期货日报,2021-11-15(003).

[130] 戴慧. 新能源汽车补贴政策效果回顾及未来调整建议[J/OL]. 价格理论与实践:1-3[2021-12-19]. https://doi.org/10.19851/j.cnki.CN11-1010/F.2021.09.285.

[131] 李志勇. 新能源汽车销量再创新高 由政策驱动转向市场拉动[N]. 经济参考报,2021-12-14(002).

[132] 矫月,李昱丞. 新能源车渗透率迈过20%,比亚迪等车企加快生产节奏[N]. 证券日报,2021-12-13(A03).

[133] 卢奇秀. 欧阳明高:明年新能源车销量将达500万辆[N]. 中国能源报,2021-12-13(017).

[134] 杨天悦. 新能源车市由政策驱动转向市场拉动[N]. 北京日报, 2021-12-11(008).

[135] 杜松怀, 苏娟, 赵晶, 杜迅. 可再生能源发展调查研究报告[J]. 农电管理, 2021(4): 26-29.

[136] 李美成, 高中亮, 王龙泽, 耿奇, 李英峰, 崔鹏, 纪军, 黄浩. "双碳"目标下我国太阳能利用技术的发展现状与展望[J]. 太阳能, 2021(11): 13-18.

[137] 黄志玮. 光伏发电并网及其相关技术发展现状与展望[J]. 能源与节能, 2021(7): 39-40+168.

[138] 刘杨. 风电并网装机突破3亿千瓦 海上风电发展空间大[N]. 中国证券报, 2021-11-30(A06).

[139] 蒋海波, 刘长栋. 我国海上风电发展现状研究及平价发展建议[J]. 煤质技术, 2021, 36(6): 70-76.

[140] 孙传胜. 生物质产业的发展创新及展望[J]. 中华纸业, 2021, 42(21): 23-27.

[141] 佚名. 2030年我国利用生物质能减碳将超9亿t[J]. 电力科技与环保, 2021, 37(5): 21.

[142] 杜欣. 生物质发电在我国的发展现状及前景分析[J]. 暖通空调, 2021, 51(S1): 363-366.

[143] 谢文川. 以收定补推动生物质发电高质量发展[N]. 中国电力报, 2021-08-20(001).

[144] 苗安康, 袁越, 吴涵, 袁博鑫. "双碳"目标下绿色氢能技术发展现状与趋势研究[J]. 分布式能源, 2021, 6(4): 15-24.

[145] 由蓝. 生物质燃烧技术发展现状与未来趋势[J]. 应用能源技术, 2021(4): 16-18.

[146] 袁艳文, 刘昭, 赵立欣, 罗娟, 汤森, 张迎. 生物质沼气工程发展现状分析[J]. 江苏农业科学, 2021, 49(6): 28-33.

[147] 陈斯. 加快农林生物质发电产业可持续发展[N]. 中国农机化导报, 2021-03-08(005).

[148] 孙小洁. 大力推进我国生物质能产业高质量发展[J]. 农经, 2021(3): 60-65.

[149] 李俊峰. 我国生物质能发展现状与展望[J]. 中国电力企业管理, 2021(1): 70-73.

[150] 李天宇,田娇,高菁菁,乔慧. 氢能源利用现状及发展展望[J]. 专用汽车,2021(12):105-107.

[151] 杨虹,潘晓娟. 我国氢能城市发展潜力排行榜:沪苏深位居前三甲[N]. 中国经济导报,2021-12-15(005).

[152] 毛蕾,李军康. 实现双碳目标 氢能是重点 发展氢能产业 氢源是关键[N]. 佛山日报,2021-12-10(A05).

[153] 佚名. 氢能源:世界能源格局新赛道[N]. 深圳特区报,2021-12-01(A15).

[154] 佚名. 全球氢能产业加速发展[J]. 焊管,2021,44(11):6.

[155] 王振华,王丽,邹业成,李永哲. 氢能的应用现状及展望[J]. 中国氯碱,2021(11):40-47.

[156] 朱彤. 我国氢能产业发展的特点、问题与定位[J]. 中国发展观察,2021(Z3):112-117.

[157] 李箫韵. 中国成品油价格预测的数学模型[J]. 山西科技,2014,29(5):41-44.

[158] 程燕,刘清志. 神经网络在成品油价格预测中的应用[J]. 山东理工大学学报(自然科学版),2005(5):64-68.

[159] 杨青,王晨蔚. 基于深度学习LSTM神经网络的全球股票指数预测研究[J]. 统计研究,2019,36(3):65-77.

[160] 马元昊. 基于LSTM神经网络的股票大盘短期趋势预测[J]. 电脑知识与技术,2020,16(5):205-206.

[161] 段梦冉,刘美君,等. 基于长短时记忆网络(LSTM)的上证指数预测[J]. 农村经济与科技,2019,30(18):76-79.

[162] 杜燕飞. 我国对部分成品油征收消费税对市场影响有多大[EB/OL]. 人民网,2021-05-15.

[163] 赵鹏. 浅谈加征消费税对成品油板块的影响[N]. 和讯期货,2021-05-17.

[164] 郭泽鹏. 我国行业协会自律与市场监管体制改革关系论[J]. 政法学刊,2021,38(5):113-120.

[165] 佚名. 北仑:推进"撬装加油监管"数字化场景应用改革[J]. 宁波通讯,2021(17):59-60.

[166] 靳伟. 撬装式加油装置安全生产问题与措施[J]. 劳动保护,2021(3):

76-78.

[167] 杨汉宝. 撬装设备进场验收管理思路探讨[J]. 石化技术, 2020, 27(10): 234-235+223.

[168] 国家发展改革委, 国家能源局. 能源发展"十三五"规划[EB/OL]. https://www.ndrc.gov.cn/xxgk/zcfb/tz/201701/t20170117_962873.html?code=&state=123. (2016-12-26).

[169] 国家发展改革委. 石油发展"十三五"规划[EB/OL]. https://www.ndrc.gov.cn/xxgk/zcfb/tz/201701/t20170119_962876.html?code=&state=123. (2016-12-24).

[170] 中华人民共和国中央人民政府, 国务院. 关于深化石油天然气体制改革的若干意见[EB/OL]. http://www.gov.cn/xinwen/2017-05/21/content_5195683.htm. (2017-05-21).